Collection « Documents »

Pour un manifeste du convivialisme, Alain Caillé
Plaidoyer pour une gauche populaire, Laurent Baumel & François Kalfon (dir.)
Obamanomics. Comment Barack Obama a réformé l'Amérique, Niels Planel
L'esprit de corruption, Éric Alt & Irène Luc
Foot Féminin. La femme est l'avenir du foot, Audrey Keysers et Maguy Nestoret Ontanon
Manifeste convivialiste. Déclaration d'indépendance, collectif
Sur la corde raide. Le feu de la révolte couve toujours en banlieue, Hacène Belmessous
La malédiction des gouvernants. François Hollande pourra-t-il être réélu ?, Laurent Baumel
Les États-Unis : de l'« État-providence » à l'État pénal, Laurent Roesch
Le Front national : le hussard brun de la République, Sarah Proust
De l'écologie à l'autonomie, Cornelius Castoriadis & Daniel Cohn-Bendit (Présentation Philippe Caumières)
La Tyrannie des modes de vie, Mark Hunyadi
Le complexe de Suez, Raphaël Liogier
La Technocratie en France, une nouvelle classe dirigeante, Salvador Juan, Isabelle Grand & Julien Vignet (dir.)
Penser le « Néolibéralisme » le moment néolibéral, Foucault, et la crise du socialisme, Serge Audier
Un autre souffle au monde. Fragments d'un itinéraire engagé, Niels Planel
Les nouveaux modes de vie durables. S'engager autrement, Dominique Bourg, Carine Dartiguepeyrou, Caroline Gervais & Olivier Perrin
L'économie sociale et solidaire. Une histoire de la société civile en France et en Europe de 1968 à nos jours, Timothée Duverger
Redignez-vous ! Journal de l'après 13 novembre 2015, Alain Caillé
Le futur est déjà là, Carine Dartiguepeyrou

© LE BORD DE L'EAU 2017
www.editionsbdl.com
33310 Lormont
ISBN : 978-2-35687-5402

LES RÊVES DE LA JEUNE RUSSIE DES SOVIETS

Une lecture antiproductiviste de l'histoire du stalinisme

Du même auteur,

La Fin des mangeurs, Desclée de Brouwer, 1997
Les Fils de McDo, L'Harmattan, 1997
Déni d'enfance, Golias, 1997
La Scientologie, laboratoire du futur ? Les secrets d'une machine infernale, Golias,1998
Petit manuel anti-McDo à l'usage des petits et des grands, Golias, 1999
La Scientologie : une secte contre la République, Golias, 1999
Jose Bové, la révolte d'un paysan. Entretiens avec Paul Ariès et Christian Terras, Golias, 2000
Le Goût (avec Gong Gang), Desclée de Brouwer, 2000
Libération animale ou nouveaux terroristes ?, Golias, 2000
Les sectes à l'assaut de la santé, Golias, 2000
Anthroposophie : enquête sur un pouvoir occulte, Golias, 2001
Disneyland, le royaume désenchanté, Golias, 2002
Pour sauver la terre : l'espèce humaine doit-elle disparaître ? L'Harmattan, 2002
Harcèlement au travail ou Nouveau Management, Golias, 2002
Putain de ta marque ! Golias, 2003
Démarque-toi ! Petit manuel anti-pub, Golias, 2004
Satanisme et Vampirisme, Golias, 2004
Misère du sarkozysme. Cette droite qui n'aime pas la France, Parangon, 2005
Décroissance ou Barbarie, Golias, 2005
No conso. Manifeste pour une grève générale de la consommation, Golias, 2006
Le Mésusage. Essai sur l'hypercapitalisme, Parangon, 2007
Apprendre à faire le vide (avec Bernadette Costa-Prades), Milan, 2009
Désobéir et grandir, Les éditions écosociété, 2009
Cohn-Bendit, l'imposture, (avec Florence Leray), Max Milo, 2010
La Simplicité volontaire contre le mythe de l'abondance, La Découverte, 2010
Le Socialisme gourmand, La Découverte, 2012
Amoureux du bien vivre, Afrique, Amériques, Asie… Que nous apprend l'écologie des pauvres, Golias, 2013
Nos rêves ne tiennent pas dans les urnes, Max Milo, 2013
Ecologie et cultures populaires, Utopia, 2015
La face cachée du pape François, Max Milo, 2016
Une Histoire politique de l'alimentation de la préhistoire à nos jours, Max Milo, 2016

© LE BORD DE L'EAU 2017
www.editionsbdl.com
33310 Lormont
ISBN : 978-2-35687-5402

Paul Ariès

Les rêves de la jeune Russie des Soviets
Une lecture antiproductiviste de l'histoire du stalinisme

Le Bord de l'eau

Préface

Dialogue avec Paul Ariès

Pierre Zarka

Ancien Directeur du quotidien *L'Humanité*
Ancien député communiste
Membre de l'Association des Communistes Unitaires (ACU)

À partir de deux parcours différents, Paul et moi, nous nous croisons régulièrement ; plus exactement nos cheminements nous conduisent à croiser nos approches. Son travail tombe à point nommé. Non parce que c'est la date anniversaire de la révolution d'Octobre et qu'il faudrait bien dire quelque chose, mais parce qu'il y a dans cet événement plus d'enseignements qui concernent les combats d'aujourd'hui qu'on pourrait au premier abord le penser. Il serait facile pour l'ex-membre du PCF que je suis, et le communiste que je suis toujours, de mettre dégâts et faillite finale sur le compte de Staline ; finalement le concept de stalinisme a quelque chose de commode : Staline et l'URSS sont morts, on n'en parle plus. Partant de zéro, nous n'aurions pas à questionner notre culture politique. Non, le ver qui était dans le fruit va bien au-delà de cette dimension, même si Staline représente un tournant. Le travail de Paul explore cet au-delà, ce qui me semble plus que jamais nécessaire.

Octobre 1917 a cristallisé les espoirs de milliards d'êtres humains sur la planète durant des décennies comme peu d'événements l'ont fait. Faire autre chose que du capitalisme sortait du rêve pour devenir un possible. Que le soviétisme se soit révélé au fil du temps une illusion n'empêche pas qu'il a marqué le XXᵉ siècle, bien au-delà de ceux qui lui vouaient de l'empathie. Il a fallu sa faillite pour que « la fin de l'Histoire » ou le « Tina » (*There is no alternative*) de Margaret Thatcher deviennent cet univers idéologique puissant qui fonctionne aujourd'hui. Le capitalisme redevenant le seul système en vigueur, il peut dépecer les acquis sociaux et démocratiques qu'il avait dû concéder lorsque les deux systèmes étaient en compétition. Il n'est qu'à penser à ce qu'est devenu notre monde depuis 1990 et comparer. Cela ne me conduit à aucune nostalgie mais à interroger comment ce qui promettait tant a pu finir si lamentablement.

Paul insiste sur le fait que la conception de l'économie de Lénine a déterminé toute la suite, notamment cet État trônant au-dessus des citoyens et que les conséquences qui en ont découlé ont provoqué la chute de l'URSS. Incontestablement le mal était en germe. Cependant, ici commence ma discussion. Entre économie et État, quelle est la cause, quelle est la conséquence? À mon sens, c'est un peu comme la poule et l'œuf, et faire primer un élément sur l'autre ne permet pas bien de comprendre ni la suite ni l'enchaînement des événements.

Un manque de pensée autonome

La question posée aux révolutionnaires, n'est pas seulement, ni même d'abord, de « prendre le pouvoir » mais d'agir à partir d'une production de pensée autonome. Non pour la plaquer artificiellement sur la réalité mais pour donner un sens précis aux actes et maîtriser au mieux leur portée dans un contexte complexe, inévitablement marqué par l'adversité. Une révolution est toujours par définition un bond dans l'inconnu et entourée d'hostilité. Si la question est de définir les paramètres qui président à l'innovation, pourquoi ces paramètres n'ont pas été à la hauteur?

Un premier fait éclaire le tour qu'ont pris les événements : nous sommes un peu plus de quarante ans seulement après l'écrasement de la Commune de Paris. Tout le mouvement ouvrier se constitue à partir du traumatisme qui en découle. En Europe occidentale, les partis socialistes en concluent que c'est l'échec de toute posture insurrectionnelle et sombrent dans le parlementarisme. Parlementarisme fortement dénoncé par les anarchistes mais aussi par une part importante du mouvement syndical. La Charte d'Amiens (1906), qui sert encore aujourd'hui de référence, s'affranchit de ce parlementarisme afin de maintenir le cap de l'abolition du capitalisme.

En quête de modèle, les révolutionnaires de cette époque se tournent vers la seule révolution qui a réussi : celle de 1789. La formidable participation populaire a peut-être fait oublier que la forme qui en a découlé était fondée sur la dépossession des couches populaires de tout pouvoir politique réel. Cet oubli ne se reproduit-il pas lorsque l'on vante tant les « valeurs de la République » comme si elles n'avaient pas un caractère ambivalent? Pour les révolutionnaires de 1917, la Révolution française inaugure une conception messianique du peuple, mais ce dernier doit nécessairement être guidé par ceux « qui savent ». Conception illustrée par Billaut-Varennes en 1792; pour lui, la Révolution est comme un « corps vivant », il lui faudrait donc « naturellement » une tête pour penser et des membres pour agir. Cette démarche induit un rapport de subordination qui ferme l'accès des citoyens au pouvoir de décisions. Elle va marquer durablement le mouvement ouvrier et démocratique et faire obstacle à une culture politique réellement indépendante et novatrice qui aurait pu élargir l'éventail des possibles (à la différence de ce qu'avait tenté la Commune de 1871).

D'autres facteurs entrent en jeu, notamment le caractère attardé de la société russe. Le développement agricole et industriel est tel que même le capitalisme a du mal à se développer dans un pays où les structures féodales subsistent, tout en ayant perdu toute capacité à dynamiser l'économie et la société. Nombre de paysans (ils sont largement majoritaires dans la population) sont encore illettrés et pour certains, il est difficile de faire la part entre une aspiration à la maîtrise de la terre et une nouvelle Jacquerie comme il en exista périodiquement. C'est en 1856 que Tolstoï affranchit ses serfs mais l'audace est telle que les intéressés se demandent d'abord où est le piège! L'obscurantisme et le mysticisme s'expriment dans l'épisode de Raspoutine qui fait penser à l'affaire du collier de la reine ou à celle des poisons 120 ans plus tôt.

Dans ce contexte, l'absence d'un corpus de pensée autonome va être lourde de conséquences. Cela dit, préservons-nous de l'anachronisme qui consisterait à projeter notre regard du XXIe siècle sur la période, y compris en ce qui concerne la vie politique et le mouvement ouvrier en France. Les moyens de surmonter ce caractère attardé, y compris au plan culturel, ont reposé sur une reproduction de la verticalité des rapports sociaux. Le poids de la religion, sur laquelle je reviendrai, et la présence des popes – même ceux qui ne combattent pas la Révolution –, confèrent aux mots de révolution et de démocratie une teneur qui n'est pas sans faire échos aux noms des saints dans les prières. Lors de la mécanisation de l'agriculture, des filles seront nommées à leur naissance *batteuse* et des garçons *tracteur*. La question de la Paix constitue un levier puissant de motivations qui masque d'autres problèmes qui auraient mérité d'être mieux définis et traités. Cette année 1917 est l'année de mutineries de soldats français, britanniques et allemands las de la guerre.

Depuis février, les Bolchevik ainsi que les autres forces sont entraînés dans une révolution qui fuse de tous côtés. Il est vite clair que le gouvernement provisoire tente de la limiter à ce que l'on pourrait qualifier de Révolution bourgeoise. Une féroce campagne antibolchevik (campagnes de presse, scènes de lynchage) vient appuyer une reprise des efforts de guerre de l'ancien régime, efforts rejetés par nombre de soldats, de déserteurs et de paysans. Selon Boukharine, l'enjeu ne se limitait pas à l'arrêt des massacres, il suspectait que la reprise des efforts de guerre par le gouvernement de Kerenski visait à « juguler la Révolution » en maintenant des forces vives loin des lieux où se vivait la politique. Dans un pays culturellement et politiquement attardé, il faut inventer, et vite. Mais il faut réussir dans un contexte de violence, il faut survivre, ne pas finir comme la Commune de Paris, ou deux ans plus tard, la Commune de Bela Khun en Hongrie, ou encore comme les Spartakistes en Allemagne. La violence fait partie de la normalité. À plusieurs reprises, Lénine semble conscient du problème. Mais faute d'une révolution mondiale qu'il avait attendue en vain, l'efficacité lui paraît être du côté d'un État fort pour mieux poursuivre son but révolutionnaire. Il fait preuve de pragmatisme, dans la mesure où sans le théoriser, il se fait héritier en ce domaine du passé, des méthodes de l'ancien régime et même parfois des hommes. Cela ne l'empêche pas de mettre souvent lucidement le doigt sur les contradictions que cela génère mais sans que, fondamentalement, la trajectoire en soit modifiée. C'est à partir de cette considération que l'on peut prendre en compte, comme l'écrit Paul, qu'il y a le Lénine d'avant la Révolution, celui qui écrit *l'État et la Révolution*, et le Lénine sous la pression d'une réalité qu'il ne maîtrise pas complètement.

Dire cela, n'est pas recourir aux circonstances comme un alibi mais prendre en compte à la fois des conditions historiques et ce qui a figé les conceptions de départ, même quand lesdites conditions avaient changé. Au fil du temps, le « léninisme » a transformé en dogme ce qui était lié aux circonstances. L'absence d'une pensée et d'une culture alternatives n'a pas permis aux révolutionnaires de s'extraire complètement du moule antérieur pour surmonter le poids du retard social, économique et culturel. Afin de tenir les promesses « la paix, le pain, la terre », Lénine et les Bolcheviks sont animés par une obsession du rattrapage économique. Ce qu'ils voient du capitalisme, c'est qu'il est injuste mais que « ça marche ». Ici, je rejoins Paul quant aux conceptions économiques. Mais à mes yeux, elles président moins qu'elles ne sont déjà conséquences d'une faiblesse devant l'arriération économique. Toute la tension va vers le rattrapage des pays les plus développés en utilisant souvent les mêmes outils : l'industrie lourde et l'accumulation de capitaux ; le productivisme et la lutte contre la faim, le sous-développement et la pauvreté ; l'introduction du taylorisme et la productivité ; la phase de la Nouvelle politique économique. 70 ans plus tard, Gorbatchev, confronté à une crise de la productivité du travail, importera les méthodes managériales des USA !

Qui doit impulser les changements si ce ne sont ni les aristocrates ni les capitalistes ? L'étatisation, le changement par le « haut » apparaissent comme seuls garants de l'accomplissement. Les Soviets, à l'origine assemblées populaires, deviennent vite lieux de pouvoir institutionnel. Cela induit – à la fois cause et conséquence – le rôle subalterne des individus. Avant 1917, Lénine explique qu'il faut que la plus humble des cuisinières puisse participer à la vie politique et dès 1905, il appuie sa conception du rôle du parti (Que faire ?) sur le fait que la conscience nécessaire au prolétariat ne peut lui venir que de l'extérieur.

La confusion État - Parti en est une lourde conséquence. L'administration se substitue à la confrontation politique. Sans doute faut-il y voir la pression du retard que j'évoquais, de la guerre civile et de la présence des armées des pays capitalistes aux portes de la Russie, mais aussi la conception dominante de la politique issue de la seconde Internationale. Alors que la première Internationale mêlait sur un pied d'égalité partis, syndicats, ce qui sera plus tard associations (et même une fanfare), la seconde, en 1889 – bien avant les Bolcheviks –, impose la suprématie des partis sur toutes les autres formes d'engagement. Dans le *Manifeste du Parti communiste*, Marx doute de la pertinence d'un parti communiste à part des autres forces démocratiques et de la séparation du social et du politique, et nous vivons encore avec l'héritage de cette double dissociation : un parti communiste à part et l'évacuation des autres formes d'engagements (syndicales, associatives) vers une zone de responsabilité politique moindre. On peut voir dans ce choix de la seconde Internationale, la prééminence du parlementarisme et la volonté de se substituer aux forces réactionnaires à la tête de l'État. Toujours est-il que Lénine emboîte le pas à Kautsky, curieusement dans la mesure où, par ailleurs, il le traitera de renégat. Finalement, l'efficacité renvoie moins (puis pas du tout) à l'extension du rôle des intéressés qu'à la verticalité du commandement. En sommes-nous aujourd'hui à l'abri ?

Inventer un ciment idéologique et ses symboliques

Tout grand mouvement collectif produit de la pensée et des symboliques. Plus ce mouvement est profond, plus il s'en nourrit. Ce fut le cas avec la Résistance. Parfois, ce fut le cas de manière volontariste, quand Robespierre impulse le culte de l'Être Suprême. Dans le cas du bolchevisme, nombre de manifestations que l'on peut assimiler à de l'embrigadement, tentent (vainement ?) de compenser un défaut de ciment idéologique pour créer de l'unité. C'est dans ce cadre que j'aborderai le « national-bolchevisme » qualifié ainsi par Paul ainsi que la religiosité qui traverse la Révolution.

En Russie, comme le montre Paul, le siècle s'ouvre sur une floraison de mouvements, allant du nationalisme à la social-démocratie en passant par des mouvements anarchistes et d'autres, religieux. Depuis le XVIIe siècle, la formation de l'État s'appuie sur le sentiment national et l'exacerbe comme ciment de cohésion sociale dans une société terriblement inégalitaire et autoritaire. Au fil des siècles, on retrouve cette idéologie aussi bien chez ceux qui soutiennent le pouvoir que chez ceux qui le combattent : on invoque l'*âme russe* autour de Pierre le Grand ou dans les années qui précèdent la première guerre mondiale. On la retrouve chez les « blancs » de Kornilov, chez des anarchistes ou chez Raspoutine. Cette idéologie a sa version populaire et sa version aristocratique. Elle est réactivée après la défaite face au Japon en 1905. Elle permet de comprendre que des Russes blancs, anticommunistes de la première heure, dépossédés et exilés à cause de la Révolution, aient paradoxalement choisi de défendre la mère patrie, en l'occurrence l'URSS, contre le nazisme. Certains discours de Staline pour exhorter à la lutte contre l'envahisseur hitlérien invoquent d'avantage cette *mère patrie* que le socialisme. Ce nationalisme est une idéologie profondément ancrée et aujourd'hui encore, il contribue au prestige de Poutine. Cependant, même s'il y est particulièrement exacerbé et durable en Russie, on ne peut gommer que durant plusieurs siècles, le fait national s'est mêlé au fait révolutionnaire dans les pays d'Europe. Il n'est qu'à penser à 1792 et la Patrie en danger; à la Commune de Paris et la défaite de Sedan; plus proche de nous, au programme du CNR et la Résistance... D'autant que dans tous ces cas, le cas russe compris, les possédants du moment ont été chercher appui à l'étranger pour tenter de rétablir leur ordre. Ce nationalisme vient compenser des faiblesses idéologiques. Cela s'est traduit au sein de la troisième Internationale par le regroupement politique « autour de la Patrie du socialisme ». Les PC du monde entier peuvent en parler : ils ont été, à un moment de leur histoire, confrontés à choisir entre la défense de la « patrie du socialisme » et les enjeux qu'ils devaient affronter chez eux.

Cette confusion entre national et révolutionnaire explique aussi que des hommes comme Karl Radek aient été tentés par un rapprochement avec l'Allemagne. Il s'agit alors de l'Allemagne de Weimar (Radek étant éjecté de ses responsabilités en 1924). L'Allemagne après 1918 et l'URSS des années vingt ont été mises au ban des États fréquentables. Nombre de Russes retrouvaient une proximité de situation avec ce pays dont, par ailleurs, la vie intellectuelle exerçait une force d'attraction sur l'intelligentsia russe. La faiblesse idéologique conjuguée à un isolement politique menaçant a nourri cet adage « les ennemis de mes ennemis sont mes amis ».

La religiosité

Paul évoque la religiosité à travers laquelle le communisme est abordé. Il écrit que l'influence des Popes n'était guère politique. Mais elle était culturellement d'une grande profondeur. Historiquement nombre de pouvoirs pour s'installer – y compris en 1793 – se sont appuyés sur une religiosité entremêlée avec l'idéal révolutionnaire. Le besoin de symbolique servant de liant social n'échappe à personne. En plein XXIe siècle, en 2010, à la suite d'une maladie du Président Sarkozy, la presse a évoqué « l'importance du corps du président »! Et le côté paternel issu de l'expérience familiale peut s'étendre à la vision de la société. On peut gloser sur le « Petit père des peuples », mais en France, dans les années quatre-vingt du siècle dernier, certains ont cru bon d'appeler François Mitterrand « Tonton ». Nous retrouvons le caractère religieux du rapport à l'État que Marx dénonce dans *La question Juive* et *l'Anti-Hégel*. Là encore, la pensée révolutionnaire apparaît inaboutie. Il y a alors effectivement quelque chose de l'esprit religieux dans la manière d'évoquer la marche vers le communisme. Le rôle du Parti et de ses dirigeants tient incontestablement du messianisme, la marche au communisme tient non seulement du déterminisme mais de la prophétie. L'annonciation de ce qui va advenir devient le ciment idéologique auquel il faut adhérer sous peine de fragiliser l'édifice.

Octobre, un putsch ou une révolution ?

Paul opte pour le putsch. C'est certainement là où j'aurai le point de discussion le plus saillant. De nombreux témoignages de visiteurs français venus en Russie au début du siècle disent leur effarement devant la misère et la servitude au point d'en conclure « que cela finira inévitablement par une révolution ». 1917 ne vient pas comme un coup de tonnerre dans un ciel serein. Dès 1905, une tentative conduit à un semblant de monarchie constitutionnelle et voit l'apparition de Soviets. Si en octobre 1917, la prise du palais d'Hiver ne résulte pas d'une décision démocratique, la trajectoire de la Révolution repose sur de larges mobilisations. Pas moins que celle de Février. Peut-on affirmer que la Révolution française, celle de 1848 ou la Commune de Paris aient impliqué une majorité de la population ? On ne peut aborder la notion de démocratie à l'aune de notre époque. De plus, l'affrontement entre camps révolutionnaires n'est pas propre à 1917 : la révolution de 1848, en est le théâtre sanglant, sans parler de la Révolution française. Il y a deux révolutions russes : l'une, bourgeoise cherchant son modèle auprès des pays d'Europe occidentale, l'autre, ouvrière, paysanne, englobant une partie de l'armée. Comme lors de la Révolution française, les deux camps vont parfois faire cause commune et vont, surtout à partir d'avril, s'affronter de plus en plus directement et violemment. La répression qui s'abat sur les Bolcheviks (Lénine a été contraint à l'exil, Trotski est en prison) et les anarchistes après les Journées de juillet, la « main de fer » que réclament monarchistes et conservateurs, témoigne d'une situation qui ne peut être durable. Un camp va nécessairement battre l'autre et ce, de manière sévère. La violence est de part et d'autre la clé de la situation. Le 27 août, Kornilov jusque-là bras armé du gouvernement provisoire, tente un coup d'État, accroissant de manière considérable la tension. Les masses d'ouvriers, de paysans, de soldats n'attendent pas pour occuper les usines et s'armer, ni pour prendre la terre, déserter et se révolter contre le gouvernement provisoire. Le Soviet distribue lui-même des armes. Lénine, dans une adresse au Comité central du Parti bolchevik, écrit en août : « Les masses sont plus radicalisées que nous ». Dès septembre, les Bolcheviks deviennent majoritaires au Soviet de Petrograd et le gouvernement de Kerenski a perdu toute légitimité. Il tente de prendre l'initiative de la répression.

Sans doute faut-il voir dans la révolution d'Octobre des caractéristiques empruntées au tout récent xixᵉ siècle pour des enjeux qui sont ceux du xxᵉ. La question démocratique n'est encore vécue nulle part comme moteur de développement des sociétés. Elle se présente soit comme une concession inévitable au peuple (Thiers et le suffrage universel masculin au lendemain de la Commune de 1871), soit comme un bienfait accordé mais peu comme une clé d'efficacité. Seules des franges marginales explorent le problème, et encore. La prise du palais d'Hiver est certes décidée par Lénine au nom de « tout le pouvoir aux Soviets ». Elle s'inscrit comme une des suites possibles de février, au cœur de conflits internes à toute révolution. Si le caractère minoritaire du déclenchement de l'action est indéniable, son caractère populaire l'est tout autant. Ne sous-estimons pas l'engagement des « gens du peuple » même si l'articulation entre populaire et avant-garde éclairée est à analyser à la lumière des conceptions délégataires qui vont alors de soi dans tous les pays d'Europe. Ces conceptions sont-elles vraiment dépassées aujourd'hui ? La difficulté est de considérer que les bénéficiaires et les responsables des transformations soient les mêmes ; plus simple à concevoir pour les grands bourgeois de 1789 que pour ceux qui ne possèdent rien. La Commune de Paris a tenté de dépasser ce type de rapports mais c'est l'exception, et nous retrouvons l'impact de sa défaite sur le mental des révolutionnaires. À défaut d'avoir été plus précis que « la paix, le pain, la terre », le mouvement révolutionnaire russe, au fil de son élargissement, doit surmonter la difficulté que constitue la réalité culturelle russe de l'époque. D'où des propos disparates, y compris chez les Bolcheviks. Mais une révolution peut-elle être autrement que chaotique ?

Une aspiration à la démocratie et une réponse qui l'étouffe

L'aspiration à prendre sa part de responsabilité soufflait comme un vent nouveau – en témoigne la queue devant les bureaux de vote, la participation des femmes et leur volonté d'émancipation à une époque où à l'ouest, elles n'ont pas encore le droit de vote. Cela s'exprime aussi dans la multiplication des titres de presses (pour ceux qui savent lire), des grèves et assemblées générales… Autant d'images qui contrastent fortement avec l'autocratie, la soumission au maître, le bagne ou la peine de mort pour raisons politiques qui régnaient si peu de temps auparavant. Ce foisonnement propre à toute révolution, a, dans un contexte de guerre civile, aussi été interprété, comme devant être maîtrisé ; interprétation qui a contribué à renforcer le rôle des partis les plus organisés et structurés au détriment du rôle des « simples gens » et des assemblées populaires. Il a ainsi renforcé celui des cadres de ces partis qui se mettent aisément dans la peau de chefs. On prend vite les plis des dirigeants que l'on combat. Le Parti bolchevik, le plus organisé et structuré, de plus en plus influent, devient une force d'entraînement décisive. En même temps, sa force nourrit une substitution abusive : il se prend pour le peuple dans sa part la plus avancée. La haine de l'ouvrier ? évoque Paul ; je ne crois pas. Je pense plutôt au caractère contradictoire de ce qu'en dit Lénine : selon lui, la classe ouvrière doit avoir le rôle dirigeant mais sa conscience politique ne peut lui venir que de l'extérieur. Jusqu'à son achèvement, la culture issue du soviétisme aura magnifié un rôle messianique des ouvriers sans cependant accepter que cela passe autrement que par le Parti. Ceux qui prennent des initiatives hors du nouveau cadre, incommodent puis finissent par déranger et doivent être rappelés à l'ordre. On ne peut pas dire que Lénine ne s'en inquiète jamais, certains de ses textes l'attestent. Mais régulièrement, ce qui apparaît comme l'urgence à traiter prime et marginalise ce souci. S'il s'alerte périodiquement de la bureaucratisation, il finira par écraser toute opposition structurée comme celle de Cronstadt, alors que son attachement à un rôle plus grand des Soviets est maintes fois répété ; contradiction que lui reprochera Rosa Luxemburg. Il y a donc chez Lénine des zones obscures, des impensés qui vont laisser un espace aux conceptions staliniennes sans pour autant que l'on puisse assimiler l'un à l'autre.

On peut, comme Paul, considérer que l'enjeu que représente le mode de vie n'est pas suffisamment analysé par les Bolcheviks. Avec le recul, c'est vrai. Les Bolcheviks participent au positivisme ambiant de tous les pays industrialisés ; la littérature et le cinéma soviétiques feront du productivisme une épopée. Cependant, s'attaquer à l'analphabétisme, la misère, le vagabondage sans terre ni travail ni logis, à la brutalité envers les femmes et les enfants, à l'alcoolisme (avec moins de succès), et aux inégalités les plus criantes, participe du souci d'un autre mode de vie. Kroutchev est fils d'éleveur de porcs. Il symbolise, comme tant d'autres, l'arrachement à l'inculture et à une société dont les strates sont restées si longtemps immuables. Du point de vue social et donc aussi mental, la Révolution a été un saut dans l'avenir. Mais au fur et à mesure que la société soviétique commence à se débarrasser de ses pires scories en matière de retard économique, social et culturel, les besoins ne sont plus les mêmes, des aspirations nouvelles émergent. La question démocratique et celle de l'individuation deviennent plus décisives. Mais le système soviétique ne le perçoit pas et ne renouvelle ni les méthodes, ni les objectifs, ni la conception du mode de vie. Il n'offre comme idéal que principalement la réussite matérielle. Son fonctionnement est de plus en plus dépassé par les exigences de la réalité. Il va en découler une démotivation croissante des individus. L'appareil d'État se substituant à l'engagement personnel entraîne le règne de l'a-responsabilité et une crise du travail (une Soviétique relatera en 1989 qu'il y avait à cette date, autant d'orphelins qu'en 1945 : l'abandon des bébés en maternité faisant office de moyen contraceptif). Très vite, une aspiration vers l'ascension sociale de la part de ceux qui ont des responsabilités économiques ou politiques se traduit par l'émergence d'une couche sociale liée à la bureaucratie, avec ses privilèges, de la corruption (des diplômes se vendent), et en contrepartie, de la passivité de la part du plus grand nombre.

L'enjeu actuel du bilan

On ne peut ni inventer ce qui aurait pu être, ni dire que ce qui est advenu était inévitable. À plusieurs reprises, des tentatives de bifurcations ont fait de timides apparitions, toujours éphémères, rapidement évacuées par la poursuite de la normalité. Des tentatives de Kroutchev, des intentions affichées du fugace Andropov, ont rapidement avorté. Elles se sont heurtées soit à l'inertie, soit à de fermes oppositions de dominants voulant préserver leurs positions ou restés idéologiquement figés.

Si l'on ne peut assimiler Lénine à Staline, la tentation à laquelle nombre de partis communistes n'ont pas résisté a été de réduire les causes de l'échec de l'URSS au stalinisme, ce qui faisait faire l'économie d'une analyse plus profonde. D'autres (ou les mêmes) font comme si rien de cela n'avait existé. Le fait de ne pas chercher à tirer des enseignements d'un tel échec, les a conduits à passer de la téléologie à une vision fragmentée des situations, ce qui entraîne une incapacité à élaborer une pensée cohérente et le sentiment d'impuissance qui en découle. Il y a pourtant des leçons à tirer qui changeraient la vie politique : prétendre faire pour le peuple mais à sa place ne conduit qu'à l'impasse. L'expérience interroge la notion de Parti. Et si le mythe a duré si longtemps et animé tant d'humains sur la planète, c'est qu'il n'y a pas de socialisation sans récit collectif. Comment un récit peut ne pas être synonyme d'embrigadement ? Conjuguons les deux idées. La force motrice d'élaboration d'une vision cohérente d'une autre société et des voies qui y conduisent ne peut être que le peuple, sans le rêver, tel qu'il est, avec ses contradictions, ses affrontements d'idées. La « démo-cratie », c'est mettre en lumière les tenants et aboutissants de ces tensions. N'avons-nous pas besoin d'élaborer les paradigmes qui nous permettent de dépasser le cadre idéologique dans lequel nous sommes immergés ? Il ne s'agit pas de contrition, mais de nous affranchir des évidences qui, par définition, vont de soi. En cela discuter de 1917 tombe à point nommé.

Introduction

La gauche peut-elle encore parler de socialisme ?

« 1917 ? Une révolution éclate, la plus violente de tous les temps. En quelques semaines une société se débarrasse de tous ses dirigeants : le monarque et ses hommes de loi, la police et les prêtres, les propriétaires et les fonctionnaires, les officiers et les patrons. Il n'est pas un citoyen qui ne se sente libre, libre de décider à chaque instant de sa conduite et de son avenir. Il n'en est bientôt plus un seul qui n'ait aussi, dans sa poche, un plan tout prêt pour régénérer le pays. »
(in Marc Ferro, Le soldat russe en 1917).

Le centenaire de la révolution d'octobre 1917 se prépare dans la morosité. Pourrait-il en être autrement dès lors que, de l'avis général, le terrible fiasco de l'URSS était inéluctable ?

Le réquisitoire contre le stalinisme est établi depuis longtemps au point d'être devenu assommant, y compris au sein des forces des gauches. Les pays du « socialisme réellement existant » (selon les mots trompeurs de la classe dominante), ont décrédibilisé jusqu'aux mots de socialisme et de communisme, privant ainsi les jeunes générations de toute espérance politique. Le bilan de l'URSS est autant tragique sur le plan social et écologique que politique et humain, donnant raison à ceux qui, avec Maxime Gorki, estimaient, dès 1917, que l'humanité mettrait longtemps à se relever de ce drame : « On est en train de faire sur le prolétariat russe une expérience qu'il paiera de son sang, de sa vie, et, ce qui est pis, d'une désillusion durable envers l'idéal socialiste ». Cet avis prémonitoire était alors partagé par de très nombreux bolcheviks.

Pourquoi profiter alors de ce centenaire pour rouvrir ces pages sanglantes ? Cette tragédie pourrait-elle nous apprendre encore quelque chose, non pas seulement sur elle-même, mais sur nos propres (dés)illusions ? Je reste convaincu qu'existe une troisième voie entre, d'une part, la thèse totalitarienne qui nourrit le fameux « Tina » (« Il n'y a pas d'alternative »), sous-estime l'importance des résistances populaires spontanées au stalinisme, passe sous silence certaines réalisations heureuses de la jeune Russie des Soviets, et d'autre part, la nouvelle histoire révisionniste qui se développe en France comme en Russie, et cherche à réhabiliter le plus monstrueux, en passant les dizaines, voire les centaines de millions de victimes par pertes et profits. J'ai donc eu besoin de revisiter, à nouveaux frais, les expériences des premières années de la jeune Russie des Soviets, car l'histoire officielle ne retient habituellement que ce qui a été légitimé par le pouvoir stalinien. Je me propose de présenter ces expérimentations qui auraient pu être les laboratoires d'un autre futur possible, et que les staliniens zélés vouèrent à ce qu'ils qualifiaient de « poubelles de l'histoire », et que la bonne conscience antistalinienne choisit encore aujourd'hui de taire parce qu'elles ne cadrent pas avec son parti pris. Le centenaire de la révolution d'Octobre est un prétexte pour rouvrir le caveau de toutes les tentatives avortées et ceci sur tous les fronts : économique, politique, social, psychologique, culturel, urbanistique, architectural, sexuel, religieux, artistique, pédagogique, militaire, policier, syndical, vestimentaire, etc. Le lecteur d'aujourd'hui ne pourra qu'être surpris, qu'au cœur même de la tourmente de la Grande guerre puis de la guerre civile, et avec l'Entente, les meilleurs esprits bolcheviks se soient échauffés à imaginer un nouveau mode de vie. Comme si la famine qui décimait la population ne pouvait pas empêcher de débattre de démocratie, de design, de sexualité, de pédagogie, de culture. Le lecteur découvrira que la jeune Russie des Soviets fut entre 1917 et 1927, le pays le plus avancé du monde en matière d'écologie et de protection de la nature, avant que les purges ne réduisent au silence ces pionniers. Le lecteur découvrira que la jeune Russie des Soviets fut encore, à la fin des années vingt, le pays où l'on envisagea le plus sérieusement la disparition des villes. Le lecteur découvrira que l'objectif de Lénine n'était pas de construire le socialisme, et encore moins le communisme, mais de réaliser ce qu'il nommait le « capitalisme d'État », dont le modèle fut d'abord l'économie de guerre allemande, puis le taylorisme, le fordisme et le béhaviorisme nord-américains.

Ce voyage au cœur de la jeune Russie des Soviets satisfera autant le lecteur curieux de la chose historique que celui qui voudrait comprendre comment des millions d'humains ont pu croire au bolchevisme et pourquoi cela a si mal tourné. Ce livre couvre donc la période 1917-1927, avant ce que les spécialistes qualifient (trop facilement) de « grand tournant » stalinien, mais sans s'interdire des expéditions dans les périodes antérieures ou postérieures. Nous partons pour ce voyage avec assez peu de chose dans notre musette, non pas parce que ces pages seraient restées blanches, mais parce qu'on ne sait pas comment les interpréter faute de les relier les unes avec les autres. Pour frayer ce chemin, nous devrons nous défaire de nombreux faux-semblants que l'histoire officielle, celle stalinienne comme celle antitotalitaire, a collés à ces expériences pour mieux les décrédibiliser et les rendre méconnaissables[1]. Ainsi durant les années pendant lesquelles j'ai rassemblé les matériaux qui ont nourri ce livre, beaucoup de mes interlocuteurs se sont dit étonnés que je puisse entretenir encore des illusions quant aux possibilités d'enfanter un « homme nouveau » ; or précisément, ces expériences qui visaient à changer le « mode de vie » (*byt* en russe), n'avaient rien de commun avec ce dogme. On se complaît de même à confondre le monstrueux « réalisme socialiste » stalinien avec les expériences antérieures en matière de « Proletkult ».

Au terme de ce voyage qui m'a permis de (re)découvrir des utopies concrètes, certaines sérieuses d'autres loufoques, certaines donnant encore à rêver d'autres faisant frémir d'effroi, je suis convaincu que beaucoup se sont joué autour de l'économi(qu)e, du choix du capitalisme d'État et du productivisme. Le lecteur m'accordera que cette question est toujours d'actualité, comme en témoignent la crise écologique et les débats sur l'écosocialisme, mais aussi les difficultés à déniaiser la gauche au regard de son passé et passif productivistes. Si les gauches ont été majoritairement productivistes au cours du XXe siècle, à l'exception notable des compagnons libertaires et des milieux conseillistes, le caveau des utopies antiproductivistes s'avère cependant bien plein. Je porterai donc le fer au point le plus sensible en rappelant que le productivisme n'est pas une maladie infantile du communisme, puisque les gauches furent moins productivistes au XIXe siècle qu'elles ne le devinrent avec l'industrialisme russe. Cet étouffement des gauches antiproductivistes fut la conséquence non pas tant de la victoire d'une vision déterministe de l'histoire, de l'idéologie du progrès et du matérialisme philosophique, que celle d'une classe dominante, la bourgeoisie prétendument rouge, caractérisée par la peur des foules sans chef et par l'attachement à ses privilèges économiques, politiques et moraux.

Les gauches mondiales ne sont pas encore guéries de cette longue tragédie, bien qu'elles cherchent de nouveaux « gros mots » pour dire les chemins de l'émancipation, qu'il s'agisse du « *buen vivir* » sud-américain, du « plus vivre » de la philosophie négro-africaine de l'existence, de la « vie pleine » en Inde, bref de ce que l'historien hispanique, Joan Martinez-Alier, identifie, avec raison, comme « l'écologisme des pauvres » face aux visions des riches. J'ajouterai que, de même que les milieux populaires d'aujourd'hui n'ont pas besoin du mot « écologie » pour agir de façon plus écologique que les riches, les amoureux des nouveaux modes de vie (*novy byt*) de la jeune Russie des So-

---

1 Parmi les ouvrages français qui réhabilitent le stalinisme, citons Domenico Losurdo, *Staline, histoire et critique d'une légende noire*, Aden, Bruxelles, 2011, et de Grover Furr, *Khrouchtchev a menti*, Paris, Delga, 2014.

viets n'avaient pas davantage besoin de se dire antiproductivistes. À l'image des altermondialistes actuels qui multiplient les mots chantiers comme la relocalisation contre la globalisation, le ralentissement contre l'accélération, l'idée coopérative contre la concurrence, la planification écologique contre le « tout marché », le choix d'une vie simple contre le mythe de l'abondance, la gratuité contre la marchandisation ; les adeptes du nouveau mode de vie frayèrent aussi de nombreux chemins en matière de production, de consommation, de monnaie, d'urbanisme, d'architecture, de conception de la famille, de sexualité, de la pédagogie, de démocratie directe, etc. L'architecte et urbaniste Anatole Kopp écrivait en 1968 au sujet de certaines de ces expérimentations pour *Changer la vie, Changer la ville* : « Rien ne nous permet d'affirmer que l'« autre voie » qui avait été esquissée, avec bien des réserves, des contradictions, des réticences – au cours du bref épisode des « années vingt » – ne se serait pas terminée en catastrophe. Rien ne nous permet d'affirmer qu'il s'agisse d'autre chose que d'une gigantesque utopie, généreuse certes, exaltante par bien des aspects, mais condamnée d'avance à l'échec, compte tenu du contexte dans lequel elle s'inscrivait. Mais rien non plus n'autorise à la passer sous silence, ni à la rejeter dans ces fameuses « poubelles de l'histoire », où, ce que l'on appelle, faute d'un autre nom, le stalinisme, l'a précipitée avec les cadavres de ceux qui avaient caressé ces rêves, qui y avaient consacré leur énergie, leur intelligence et leur vie[1]. »

Ce livre dresse donc (partiellement) l'inventaire des occasions manquées. J'aimerais qu'il aide à comprendre comment on a pu être communiste, comment des milliards d'humains ont pu croire dans cette espérance.

Cet inventaire n'est ni exhaustif ni nostalgique et moins encore pessimiste. Chacun des fronts peut se parcourir indépendamment des autres car, pour des raisons biographiques, certains se sont trouvés entre 1917 et 1932 à rêver d'un autre urbanisme, d'une autre architecture, d'un autre travail, d'une autre sexualité. J'espère convaincre que tous ces fronts ne furent que des théâtres d'opération différents sur lesquels se déroulait un même drame, qui fera des dizaines de millions de morts et démonétisera l'idée de communisme. Les peuples sont largement réduits depuis à se tromper de colère, comme l'atteste le protofascisme rampant qui grignote, chaque jour, la planète. L'ordre des chapitres n'est pas une façon de hiérarchiser ces différents fronts/thèmes. Anticipant sur la démonstration, j'avancerai que la victoire de la classe dominante, qui prendra le visage du stalinisme même si Staline ne fut que l'incarnation d'un national-bolchevisme, véritable idéologie de substitution, fut d'abord le résultat d'une conception autoritaire de la Révolution en raison du choix de

---

1 Anatole Kopp, *Changer la vie, changer la ville*, Paris, Union générale d'édition, 1975.

sacrifier le temps présent à des hypothétiques lendemains qui chantent. Le stalinisme est le choix du productivisme au mépris de toute vie[1].

Les forces émancipatrices resteront incapables de rouvrir le champ des possibles tant que cette tragédie ne sera pas soldée plutôt que refoulée[2]. Nous ne pouvons pas laisser la critique de la révolution d'Octobre à nos adversaires, sauf à abandonner toute perspective, sauf à démissionner devant l'histoire. Notre critique de la faillite de la jeune Russie des Soviets doit être encore plus informée, plus virulente que celle qu'en font les tenants du capitalisme. C'est pourquoi j'ai souhaité profiter de ce centenaire pour contribuer à cet effort collectif, non pas pour écrire une nouvelle page sanglante dans le livre noir du stalinisme mais bien pour esquisser une autre histoire/révolution possible.

Ce livre, que j'avoue iconoclaste, s'adresse donc potentiellement à deux publics. Celui des érudits qui souhaitent prolonger sur un mode historique la connaissance des événements qui ont suivi la révolution d'octobre 1917. Celui des militants qui, sans être pour autant des nostalgiques de la révolution bolchevik (comment pourrait-on l'être ?), restent convaincus qu'une autre appropriation de l'histoire est nécessaire pour rouvrir le champ des possibles ; une lecture laissant toute sa place à ce qui fut expérimenté ou imaginé. J'ai choisi de la faire en rendant ces expériences accessibles au plus grand nombre, quitte à délaisser un vocabulaire trop daté, quitte à aller directement à l'essentiel alors que l'histoire fut naturellement plus riche et mouvementée. Ce livre assume complètement le statut que lui donne son auteur, celui de donner à penser, en creux, un autre communisme.

Je dois dire ma dette envers Natalia et Iéléna, deux amies russes, qui ont attiré mon attention sur des fragments de l'histoire, peu ou pas connus en Occident. Il va sans dire que je reste seul responsable des bévues éventuelles.

---

1 Je conseille vivement l'ouvrage de Jean-Jacques Marie, *Staline*, Paris, Fayard, 2003.

2 Pour une approche plus critique de l'URSS au sein du PCF que la fameuse formule du bilan globalement positif de Georges Marchais, Alexandre Adler et François Cohen, *L'URSS et nous*, Paris, Éditions sociales, 1978 ; Jean Elleinstein, *Histoire de l'URSS* (4 tomes), Éditions sociales, 1975.

La question des nouveaux modes de vie

La question d'un nouveau mode de vie est au cœur de la tradition révolutionnaire russe et les bolcheviks savaient parfaitement que la conquête du pouvoir, pour aussi importante qu'elle soit, n'était qu'un instrument au service de ce changement des styles de vie majoritaires qui caractérisent une société. Le stalinisme réduira d'abord cette question à celles de la socialisation des moyens de production et du renforcement de l'État faussement prolétarien, qui ne furent que des moyens de casser les cultures populaires et d'opprimer le peuple, sous prétexte de faire naître l'« homme de masse » nouveau puis, nous verrons comment il interdira toutes les recherches en matière de mode de vie. La morale, pour ne pas dire le moralisme, deviendra alors le plus court chemin pour tuer dans l'œuf tout débat sur la nécessité de construire la vie autrement. Le sort de la révolution d'Octobre se jouera largement sur ce terrain du mode de vie et partant de la conception de la « vie bonne » (*eudémonia*) à défendre. Cette problématique embrasse l'ensemble des domaines de la société : non pas seulement améliorer les conditions de logement mais inventer des formes de logement communautaires ; non pas seulement permettre l'accès des milieux populaires à l'école mais changer l'école ; non pas seulement augmenter les salaires mais supprimer la hiérarchie des revenus et leur caractère monétaire ; non pas seulement donner à chacun de quoi s'habiller mais inventer des vêtements socialistes ; non pas seulement créer l'Armée rouge mais supprimer le salut militaire, les grades de caporal à maréchal ; non pas seulement démocratiser la culture ou l'école, mais la transformer, supprimer les notes, etc.[1]

---

1 Sur la question des nouveaux modes de vie, Eric Aunoble, *Le communisme tout de suite!*, Nuits rouges, Paris, 2008 ; Jean-Jacques Marie et Georges Haupt, *Les Bolcheviks par eux-mêmes*, Paris, Maspero, 1969 ; Moshe Lewin, *La formation du système soviétique*, Paris, Gallimard, 2013 ; Victor Serge, *L'an I de la révolution*, Paris, La Découverte, 1977 ; Alfred Rosmer, *Moscou sous Lénine* (deux tomes), Paris, PCM, 1970 ; Nicolas Fornet, *La révolution dans la culture et le mode de vie : Russie soviétique (1917-1927)*, LBC, Paris, 2016.

QUE FAIRE ?

Cette quête de nouveaux modes de vie est la continuation du vieux courant du socialisme utopique dont le grand représentant russe fut Nicolas Tchernychevski (1828-1889), l'auteur du fameux *Que faire ?*, un roman qui, au xixᵉ siècle, en se référant ouvertement à Charles Fourier et à Robert Owen, décrivait le paradis socialiste lorsqu'il serait pleinement réalisé en Russie[1]. Lénine sera très élogieux, face au succès de cette fiction, au point d'utiliser son titre pour rassembler en 1902 ses propres thèses sur la Révolution. Les perspectives de révolutionner le mode de vie pour enfanter l'homme neuf n'étaient pas fondées sur des robinsonnades mais sur des réalisations[2]. Ce n'est pas par hasard, comme le rappelle Anatole Kopp, que la notion d'homme nouveau (*novie lioudi*) est apparue, pour la première fois en Russie, sous la plume d'un autre auteur socialiste populiste, Vissarion Belinski (1811-1848), et non pas, comme on le prétend, sous celle de Staline, où elle acquiert un autre sens. Car, alors que les tenants de la folie « industrialiste » (pour utiliser le jargon de l'époque) et du contrôle des foules resteront toujours incapables de penser le peuple comme possédant une culture autonome émancipatoire, les autres courants issus du socialisme utopique partageaient la conviction d'un « déjà là », c'est-à-dire de potentialités qu'il s'agissait juste de réveiller et d'amplifier. Les Russes expriment cela avec leurs propres mots : aucune révolution n'est possible sans *novy byt*, sans construire un nouveau mode de vie. Ce thème traverse toute la période qui va d'Octobre à la victoire du stalinisme. L'objectif en 1917 était double : reconstruire l'économie détruite par la guerre mais aussi, et tout autant, inventer de nouvelles façons de vivre, sans quoi, disait-on avec beaucoup de bon sens ou de capacité prospective, le socialisme ne serait qu'une nouvelle forme de technocratie et d'autoritarisme forcené.

Les Staliniens ont purgé notre mémoire collective au point de faire oublier ce que furent toutes les expérimentations de la jeune Russie des Soviets, un peuple et une nation certes à genoux économiquement, à la sortie des deux guerres, mais debout culturellement, idéologiquement et politiquement. Ce sont ces mêmes Proto-staliniens qui applaudirent au choix d'abandonner la perspective de construire, dans la jeune Russie des Soviets, le communisme pour instaurer un capitalisme d'État, directement inspiré, d'abord de l'Allemagne militariste, puis des États-Unis, en important de ces pays, non seulement le taylorisme, le fordisme et le béhaviorisme, mais l'idée d'une dictature économique des chefs d'entreprise, socle de la dictature politique. Ce sont ces choix économiques industrialistes qui expliquent la fin

---

1 Leonid Heller et Michel Niqueux, « Histoire de l'utopie en Russie », in *Annales. Histoire, Sciences Sociales*, 52ᵉ année, n° 3, 1997, p. 635-636.

2 Joseph Dubois, *URSS une nouvelle humanité*, Paris, Éditions Valois, 1932.

des grandes utopies et non pas, comme on le prétend, l'appétence pour le pouvoir. Ce sont bien ces choix économiques productivistes qui expliquent l'abandon de la perspective du dépérissement de l'État, qui allait chez certains dirigeants, jusqu'à préconiser de dissoudre un Parti bolchevik devenu inutile, selon eux, aux lendemains de la victoire du coup d'État, et la volte-face qui conduira à la dictature d'une fraction du Parti sur le Parti lui-même et à celle du Parti, de plus en plus confondu avec un État Moloch, sur ce qui demeurait de la société. Ces Proto-staliniens finiront par psychiatriser tous les tenants des nouveaux modes de vie. Le plus étonnant n'est pas tant la richesse des expérimentations, alors que tout était à terre et que la survie même de la Révolution était en cause, mais le silence qui a suivi cette tragédie, car cette nécessité de passer d'un *byt* ancien à un *byt* nouveau existait chez Marx et Engels. Marx soutenait, dans *L'idéologie allemande*, que « La véritable richesse spirituelle de l'homme dépend entièrement de la richesse de ses relations réelles… C'est par là seulement que les individus se libèrent des diverses barrières nationales et locales, et sont mis en rapport pratique avec la production (spirituelle ou autre) du monde entier et deviennent capables de jouir de ces immenses créations des hommes sur toute la terre ».

Ce grand silence oblige à mettre en cause, au moins partiellement, la thèse du « grand tournant de 1927 », chère aux oppositions de gauche à Staline, car ces mêmes oppositions de gauche allaient chercher dans une industrialisation encore plus forcenée la solution à la catastrophe qu'ils dénonçaient, pour certains d'entre eux, depuis les premiers jours de la révolution d'Octobre. Nous verrons cependant que tous ceux qui prirent conscience de la tragédie programmée finiront par reposer la question des nouveaux modes de vie. Ce sera le cas de tous les dirigeants de la Révolution, à l'exception de Staline. M. Iankovski expliquait encore en 1928 dans *Pour un homme nouveau*, que la Révolution ne s'était pas terminée avec Octobre et que la « révolution-narisation » de l'économie, voulue par les bolcheviks, n'était rien face à la nécessité de « révolutionner » les modes de vie. Staline avait cependant déjà gagné et sa parabole de l'« homme neuf » soviétique, loin d'être un appel à expérimenter de nouveaux modes de vie, ordonnait de refermer cette paren-thèse, puisque si le socialisme existe déjà dans un seul pays, alors l'homme socialiste existe déjà, ainsi que l'économie socialiste, la ville socialiste, l'école socialiste, l'armée socialiste, l'État socialiste, etc.

La terreur stalinienne fut foncièrement l'abandon du projet communiste de révolutionner le mode de vie car la nouvelle classe dominante n'avait que faire de la construction de communs puisqu'elle ne rêvait que de reproduire, en toute chose, le mode de vie des anciennes élites d'avant les révolutions de 1917. C'est donc logiquement que cette contre-révolution se donna comme but de rattraper et de dépasser le « niveau de vie américain », faute de changer la vie.

LE *NOVY BYT*

La construction d'un nouveau mode de vie aurait été une arme efficace contre la bureaucratie stalinienne car elle aurait mis en cause ses conditions d'existence en faisant primer, par exemple, les biens communs sur les biens privés, les communes de production sur les entreprises autoritaires, les communes de logement plutôt que les appartements communautaires. Un autre mode de vie aurait pu ainsi saper les conditions d'exploitation et de domination de la nouvelle classe dirigeante sur le plus grand nombre. Le peuple soviétique a perdu la Révolution dès lors qu'il a échoué à imposer sa propre conception de la vie bonne face à celle que défendait la classe dominante. La définition de l'*eudémonia* est un conflit de classe en 1917 comme en 2017. Comme nous le découvrirons, il ne suffit pas cependant de parler de *byt* et encore moins de *novy byt* pour désigner ou vouloir la même chose. Parler de *byt*, c'est susciter l'imagination, tous les fronts s'ouvrent en même temps, même si certains d'entre eux s'avèrent plus emblématiques comme celui sur la construction des communs, ou polémiques comme celui sur la sexualité[1].

Le mouvement pour le *novy byt* connaît deux échecs successifs : le premier lorsque la direction du Parti parvient à réduire la question à une simple affaire de moralité (et donc de moralisation du peuple et de l'État Moloch), tout en défendant encore la nécessité de construire une nouvelle morale communiste ; la seconde lorsque cette morale redeviendra celle d'avant Octobre.

LA RÉDUCTION DU NOUVEAU MODE DE VIE
À LA MORALE COMMUNISTE

Les bolcheviks sont été eux-mêmes à l'origine de moult expérimentations et rien ne serait plus faux que d'opposer systématiquement les partisans du *novy byt* à la direction du PC(b)R[2] comme le fera bien plus tard la critique libertaire. Les uns et les autres sont convaincus que la Révolution doit chan-

---

1 Mikhaïl Zochtchenko, *Contes de la vie de tous les jours (1920)*, Paris, Éditions Noir et Rouge, 1987 ; Ibos Caroline, « Le constructivisme soviétique : un objet introuvable », in *Espaces Temps*, 78-79, 2002 ; *À quoi œuvre l'art ? Esthétique et espace public*, sous la direction de Bruno-Nassim Aboudrar et Christian Ruby. p. 59-67.
2 PC(b)R : Parti communiste (bolchevik) russe.

ger le style de vie, donc les conditions d'existence, bref la conception de la vie bonne. Même Trotski, qui n'est pourtant pas le plus offensif sur ce terrain, évoque ces « *foyers démonstratifs* », des nouvelles formes de vie en insistant sur les communautés d'habitation vues comme un vecteur de l'égalité des hommes et des femmes. Nicolas Alexandrovitch (1874-1949), Commissaire du peuple à la santé publique, qualifie de « propagande par l'exemple » ces mêmes expériences de « collectivités familiales communistes », espérant qu'elles susciteront le désir. Les dirigeants bolcheviks en viendront pourtant à sacrifier ces laboratoires communistes, au nom certes du réalisme, mais d'un réalisme de classe puisqu'il s'explique par leur choix assumé de construire un capitalisme d'État[1]. Ils le feront en disant qu'ils le regrettent mais que la priorité est désormais là. La direction bolchevik va donc, dès la NEP (nouvelle politique économique), réduire la question du nouveau mode de vie à l'avènement d'une nouvelle morale qu'elle qualifie de communiste. Cette morale n'interroge pas cependant les valeurs d'une vie bonne et se restreindra de plus en plus au respect de sa conscience professionnelle. Staline ira plus loin en considérant cette nouvelle morale comme improductive. Nous pouvons illustrer ce changement de morale en examinant la question du sport. Alors que la jeune Russie des Soviets défendra d'abord avec le *proletkult* un sport non compétitif et sans record, puis avec le mouvement hygiéniste un sport sans compétition mais aussi sans affrontement (boxe par exemple), le Commissaire à la santé, Nikolaï Semachko, se dira favorable au sport de compétition, à la recherche de records dans un but d'éducation économique.

Quand la morale communiste se réduit à la morale au travail

Trotski publie en 1923 *Questions du mode de vie* alors qu'il est encore Commissaire du peuple à l'armée et à la marine et deuxième personnage de l'État. Ce livre publié par les Éditions d'État témoigne de l'extrême intérêt, et même de la gourmandise des révolutionnaires bolcheviks pour ces débats. Trotski expose que le *novy byt* peut être compris de deux façons : soit comme des expériences communautaires ainsi que le prétend la gauche, soit comme le changement des rapports de production et donc du mode de production. Trotski prend naturellement position en faveur de cette seconde définition mais, comme il ne s'agit pas de remettre en cause la division du travail, la révolution des modes de vie sera d'abord celle de la morale au travail. C'est pourquoi il explique que le côté positif du nouveau mode de vie, c'est justement le productivisme, ce qui le conduit à défendre certains aspects du travail capitaliste contre les adeptes du *novy byt* qui prônent le refus de la discipline.

---

1 Tony Cliff, *Le capitalisme d'État en URSS, de Staline à Gorbatchev*, Paris, EDI, 1990.

Les bons révolutionnaires ne sont pas ceux qui mettent en cause le taylorisme mais ceux qui sont « dévoués à la production, à la technique, à la machine ». Il ajoute que ces bons ouvriers sont « faussement apolitiques » car, de par leur intérêt pour l'industrie, ce sont objectivement de « bons socialistes », et il conclut que changer de vie, c'est d'abord se cultiver professionnellement. Il cite donc comme première condition du nouveau mode de vie communiste la publication de livres d'études techniques et professionnelles : « Nous avons besoin d'une série de nouveaux manuels de poche : pour le serrurier soviétique, pour le tourneur soviétique, pour l'électricien soviétique, etc.[1] » Il ajoute que la normalisation, l'électrification, la planification de l'économie ne sont que des moyens au service de cette « nouvelle culture technique et rationnelle » que le capitalisme a introduit et que le socialisme a pour mission de poursuivre. Il recommande de confier l'écriture de ces manuels à une troïka formée d'un écrivain, d'un professionnel du métier concerné et d'un politique marxiste. Cette révolution de la culture professionnelle permettrait d'élever le niveau de qualification des travailleurs et de rallier le groupe des ouvriers qualifiés (en fait celui des techniciens et des ingénieurs comme l'histoire le montrera) au PC(b)R. Trotski s'en prend à la presse professionnelle existante, comme *Le Moscou travailleur* et *La gazette ouvrière*, qu'il juge illisible et mal imprimée. Il appelle à mettre en place des hebdomadaires et des mensuels scientifiques et techniques, spécialisés par secteur de production, et à créer des « Sociétés savantes techniques » destinées aux ouvriers (en fait aux ingénieurs et techniciens). Il n'hésite pas à entrer dans les détails et écrit : « Ni les soldats ni les cadres de l'Armée rouge ne prennent soin de leurs affaires. Des bottes non cirées, surtout si elles sont trempées, sèchent et sont bonnes à jeter au bout de quelques semaines [...] Nous abîmons de bonnes chaussures américaines uniquement parce que nous n'avons pas de lacets [...], ces « petits riens » qui s'accumulent et qui se combinent finissent par donner ou bien, par détruire, quelque chose d'important [...] Il est fréquent que l'on confonde l'intérêt porté aux détails avec le bureaucratisme. C'est là une grave erreur [...] Demander que l'on ne crache pas ou que l'on ne jette pas de mégots dans les escaliers ni dans les couloirs, c'est un « petit détail », une exigence minime, et qui a cependant une signification éducative et économique énorme. Celui qui crache sans se gêner dans un escalier ou sur un parquet est un bon à rien et un irresponsable. Ce n'est pas lui qu'il faut attendre pour remettre l'économie sur pied. Il ne cirera pas ses bottes, cassera un carreau par inadvertance, il aura des poux[2]. »

---

1 <https://www.marxists.org/francais/trotsky/livres/qmv/qmv1.html>

2 <https://www.classiques.uqac.ca/classiques/trotsky_leon/...de.../trotsky_Questions_mode_de_vie.rtf>

Le Parti lancera alors une vaste campagne pour dénoncer l'*Oblomoverie* au sein de la classe ouvrière, néologisme formé sur le nom du héros du roman *Oblomov* écrit en 1859 par Ivan Gontcharov dans le but de dénoncer la noblesse russe (et non pas les milieux populaires), puisque Oblomov est le prototype du paresseux, conscient de l'être et incapable de s'en sortir.

Trotski ouvrira bientôt un nouveau front concernant la grossièreté du langage. Une grande campagne soutiendra la décision prise par l'Assemblée générale des ouvriers de la fabrique de chaussures nommée *La Commune de Paris* de mettre fin au langage grossier des ouvriers en les punissant par une amende. Le président du Sovnarkom (Conseil des commissaires du peuple) tentera de profiter de ce débat pour se demander comment l'appareil d'État entre au contact de la population et de conclure que la politesse n'existe pas davantage. Trotski répliquera en différenciant la grossièreté du moujik et celle du révolutionnaire. Il explique que la licence linguistique ne trouve pas ses racines dans le mot lui-même, mais dans le mode de vie ancien, puisque la grossièreté du langage serait la conséquence du servage, donc aussi celle de l'humiliation. Le paysan devenu ouvrier serait grossier car il appartient au passé. Le bolchevik serait grossier pour être mieux compris des ouvriers sans culture. Nous verrons comment le Parti recommandera à ses militants de parler l'argot populaire.

LE GRAND RENONCEMENT

Je vois quatre grandes raisons à l'incapacité des dirigeants bolcheviks à accepter ce qu'aurait pu être véritablement une révolution des modes de vie.

Première raison : les expérimentations en matière de nouveau mode de vie naissent dans le cadre d'initiatives spontanées d'auto-émancipation donnant raison aux tenants d'une culture prolétarienne qui ne serait pas du côté d'une sous-culture mais d'une véritable culture potentiellement révolutionnaire. Or la conception même du Parti comme avant-garde détentrice d'une Vérité à majuscule – qu'il conviendrait d'apporter de l'extérieur comme le soutient le Lénine du *Que faire ?* – s'oppose à cette idée d'auto-émancipation. Le Parti bolchevik ne peut pas faire confiance au peuple car comme le soutient Trotski, « le cadre de vie du jeune prolétariat reflète celui de son origine paysanne, c'est-à-dire un mélange de petite bourgeoisie inculte et de va-nu-pieds ». Non seulement le Parti sait ce qui est bon pour le peuple à la place du peuple mais « la théorie communiste est en avance de plusieurs décennies, et dans certains domaines, de plusieurs siècles, sur notre vie quotidienne » (*sic*).

Deuxième raison : les expérimentations en matière de nouveaux modes de vie poussent à une transformation communiste et démocratique de la société. Or construire le socialisme passerait nécessairement par une longue phase de capitalisme d'État qui contraint à réhabiliter les façons de sentir, de penser, d'agir qui sont celles d'une dictature économique parfaitement centralisée.

Troisième raison : les expérimentations en matière de nouveaux modes de vie obéissent à une recherche d'un plus à jouir alors que la construction d'un capitalisme d'État impose davantage de sacrifice au nom d'un futur radieux. Sans voir que tout sacrifice impose toujours de mettre en place un appareil d'État pour gérer ce sacrifice, appareil idéologique mais aussi appareil répressif. Si les dirigeants bolcheviks admettent volontiers que le sacrifice religieux, entendu comme une promesse de paradis céleste, a engendré la soumission, ils ne peuvent reconnaître que le sacrifice qu'ils prônent accouchera de la Tcheka.

Quatrième raison : les expérimentations en matière de nouveaux modes de vie conduisent à renforcer la lutte des classes en matière de définition de la vie bonne, et donc à saper les prétentions de la nouvelle classe dominante à reproduire les anciennes façons de vivre, de penser, de sentir, de rêver.

La conséquence du refus du « communisme tout de suite », comme le revendiquaient les partisans du *novy byt*, sera de lier le sort de la Révolution à la défense et à la promotion du mode de vie d'une « bourgeoisie rouge », qui se développera d'abord dans le domaine économique, avec la reconnaissance du pouvoir absolu des directeurs d'entreprise et la défense des *specy* (nous verrons que ces « spécialistes » étaient d'anciens cadres du régime tsariste), avant de se généraliser au sein de l'Armée rouge, du GPOU puis du Parti.

Les dirigeants bolcheviks ont donc, dans un premier temps, faute de pouvoir faire autrement, accompagné les réformes du mode de vie, notamment lorsque, avec la période qualifiée de « communisme de guerre », Lénine comme Trotski renoncent à imposer la solution du capitalisme d'État. Mais très vite, la nouvelle « bourgeoisie rouge » (que l'on dénonce déjà) expliquera que son propre mode de vie, qui reproduit celui des anciennes élites, est conforme au nouveau *byt* socialiste et anticipe donc la société communiste. Changer le mode de vie se réduira bientôt, pour cette nouvelle classe dominante, à défendre le capitalisme d'État – sous couvert de promouvoir la rationalité, donc l'économi(sm)e et l'État lui-même (devenu socialiste) – et à combattre, d'un autre côté, les « mauvais penchants » spontanés du peuple[1].

Trotski exprime parfaitement cette vision binaire lorsqu'il écrit en 1923 : « L'État ouvrier possède déjà ses fêtes, ses processions, ses revues, ses parades, ses spectacles symboliques, sa théâtralité. Il est vrai que cette théâtralité rappelle beaucoup celle d'autrefois, qu'elle imite, et qu'elle en est une

---

1 Je suis bien sûr tributaire des analyses de Charles Bettelheim, *La lutte des classes en URSS 1917-1923*, Paris, Le Seuil, 1974.

continuation directe. Mais l'essentiel du contenu de la symbolique révolutionnaire est nouveau, clair et puissant : le drapeau rouge, la faucille et le marteau, l'étoile rouge, l'ouvrier et le paysan, le camarade, l'Internationale. Mais dans la cellule familiale, cette nouveauté est pratiquement inexistante et en tout cas insuffisante. Il est nécessaire d'opposer du neuf à l'ancien, il est nécessaire d'opposer à l'ancien rituel des formes nouvelles[1]. »

Ces formes nouvelles ne sont pas à chercher, rappelons-le, au sein des potentialités spontanées du peuple mais à apporter de l'extérieur, grâce au cinématographe, et elles consistent d'abord à combattre l'alcoolisme[2] : « Le gouvernement tsariste avait créé en quelques années tout un réseau de débits de boisson, ce qui lui rapportait des milliards de roubles or. Pourquoi un gouvernement ouvrier ne pourrait-il pas organiser un réseau de salles de cinéma, pourquoi ne pourrait-il pas implanter ce mode de distraction et d'éducation dans la vie populaire, en l'opposant à l'alcoolisme et en en faisant en même temps une source de revenus ? [...] Le cinématographe rivalise avec le bistrot mais aussi avec l'église. Cette concurrence peut devenir fatale à l'église si nous complétons la séparation de l'Église et de l'État socialiste par une union de l'État socialiste avec le cinématographe [...] Le cinématographe est un rival dangereux non seulement du bistrot mais de l'église. Tel est l'instrument que nous devons maîtriser coûte que coûte » car « plus les huit heures de travail seront productives, plus les huit heures de sommeil seront réparatrices et hygiéniques, plus les huit heures de liberté seront culturelles et enrichissantes[3]. »

ASCÉTISME BOLCHEVIK *VERSUS* ÉGOÏSME BOLCHEVIK

La question du *novy byt* devient une question de morale et donc de moralisation, et non plus la construction de laboratoires expérimentaux. Je citerai deux affaires très différentes dans leur esprit : l'une plutôt critique à l'égard du régime ; l'autre accompagnant la naissance de la bourgeoisie rouge.

Le débat sur l'égoïsme bolchevik

L'Union soviétique connaît en 1926 un grand débat sur le *korenkovisme*, néologisme cher aux Russes servant à dénoncer, à travers le suicide d'une jeune femme victime de la maltraitance de son époux, Konstantin Koren-

---

1 <https://www.marxists.org/francais/trotsky/livres/qmv/qmv7.html>

2 Concernant la lutte antireligieuse, nous renvoyons le lecteur au chapitre consacré à ce front.

3 <https://www.marxists.org/francais/trotsky/livres/qmv/qmv5.html>

kov, la responsabilité du Parti et du Komsomol en raison de leur inaction. Korenkov est d'abord exclu du Komsomol et du PC(b)R pour sa responsabilité morale dans le suicide d'une camarade, mais il est réintégré par les autorités du Parti. Sofia Smidovich – qui a succédé en 1922 à Alexandra Kollontaï comme responsable de la section féminine du PC(b)R – lance alors une campagne contre le *korenkovisme*, entendu comme l'indifférence aux drames privés de ses voisins, comme le repli égoïste dans sa sphère intime y compris chez les communistes. Elle dénonce cette « maladie sociale » symptôme d'une société pathogène. Cette dénonciation du *korenkovisme* se traduira entre 1923 et 1926 par un débat destiné à établir les canons du bon comportement bolchevik. Le Parti prend conscience alors des dérives et abus de ses militants, à tel point que sa Commission centrale de contrôle (CCC) est submergée de dénonciations et que son président est obligé d'intervenir en rappelant que mieux vaudrait tenter d'influer sur le comportement que de seulement dénoncer : « Si votre frère ou votre femme, votre ami intime fait une erreur, je suis sûr que vous ne l'assignez pas immédiatement devant la Commission de contrôle, mais que vous essayez plutôt de résoudre le problème entre vous, parce qu'il vous paraîtrait étrange qu'un fils traîne son père devant la CCC ou devant une Cour de Justice ». Soltz va donc tenter sans succès d'imposer un contrôle direct de la moralité des bolcheviks par l'opinion publique plutôt que par le recours direct au Parti. La direction du PC(b)R appellera ainsi à dénoncer systématiquement les affaires d'agression sexuelle commises par ses membres, comme lors du viol d'une paysanne par vingt-six ouvriers de Leningrad, dont huit membres des Komsomols. Lemelian Iaroslavsky appellera encore en octobre 1926 à ce que chaque communiste contrôle la vie des autres afin de défendre la morale.

Le débat sur l'ascétisme révolutionnaire

La seconde affaire concerne la dénonciation au sein même du Parti des avantages matériels dont bénéficient alors ses dirigeants et militants. La campagne est lancée par l'Opposition ouvrière au sein du Parti bolchevik. Un bon militant se doit d'être ascétique dans son alimentation, dans la façon de se vêtir, les femmes doivent être naturelles, non maquillées, non parfumées, etc. Le philosophe Michael Walzer a pu ainsi établir un parallèle entre cette première phase de la révolution bolchevik et la réforme puritaine anglaise. Cet ascétisme, contrairement à la pénurie stalinienne, passait par une simplification du mode de vie et une transformation des objets quotidiens. Il ne s'agissait pas de faire la même chose en moins mais de multiplier les pas de côté. Ainsi les constructions légères, démontables, transportables, économes voulues par les « désurbanistes » eussent-elles été préférables à la crise du logement. Ainsi les services collectifs gratuits (alimentation, école, santé, logement) eussent-ils été préférables à la débrouillardise généralisée. Anatole Kopp s'interroge : toutes ces expérimentations passaient par un certain ascétisme dans la vie quotidienne mais « cet ascétisme aurait-il été plus contraignant que celui imposé pendant des décennies aux familles soviétiques entassées, bureaucratie oblige, dans des appartements non conçus à cet usage ? »

Le refus de l'ascétisme révolutionnaire s'explique par son caractère inconciliable avec les intérêts matériels et moraux de la classe dominante. Elle avait besoin d'une fuite en avant industrialiste, centralisée et autoritaire, alors que les nouveaux modes de vie imposaient des solutions décentralisées, démocratiques, utilisant des technologies plus douces. Comme l'analyse Kopp, « le « désurbanisme » pouvait être mis graduellement en pratique car il constituait, avant d'être une solution architecturale, une stratégie de développement non centralisée, non bureaucratique, à l'"échelle humaine". » Telle aurait pu être en effet l'autre voie vers un socialisme démocratique, donc nécessairement éloigné de tous les chemins de l'économie productiviste. Staline ne s'y trompera pas qui fera disparaître des bibliothèques et centres d'archives tout ce qui concerne ces expériences après avoir sacrifié les acteurs : « Que sont devenus Sabsovith, Okhitovitch, Larine, tous les économistes, tous les sociologues du premier plan quinquennal ? Combien d'entre eux a descendu l'escalier de la Lioubianka et reçut une balle dans la nuque pour avoir voulu changer la vie ? »

LE RETOUR À L'ANCIENNE MORALE

Le « grand retournement » viendra sous Staline avec le nouveau mot d'ordre de *koultournost* qui ne concerne pas seulement la façon de s'habiller, les manières d'être civilisé, mais le refus de tout ascétisme révolutionnaire[1].

Staline proclame en 1935 que puisque la vie socialiste est belle et joyeuse, l'abnégation ascétique des premiers bolcheviks devient contre-révolutionnaire. La *Komsomolskaia Pravda* écrit : « Nous voulons la beauté, des vêtements élégants, des coiffures chics, des manucures [...] Les filles doivent être séduisantes. Le parfum et le maquillage appartiennent au must de la bonne komsomole. Se raser de près est une obligation pour un Komsomolet ». Le Parti autorise aussitôt la publication d'un nouveau journal *La mode* (*Moda*) et on assiste à une profusion d'ouvrages de bonnes manières destinés

---

1 Pour aller plus loin : https://books.google.fr/books?id=UqYBENS8GFQC&pg=PT187&lpg=PT187&dq=koultournost&source=bl&ots=Lu2NV0cf65&sig=5GOd0JBlUrtv0dFtGa0_o7G-yam4&hl=fr&sa=X&ved=0ahUKEwi8rPLe9KjRAhUDahoKHSj0Dw4Q6AEIHDAA#v=onepage&q=koultournost&f=false.

à montrer aux membres de la nouvelle classe dirigeante que le *novy byt* est une question d'hygiène corporelle, de propreté des ongles, d'absence de gros mots et de crachats. Staline et Anastase Mikoyan (1895-1970), membre du Politburo, Commissaire du peuple au commerce extérieur, feront même publier, en 1939, *Le livre de la bonne et saine nourriture*, qui sera beaucoup plus qu'un simple ouvrage de diététique et de bonnes manières, puisque possédé par chaque (bonne) famille membre de la bourgeoisie rouge, il expose son mode de vie. Ce livre obligé ne montre pas tant le socialisme côté cuisine qu'il témoigne de « l'éclatante affirmation du progrès des conditions matérielle et culturelle de la société » et promeut « le bien-être, le bonheur et la joie de vivre » (*sic*). Il en est ainsi fini non seulement des expérimentations, de l'ascétisme révolutionnaire, de la quête d'une nouvelle morale puisque l'heure est au retour aux usages d'avant 1917, avec l'affirmation des valeurs traditionnelles de la grande Russie, dont le respect dû aux anciens et surtout aux autorités.

Les Soviétiques qualifieront cette période ouverte par Staline de « Grand repli » et ils apprendront à distinguer de façon de plus en plus affirmée la *litchnaia jiz'n*, la vie personnelle au grand jour conforme aux valeurs « communistes » et la *tchastnaïa jiz'n* qui garantissait le droit à une vie privée moins ascétique. Ce droit au respect de la vie privée ne concernera que la classe dominante. L'utilisation d'une nappe blanche à table sera l'emblème de la *koultournost* stalinienne[1]. Ce tournant marque une nouvelle victoire de la bourgeoisie rouge, laquelle après avoir triomphé des expérimentations communistes au milieu et à la fin des années vingt, en termine avec les valeurs socialistes.

Cette fois, plus aucun poète de l'envergure de Maïakovski ne pourra recommander, dans un poème intitulé *Le canari*, d'étrangler ce volatile, très en vogue au sein des élites, avant que ce dernier n'étouffe le communisme… Ce symbole de l'oiseau en cage servira à dénoncer le Grand repli stalinien.

---

1 Larissa Zakharova, *S'habiller à la soviétique*, Paris, CNRS-Éditions, 2011.

La révolution bolchevik n'était pas programmée initialement pour engendrer ce monstrueux État Moloch qui allait dévorer progressivement toute la société. Les bolcheviks, et notamment Lénine et Trotski, furent d'abord d'ardents défenseurs de la thèse du dépérissement de l'État, laquelle, depuis les leçons de la Commune de Paris, était au cœur de la théorie marxiste. La pression des événements sera bien sûr considérable mais l'essentiel semble ailleurs. Notamment dans le choix effectué par l'équipe dirigeante d'imposer la dictature alors qu'une autre voie était possible. Ainsi Evgueni Préobrajensky, alors membre du Politburo, propose, lors du VIIIᵉ congrès du PC(b) R de mai 1919, de dissoudre le Parti bolchevik devenu superflu à ses yeux, en raison du développement de la démocratie des Soviets.

Les deux chefs de la Révolution

Vladimir Ilitch Oulianov (1870-1924), dit Lénine, est un révolutionnaire et un théoricien. Il grandit dans une famille de tradition catholique orthodoxe. Deux drames ont profondément marqué son adolescence et probablement toute sa vie : son père, inspecteur des écoles puis directeur pour toute une province, anobli par le Tsar au rang de Conseiller d'État, décède en 1886, à l'âge de 53 ans d'une hémorragie cérébrale (comme Lénine lui-même en 1924) ; son frère aîné, Alexandre, impliqué dans un projet d'attentat contre le Tsar, est pendu en 1887. Lénine en tire la décision de refuser toute action de type terroriste. Devenu marxiste et révolutionnaire, il exerce très peu son métier d'avocat. En 1894, il rencontre Nadejda Kroupskaïa, fille unique d'un officier congédié pour ses idées progressistes, qu'il épouse en 1898 avant de quitter la Russie en 1900. Ils se rendent successivement en Allemagne, en Angleterre, en Autriche, en Finlande, en France, en Pologne, en Suisse, en Suède puis ils rentrent brièvement en Russie lors de la révolution de 1905, puis vivent un second exil. Lénine est le principal responsable du courant bolchevik du POSDR. Son retour en Russie, en 1917, est négocié par un Socialiste suisse, Fritz Platten, et le consul allemand de Berne. Il rentre en compagnie d'une trentaine de révolutionnaires dont Kroupskaïa, Ines Armand (qui fut sa maîtresse), Radek, Zinoviev, mais aussi deux financiers Vastan Voroski et Iakov Henetski qui joueront un grand rôle. Ce groupe de révolutionnaires voyage dans un wagon réservé (et non pas plombé), et sous la surveillance de deux officiers allemands des services de sécurité.

Lev Davidovitch Bronstein (1879-1940), dit Trotski, est né en Ukraine au sein d'une famille de riches paysans d'obédience juive. Marxiste, il ad-hère au POSDR en 1896. Arrêté une première fois en 1898 et déporté en Sibérie, il se marie en prison avec une jeune marxiste, Alexandra Lvovna Sokolovskaia (1872-déportée par Staline en 1938), dont il aura deux filles élevées par ses propres parents. Trotski s'évade en 1902 sans sa famille et se réfugie à Londres où il rencontre Lénine. Ce dernier lui confère des res-ponsabilités au sein de *l'Iskra* sous le pseudonyme de Plume. Il est envoyé en formation à Paris au sein de l'Université du Parti, chargée de former les dirigeants révolutionnaires. C'est à cette occasion qu'il rencontre Natalia Ivanovna Sedova (1882-1962), Ukrainienne de bonne famille qu'il épouse en 1903 bien qu'il ne soit pas officiellement divorcé. En 1903, il se rallie au courant menchevik et combat les positions de Lénine. Après sa rencontre avec Alexandre Parvus (à laquelle il emprunte beaucoup de thèses, notam-ment en faveur de la révolution permanente et des États-Unis d'Europe), il cherche à se situer au-dessus de l'opposition des bolcheviks et mencheviks. Rentré clandestinement en Russie en 1905, il devient président du Soviet de Saint-Pétersbourg, ce qui lui vaudra d'être condamné à la déportation à per-pétuité en Sibérie, mais il s'évade et commence un second exil à travers la France, l'Espagne puis les États-Unis. Il rentre à Moscou, en 1917, avec l'aide du président des États-Unis, Woodrow Wilson (1856-1924), lequel souhaite favoriser un changement de régime en Russie et faire éclater l'empire.

FAUT-IL MOINS OU PLUS D'ÉTAT ?

J'aimerais, pour comprendre comment la jeune Russie des Soviets est de-venue un régime de terreur, opposer trois Lénine, celui d'avant l'écriture de *L'État et la Révolution*, celui de *L'État et la Révolution* au début d'octobre et celui du fameux texte de 1923 « Mieux vaut moins mais mieux », lequel réhabilite l'État, y compris bourgeois, dans le but de construire un capi-talisme d'État en Russie. Staline ne cessera plus jamais de surfer sur cette doctrine en la mettant en lien avec ses propres dogmes sur « le socialisme dans un seul pays » et sur « le renforcement de la lutte des classes » au cours de la construction du socialisme. La conclusion s'impose : le socialisme ne suppose pas moins mais plus d'État. Aux idéaux démocratiques sincères de la jeune Russie des Soviets succèdent alors la dictature d'une fraction sur le

Parti et celle du Parti sur la société. Cette « terreur rouge » sera justifiée par la réalité de la « terreur blanche », puis par les nécessités de la construction d'un capitalisme national-bolcheviste[1]. Le général Kornilov, chef des armées blanches, s'écrie : « Même s'il faut brûler la moitié de la Russie et verser le sang de trois-quarts de la population, nous le ferons si c'est nécessaire pour sauver la Russie ». Maxime Gorki écrira « Qui est le plus cruel ? Les Rouges ou les Blancs ? Ils le sont probablement de manière égale. Car tous, ils sont tous également Russes. »

Le Lénine de L'État et la Révolution

La question de l'État divise les bolcheviks bien avant les deux révolutions de 1917. On s'interdit de comprendre l'ouvrage *L'État et la Révolution* si on oublie qu'il s'agit d'une réponse de Lénine dans le cadre de la polémique l'opposant depuis des années à Nikolaï Boukharine. Cet enfant chéri du Parti[2] campait sur des positions que Lénine n'hésitait pas à qualifier d'anarchistes avant la révolution de Février mais qu'il reprendra ensuite à son propre compte. Lénine fait donc écho dans *L'État et la Révolution* à un texte de Boukharine, refusé à publication en 1916 par le Parti mais cependant largement diffusé. Dans ce texte, signé sous son pseudonyme de Nota Bene, Boukharine explique que la différence des attitudes que les bolcheviks ont envers l'État tient au choix des bases économiques qu'ils feraient au moment de construire la future société. Une stratégie d'accumulation intensive imposant par exemple un État fort. Boukharine en concluait que la sociale-démocratie russe devait développer une hostilité de principe au pouvoir d'État afin d'être en mesure d'inventer un nouveau type d'organisation étatique lorsqu'elle accéderait au pouvoir.

Lénine, qui avait qualifié d'anarchiste cette opposition de principe à l'État, emprunte pourtant à Boukharine sa conception d'un « État anti-État ». Ce changement de position de Lénine s'explique, comme le prouve le célèbre *Cahier bleu* (le brouillon de ses notes préparatoires à la rédaction du livre), par sa découverte des textes de Karl Marx sur la Commune de Paris de 1871. C'est ainsi qu'il forge le concept de dictature du prolétariat composé du couple « destruction de l'appareil d'État bourgeois » et « dépérissement du nouvel appareil d'État prolétarien ». *L'État et la Révolution* est donc une autocritique de Lénine marquant son ralliement silencieux aux thèses de Boukharine. *L'État et la Révolution* est d'ailleurs dénoncé, lors de sa parution, par les vieux Marxistes russes comme un ouvrage erroné car d'orien-

---

1 Sergueï Melgounov, *La terreur rouge en Russie (1918-1924)*, Paris, Éditions des Syrthes, 2004 ; Nicolas Werth, *La terreur et le désarroi, Staline et son système*, Paris, Éditions Perrin, 2007.

2 Stephen Cohen, *Nicolas Boukharine : la vie d'un bolchevik*, Paris, Maspero 1979.

tation beaucoup trop libertaire. Lénine soutient en effet que « le prolétariat victorieux n'a besoin que d'un État en voie d'extinction » car « tant que l'État existe, pas de liberté ; quand régnera la liberté, il n'y aura plus d'État[1]. »

Le dépérissement programmé de l'État devait donc connaître deux phases :

1. La première phase est celle de la destruction de l'ancien État bourgeois et de son remplacement par un État ouvrier qualifié d'État non-État (*sic*). Il ne s'agissait alors nullement d'utiliser l'appareil d'État tsariste. Cette première phase est dite de dictature « démocratique » du prolétariat. Cet État prolétarien serait certes encore un appareil coercitif mais progressivement l'administration des choses l'emporterait sur le gouvernement des hommes, selon la célèbre formule saint-simonienne reprise par Marx.

2. La seconde phase est celle qui conduirait de cet État qui n'en est déjà plus un à sa véritable disparition, sous la forme d'une extinction progressive. Lénine précise son point de vue dans un article en date du 1er octobre 1917 : « Nous ne sommes pas des utopistes. Nous savons que le premier manœuvre et la première cuisinière venus ne sont pas, sur le champ, capables de participer à la gestion de l'État… Mais nous exigeons la rupture immédiate avec le préjugé selon lequel seuls seraient en état de gérer l'État, d'accomplir le travail courant, quotidien de direction, les fonctionnaires riches ou issus de familles riches. Nous exigeons que l'apprentissage en matière de gestion d'État soit fait par les ouvriers conscients et les soldats, et que l'on commence sans tarder, c'est-à-dire qu'on "commence" sans tarder à faire participer à cet apprentissage tous les travailleurs, tous les citoyens pauvres… Il va de soi que les erreurs seront inévitables quand ce nouvel appareil fera ses premiers pas »[2].

La différence majeure entre les bolcheviks et les anarchistes tient donc, avant la Révolution, au rythme de la disparition (de l'extinction) de l'État et à la forme qu'elle devait prendre : abolition volontariste ou dépérissement.

Le Lénine du « Mieux vaut moins mais mieux »

La grande rupture dans la pensée de Lénine se trouve dans le texte « Mieux vaut moins mais mieux » qu'il fait publier dans *La Pravda* du 4 mars 1923. Non seulement Lénine parle de la nécessité de développer et de « perfectionner l'appareil d'État », mais de copier les « meilleurs modèles occidentaux », c'est-à-dire ceux des États bourgeois[3]. Ce retour en grâce de

---

1 Lénine, *L'État et la Révolution*.

2 « Lénine », in *Prosvéchtchénié*, n° 1-2, octobre 1917, texte repris dans *Œuvres*, tome XXVI, p. 81-134.

3 <https://www.marxists.org/francais/lenin/works/1923/03/vil19230304.htm>

l'État, tel qu'il fonctionne dans les sociétés capitalistes, est logique, dès lors que Lénine revient avec la NEP, à son projet initial de construire en Russie un capitalisme d'État. Le choix de l'étatisation est donc bien la conséquence de choix économiques. Ce revirement sera celui de presque tous les dirigeants d'Octobre dont Trotski. Comment ne pas évoquer son discours lors de sa prise de fonction en octobre 1917 en tant que Commissaire du peuple pour les affaires étrangères : « J'énoncerai quelques proclamations révolutionnaires au peuple du monde puis je fermerai boutique » car l'humanité réunifiée rendra ce ministère superflu. Le même Trotski sera pourtant celui qui fera le plus pour le rétablissement de l'appareil d'État, comme l'atteste son action en tant que Commissaire à la guerre (après la signature du Traité de paix de Brest-Litovsk avec l'Allemagne), l'organisation de l'Armée rouge selon un modèle militariste et non plus milicien, son projet de militariser le travail, les entreprises et même les syndicats, c'est-à-dire d'en faire des organes de la machine étatique, la répression de la révolte antiautoritaire des marins de Cronstadt soutenus par 30 % des communistes locaux, tandis que 40 % s'abstenaient et que 30 % les condamnaient, etc. Le même Trotski[1] accusera Zinoviev (dont Lénine disait qu'il copiait ses défauts) d'entretenir le feu en se rapprochant des syndicats et en continuant à parler de « démocratie ouvrière » alors que le temps en serait révolu.

J'insiste sur le fait que ce basculement vers plus d'État ne s'explique pas (comme on le soutient généralement) par les nécessités de la guerre civile[2]. Cette guerre contre les Blancs et contre l'Entente était, de fait, finie et gagnée. Le choix de l'étatisation fut donc, comme le prévoyait Boukharine en 1916, celui d'un modèle économique contre d'autres qui étaient également possibles, ce fut la conséquence du choix de construire un capitalisme d'État et bientôt, un complexe militaro-industriel chargé de conduire l'industrialisation à outrance. Les dirigeants bolcheviks ont fait ce choix en toute conscience comme le prouve la correspondance de Lénine avec le grand leader anarchiste, Pierre Kropotkine, lequel ne cessa de le mettre en garde contre l'étatisation même de la Révolution. Mais Lénine était sans doute, plus que Marx lui-même, prisonnier de l'antienne « marxiste » (qui fera dire à Marx qu'il n'était pas marxiste) sur l'enchaînement mécanique des modes de production lequel interdirait de songer à passer au communisme avant d'être passé au stade du capitalisme. Seule la marche forcée vers un capitalisme d'État, au moyen d'un appareil d'État implacable, pourrait accélérer la marche de l'histoire vers le socialisme. Ce sont donc ces choix économiques

---

1 Il existe de très nombreuses biographies de Lev (Léon) Trotski (1879, assassiné en 1940). Je conseille Pierre Broué, *Trotsky*, Paris, Fayard, 1988, et Jean-Jacques Marie, *Trotsky, le révolutionnaire sans frontières*, Paris, Payot, 2006.

2 Jean-Jacques Marie, *Histoire de la guerre civile russe*, Paris, Tallandier, 2016.

industrialistes nécessairement autoritaires qui peuvent permettre de comprendre la tragédie et non pas l'idée communiste en tant que telle, ni même le communisme comme « mouvement réel » (Marx). Ces choix économiques furent ceux d'une dictature économique assumée qui sera le socle de la dictature d'une caste sur le Parti et du Parti sur la société.

Les mises en garde n'ont pourtant pas manqué provenant d'autres forces révolutionnaires mais également des rangs bolcheviks, à l'occasion des premières mesures de restriction des libertés ou de la fondation de la Tcheka. Ces mises en garde répétitives étaient cependant vouées à demeurer stériles, dès lors qu'elles ne mettaient pas en cause les rapports sociaux au sein des entreprises, le retour des inégalités sociales et le pouvoir absolu des chefs.

LA QUESTION DU POUVOIR

Les bolcheviks n'étaient donc pas nativement prédestinés à imposer la terreur. Il exista ainsi, durant les premiers temps de la jeune Russie des Soviets, une critique, non seulement des abus de pouvoir, mais du pouvoir lui-même avec, par exemple, la mise en cause du principe représentatif/délégataire.

De la critique du pouvoir à celle des abus de pouvoir

La presse officielle dénonce jusqu'en 1925 de nombreux cas d'abus de pouvoir. On critique les miliciens qui contrôlent que les villageois dorment chez eux, on condamne les actes de violence, voire de cruauté, de la part des chefs locaux (amendes injustifiées, pots-de-vin obligatoires, personnes battues, lynchées, torturées, ensevelies vivantes, obligées de rester nues dans le froid glacial, etc.). Le régime réagit donc à sa propre violence par la répression en multipliant les procès pour abus de pouvoir et en leur donnant le maximum de publicité, comme dans le cas du fameux procès des 36 de Nijni-Novgonod, lequel concerna des responsables locaux de l'appareil du Parti et de l'État (magistrats).

Rien ne serait donc plus faux que de supposer que la jeune Russie des Soviets sombra immédiatement dans la terreur et les ténèbres qui viendront ensuite. Déjà parce que les syndicats, les coopératives, les comités ouvriers, les Soviets, les autres mouvements politiques et culturels ne sont pas demeurés silencieux. On apostrophe les bolcheviks, on les accuse, on les moleste même parfois. La capacité de résistance ne s'éteindra que progressivement et d'abord au sein des entreprises, lorsque les chefs recevront la consigne de rétablir l'ordre. Un livre ne suffirait pas pour recenser le flot de protestations face aux visées liberticides. Ainsi lorsque le régime instaure en 1918 de nouvelles restrictions à la liberté de la presse, en les justifiant par le combat contre les ennemis de la Révolution, les ouvriers typographes protestent et se mettent en grève contre « cette violation des libertés de la presse indigne d'un gouvernement prolétarien » (*sic*). Leur syndicat ajoute : « Les mesures prises par le Comité militaire révolutionnaire contre la presse de Petrograd, sans en excepter la presse socialiste, ne peuvent éveiller que des sentiments d'indignation parmi les ouvriers. L'unique moyen de réagir efficacement contre de pareils abus que ne connaissait même pas l'Ancien régime est la grève générale. » La *douma* municipale soutient la révolte : « Composez, imprimez tous les journaux, à quelque parti qu'ils appartiennent. Défendez la volonté du peuple contre ceux qui veulent la falsifier. »

La société civile s'avère très loin d'être inexistante ou même amorphe. Les syndicats comptent des millions de membres et le *Proletkult* six cent mille. Le gouvernement est souvent obligé de ruser pour imposer sa volonté.

Ainsi, faute de pouvoir interdire la presse qui ne lui convient pas, il fait adopter le monopole d'État des annonces qui ne pourront plus être publiées que dans les organes du « gouvernement ouvrier et paysan de Petrograd » et dans ceux des Soviets. Encore sera-t-il contraint de desserrer l'étau sur la presse dès novembre 1918 en permettant la parution de nouveaux titres ou la renaissance d'anciens. Les choix sont parfois étonnants : deux journaux en langue française de Petrograd, *le journal de Russie* et *l'Entente*, continueront à paraître durant toute la période. La difficulté n'étant pas tant au début de la Révolution d'obtenir le droit de paraître que de trouver du papier et de l'encre pour imprimer la presse.

Ainsi dans les lycées, le nouveau régime sera obligé de ruser, faute de pouvoir réprimer directement les enseignants. C'est pourquoi, il prendra appui sur les élèves contre les professeurs.

La justification du pouvoir (économique) et de ses abus

Le PC(b)R va se mettre progressivement à justifier la présence d'un pouvoir toujours plus fort puis l'existence même d'abus de pouvoir « légitimes ». C'est d'abord sur le terrain économique et industriel que ce basculement se fera. Les bolcheviks imposeront bientôt dans les usines une « direction à la poigne de fer » (*zhëstkocrukovodstvo*) afin de discipliner les ouvriers et briser leur résistance. Le secteur économique permettra de justifier cette dictature des chefs bien avant que les bolcheviks ne puissent le justifier sur tous les autres fronts. C'est bien – comme nous le verrons en parcourant le front du travail – par l'économi(qu)e que la dictature (au sens actuel) est venue à la Russie et pas par le politique. Ce phénomène s'amplifiera avec la naissance d'une idéologie nationale-bolchevik, véritable ciment de la nouvelle classe (économique et politique) dominante. L'histoire économique russe donne donc raison au Boukharine de 1916 qui expliquait que le choix économique déterminerait le type d'État. À une économie productiviste (imposant la centralisation et le sacrifice) répond obligatoirement un État autoritaire car il faut gérer ce sacrifice obligatoire. À une économie vivrière largement décentralisée et répondant aux besoins de la population, comme voulait la construire le mouvement coopératif (très puissant) et les « désurbanistes », aurait pu correspondre un État non-État. Nous verrons que Staline saura se souvenir des désaccords de 1916-1917 sur la question de l'État entre Lénine et Boukharine, lorsqu'il éliminera Boukharine en 1929 : « Selon Boukharine et les anarchistes, les ouvriers doivent souligner leur hostilité de principe envers tout État, et donc envers l'État de la période de transition, envers l'État de la classe ouvrière » (*sic*). Staline a « oublié » que la thèse du dépérissement de l'État est en 1917 celle des bolcheviks.

Staline soutiendra que la construction du « socialisme dans un seul pays » ne suppose pas « moins d'État » mais « plus d'État » et à ceux qui demandent un rapprochement de cet « État ouvrier » avec les ouvriers réels, il fait répondre par Molotov que « notre État étant déjà un État ouvrier cela n'a aucun sens »[1]. L'abandon de la thèse du dépérissement nécessaire de l'État ne s'explique cependant pas par la théorie tardive de Viatcheslav Molotov (1890-1986), bras droit de Staline, mais par des décisions des premiers jours de la Révolution.

QUE FAIRE DE LA VICTOIRE ?

Les bolcheviks sont partagés aux lendemains des journées d'Octobre sur ce qu'il convient de faire de leur victoire acquise finalement assez facilement. Les leaders du Parti bolchevik entendent conserver seuls le pouvoir pour construire un capitalisme d'État, alors que l'essentiel du Parti souhaite une alliance avec d'autres forces révolutionnaires afin de créer un « gouvernement de coalition », capable de construire une véritable société socialiste démocratique. On a une juste idée de ce débat lorsqu'on sait que la prise du Palais d'hiver fut davantage un coup d'État qu'une révolution puisque, selon Trotski qui dirigea l'insurrection, seulement 20 000 à 30 000 soldats, marins et gardes rouges, ont participé aux opérations militaires qui donnèrent la victoire aux bolcheviks. Kerenski ne pourra pas organiser la riposte car les

---

1 *La Pravda* du 13 décembre 1925.

soldats refusent d'obéir et il lui est impossible d'obtenir des renforts pour les mêmes raisons.

Staline effacera de la mémoire officielle les personnages tombés en disgrâce. Ainsi il fait tourner le film *Octobre*[1] comme si Trotski n'avait pas existé ! Un autre personnage essentiel a été également effacé de la mémoire selon le seul témoin direct de l'époque, John Reed, qui passe le 23 octobre à Smolny : « Dans la pièce 10, au dernier étage, le Comité militaire révolutionnaire siégeait en permanence sous la présidence d'un jeune garçon de dix-huit ans, aux cheveux de lin nommé Lazimir »[2]. C'est lui qui présente le 12 octobre devant le même CMR un rapport de la section militaire du Soviet de Petrograd sur le thème « Règlement pour un comité révolutionnaire provisoire » d'une soixantaine de membres. Le grand défaut devant l'histoire de Lazimir fut d'être SR de gauche.

Les bolcheviks étaient, en réalité, déjà divisés avant même leur coup d'État. Ainsi lorsque le Comité central décide le 10 octobre, à la demande de Lénine, l'insurrection pour le 23, deux dirigeants bolcheviks, Kamenev et Zinoviev, rompent la discipline du Parti et dénoncent, dans le journal de Gorki, l'aventurisme qu'était, selon eux, cette insurrection, ce qui conduira Lénine à s'exclamer à leur propos : « J'ai semé des dragons et récolté des puces » (*sic*). Ce que redoutaient ces bolcheviks, ce n'était pas tant l'échec de l'insurrection militaire (ils en avaient connu d'autres) qu'une victoire impossible à gérer. Trotski obtiendra, dans le but de lui assurer une légitimité, le report de la date de l'insurrection au lendemain du deuxième Congrès des Soviets des députés qui devait se tenir sous le mot d'ordre de « Tout le pouvoir aux Soviets ! ». Les bolcheviks mettaient ainsi en scène une révolution faite au nom des Soviets[3].

Un conflit relatif à la garnison de Petrograd va servir de prétexte au déclenchement programmé de la première phase de la Révolution. Le 24 octobre, le Soviet de Petrograd nomme un Comité révolutionnaire militaire. Trotski devient ainsi le chef de l'insurrection puisqu'il préside à la fois ce Comité, lui donnant le pouvoir sur les troupes, et le Soviet de Petrograd. L'insurrection rencontrera très peu de résistances, sauf à Moscou. On peut se faire une idée assez juste de la façon dont les dirigeants bolcheviks interprétaient la nouvelle situation créée par leur victoire, puisque Lénine corrigeant, dès le lendemain, la formule de Marx, « le Français commencera, l'Allemand

1 Pour aller plus loin : Ropars-Wuilleumier Marie-Claire, « Fonction de la métaphore dans *Octobre* d'Eisenstein », in : *Littérature*, n° 11. Octobre 1973. p. 109-128.

2 John Reed, *Dix jours qui ébranlèrent le monde*, Paris, Éditions sociales, 1958, p. 84.

3 Victor Loupan, *Une histoire secrète de la révolution russe*, Monaco, Éditions du Rocher, 2017 ; Sarah Klimowski, *Lénine et la révolution russe*, Paris, Éditions 50 minutes, 2015 ; Nicolas Werth, *Histoire de l'Union soviétique de Lénine à Staline (1917-1953)*, Paris, PUF, 2013.

achèvera », montre qu'il croit qu'il ne s'agit que d'une étape : « Le Russe a commencé, l'Allemand, le Français, l'Anglais achèveront » ; « Notre salut devant toutes les difficultés, c'est la révolution européenne » ; « C'est le fait d'être un pays arriéré qui nous a permis d'être en avance ».

Trotski confirmera cette analyse en déclarant « Si nous n'avions pas pris le pouvoir en Octobre, jamais nous ne l'aurions eu ». Il précisera : « Les habitants dormaient paisiblement et ne savaient pas qu'un pouvoir succédait à un autre ».

Les bolcheviks ont donc clairement conscience de leur extrême faiblesse même si leur parti est passé de 240 000 membres en septembre à 400 000 dès octobre. Lénine, sorti le 25 octobre de sa cachette, annonce la création du nouveau pouvoir. Trotski, refusant le poste, il devient le lendemain le président d'un Conseil des Commissaires du peuple entièrement composé de bolcheviks.

Vers un gouvernement de conciliation ?

Les bolcheviks se divisent à nouveau entre ceux qui souhaitent conserver seuls le pouvoir (qu'ils ont conquis presque seuls) et ceux qu'on nomme les « conciliateurs » et qui préconisent un gouvernement de coalition avec les autres partis soviétiques. Parmi les « conciliateurs » se trouve une majorité des dirigeants bolcheviks de premier plan comme Zinoviev, Kamenev, Rykov, Milioutine, Noguibe, Chliapnikov. Face à eux, Lénine, Trotski, Staline, Dzerjinski et Boukharine. Dix jours après le coup d'État, dix des quinze Commissaires du peuple bolcheviks démissionnent en déclarant qu'« en dehors de cette voie (la conciliation), il n'en reste qu'une : la conservation d'un gouvernement purement bolchevik par les moyens de la terreur politique […] cette politique écartera les organisations des masses prolétariennes de la direction de la vie politique, conduira à l'élaboration d'un régime irresponsable, à la perte de la Révolution et du pays » (4 novembre 1917). Victor Noguibe, vieux bolchevik, alors maire de Moscou et Commissaire du peuple à l'industrie et au commerce, est de ceux-là : « Nous considérons qu'un gouvernement purement bolchevik n'a pas d'autre choix que de se maintenir par la terreur politique. C'est dans cette voie que s'est embarqué le Conseil des commissaires du peuple. Nous ne pouvons suivre ce cours qui conduirait à la séparation entre les organisations de masse prolétariennes et les dirigeants des affaires politiques, à l'établissement d'un gouvernement irresponsable et à l'anéantissement de la Révolution et du pays ».

Pour tenir compte de ce rapport de force interne aux bolcheviks et de l'opinion de la majorité des travailleurs, notamment syndiqués (les enseignants et les cheminots sont en grève pour obtenir un gouvernement de coalition et le puissant syndicat des cheminots multiplie les réunions entre conciliateurs), Lénine et Trotski acceptent finalement un compromis sur la base d'un gouvernement, avec 75 % de commissaires bolcheviks et 25 % de SR de gauche. Les Commissaires du peuple (ce terme proposé par Trotski a été accepté avec enthousiasme par Lénine parce qu'il fait très « Révolution française ») ont le pouvoir législatif mais ils sont flanqués d'un collège de cinq membres de l'exécutif qui peuvent faire appel de leurs décisions.

Rien ne serait plus faux que de croire que Lénine et Trotski refusaient de partager le pouvoir par amour du pouvoir, mais ils savaient que leur projet de construire en Russie, non pas une société socialiste, mais un véritable capitalisme d'État ne remporterait pas l'aval des autres forces révolutionnaires ; ils savaient aussi que leur mot d'ordre de paix séparé avec l'Allemagne se heurterait au refus des autres mouvements de gauche.

La dissolution de l'Assemblée constituante

La force des bolcheviks tient à deux choses qu'ils savent relativement fragiles. Tout d'abord le succès de leurs mots d'ordre en faveur de la paix, de la terre aux paysans et du pain pour les ouvriers qui explique l'acceptation du coup d'État prélude à l'essor de la révolution globale. Le peuple n'a pas pris part aux journées mais a globalement laissé faire. Ensuite, le fait qu'ils aient été majoritaires lors du IIe Congrès des Soviets et qu'ils contrôlent les principales régions industrielles et les grandes villes. Les bolcheviks attendent donc, sans grande illusion, les résultats des élections à l'Assemblée constituante organisées trois semaines après la prise de pouvoir. Ils n'engrangent que 23,9 % des suffrages, loin derrière les autres forces de gauche. Les socialistes révolutionnaires obtiennent 20 690 742 suffrages, les bolcheviks 9 844 63 et les mencheviks 1 364 826, etc. Cette Assemblée constituante est censée remplacer le Conseil provisoire des Commissaires du peuple. Elle ne tiendra qu'une unique séance, les 18 et 19 janvier 1918, avec 370 députés SR, 40 SR de gauche, 175 bolcheviks, 16 mencheviks, 17 cadets et 99 nationaux. Les soldats et marins, chargés de la défendre, empêchent de force sa tenue, sous l'autorité d'un matelot anarchiste et avec le soutien des bolcheviks, car la majorité des députés refusent non pas tant le principe de donner le pouvoir aux Soviets (voir ci-dessous) que toute négociation séparée avec l'Allemagne. Une manifestation pacifique d'ouvriers venus défendre, drapeaux rouges au vent, leur Constituante, est pourtant mitraillée sans sommation. On relève 21 morts et de nombreux blessés. Lénine signe le décret de dissolution de la Constituante. Les protestations fusent tant au sein des autres forces soviétiques qu'au sein du Parti bolchevik, tant en Russie qu'à l'intérieur du mouvement international. Le grand écrivain Maxime

Gorki proteste : « On est en train de faire sur le prolétariat russe une expérience qu'il paiera de son sang, de sa vie, et, ce qui est pis, d'une désillusion durable envers l'idéal socialiste ». Il ajoute même : « Lénine, Trotski et leurs adeptes sont déjà intoxiqués par le poison du pouvoir comme le prouve leur attitude honteuse vis-à-vis de la liberté de la parole, de l'individu, et à cet ensemble de droits pour le triomphe desquels a lutté la démocratie ». Il dénonce la vanité des promesses de Lénine, son anarchisme à la Netchaïev et à la Bakounine : « La *Novaïa Jizn* a affirmé et continuera d'affirmer que n'existent pas dans notre pays les conditions requises pour l'introduction du socialisme et que le gouvernement de Smolny traite l'ouvrier russe comme un fagot de bois, il allume le fagot pour voir si, au foyer russe, pourra s'enflammer la révolution européenne ».

La dirigeante communiste Rosa Luxemburg proteste également, depuis sa prison berlinoise, contre cette décision qu'elle juge inacceptable. Elle ne conteste pas, par principe, le recours à des mesures d'exception mais demande qu'on les circonscrive, car elle se dit convaincue qu'elles sont dangereuses. Lénine ne cessera au contraire de vouloir banaliser le régime d'exception, y compris, après la guerre civile lorsqu'il interviendra en mai 1922 pour défendre l'interprétation la plus large du crime d'« agissement contre-révolutionnaire ».

La dissolution de la Constituante ne marque pas seulement une entorse à la démocratie, elle coupe davantage encore les bolcheviks des autres courants révolutionnaires, bien qu'un espoir subsiste tant que les partis soviétiques se retrouvent autour du mot d'ordre « Tout le pouvoir aux Soviets ! ».

« *Tout le pouvoir aux Soviets !* »

La jeune Russie des Soviets n'était pas encore le paradis du complexe militaro-industriel qu'elle deviendra avec le stalinisme dès le début des années trente. Elle fut même un temps celui d'une utopie qui parlait de démocratie directe, de démocratie ouvrière et prétendait donner « Tout le pouvoir aux Soviets ! », c'est-à-dire aux assemblées de travailleurs, d'ouvriers, de paysans, de citoyens, etc. La notion de partis « soviétistes » désigne ceux présents au sein des Soviets. Nous ne saurons jamais lorsque Lénine fait adopter le slogan « Tout le pouvoir aux Soviets ! » quelle est dans sa décision la part de stratégie et de tactique. Mais ce qui est certain, c'est que les années 1917 et 1918 sont enthousiastes, car on attend le déclenchement des révolutions européennes et parce qu'on croit que les Soviets vont être des organes de créativité des masses qui trouveront le chemin le plus libre et le plus efficace pour réussir l'émancipation globale. C'est pourquoi quelques dirigeants proposent de dissoudre le Parti devenu inutile. Ce qui est certain aussi, c'est que la Russie de 1917 hérite de plusieurs pouvoirs : celui des Soviets, celui du PC(b)R et d'autres partis de gauche, et celui des syndicats. Ce qui est certain enfin, c'est que les bolcheviks abandonneront très vite leurs rêves de démocratie directe (dictature du prolétariat), non pas pour revenir à une démocratie représentative mais pour instaurer leur propre dictature.

On a oublié, sans doute parce qu'ils se feront nommer les « Soviétiques », que les bolcheviks ont eu, depuis Octobre, une attitude ambiguë envers les Soviets. Ainsi, le même Lénine qui proclamait avant Octobre : « La lutte des partis pour le pouvoir peut se développer pacifiquement au sein des Soviets, à condition que ces derniers renoncent à faire des entorses aux principes démocratiques, comme d'octroyer aux soldats un représentant pour 500 et aux ouvriers un pour 1 000 », soutient après Octobre : « La voix d'un seul ouvrier vaut plusieurs voix de paysans ». Les bolcheviks, qui ne sont pas d'ailleurs à l'origine des Soviets, ne contrôlent alors que ceux des grandes entreprises de Moscou et Petrograd. Ils savent cependant pouvoir y peser davantage qu'au sein des autres institutions. Ce pouvoir des Soviets, conséquence de la révolution de Février, a été légalisé par le gouvernement provisoire en mai 1917 : ainsi quatre conférences des Soviets d'usine se sont réunies entre mai et octobre, dans lesquelles les bolcheviks ont pris l'avantage. Ils pèsent également dans les Soviets de soldats, mais beaucoup moins dans ceux des fonctionnaires (enseignants et autres).

Les bolcheviks, après avoir pris appui sur les Soviets contre le gouvernement provisoire issu de la Révolution de février afin de légitimer leur coup d'État, vont dès 1920, contourner les Soviets en mobilisant ce qui reste de l'appareil d'État. Ils savent désormais que non seulement les Soviets ne seront pas l'instrument démocratique capable d'abolir le bureaucratisme et de transformer l'appareil d'État car eux-mêmes sécrètent une bureaucratie de plus en plus lourde, mais qu'ils se refusent à servir de caution à une politique réprouvée par la majorité[1]. Le PC(b)R se trouve donc acculé à prendre appui sur l'ancien appareil d'État, d'autant plus que la majorité de ses membres qualifiés y ont été intégrés. Un désaccord essentiel concerna au sein des Soviets les négociations de paix.

Le Traité de paix de Brest-Litovsk

Les bolcheviks ont conquis le pouvoir en promettant la paix, mais les conditions de la signature du traité avec l'Allemagne vont favoriser leur dérive dictatoriale en les isolant des autres forces révolutionnaires et en les obligeant à passer d'une alliance avec les SR de gauche à un gouvernement

---

1 Sanvoisin Jean. « Parti, Soviets et syndicats dans la révolution russe. », in *L'Homme et la société*, n° 5, 1967. p. 181-193.

100 % bolchevik. Le premier décret gouvernemental proclame la fin de la diplomatie secrète et propose de conclure « une paix équitable sans annexions et sans indemnité ». Les bolcheviks ont certes cherché dans un premier temps, sous la pression du Comité central des Soviets de soldats, à obtenir « une paix sans annexion ni indemnité », entre tous les belligérants, pour ne pas abandonner les alliés. Mais l'échec des négociations va imposer à la jeune Russie des Soviets, soit de poursuivre la guerre, soit de chercher une paix séparée avec l'Allemagne. Les bolcheviks sont, eux-mêmes, très fortement divisés face à cette alternative. En février 1918, Lénine est mis en minorité par les « communistes de gauche » conduits par Nicolaï Boukharine, Gueorgui Piatakov, Karl Radek, David Razianov[1], partisans de poursuivre la guerre sous une autre forme, en généralisant « une guerre de partisans contre l'impérialisme allemand ». Lénine préconisant une paix immédiate pour donner du temps à la Révolution se voit accusé de défendre un point de vue russe étroit par Boukharine et Dzerjinski. Il se justifie en émettant des réserves sur les chances d'une révolution prochaine en Allemagne et en Autriche mais s'oppose à Staline qui souhaite une paix à tout prix. Trotski concilie les positions en obtenant de ne pas signer la paix mais un simple armistice que les Allemands violeront le 18 février. Lénine demande alors à ses camarades d'accepter la paix même aux conditions allemandes car l'armée russe démobilisée n'est plus capable de combattre. Mais le Comité central du Parti bolchevik refuse encore par six voix contre cinq. Trotski défend l'idée de laisser l'armée allemande avancer sur le territoire russe afin de montrer aux peuples le véritable visage de l'agresseur impérialiste. Sa proposition étant également repoussée, Trotski se rallie finalement à Lénine.

Le Traité de paix est donc signé aux conditions allemandes le 3 mars 1918, par Grigori Sokolnikov (1886-1938), il sera fusillé lors des grands procès staliniens. Ses conséquences sont effroyables sur le plan économique et politique. Sur le plan économique : la Russie perd 44 % de sa population, un quart de sa superficie, le tiers de ses récoltes, 27 % de son PIB, 80 % de ses fabriques de sucre, 73 % de sa production d'acier, 9 000 entreprises sur un total de 16 000. Sur le plan politique : non seulement le Traité est imposé à la coalition au pouvoir (bolcheviks et SR de gauche) par Lénine et Trotski mais il tend à refaire de la jeune Russie des Soviets une nation comme les autres puisqu'il réhabilite la question des frontières, celle de l'État-nation, ou plus précisément celle des intérêts supérieurs de la nation russe sur la révolution mondiale.

La crise politique est inévitable : quatre des principaux dirigeants dont Boukharine et Boublov démissionnent de toutes leurs responsabilités au sein

---

1 David Razianov (1870-1938), directeur de l'Institut Marx-Engels de 1921 à 1931, fusillé en 1938.

du Parti et de l'État. Six autres Commissaires du peuple font de même. L'opposition de gauche lance la revue *Kommunist* en faveur de la reprise d'une guerre révolutionnaire[1]. Le Parti bolchevik perd en six mois le quart de ses effectifs et retombe à 300 000 membres, car tout le monde s'attend à son effondrement. Les dirigeants bolcheviks décident alors de quitter secrètement Petrograd pour Moscou afin de mettre l'appareil d'État et du Parti en (relative) sécurité[2]. Les ambassades des divers pays sont informées au matin du 11 mars 1918 que le nouveau pouvoir doit être joint désormais à l'adresse « Kremlin, Moscou ».

La signature du Traité est une tragédie pour de nombreux révolutionnaires car elle signifie l'abandon de la perspective d'aboutir à une révolution mondiale. Nicolaï Boukharine accusera Lénine et Trotski avec des propos très durs : « Que sommes-nous en train de faire ? Nous sommes en train de transformer le parti en un tas de fumier [...] Nous avons toujours dit [...] que tôt ou tard la révolution russe se serait heurtée au capital international. Ce moment est arrivé ». Existeront même des pourparlers entre SR de gauche et Boukharine et Piatakov en vue d'arrêter Lénine et de former un gouvernement SR et bolcheviks de gauche. Le Congrès donnera cependant raison le 14 mars à Lénine et Trotski même si le Traité n'est approuvé que par 784 des 1 166 délégués présents. La majorité accepte une paix honteuse mais nécessaire et surtout provisoire. Ainsi Trotski quitte le Commissariat aux affaires étrangères pour devenir le nouveau Commissaire à la guerre chargé de (re)construire une grande Armée rouge. Son discours a changé. Il ne promet plus de mettre la clé sous la porte et déclare « le travail, la discipline et l'ordre sauveront la république des Soviets ». Les faits suivront bientôt cette déclaration puisqu'en avril, la presse d'opinion est interdite et qu'en juin ce sera au tour des partis « antisoviétiques ».

Lénine analyse le Traité de paix comme un recul au regard de ses propres déclarations lors du 1er Congrès de l'Internationale communiste : « La victoire de la révolution prolétarienne dans le monde entier est assurée. L'heure de la fondation de la république mondiale des Soviets est proche »[3]. Boukharine, prenant au sérieux la fameuse devise « les prolétaires n'ont pas de patrie » annonçait, également, qu'avec la révolution mondiale « disparaît la dernière forme de limitation du monde du prolétariat : sa limitation nationale-éta-

---

1 Je suis bien sûr tributaire de l'excellent ouvrage de Pierre Miguel Merlet, *L'Opposition communiste en URSS* (tomes I et II), Paris, Éditions Les bons caractères, 2014.

2 Bérard Ewa, « Pourquoi les bolcheviks ont-ils quitté Petrograd ? », in *Cahiers du monde russe et soviétique*, vol. 34, n° 4, octobre-décembre 1993, p. 507-527.

3 Jules Humbert-Droz, *L'origine de l'Internationale communiste de Zimmerwald à Moscou*, Paris, Éditions la Baconnière, 1968, et Serge Wolikov, *Histoire de l'internationale communiste*, Paris, Éditions de l'Atelier, 2010.

tique, son patriotisme, émerge le mot d'ordre de l'abolition des frontières et de la confluence des peuples en une seule famille socialiste »[1].

Nous verrons plus loin que la signature de ce Traité aura des conséquences dramatiques (ce qui ne signifie pas qu'elle n'était pas nécessaire), puisque non seulement les SR de gauche quitteront le Gouvernement, assassineront l'ambassadeur d'Allemagne en Russie, tenteront de réaliser un coup d'État en prenant appui sur la Tcheka, tenteront d'assassiner Lénine accusé de trahison, et que de nombreux bolcheviks, et pas des moindres, partageront leur colère. La jeune Russie des Soviets pensera alors s'en tirer par un geste symbolique : deux millions de roubles sont donnés pour soutenir la révolution internationale.

Les bolcheviks face aux SR de gauche

Les SR de gauche tentent le 6 juillet deux opérations contre le régime bolchevik. Ils accusent Lénine et Trotski d'avoir trahi la Révolution en signant la paix. Ils vont utiliser pour cela leur très forte position au sein de la Tcheka[2].

Une première opération est lancée par deux SR de gauche, membres de la Tcheka, A. Andreiev et I. Blumkine, qui abattent l'ambassadeur d'Allemagne en Russie, le comte von Mirbach, dans l'espoir de relancer immédiatement la guerre[3]. Ils espèrent qu'une levée en masse du peuple russe infligerait une double défaite, aux Allemands bien sûr, mais aussi au régime traître. Blumkine, qui est arrêté par d'autres tchékistes, est officiellement condamné à mort et exécuté mais il est retourné par Trotski et deviendra agent de renseignement au sein de l'Armée rouge. Staline le fera assassiner en 1929 (cf. *infra*).

D'autres SR de gauche tchékistes tentent un putsch sous le commandement de deux dirigeants de la Tcheka, Popov et surtout son vice-président V.A. Aleksandrovitch. Un premier détachement commandé par Popov arrête Dzerjinski (lui aussi opposé au Traité mais d'une fidélité absolue à Lénine) et Latsis, président du Soviet de Moscou et Commissaire du peuple à la poste. Un second détachement bombarde le Kremlin avec de l'artillerie lourde. Les dirigeants bolcheviks ripostent avec le régiment de chasseurs lettons de Vat-

---

1 Nikolaï Boukharine, *L'Économie politique du rentier – critique de l'économie marginaliste*, 1914. trad. Paris, EDI, 1966, p. 329-331.

2 Werth Nicolas, " Qui étaient les premiers tchékistes ? », in *Cahiers du monde russe et soviétique*, vol. 32, n° 4, octobre-décembre 1991. « Spécialistes, bureaucratie et administration dans l'Empire russe et en URSS, 1880-1945 », p. 501-512.

3 Sigmann Jean, "Germany and the Revolution in Russia (1915-1918)", "Documents from the Archives of the German Foreign Ministry, Edited by Z. À. B. Zeman", in *Annales. Économies, Sociétés, Civilisations*. 16ᵉ année, n° 6, 1961, p. 1239-1243.

setis et grâce à un groupe de volontaires communistes commandés par le hongrois Bela-Kun. Le soulèvement est écrasé dans le sang au soir du 7 juillet. Le vice-président de la Tcheka Aleksandrovitch est aussitôt fusillé.

Le 30 août 1918, Moïsseï Ouritsky, chef de la Tcheka de Petrograd et fidèle au régime, est assassiné en représailles ; le même jour, une autre militante SR, Fanny Kaplan, tente d'assassiner Lénine qui est atteint de trois balles. Les médecins du Kremlin renoncent à les extraire tant l'opération est risquée.

Cette série d'attentats fait basculer les rapports de force au sein du Parti bolchevik et permette ainsi aux tenants de la terreur de l'emporter[1]. Grigori Petrovski (1878-1958), Commissaire du peuple à l'Intérieur en 1917-1919 encourage aussitôt les exécutions de masse en proclamant : « Il est grand temps de mettre fin à toute cette mollesse et à cette sentimentalité ». Le Conseil des Commissaires du peuple instaure le 5 septembre la « Terreur rouge » : « Dans la situation actuelle, il est absolument essentiel de sauvegarder le pays au moyen de la Terreur, de renforcer l'activité de la Tcheka […] en y envoyant le plus grand nombre de communistes, de protéger la République soviétique contre ses ennemis de classe en isolant ceux-ci dans des camps de concentration, de fusiller sur-le-champ toute personne impliquée dans des organisations de Gardes blancs, des complots ou des insurrections » (*sic*).

Cette notion de Terreur est empruntée au vocabulaire de la Révolution française[2]. Grigori Petrovski donne aussitôt ses ordres : « Un grand nombre d'otages doit être prélevé au sein de la bourgeoisie ; en cas de résistance ces otages doivent être exécutés en masse […]. Aucune hésitation dans l'application de la terreur ». Il sera l'un des principaux protagonistes de la « terreur rouge », mais cela ne l'empêchera pas plus tard d'être exclu du PCUS par Staline. Lequel fera même incarcérer son fils pour mieux le tenir sous sa main.

Zinoviev déclare au sujet de la « terreur rouge » : « Pour défaire nos ennemis, nous devons avoir notre propre terreur socialiste. Nous devons entraîner à nos côtés 90 des 100 millions d'habitants de la Russie soviétique. Quant aux autres, nous n'avons rien à leur dire. Ils doivent être anéantis » (*sic*).

L'instauration de cette terreur d'État suscite de très vives réactions au sein du PC(b) R, à tel point que la presse communiste se voit obligée d'en faire état. Boukharine clame son opposition ferme à l'élimination des SR de gauche. *La Pravda* publie de nombreuses lettres de protestation dont celle de M. S. Ol'minski (vétéran du Parti) prenant position, dès le 8 octobre, contre « les pleins pouvoirs laissés à une organisation qui prétend agir par-dessus les

---

1 Berelowitch Wladimir, « Conclusion : modèle de la Terreur et régime bolchevik », in *Histoire, économie et société*, 1991, 10ᵉ année, n° 1. « Le concept de révolution », sous la direction de François Crouzet. p. 71-72.

2 Mitterand Henri, « "La vision rouge de la Révolution…" De Germinal à Thermidor », in *Romantisme*, 1993, n° 82, Aventures de la pensée. p. 3-16.

Soviets et le Parti lui-même » et qui est « truffée de criminels et de sadiques et d'éléments dégénérés du *lumpenprolétariat* ».

Ces critiques au sein du même PC(b)R sont suffisamment fortes pour contraindre Lénine à se porter à la défense de la Tcheka, qu'il qualifie d'« organe suprême de la dictature du prolétariat » et qu'il présente comme « injustement attaquée pour quelques erreurs par une intelligentsia bornée […] incapable de considérer le problème de la terreur dans une perspective plus large ».

La polémique ne faiblit pas, d'autant que l'opposition de gauche avait déjà profité du vii⁰ Congrès (en mars 1918) pour dénoncer « l'afflux d'éléments socialement indésirables » au sein des institutions soviétiques, au point de « favoriser une dégénérescence de l'appareil d'État ». K. Sorin reprend l'accusation, dans *Kommunist* de juin 1918 (organe des communistes de gauche) : « Ces éléments indésirables » constituent « la vaste armée des permanents des Soviets qui s'est ruée sur les divers commissariats et commissions, directions et sections, bureaux et comités » et qui est devenue un « groupe social conservateur » intéressé à « maintenir ses privilèges », « une couche semi-intellectuelle, pas très riche en connaissances qui n'avait pas de débouché sous l'ancien Régime ».

Devant les exactions de la Tcheka et pour tenir compte de l'opinion, le PC(b)R choisit, dans un premier temps, de donner satisfaction à sa minorité. Il crée une Commission de recensement pour enquêter sur les fonctionnaires de la Tcheka. L'organisme, chargé d'appliquer la « terreur rouge », a perdu en effet la totalité de ses anciens membres SR de gauche et recrute désormais des communistes mais surtout des « spécialistes » de l'ancien régime, voire d'anciens Cent noirs (organisation d'extrême droite).

Le Comité central du 19 novembre 1918 se croit tenu cependant de préciser « la presse du Parti et des Soviets doivent s'abstenir de critiquer les institutions soviétiques, et notamment la Tcheka, qui accomplit son travail dans des conditions particulièrement difficiles ».

Rien ne fait taire cependant ceux qui s'opposent de l'intérieur du Parti à l'instauration de la terreur d'État comme méthode de gouvernement. Les pouvoirs de la Tcheka sont donc officiellement réduits en 1920 puis de nouveau en 1922, avec notamment l'obligation de soumettre les décisions de la Tcheka au ministère de la Justice, mais en même temps le Parti légalise l'idée d'une violence révolutionnaire non plus exceptionnelle mais permanente, puisque la Tcheka (qui se voulait une Commission extraordinaire donc non durable) devient La GPOU (Direction politique d'État donc organisme durable). La Guépéou (GPOU) est toujours placée sous la direction du vieux bolchevik Félix Dzerjinski. Ce dernier est un curieux personnage, noble catholique d'abord très pieux au point d'envisager de devenir moine, condamné à onze ans de bagne sous le Tsar, il sera connu plus tard comme « Félix de fer », celui qui ne faiblit jamais dans la répression, bien qu'il n'aura de cesse d'appeler le régime à se réformer car il se disait convaincu que la Terreur d'État ne peut être une solution pérenne[1].

Il explique ainsi en 1921 dans un rapport confidentiel au bureau politique que « le mécontentement ne cesse de grandir dans les masses sans-parti, le prestige des communistes tombe et le sentiment règne désormais que le pouvoir soviétique n'existe que pour les communistes et ne se soucie que d'eux ».

La jeune Russie des Soviets se couvre donc d'un réseau toujours plus dense de Tcheka, tandis que se développent des Tcheka spécialisées (au sein des transports, des services de communication). *La Pravda*, dirigée par Boukharine, déclare « "Tout le pouvoir aux Soviets" a été remplacé par "tout le pouvoir à la Tcheka". » En 1925, Félix Dzerjinski dénoncera lui aussi la catastrophe qu'il voit venir : « À regarder tout notre appareil, tout notre système de direction, notre bureaucratisme inouï, notre incroyable désordre avec toutes les formalités possibles ; je suis littéralement horrifié »[2].

Les SR de gauche officiellement dissous ne cessent pas leur combat contre la dictature. Ils continuent à être présents au sein du mouvement syndical et culturel et s'emparent même de la direction de l'Union des paysans travailleurs, mouvement qui impulsera les révoltes de 1920-1921 dans les campagnes. Ils organisent de nombreuses émeutes dans les villes d'abord autour de la question du ravitaillement alimentaire puis autour de celle des libertés publiques. Le chef de la Tcheka Dzerjinski innovera dans la répression en prenant en otages des militants SR de gauche dont le sort dépend du comportement de leur Parti. Isaac Steinberg (1888-1957), ancien Commissaire du peuple à la Justice, animera une organisation indépendante issue des anciens SR de gauche jusqu'en 1923. Maria Spiridonova (1884-1941), principale dirigeante des SR de gauche[3], personnalité haute en couleur et respectée en raison de ses combats sous le tsarisme (emprisonnée, torturée, condamnée à mort en 1905 pour avoir assassiné un général responsable d'une répression sanglante contre des paysans) deviendra la première internée politique psychiatrisée. Elle sera enfermée dans un sanatorium en raison de son « état hystérique »[4]. Elle s'évadera, sera reprise, condamnée à 3 ans d'exil intérieur, et

---

1 Pour une histoire générale de l'appareil répressif : Christopher Andrew, *Le KGB dans le monde (1917-1990)*, Paris, Fayard, 1990.

2 Cité par Boris Souvarine, *op. cit.*, p. 362.

3 Dominique Colas, *Maria Spiridonova, révolutionnaire ou hystérique ?*, Société d'éditions scientifiques, 2011.

4 Cinnella Ettore "The tragedy of the Russian Revolution : Promise and default of the Left Socialist Revolutionaries in 1918", in *Cahiers du monde russe : Russie, Empire russe, Union soviétique, États indépendants*, vol. 38, n° 1-2, janvier-juin 1997. *Guerre, guerres civiles et conflits nationaux dans l'Empire russe et en Russie soviétique, 1914-1922*, p. 45-82.

à 3 autres années, puis à 5 ans en 1931 ; enfin, elle sera condamnée à 25 ans de prison en 1937. Maria Spiridonova sera finalement exécutée en 1941 sur ordre de Staline.

De la guerre civile à la guerre contre l'Entente

La guerre civile, qui succède à la signature du Traité de paix, n'oppose pas uniquement les Rouges et les Blancs mais les Rouges, les Blancs et les Verts, c'est-à-dire ces millions de paysans mais aussi d'ouvriers insoumis et déserteurs[1]. Les armées blanches sont aux portes de Petrograd et à 250 kilomètres de Moscou. Cette guerre, qui est aussi une guerre contre des puissances étrangères (France, Angleterre)[2] épaulant les armées blanches, ne suscite pas tant une haine de classe contre les Blancs, que le retour du nationalisme « grand russe » face aux étrangers, car le pouvoir bolchevik joue adroitement, y compris au sein des anciennes élites, sur le refus que la Russie devienne une « colonie franco-anglaise ». Staline écrira : « L'Entente se conduisait en Russie comme si elle était en Afrique centrale[3]. »

On imagine mal la multiplicité des fronts à laquelle la jeune Russie des Soviets dut faire face : « Dans le Kouba, le général Kornilov a constitué une « armée des volontaires » ; en Ukraine, en avril 1918, l'*ethman* (chef cosaque) Skoropadski prend le pouvoir avec le concours des Allemands ; dans le Caucase, en mai 1918, Géorgie, Azerbaïdjan et Arménie se proclament indépendantes. Dans le même temps, en avril 1918, les Anglais, que la défection de la Russie inquiète, débarquent à Mourmansk. Les Japonais occupent de leur côté Vladivostok. Enfin, des gouvernements rebelles se constituent à Omsk en Sibérie, et à Samara dans l'Oural. En mai 1918 survient l'offensive d'une brigade de combattants tchèques. Déserteurs de l'armée austro-hongroise, ils s'étaient engagés quelques mois plus tôt aux côtés des Russes pour combattre l'Autriche-Hongrie et libérer leur pays. Après la paix de Brest-Litovsk, ils craignent d'être livrés à Vienne ; d'où leur rébellion. Profitant de la décomposition du pays, les Tchèques s'emparent du chemin de fer du Transsibérien et dominent de la sorte la Sibérie. Ils s'approchent d'Ekaterinbourg, où est détenue la famille impériale. Dans la nuit du 16 au 17 juillet 1918, les bolcheviks massacrent celle-ci dans la crainte qu'elle ne soit délivrée par les Tchèques. Les Tchèques lancent peu après une offensive sur Kazan tan-

---

1 Pour aller plus loin sur le défaitisme révolutionnaire : Jean-Paul Joubert, « Le défaitisme révolutionnaire dans la stratégie marxiste », in *Les Internationales et le problème de la guerre au XXᵉ siècle*, Actes du colloque de Rome (22-24 novembre 1984), École française de Rome, 1987, p. 65-74.

2 Jean-Daniel Avenel, *Interventions alliées pendant la guerre civile russe (1918-1920)*, Paris, Éditions Economica, 2000.

3 Staline, *Œuvres complètes*, vol. 3, p. 127/269.

dis qu'une armée tsariste aux ordres de Krasnov et Denikine, les Gardes blancs, marche vers Tsaritsyne (plus tard Stalingrad). Partout, dans l'immense Russie, les bolcheviks semblent perdus mais ils vont se tirer de cette situation quasiment désespérée grâce à l'énergie et aux talents d'organisateur de Trotski, lequel prend le commandement de l'Armée rouge et n'hésite pas à y intégrer d'anciens officiers tsaristes. Ils vont profiter aussi des divisions et des querelles chez leurs ennemis, tant de la gauche républicaine que de la droite tsariste[1]. »

Cette période de guerre civile et contre les forces de l'Entente contraint les bolcheviks à faire de la diversité des forces révolutionnaires une richesse et à admettre au sein de l'armée y compris des anarchistes[2]. Elle a poussé aussi les dirigeants bolcheviks à accepter que se développent des alternatives qualifiées plus tard de « communisme de guerre » mais qui furent des bouts de « communisme tout de suite ». Lénine est obligé d'abandonner son projet initial d'imposer la construction du capitalisme sur le modèle de l'Allemagne militarisée. La guerre contre l'Entente développe en revanche l'esprit nationaliste « grand russe », utilisé plus tard pour justifier le ralliement d'une fraction des anciennes élites à la reconstruction de la grande et sainte Russie. Comment ne pas penser que sans ces interventions étrangères Staline n'aurait pu imposer le national-bolchevisme ? (cf. *infra*)

La période la plus incertaine de la Révolution quant à son devenir n'est donc pas la moins riche en expérimentations ni paradoxalement la moins démocratique. Autrement dit, ce n'est pas par nécessité que la fraction dirigeante choisira d'imposer sa dictature sur le Parti lui-même et sur la société tout entière, mais parce que sa vision du réel ne correspond plus au réel ni au désir du peuple. La situation se dégradera au fur et à mesure que le Parti s'isolera des autres forces et finira même par estimer que plus il s'épure lui-même plus il devient fort.

Vers la terreur

Les bolcheviks ne voient bientôt plus d'autres solutions pour sauver leur pouvoir que de fonder un appareil coercitif directement inspiré de celui du tsarisme. Ils se disent même convaincus que leur propre victoire en Octobre tient au fait que le gouvernement né de la révolution de Février n'a justement pas fait ce choix. Les bolcheviks héritent aussi de l'Okhrana l'appareil de répression tsariste. Cette évolution vers un régime de terreur est, comme

---

1 <https://www.herodote.net/3_mars_1918-evenement-19180303.php>
2 Alexandre Jevakhoff, *La guerre civile russe*, Paris, Perrin, 2017.

nous l'avons déjà dit, dénoncée, dès les premiers jours de la Révolution, non seulement par les autres partis révolutionnaires mais au sein même de la direction du Parti bolchevik. Cette évolution vers un régime de terreur ne semble d'ailleurs pas efficace puisque la jeune Russie des Soviets ne contrôle bientôt plus que le grand Moscou, Petrograd et quelques autres villes indus-trielles non reliées entre elles. Les bolcheviks n'entrevoient bientôt que deux solutions, soit une fuite en avant vers toujours plus de terreur, soit le renonce-ment au pouvoir. Cette seconde thèse est débattue avec force au sein même du Parti. Des centaines de motions sont prises dans ce sens, ainsi le Bureau régional de Moscou déclare en date du 24 février 1918 : « Dans l'intérêt de la révolution internationale, nous croyons utile d'accepter l'éventualité de la perte du pouvoir soviétique qui devient aujourd'hui un pouvoir purement formel. »

Constitution et évolution de la Tcheka

La décision prise est cependant de s'accrocher coûte que coûte au pouvoir. Ainsi alors que le PC(b)R a quasiment disparu soit que ses militants aient été décimés par la guerre, soit qu'ils aient été rattachés à l'appareil d'État, les dirigeants choisissent de reconstruire le Parti autour de ce qui reste de l'appareil d'État. L'évolution de la Tcheka s'avère symptomatique de cet en-chaînement des faits. Rappelons que la Tcheka fondée début 1918 à Petro-grad par Dzerjinski prend la suite du Comité militaire créé dès les premiers moments de la Révolution. Cette Tcheka initiale recrute d'ailleurs de nom-breux membres des SR de gauche notamment au sein des premiers « Gardes rouges » et des groupes de marins[1]. Une section moscovite est bientôt créée dénommée simplement M-Tcheka. Lors du transfert du gouvernement de Petrograd à Moscou en mars 1918, la M-Tcheka qui comprenait alors une petite centaine de membres très politiques fusionne avec l'appareil central venu de Petrograd avec Félix Dzerjinski. La Tcheka s'installe dans ce qui deviendra plus tard le funeste 11, rue Lubjanka. Elle ne compte en sep-tembre 1918 qu'un millier de membres dont à peine la moitié de bolcheviks et encore beaucoup ne le sont-ils que de fraîche date. Cette Tcheka initiale est d'abord utilisée contre les véritables ennemis de la Révolution et non contre les autres forces révolutionnaires de gauche, et j'ajouterai qu'elle use alors modérément, durant cette phase, de la violence contre les autres forces de gauche alors que la Russie connaît déjà des exécutions de masse. Cette première période connaît la suppression de la peine de mort, la libération sur parole des anciens officiers tsaristes, la reconnaissance en 1921 d'un véritable

---

1 Nicolas Werth, « Une source inédite : les svodki de la Tchéka-OGPU », in *Revue des études slaves*, tome 66, fascicule I, 1994, p. 17-27.

statut de prisonnier politique comprenant de meilleures rations, la suppression du travail forcé, la possibilité de recevoir des journaux, d'entretenir une correspondance, tous ces avantages seront ensuite totalement supprimés.

Cette situation change brutalement avec la série d'attentats qui suit la signature du traité de paix car ils vont servir de prétexte à l'instauration d'une terreur d'État (que les bolcheviks et leurs ennemis qualifieront à tort de terreur rouge). Cette terreur aboutit au remplacement du personnel de la Tcheka et ne se donne plus comme une réaction provisoire à la terreur blanche mais comme une façon normale de gérer les désaccords tout d'abord entre révolutionnaires. La Tcheka est donc devenue le terrible appareil que nous connaissons d'abord pour frapper les SR de gauche et ensuite tous les autres opposants de gauche.

Ainsi alors que la guerre civile contre les Blancs est déjà largement gagnée, le régime choisit de renforcer l'arsenal répressif avec l'adoption en 1922 d'un nouveau Code pénal, conçu non pas pour réprimer les contre-révolutionnaires mais pour liquider les oppositions de gauche, celles des SR et des mencheviks, celles aussi des anarchistes et pour réprimer les mouvements populaires qui éclatent sur tout le territoire pour réclamer davantage d'égalité sociale. Ce nouveau Code pénal invente ainsi toute une série de nouveaux délits dont le fameux « crime contre-révolutionnaire » qui sert à condamner « tout acte visant à abattre ou à affaiblir le pouvoir des Soviets » donc des bolcheviks. Ce nouveau Code pénal créé aussi de nouvelles peines comme le bannissement à perpétuité, l'interdiction de revenir en Russie sous peine d'exécution immédiate, comme la déportation administrative dans une région reculée, l'organisation de camps de concentration ou celle des « isolateurs » politiques, etc.

Les bolcheviks face aux anarchistes

Les relations entre bolcheviks et anarchistes sont moins difficiles qu'avec les SR de gauche même lorsque ces derniers siégeaient encore au gouvernement. Les anarchistes participent assez massivement à la Révolution et même à ses organes répressifs et se lancent dans des expérimentations sociales multiples[1]. Mais autant Lénine accepte volontiers la part de destruction de l'ancien système, qui accompagne nécessairement la première phase de la Révolution, autant des désaccords apparaissent au sujet de la société future à construire.

La Tcheka donne donc l'assaut le 11 avril 1918 contre les anarchistes de Moscou. Certains d'entre eux rejoignent la Tcheka comme Alexandre Gold-

---

1 Pour une présentation des mouvements révolutionnaires avant la Révolution : Lesure Michel, « Les mouvements révolutionnaires russes de 1882 à 1910 d'après les fonds F7 des Archives Nationales », in *Cahiers du monde russe et soviétique*, vol. 6, n° 2, avril-juin 1965, p. 279-326.

berg, Mikhaïl Brener, Timofei Samsonov mais le plus grand nombre fut exécuté.

Lénine recevra trois fois Pierre Kropotkine avec lequel il entretient une correspondance et lui proposera même d'intégrer le gouvernement. Il recevra même Makhno en juin 1918 et lui fournira massivement des armes.

Lénine cherche donc, dans un premier temps, à maintenir le dialogue avec le grand leader anarchiste, Pierre Kropotkine[1] qu'il tient en haute estime. Kropotkine écrit à celui qu'il qualifie encore de « cher Vladimir Illich » : « Une chose est certaine : même si la dictature du Parti était un moyen efficace pour abattre le système capitaliste – ce dont je doute énormément – elle est un obstacle profond à l'établissement du socialisme. Il est indispensable que cette construction se fasse localement avec les forces existant sur place » [...] « Le gouvernement russe actuel a soutenu le communisme centralisé par l'État dans ses plans de reconstruction sociale : il intègre les organisations coopératives dans les organes centralisés de production et de consommation de l'État... »; « Nous avons le droit d'affirmer que la reconstruction de la société sur une base socialiste sera impossible tant que l'industrie manufacturière et, par conséquent, le bien-être des ouvriers des usines seront fondés, comme ils le sont aujourd'hui, sur l'exploitation des paysans de leurs propres pays ou des autres pays, etc.

Lénine répond à son « cher Pierre » qu'on ne fait pas de révolution sans commettre des erreurs semblant ainsi lui donner raison, mais comment croire que le mouvement coopératif eut pu être soluble dans un régime autoritaire ? Kropotkine conclut donc sa dernière lettre à Lénine, datée du 21 décembre 1920, par l'énoncé d'un diagnostic que l'histoire de l'URSS confirmera : « Pourquoi placer la Révolution sur une voie qui la conduit à la ruine, à cause de défauts absolument étrangers au socialisme et au communisme qui sont la survivance du régime et de l'éducation passés, et du pouvoir illimité et dévorateur ? »

L'enterrement de Kropotkine le 13 février 1921 est l'occasion de la dernière grande manifestation antibolchevik avec plus de 100 000 participants. Rien ne semble définitivement tranché puisque si les anarcho-communistes épaulent la Tcheka pour réprimer les manifestants, les Komsomols défilent avec les anarchistes. En 1927, l'anarchiste français André Colomer fait encore le voyage de Moscou pour dire son soutien à l'URSS rouge malgré son refus de la dictature du prolétariat. Un grand « musée Kropotkine », dirigé par sa veuve, sera même ouvert à Moscou à la demande de Lénine puis fermé par Staline en 1930.

---

1 Confino Michaël, « Pierre Kropotkine et les agents de l'Ohrana [Étude suivie de treize lettres inédites de P. Kropotkine à M. Goldsmith et à un groupe anarchiste russe] », in *Cahiers du monde russe et soviétique*, vol. 24, n° 1 - 2, janvier-juin 1983, p. 83-149.

La révolte de Cronstadt

Le « communisme de guerre » (cf. sur le front économique) n'est pas la période la plus propice à l'instauration de la Terreur d'État contre les autres mouvements révolutionnaires et les milieux populaires[1]. La NEP (Nouvelle politique économique) qui rétablit le capitalisme d'État, bien que présentée de façon beaucoup plus positive en Occident, instaure en effet une dictature au sein des entreprises qui contaminera la société. C'est contre ce choix du retour à la toute-puissance des dirigeants, d'abord économiques puis politiques, contre l'explosion des inégalités, que se multiplient les conflits sociaux dont la révolte de Cronstadt.

La base navale de Cronstadt située à 30 kilomètres de Petrograd est le port d'attache de la flotte de la Baltique. Cette véritable ville citadelle est située sur une île du golfe de Finlande juste en face de Petrograd. Ces marins qui sont les enfants chéris d'Octobre en raison de leur rôle dans le succès de la Révolution vont se dresser cependant le 1er mars 1921 contre la nouvelle administration de l'armée, voulue par Trotski, et notamment contre le système des Commissaires politiques (le *Poubalt*) liée à la militarisation de l'armée (cf. *infra*). La révolte de Cronstadt commence plutôt bien avec une grande assemblée générale à laquelle assiste Kalinine, président du Présidium du Soviet suprême. Les marins se revendiquant du programme d'Octobre demandent des élections libres aux Soviets, la liberté de parole et de presse pour les ouvriers et les paysans socialistes de gauche, les anarchistes et les syndicats, la libération des prisonniers politiques ouvriers et paysans, l'abolition des privilèges du Parti bolchevik, l'égalité des rations, le droit des paysans et artisans à disposer du produit de leur travail, le refus du retour à l'autoritarisme des officiers, etc.

Ce mouvement, qui mobilise 15 000 marins et se développe dans un contexte de répression contre les usines de Petrograd également en grève, n'est donc initialement qu'un mouvement social parmi d'autres. C'est pourquoi une délégation est envoyée à Petrograd pour négocier mais elle est arrêtée et emprisonnée sur ordre de Zinoviev. Les marins élisent alors un Comité révolutionnaire provisoire avec, fait notable, le soutien ou l'abstention de la majorité des bolcheviks locaux. Leurs revendications n'ont certes rien de contre-révolutionnaires mais elles sont considérées comme inacceptables car mettant en cause le rôle du Parti. Zinoviev envoie donc des rapports alarmistes à Moscou au point que le Conseil de la Défense convoqué dans l'urgence décrète l'état de siège. Trotski ordonne alors de bombarder les mutins mais l'Armée rouge refuse de marcher contre d'autres soldats aussi em-

---

1 Souyri Pierre-François, « Paul Avrich, La tragédie de Cronstadt, 1921 », in *Annales. Économies, Sociétés, Civilisations*. 31e année, n° 2, 1976. p. 272-273.

blématiques que ces marins. Le PC(b)R fait donc appel à des élèves officiers et à des renforts communistes, notamment les délégués du Congrès du Parti qui se tenait à Moscou et qui ajournent leurs travaux pour partir combattre. La forteresse de Cronstadt, dans laquelle se sont réfugiés les mutins, tombe le 18 mars 1921, jour anniversaire du 50ᵉ anniversaire de la Commune de Paris. Un premier assaut qui échoua mobilisa 35 000 hommes en armes, le second 50 000. On comptera 10 000 morts chez les assaillants et des milliers d'exécutions en représailles parmi les marins, après la reddition.

Les dirigeants bolcheviks justifieront leur violence en prétextant que cette révolte était commanditée par des réactionnaires dupant les marins. Il suffit pour démentir cette argutie de rappeler que la révolte eut lieu en plein hiver, donc au pire moment sur le plan militaire pour les insurgés puisque les eaux gelées permirent de prendre Cronstadt d'assaut depuis la terre. Que le poids des SR de gauche et des anarchistes fut important à Cronstadt est évident mais pas plus en 1921 qu'en octobre 1917. Boukharine sera le plus lucide au sujet de cette révolte lorsqu'il écrira : « Qui a dit que Cronstadt était blanche ? Non. Pour nos idées, pour la tâche qui est la nôtre, nous avons été contraints de réprimer la révolte de nos frères égarés. Nous ne pouvons pas considérer les matelots de Cronstadt comme nos ennemis. Nous les aimons comme des frères véritables, notre chair et notre sang ».

La NEP se voudra la réponse du régime à la révolte de Cronstadt, mais dans ce cas, elle est une réponse du point de vue et dans l'intérêt de l'appareil du Parti et de l'État et non dans celui de la société soviétique. La NEP développera le capitalisme d'État, abandonné sous le « communisme de guerre », alors que les marins et toutes les usines en grève exigeaient non pas moins de socialisme/communisme mais davantage d'égalité. La NEP renoue avec la politique imaginée avant 1917 et dont témoigne la fameuse Note adressée confidentiellement par Lénine aux alliés, via Tchitcherine, et qui prévoyait la reconnaissance des dettes russes, des concessions économiques dans des secteurs essentiels à des groupes capitalistes et même des cessions de territoires aux firmes capitalistes. Ce capitalisme d'État supposait l'abandon de la thèse du dépérissement de l'État.

La NEP reprend les propositions faites par Trotski un an plus tôt, mais repoussées jusqu'alors par la majorité du Parti bolchevik, comme la fin du rationnement alimentaire, la suppression des confiscations arbitraires, l'autorisation accordée aux petits producteurs de vendre leurs produits sur le marché, bref le rétablissement de l'offre et de la demande. Ce retour à un capitalisme, certes limité et contrôlé par l'État, sera dans les faits imposé, sans aucune concertation des membres du Parti, par Lénine, qui justifiera son oukase lors du Congrès suivant en déclarant : « Si nous n'avions pas transformé notre politique économique, nous n'aurions pas duré quelques mois de plus ».

Si la NEP marque le choix du capitalisme et de l'industrialisme, donc la fin de toute perspective communiste immédiate, et le renforcement de l'appareil d'État, plutôt que son dépérissement progressif jusqu'à sa disparition, la thèse stalinienne du « socialisme dans un seul pays » solde toute idée d'internationalisme prolétarien (n'oublions pas que l'URSS de Staline vendra au prix fort des armes au gouvernement républicain espagnol en se faisant remettre les réserves d'or de cette même République espagnole[1]) et légitime la fuite en avant « industrialiste » qui servira les intérêts de la nouvelle classe dominante (pas toujours si nouvelle) incarnée par Staline.

La thèse stalinienne du « socialisme dans un seul pays »

On se souvient que Lénine et Trotski considéraient que le sort de la révolution russe était obligatoirement lié à celui des autres révolutions. Trotski déclarait encore en 1922 : « La République soviétique russe n'est pour nous qu'un point de départ de la révolution européenne et mondiale dont les intérêts priment tout […] L'intérêt de la République des Soviets ne peut être autre que l'intérêt du mouvement révolutionnaire mondial ». Le dogme du « socialisme dans un seul pays » constitue une suite logique au Traité de paix de Brest-Litovsk mais également au choix de la NEP[2]. Ce dogme servira, durant toute la seconde moitié des années vingt, à justifier le renforcement de l'appareil d'État mais aussi celui du capitalisme d'État, ce qui lui vaudra le soutien de Boukharine désormais convaincu que seule une phase de capitalisme, notamment agraire, pourrait s'opposer à la terreur d'État! Staline élabore ce dogme, juste après l'écrasement de la révolution allemande, en décembre 1924, même si on peut penser qu'il fut toujours moins optimiste que les autres dirigeants face aux perspectives de révolution mondiale. Les bolcheviks étaient en effet jusqu'alors convaincus que d'autres révolutions allaient suivre et que, sans victoire du prolétariat en Europe, la révolution russe ne pouvait qu'échouer tragiquement en raison de sa situation économique. Leur priorité n'était donc pas initialement la consolidation de la révolution d'Octobre, mais le succès des révolutions dans des pays à économies plus dé-

---

1 Pierre Broué, *Staline et la révolution : le cas espagnol*, Paris, Fayard, 1993..

2 Brahm H, « La "révolution permanente" de Trotski et le "socialisme dans un seul pays" de Staline », in *Cahiers du monde russe et soviétique*, vol. 6, n° 1, janvier-mars 1965, p. 84-99..

veloppées. C'est donc bien contre toute la doxa marxiste que Staline soutient en 1924 que « la victoire du socialisme dans un seul pays est parfaitement possible et vraisemblable, même si ce pays a des structures capitalistes moins développées et alors que le capitalisme subsiste dans d'autres pays et cela même si ces pays ont des structures capitalistes plus développées ».

Cette thèse peut sembler surprenante sous la plume de Staline car il s'était montré d'abord foncièrement opposé à cette idée : « Les forces d'un seul pays ne peuvent mener à la victoire finale du socialisme et la Russie rurale ne peut constituer une entité autosuffisante de socialisme[1]. »

Staline obtient, contre toute attente, le soutien de nombreux dirigeants, sans doute parce qu'ils ont compris que le « socialisme dans un seul pays » va de pair avec le choix de construire un capitalisme d'État donc de défendre l'État. Cette thèse est donc adoptée sans réel débat lors de la xive conférence du PC(b)R. Staline s'efforce d'attribuer à Lénine la paternité de ce dogme hétérodoxe au moyen d'un jeu de citations totalement sorties de leur contexte. Il rappelle ainsi la déclaration « optimiste » de Lénine de décembre 1919 (« Nous savons que nous ne pouvons, dès maintenant, instaurer le règne du socialisme, espérons que ce sera une réalité pour nos enfants ou peut être nos petits-enfants ») pour justifier son propre optimisme et faire ainsi de ses (rares) contradicteurs des pessimistes et, ce qui est encore pire, des défaitistes. Staline se voit cependant contraint d'introduire une distinction entre une « victoire complète », qui pourrait être atteinte dès maintenant, et une « victoire définitive », qui ne serait garantie qu'avec la victoire d'autres révolutions. Staline, promu ainsi génial théoricien marxiste, jugera en 1926 que son dogme est « l'un des documents les plus importants de l'histoire de notre parti ».

Trotski sera l'un des seuls dirigeants à s'opposer à ce nouveau dogme. Il a compris qu'il signifiait le refus d'exporter la Révolution et le choix d'une politique nationale et conservatrice *versus* une politique internationaliste et révolutionnaire. Mais ne pouvant pas mettre en rapport ce dogme avec le choix du capitalisme d'État et du renforcement de l'appareil d'État qu'il défend, il se prive de cohérence théorique, politique et même de soutien populaire. Sa position ne peut dès lors qu'apparaître défaitiste et non pas révolutionnaire, ce que Staline lui reprochera en opposant sa promesse de « lendemains qui chantent » (après certes une longue phase de sacrifice dans tous les domaines) à la thèse de Trotski en faveur d'une « révolution permanente » douloureuse. Cette thèse prétendait pouvoir sauter l'étape du capitalisme d'État en enchaînant en quelque sorte les révolutions du féodalisme au communisme. Staline serait celui qui croit au socialisme tandis que Trotski

---

1 Staline, *Fondations du léninisme*, 1924.

n'y croirait plus. Trotski, qui aurait pu bénéficier d'un sérieux avantage intellectuel sur Staline, sera obligé de se placer sur la défensive, faute de dénoncer en soi l'étatisation. Le 15 janvier 1925, il reconnaît que sa propre théorie ne possède plus qu'un intérêt historique et qu'il n'entend pas l'appliquer aux conditions présentes. Il ajoute même en 1926 devant les congressistes du xve Congrès du PC(b)R qu'il considérait lui aussi « depuis une éternité cette théorie comme classée[1]. » Mais il ne pourra cependant s'empêcher de rétorquer à un Boukharine clamant qu'on pouvait réaliser le socialisme dans la seule Russie si l'on faisait abstraction du danger d'une intervention étrangère, qu'on pouvait aussi se promener nu comme un ver dans les rues de Moscou, au mois de janvier, si l'on faisait abstraction du froid et de la police !

Trotski qualifiera le projet de Staline de « national-socialisme » en reprenant les mots de Lénine dénonçant l'esprit « grand-russe » responsable non pas d'un « plus d'État » (ce qu'il défend) mais de sa seule dégénérescence. Cette accusation de « national-socialisme » constitue un symptôme de ce que Trotski avait véritablement en tête et de son incapacité à le théoriser, faute de pouvoir nommer le système pour ce qu'il était en train de devenir, non pas un « national-socialisme » à la façon des nazis mais un « national-bolchévisme » que nourrissait le choix de la NEP, de l'industrialisme et d'un « plus d'État ». Staline pourra aisément lui rétorquer que c'est parce qu'il n'a pas confiance dans le peuple russe que Trotski se tourne vers la révolution mondiale.

Les bolcheviks et le sentiment national(iste)

Avant d'évoquer ce qu'on nomme le national-bolchévisme russe, il est important de rappeler que l'État russe est restauré par ceux-là mêmes qui voulaient le détruire, d'abord en réponse à l'extrême violence qui accompagna le développement de la disette, de la famille et de la sauvagerie en 1921-1922. La pénurie réveilla notamment un vieux fond antisémite rural et sonna le retour des pogroms, y compris au sein de la *makhnovista* (l'armée anarchiste). Des juifs sont volés et frappés, entassés et brûlés vifs dans des synagogues, des centaines de fillettes sont violées. Les organisations juives (alors toutes de gauche) dénombrent plus de 300 000 victimes dont au moins 150 000 morts. Les bolcheviks sont d'ailleurs eux-mêmes systématiquement assimilés à des Juifs. Les forces réactionnaires et le peuple dénoncent le judéo-bolchévisme. Des milliers de bolcheviks sont assassinés, sans qu'il soit possible d'établir une différence entre les crimes antisémites et les crimes suscités par la haine du Rouge : oreilles, langues et yeux arrachés, membres, têtes et parties gé-

---

1 Brahm H., « La "révolution permanente" de Trotski et le "socialisme dans un seul pays" de Staline, in *Cahiers du monde russe et soviétique*, vol. 6, n° 1, janvier-mars 1965, p. 84-99..

nitales coupées, estomacs éventrés, croix imprimées sur le front par le feu, personnes clouées vives sur des arbres, etc.

La jeune Russie des Soviets va être sauvée par le ralliement d'une fraction importante des anciennes élites au nouveau régime bolchevik et à son État fort. Le symbole de ces ralliements est le général Alexei Brusilov déclarant : « Mon sens du devoir envers la nation contraint à désobéir à mes inclinaisons sociales naturelles. » Ils seront des centaines de milliers à l'imiter. Le philosophe, Walter Benjamin, alors présent à Moscou, évoquera en 1927 le fort sentiment national(iste) suscité par la peur de l'effondrement de l'État russe.

Le stalinisme est-il un national-bolchevisme ?

Le Congrès de 1925 peut être qualifié de Congrès du « national-bolchevisme » russe puisqu'il marque la victoire des thèses en faveur d'un État fort. Cette victoire sera déjà acquise au prix d'un renouvellement du Parti. Certains ont soutenu que Staline réinventa le Parti après 1922, avec la fameuse « promotion Lénine » qui attira des centaines de milliers de nouveaux adhérents, dont Staline reconnaîtra que 90 % étaient des illettrés politiques. Ce recrutement se fera sur la base d'une sélection par les secrétaires de comités du Parti. « Communiste » ne veut déjà plus dire partisan du communisme mais membre du Parti bolchevik au pouvoir et même le plus souvent membre de l'appareil d'État. Ces « communistes » participent déjà de moins en moins aux débats politiques. C'est pourquoi ils pourront dès 1924 accepter que la politique spectacle l'emporte sur les polémiques théoriques et politiques habituelles aux bolcheviks, comme lorsque le Congrès se rendra au pas cadencé, sous la conduite d'un orchestre, devant le mausolée de Lénine pour tenir une séance.

Cette victoire sera acquise aussi au prix d'un renouvellement de l'État. Staline révoque 3 000 fonctionnaires bolcheviks et noie, ceux qui restent, au sein d'un appareil d'État aux effectifs multipliés comme il noie les anciens bolcheviks au sein d'un parti fort désormais de plus d'un million de membres. Staline va faire adopter deux premières mesures emblématiques de son régime, le rétablissement de l'alcool d'État comme moyen de financer la nouvelle bureaucratie et la baisse des salaires des travailleurs, grâce à la généralisation du salaire au rendement, aux cotisations et souscriptions obligatoires. La conséquence est immédiate : alors que les effectifs du Parti État s'envolent, ceux des syndicats, qui regroupaient plus de six millions de membres, chutent. Ils passeront à 4,8 puis à 4 millions, puis probablement beaucoup moins par la suite. Le régime va désormais chercher ses meilleurs soutiens dans d'autres milieux.

Qu'est-ce que le national-bolchevisme ?

Les différents épisodes tragiques, qui suivirent la prise de pouvoir et qui menacèrent jusqu'à l'existence même de la jeune Russie des Soviets, vont faciliter l'infiltration de thèses d'extrême droite, au sein d'une fraction de l'appareil d'État et même, probablement, au sein du nouveau Parti bolchevik[1]. Cette thèse de l'historien Mikhaïl Agursky comporte des éléments moins probants[2]. Selon lui, les composantes marxistes et socialistes du bolchevisme russe auraient été des « camouflages historiques » d'un processus beaucoup plus important historiquement et géopolitiquement, puisque Lénine se serait placé dans la lignée d'Alexandre Herzen (1812-1870), le père d'un « socialisme nationaliste russe », rejetant l'Occident au nom d'une domination slave. C'est pourquoi, Lénine et les bolcheviks se seraient assignés le but de donner à la Russie et aux Russes le leadership de la révolution mondiale avec la construction de l'Internationale Communiste. Je pourrais rétorquer que ce chauvinisme « grand russe » marqua davantage les relations entre peuples et États composant la jeune Russie des Soviets que celles entre Partis membres de l'IC.

Sans être donc convaincu par cet aspect de la thèse de Mikhaïl Agursky, on peut soutenir qu'à partir de la NEP, c'est-à-dire au moment où les dirigeants bolcheviks sacrifient le passage à un mode de vie communiste pour imposer à la fois un capitalisme d'État et un « plus d'État », ne pouvait que se développer un « compromis historique » entre la « bourgeoisie rouge » naissante et les anciennes élites du tsarisme quel que soit le domaine considéré. Ce compromis prendra appui sur une autre idéologie, un autre langage, que celui du communisme et permettant la promotion du capitalisme d'État, de l'idéologie du « plus d'État » et de celle du nationalisme « grand-russe »[3]. Cet esprit « grand russe » a certes toujours existé mais il s'est incontestablement développé, dès le début des années vingt, au point que Lénine, dans son fameux testament politique (une série de notes dictées à ses secrétaires entre le 15 décembre 1922 et le 4 janvier 1923), en fera le cœur de son réquisitoire contre Staline. C'est la raison qui le conduit à demander qu'on lui retire toutes ses responsabilités au sein du Parti. Mais la critique de Lénine ne pouvait cependant que rester inféconde dès lors qu'elle ne mettait pas en cause le capitalisme d'État et le « plus d'État ».

---

1 Agurskij Mihail, Négrel Dominique, « Existait-il une infiltration de droite dans le système politique soviétique ? », in *Cahiers du monde russe et soviétique*, vol. 21, n° 3-4, juillet-décembre 1980, p. 279 - 294..

2 Mikhail Agurski, *The Third Rome : National Bolshevism in the USSR,* Californie, Westview Press, 1987.

3 Laruelle Marlène, « Les idéologies de la "troisième voie" dans les années 1920 : le mouvement eurasiste russe », in *Vingtième Siècle, revue d'histoire*, n° 70, avril-juin 2001, p. 31-46.

Ce qui est certain, c'est que certains dignitaires bolcheviks vont flirter dangereusement avec le mouvement et les idéologues nationaux-bolcheviks, puis avec l'idéologie nationale-bolchevik lorsqu'ils décideront de faire, avec Staline, du national-bolchevisme sans nationaux-bolcheviks, dont les principaux leaders ont été progressivement réduits au silence ou intégrés. Le PC(b)R, métamorphosé en PCUS tout comme la RSS l'a été en URSS, trouvera en effet au sein du « national-bolchevisme » une idéologie de substitution qui lui apportera les trois grands piliers nécessaires à son maintien au pouvoir : le choix d'une folie industrialiste avec le capitalisme d'État, la légitimation d'un « plus d'État » sous couvert de dictature du prolétariat et le nationalisme « grand-russe » à la place de l'internationalisme prolétarien.

Cette histoire est suffisamment dérangeante pour avoir été passée sous silence tant par les suppôts inconditionnels de l'URSS que par ses détracteurs[1]. Le national-bolchevisme est une idéologie d'extrême droite utilisant certains traits déformés du bolchevisme triomphant pour parvenir à ses propres fins[2]. Ce national-bolchevisme russe est une émanation du national-bolchevisme allemand, développé après la première guerre mondiale et qui prétendait réaliser une synthèse entre nationalisme et communiste (ou socialisme). Son principal théoricien, à l'échelle internationale, sera l'Allemand Ernst Niekisch (1889-1967)[3].

Le courant du national-bolchevisme russe se constitue en deux moments : tout d'abord au sein d'une petite fraction de l'extrême droite russe héritière d'une longue tradition (avec l'UPR), puis parmi des émigrés blancs qui choisiront de défendre l'État bolchevik d'un point de vue nationaliste et non marxiste. Les dirigeants bolcheviks seraient, selon ces deux courants, les meilleurs défenseurs de la grande Russie impériale car ils auraient su préserver l'empire russe, en instaurant l'URSS, au moment où les autres grands empires s'effondraient. La « terreur rouge » ne serait donc, à leurs yeux, qu'une façon de poursuivre le nécessaire travail de modernisation forcée déjà entrepris par Yvan le Terrible. Ce national-bolchevisme russe se mettra même parfois à rêver à la possibilité d'une domination mondiale russe (slave) grâce à l'idéologie bolchevik.

---

1 Louis Dupeux, *National-bolchevisme, stratégie communiste et dynamique conservatrice*, Éditions H. Champion, Paris, 1979.

2 Léon Poliakov, *Moscou : troisième Rome*, Hachette, 1989.

3 Moreau Patrick, « Dupeux (Louis)-National-bolchevisme : stratégie communiste et dynamique conservatrice », thèse de Lettres, Paris I, 1974. Soutenue sous le titre « Stratégie communiste et dynamique conservatrice : essai sur les différents sens de l'expression national-bolchevisme en Allemagne, sous la République de Weimar (1919-1933) », in *Revue française de science politique*, 31e année, n° 1, 1981, p. 265-266.

L'UPR, des nationaux-bolcheviks avant l'heure

Une sorte de national-bolchevisme était en débat au sein des milieux sociaux-démocrates russes sous le tsarisme, donc bien avant la révolution d'octobre 1917. Comment ne pas évoquer déjà le prêtre orthodoxe Gueorgui Gapone (1870-1906), organisateur de la journée du 22 janvier 1905, le Dimanche rouge, proche du chef de la police secrète Zerguei Zoubatov, fondateur de l'Union ouvrière dans le but d'encadrer le peuple. Après le dimanche sanglant, il se réfugie chez Gorki puis s'exile en Suisse où il rencontre Lénine, Il adhère bientôt au Parti des socialistes-révolutionnaires alors qu'il est toujours manipulé par la police du Tsar. Il sera pendu le 28 mars 1906 sur ordre des SR par un commando dirigé par Pinhas Rutenberg, socialiste révolutionnaire et fondateur de la Légion juive.

L'imprégnation des thèses nationalistes sur la social-démocratie russe se fera cependant davantage avec les Proto-fascistes de l'Union du peuple russe (UPR), fondée au tout début du xxᵉ siècle pour réconcilier la monarchie et le peuple. L'UPR est pro allemande, antianglaise, antiaméricaine, hostile aux peuples jaunes, d'un antisémitisme violent et responsable de nombreux pogroms. Ce mouvement se rapprochera des Centuries noires (ou Cent noirs), fondées lors de la Révolution de 1905 pour terroriser les militants révolutionnaires[1].

Ce mouvement d'extrême droite, fortement relayé par l'église orthodoxe, bénéficiait d'un ancrage au sein des milieux populaires notamment ruraux[2]. C'est pourquoi le POSDR débattra longuement de l'attitude à adopter envers lui bien que tous le condamnent/combattent idéologiquement sans équivoque. Ainsi Plekhanov, le père du marxisme russe, soutient qu'il faut tenir compte du fait que 80 % de ses membres sont des prolétaires avant de s'en prendre à eux[3]. La fraction d'ultra-gauche « En avant! » croit également dans la possibilité de gagner ces forces sociales « conservatrices » à la révolution socialiste[4]. Ces Proto-fascistes vont certes, dans un premier temps, combattre la révolution d'Octobre, les armes à la main, mais après la victoire de l'Armée rouge sur les armées blanches, certains rejoindront le PC(b)R ou accepteront de travailler pour lui, au sein de l'appareil d'État, de la Tcheka

---

1 Walter Laqueur, *Histoire des droites en Russie. Des Centuries noires aux nouveaux extrémistes,* Paris, Michalon, 1996 ; Du Castel Viviane. « Walter Laqueur. Histoire des droites en Russie. Des Centuries noires aux nouveaux extrémistes », in *Politique étrangère*, n° 2-1996-61ᵉ année, p. 448.

2 Nivière Antoine, « Les moines onomatodoxes et l'intelligentsia russe », in *Cahiers du monde russe et soviétique*, vol. 29, n° 2, avril - juin 1988, p. 181-194.

3 Sur les liens entre Lénine et Plekhanov : « Haupt Georges. Lénine, les bolcheviks et la IIᵉ Internationale », in *Cahiers du monde russe et soviétique*, vol. 7, n° 3, juillet - septembre 1966. « Hommage à François de Liencourt », p. 378-407.

4 Les 149 délégués à la conférence du 24 avril 1917 représentent officiellement 79 000 adhérents.

ou de l'église ralliée au pouvoir. Ainsi, c'est un ancien dirigeant de l'UPR qui deviendra le Métropolite Varfolomai de l'Église aux ordres du Kremlin ! (cf. *infra*)

Cette question d'une infiltration d'extrême droite au cœur du système soviétique, et notamment de son appareil d'État, est assez bien balisée. Ainsi Mikhaïl Agursky souligne, dans les *Cahiers du monde russe et soviétique*, que le PC(b)R a attiré beaucoup d'anciens Cent noirs, qualifié mollement de « Vendée russe », il rappelle également qu'au début du siècle, Lénine avait déjà défendu l'idée d'un « bloc contre nature » entre ces Centuries noires et les bolcheviks mais qu'il n'avait pas été suivi par le ve Congrès du POSDR tenu en mai 1907.

« Ceux qui rentrent »

L'autre courant nationaliste qui contaminera bien davantage l'État bolchevik se développe au sein de l'émigration russe sous le nom des *menovekhisme*, ce qui signifie « ceux qui rentrent », « ceux qui reviennent » après leur exil[1]. Le principal penseur de ce courant est Nikolaï Oustrialov (1890-1938), juriste, professeur à l'Université, ancien membre du parti Cadet représentant les intérêts de la bourgeoisie libérale avant la révolution d'Octobre, rallié aux armées blanches, ancien chef du service de presse de l'amiral Koltchak, réfugié en Chine après leur défaite devant l'Armée rouge, etc. Oustrialov dénoncera pourtant assez vite les forces contre-révolutionnaires pour, ce qu'il nomme, leur soumission à l'étranger (en fait pour leurs accointances présumées avec la franc-maçonnerie internationale qu'il vomit plus encore que les bolcheviks russes). Ce juriste est un ultranationaliste qui publie dans des revues successives comme *Les problèmes de la grande Russie*, *Le matin de la Russie* ou *L'aube de la Russie*. Il défend l'expansionnisme russe contre l'Occident et la nécessité de construire un État absolutiste, fut-il provisoirement aux mains des bolcheviks de Lénine. Il soutient donc que la révolution bolchevik est « authentiquement russe » et, qu'en tant que « nationaliste », on ne peut s'y soustraire plus longtemps. En 1920, il fonde avec un groupe d'anciens cadets la revue *Okno* (La fenêtre), soutenant l'idée d'une convergence non seulement possible mais nécessaire entre les conservateurs nationalistes et les bolcheviks adepte d'un État fort. Des conférences sont organisées dans les milieux de l'immigration russe notamment à Paris et un bulletin *Changement de jalons* (*SmenaVekh*) est publié depuis Prague[2]. Les disciples d'Oustrialov prirent le nom de *Smena-Vekhists* (« ceux qui rentrent ») puis, une fois

---

1 <http://www.recherches-internationales.fr/RI92/RI92Ackerman.pdf>

2 *Le changement de jalons*, sous la direction de You. Klioutchnikov, Éditions L'âge d'Homme, Paris, 2005.

rentrés, ils utiliseront celui de nationaux-bolcheviks. L'année 1921 est décisive puisque Oustrialov soutient la NEP de Lénine car, dit-il, elle créerait la possibilité d'une restauration complète du capitalisme.

Lénine, qui suit personnellement ce dossier, envisage d'orchestrer le retour d'Oustrialov à Moscou dans l'espoir de faire revenir en Russie une partie des élites mais aussi de courtiser celles qui, bien qu'étant restées, boycottent le régime. Il fait reproduire des articles de *SmenaVekh* dans *La Pravda* et finance secrètement un quotidien de l'émigration, *Nakanune*, lancé depuis Berlin. Trotski exige que chaque bibliothèque dispose d'un exemplaire de cette prose.

Cette éventualité d'un retour massif des émigrés blancs sur une base nationaliste est assez forte pour être débattue en mars 1922 au XXIe Congrès. Lénine lui consacre même une part importante de son rapport politique : « Je voudrais, à ce propos, traiter la question suivante : qu'est-ce que la Nouvelle politique économique des bolcheviks ? Évolution ou tactique ? C'est ainsi que la question a été posée par les gens de la *SmiénaViekh*; ils représentent, comme vous le savez, un courant qui a pris racine parmi les émigrés russes à l'étranger, courant social et politique ayant à sa tête des cadets marquants, certains ministres de l'ancien gouvernement de Koltchak, des hommes ayant acquis la conviction que le pouvoir des Soviets bâtit l'État russe et qu'il faut, par conséquent, le suivre. Mais quel est l'État que bâtit ce pouvoir des Soviets ? » Les communistes disent que c'est un État communiste, assurant qu'il s'agit là de tactique : les bolcheviks circonviendront les capitalistes privés dans une passe difficile pour, ensuite, arriver à leurs fins, comme ils le prétendent. Les bolcheviks peuvent dire ce qui leur plaît, en réalité, ce n'est pas une tactique, c'est une évolution, une dégénérescence intérieure. Ils aboutiront à l'État bourgeois ordinaire, et nous devons les soutenir. L'histoire va par différents chemins. » Ainsi raisonnent les gens de la *SmiénaViekh*. Certains d'entre eux se posent en communistes, mais il y a des hommes plus francs et, entre autres, Oustrialov. Je crois qu'il a été ministre sous Koltchak. Il n'est pas d'accord avec ses amis et déclare : « Vous pouvez dire ce que vous voulez à propos du communisme; quant à moi, j'affirme que, chez eux, ce n'est pas une tactique, mais une évolution. » Je pense que cet Oustrialov, par cette franche déclaration, nous rend un grand service. Il nous arrive très souvent d'en entendre, à moi surtout, en raison de mes fonctions, de doucereux mensonges communistes, d'entendre tous les jours, et, parfois, cela devient vraiment écœurant. Et voici que, à la place de ces « mensonges communistes », vous recevez un numéro de la *SmiénaViekh* qui dit sans détour : « Chez vous, il n'en est pas du tout ainsi, ce sont des idées que vous vous faites; en réalité vous roulez dans le marais bourgeois ordinaire où les petits drapeaux communistes s'agiteront avec toutes sortes de belles paroles. » Voilà qui est très utile, car ce n'est plus une simple redite de ce que nous entendons sans cesse autour de nous, mais tout bonnement la vérité de classe d'un ennemi de classe. Il est très utile de voir cette chose écrite, non parce que c'est l'usage d'écrire ainsi dans un État communiste, ou qu'il est interdit d'écrire autrement, mais parce que c'est réellement la vé-rité de classe exprimée brutalement, ouvertement, par un ennemi de classe. «Je suis pour le soutien du pouvoir des Soviets en Russie, dit Oustrialov – bien qu'il soit un cadet, un bourgeois, bien qu'il ait soutenu l'intervention armée –, je suis pour le soutien du pouvoir des Soviets, parce qu'il s'est enga-gé dans une voie où il roule vers le pouvoir bourgeois ordinaire. » C'est une chose très utile et qu'il faut, me semble-t-il, prendre en considération. Quand les gens de la *SmiénaViekh* écrivent ainsi, cela vaut beaucoup mieux, pour nous, que de voir certains d'entre eux se poser presque en communistes, de sorte que, de loin, on risque de ne pas s'y reconnaître : croient-ils en Dieu ou en la révolution communiste ? Ces francs ennemis sont utiles, disons-le car-rément. Les choses dont parle Oustrialov sont possibles, disons-le sans am-bages. L'histoire connaît des transformations de tous genres : en politique, compter sur la conviction, le dévouement et autres excellentes qualités mo-rales, n'est guère sérieux. Les excellentes qualités morales sont le propre d'un petit nombre ; or, l'issue historique est décidée par les masses immenses qui, lorsque le petit nombre n'est pas de leur goût, le traitent parfois sans excès de politesse. Il y a eu beaucoup d'exemples semblables. Aussi faut-il saluer cette franche déclaration de la *SmiénaViekh* : « L'ennemi dit une vérité de classe en signalant le danger que nous courons. L'ennemi voudrait que cela devînt iné-vitable. » Les gens de la *SmiénaViekh* expriment l'état d'esprit de milliers et de dizaines de milliers de bourgeois de tout acabit ou d'employés soviétiques participant à notre nouvelle politique économique. Là est le danger essentiel et réel. Et c'est pourquoi il faut réserver l'attention principale à cette ques-tion : qui, effectivement, l'emportera ? J'ai parlé de compétition. Il n'y a pas d'attaque directe contre nous, on ne nous prend pas à la gorge. Nous verrons ce qui en sera demain, mais, aujourd'hui, on ne nous attaque pas les armes à la main ; et néanmoins la lutte contre la société capitaliste est devenue cent fois plus acharnée et périlleuse, car nous ne voyons pas toujours nettement où est l'ennemi qui nous combat, et qui est notre ami[1]. »

Faut-il rapprocher cette tentative de Lénine d'instrumentaliser le natio-nal-bolchevisme russe de la situation allemande du début des années vingt ? On sait que le dirigeant de l'Internationale communiste, Karl Radek, chargé par le Kominterm d'organiser la révolution bolchevik en Allemagne, tentera vainement un rapprochement avec les corps francs, notamment lors de l'oc-

---

1 Lénine, *Rapport politique du Comité central du PC(b)R*, le 27 mars 1922.

cupation de la Ruhr en 1923 par la France et la Belgique. Le chef des corps francs, Léo Schlageter, capturé et exécuté par l'armée française, et qui sera le premier héros du national-socialisme, bénéficie d'un curieux hommage de Radek, non pas seulement en Allemagne mais devant l'IC à Moscou : « La majorité du peuple allemand est composée d'hommes qui travaillent et qui doivent lutter contre la bourgeoisie allemande. Si les milieux patriotiques d'Allemagne ne se décident pas à faire leur la cause de cette majorité de la nation et à constituer ainsi un front contre le capital de l'entente et le capital allemand, alors le chemin suivi par Schlageter serait le chemin du néant ». Warren Lerner, biographe de Radek, évoque l'action de ce dernier en ces termes : « En 1923, Karl Radek tenta d'utiliser le parti nazi naissant pour détruire la République de Weimar et favoriser la révolution communiste. Radek fourni aux nazis leur premier héros, Schlageter, fusillé dans la Ruhr par les Français et fit un discours célèbre à sa mémoire, approuvé par Staline et Zinoviev. Radek exprimait la conviction, partagée par les chefs du Komintern, que « l'écrasante majorité des masses nationalistes appartient non au camp des nationalistes, mais aux camps des ouvriers, que des centaines de Schlageter rejoindraient le camp de la Révolution. Hitler de son côté, faisait part à ses camarades de sa conviction qu'un communiste pouvait toujours faire un bon nazi, mais qu'un social-démocrate ne le pourrait jamais ».

De nombreux émigrés blancs reviendront donc en Russie dans la foulée de la NEP et feront même de belles carrières sans être spécialement inquiétés. Ainsi Korovine, un des proches d'Oustrialov deviendra conseiller de la délégation soviétique chargée, en 1945, de négocier le statut de l'ONU.

Le débat sur le national-bolchévisme russe au sein des bolcheviks

Cependant, dès 1925, des dirigeants bolcheviks mettent en garde. Ainsi Zinoviev accuse ouvertement, dans *La Pravda*, Oustrialov d'être l'idéologue de la nouvelle bourgeoisie soviétique. Boukharine qualifie cette doctrine « nationale-bolchevik » de plus dangereuse encore que les mencheviks et les socialistes-révolutionnaires car pouvant déboucher sur un « césarisme fasciste ». Staline est donc obligé de tergiverser mais sa critique d'Oustrialov reste très modérée : « Le Smenovekhovstvo est l'idéologie de la nouvelle bourgeoisie, qui s'est développée et rapprochée petit à petit du Koulak et de l'intelligentsia administrative [...] selon elle, le parti communiste doit se régénérer et la nouvelle bourgeoisie doit se consolider, et, dans le même temps, [...] nous devons [...] à l'aide d'un « César » qui serait issu, soit des milieux militaires soit de l'administration, [...] nous retrouver dans la situation d'une république bourgeoise ordinaire. Telle est celle nouvelle idéologie qui tente de mystifier notre intelligentsia administrative, et pas seulement elle mais des cercles proches de nous. Où est l'auteur de cette idéologie? Il travaille chez nous dans les transports (PA : il enseignait l'économie des transports au sein de l'Institut des ingénieurs en transport de Moscou). On dit qu'il travaille bien. Je pense que s'il travaille bien, il peut bien penser à la dégénérescence de notre parti. Chez nous, il n'est pas interdit de rêver et il peut bien rêver tout son content dans son coin. Mais il faut qu'il sache que s'il s'agit d'une régénération, il doit en même temps apporter de l'eau à notre moulin soviétique. Sinon cela ira mal pour lui ».

Quant à Trotski, il analysera ouvertement le stalinisme comme un oustrialovisme, lors du Comité Central du PC(b)R du 23 octobre 1927 : « La fraction dirigeante exécute un ordre social donné par Oustrialov, c'est-à-dire par la petite et moyenne bourgeoisie qui relève la tête. À l'encontre des politiques de la vieille bourgeoisie émigrée au déclin, Oustrialov, politique intelligent et clairvoyant de la nouvelle bourgeoisie, n'aspire pas à la Révolution, aux grandes secousses, il ne veut pas non plus "sauter les étapes". La marche oustrialoviste actuelle, c'est le cours stalinien. Oustrialov mise ouvertement sur Staline. Il exige de Staline le châtiment de l'opposition. En excluant et en arrêtant les opposants, en lançant contre nous une accusation essentiellement thermidorienne au sujet de l'officier de Wrangel et du complot militaire, Staline exécute l'ordre social d'Oustrialov. » Trotski aurait même déclaré, en 1929, lors de son expulsion d'URSS : « C'est la victoire d'Oustrialov! »

La victoire de l'oustrialovisme avec Staline

Staline deviendra de plus en plus adepte du national-bolchevisme, ce qui explique, comme nous le verrons, son attitude envers l'Italie fasciste et l'Allemagne d'Hitler, notamment dans le cadre du pacte germano-soviétique[1]. Ainsi Isaïe Lejnev, expulsé d'URSS en 1926 en raison des thèses ultra-nationalistes de son journal, *La Russie nouvelle*, est rappelé en URSS par Staline, qui le fait admettre immédiatement au sein du PC(b)R et lui accorde la direction de la section artistique et littéraire de *La Pravda*. Isaïe Lejnev s'en prendra aux vrais communistes comme le grand écrivain Isaac Babel (cf. *infra*) lequel ne pourra poursuivre son travail de recherche pour publier *Le Tchékiste*.

Staline saura toujours s'entourer de dirigeants au passé très douteux, non seulement d'anciens nationalistes mais des personnages comme Andrei Vychinski[2], ce menchevik de la première heure qui avait lancé en 1917 en tant que président d'un tribunal de district un mandat d'arrêt contre Lénine, le

---

1 Ce développement peut être rapproché des propos sur la modernisation conservatrice in Anatoli Vichnevski, *La faucille et le rouble*, Paris, Gallimard, 2000.

2 Arcadi Vaksberg, *Vychinski, Le procureur de Staline*, Paris, Albin Michel, 1991.

suspectant d'être un agent allemand, rallié à l'État bolchevik au lendemain de la guerre civile, il deviendra le procureur des « grands procès » de Moscou, célèbre pour ses sentences : « Je demande que ces chiens enragés soient fusillés tous jusqu'au dernier » (24 août 1932).

Les nationalistes russes justifieront leur alliance avec l'État bolchevik en reprenant la célèbre formule de Lejnev qui déclarait en 1922 que : « l'impérialisme russe, le messianisme russe, le bolchevisme russe sont des phénomènes grandioses de même nature ». Au-delà des ralliements individuels, l'idéologie nationale-bolchevik jouera un grand rôle dans la survie de l'État bolchevik (durant des décennies) en créant les conditions d'une hégémonie : « Dès le début de la révolution bolchevik, il s'est trouvé beaucoup de gens qui l'ont perçue comme une révolution véritablement russe, qui sert les objectifs véritables du peuple russe, et qui plus est, comme un événement extraordinaire dans son histoire, y compris son histoire spirituelle »[1].

Cette reconnaissance de la révolution bolchevik et de son État fort comme constitutif d'une force nationale a été largement répandue comme l'a montré Galia Ackerman dans son étude sur les mouvements extrémistes en Russie[2]. Telle fut en effet la perception de nombreux SR de gauche déboussolés, des *narodniki* (populistes) de gauche comme Alexandre Tchaïanov, d'intellectuels comme Alexandre Blok, Serguei Essenine, Evgueni Zamiatine réunis autour du recueil *Les Scythes*, du poète Nikolaï Kliouïev (1884 - fusillé en 1937), d'écrivains mystiques comme Andrei Biély ou Maximilien Volochine qui soulignait dans un poème que « Les commissaires incarnent l'esprit de l'autocratie », etc. Selon eux, l'État bolchevik devait être défendu (y compris dans ce qu'il avait de pire) car il était un instrument providentiel et temporaire faisant de la Russie le centre messianique du monde. De son côté, l'Église orthodoxe russe finira par accepter l'État bolchevik car « il n'y a pas de pouvoir qui ne vienne pas de Dieu[3]. »

Ces nationalistes soutiendront l'État bolchevik dans la mesure où disparaissait l'idée d'un dépérissement de l'État et d'un nouveau mode de vie communiste. Oustrialov, jouant sur les mots, parlait de « nationalisation d'Octobre » afin de dire que la révolution d'Octobre irait dans le sens d'une révolution nationaliste. Cette thèse sera partagée par Vassili Choulguine, le grand idéologue des Blancs, député nationaliste et monarchiste auquel le Tsar Nicolas II avait remis son acte d'abdication, qui, de retour d'un voyage clandestin en URSS en 1926, déclarera : « Quand je suis parti en Russie, je n'avais plus de patrie. À mon retour, j'en ai une ! ». Ce leader réactionnaire

---

1 Cité par <http://www.recherches-internationales.fr/RI92/RI92Ackerman.pdf>

2 Cité par <http://www.recherches-internationales.fr/RI92/RI92Ackerman.pdf>

3 *Idem.*

publiera en France en 1927 *La résurrection de la Russie soviétique* (Payot) dans lequel il considère l'Internationale communiste comme un instrument de la politique nationale russe, un outil pour l'élargissement des territoires soumis à Moscou. Au fond, ironise-t-il « Les bolcheviks pensent avoir créé une armée socialiste qui se bat au nom de l'Internationale, mais c'est une absurdité [...] En réalité, ils ont restauré l'armée russe [...] Le drapeau de la Russie unie fut hissé par les bolcheviks[1]. »

Vassili Choulguine décédera en URSS en 1976 à l'âge de 98 ans.

Nous savons déjà que le ralliement des nationaux-bolcheviks aux bolcheviks eut pour cadre le choix d'un « plus d'État » au service de la NEP. Nous savons aussi qu'il servira d'argument aux ex-officiers reprenant du service. Cette thèse connaîtra cependant son plus grand retentissement sur le terrain économique en parallèle à l'affirmation d'une nécessaire discipline de fer (*sic*). Piotr Savitski, l'idéologue du courant eurasien, développera ainsi une théorie économique dite de la « patronacratie » qui sous prétexte de défendre le pouvoir économique prônait la reconnaissance de la toute-puissance des chefs. Piotr Savitski soutiendra l'URSS en tant que puissance impérialiste car, disait-il, l'URSS évoluerait nécessairement vers un pouvoir non européen marqué par l'orthodoxie et finirait par rejeter « l'internationalisme prolétarien ». Il expliquait en 1921 dans *Tournant vers l'Orient* que l'URSS se trouvait au cœur d'un troisième continent à égale distance de l'Occident et de l'Asie. Ces auteurs, tous foncièrement anticommunistes, soutenaient, cependant l'URSS et son État car ils voyaient en eux la continuation du projet impérial russe.

Contrairement aux fantasmes des nationaux-bolcheviks d'aujourd'hui, tant Russes que Français, qui glorifient le rapprochement des années vingt/trente et vénèrent toujours les figures emblématiques de Staline et d'Oustrialov, le jeu du PC(b)R était purement tactique et ne témoignait pas d'une réelle convergence. Le seul objectif était d'obtenir le ralliement des anciennes élites au régime. Ce jeu de dupes avec les nationaux-bolcheviks doit donc être analysé comme une pièce maîtresse dans le cadre de la question des *specy* qui divisa le Parti[2]. C'est pourquoi Lénine n'hésitera jamais à qualifier le groupe d'Oustrialov d'ennemi de classe et ce mouvement figure, d'ailleurs, au sein de La Grande encyclopédie soviétique au titre des « dérives antisoviétiques ». Trotski en fera l'emblème du stalinisme. Zinoviev est celui qui a vu le danger le premier.

---

1 Cité par Galia Ackerman, *op. cit.*

2 Sapir Jacques, « Le "problème du spécialiste" en URSS : Y a-t-il une spécificité soviétique ?, in *Cahiers du monde russe et soviétique*, vol. 32, n° 4, octobre-décembre 1991. « Spécialistes, bureaucratie et administration dans l'Empire russe et en URSS, 1880-1945 », p. 639-649.

J'avoue être plus circonspect face à l'attitude de Staline envers Oustrialov. Je crois que le « génial Caucasien », selon la formule du Lénine d'avant 1917, avait compris, avant les autres, que le système bolchevik ne pourrait construire un capitalisme d'État sans prendre appui sur une idéologie ultra-nationaliste[1]. Cette dérive n'était pas pour déplaire au Staline, auteur d'un ouvrage sur la nation, rédigé certes à la demande expresse de Lénine mais que ce dernier se gardera bien ensuite de citer, tant il était intellectuellement insatisfaisant et idéaliste (au sens d'une approche idéaliste « anhistorique », non matérialiste de la nation). J'avoue cependant qu'il est très curieux que Lénine ait accordé le poste de Commissaire du peuple aux nationalités à ce même Staline. Nous verrons tout le mal qu'il en fera dans le traitement de la question géorgienne[2].

Cette dérive nationale-étatique (nationale-bolchevik) de Staline lui vaudra sa condamnation politique par Lénine qui demandera de l'écarter du Secrétariat du Parti, mais il était trop tard et la bombe promise par Lénine n'explosera pas. Seuls Kamenev et surtout Zinoviev comprendront que le principal danger que cette idéologie faisait courir au système était de permettre à une nouvelle classe dominante d'assurer son hégémonie au sein même du nouvel appareil d'État. Zinoviev publiera en 1925 dans *La Pravda* un réquisitoire accusant Oustrialov d'être l'idéologue en chef de la nouvelle bourgeoisie rouge antirévolutionnaire. Boukharine dénoncera également cette idéologie comme plus dangereuse encore que l'étaient celles des mencheviks ou des socialistes révolutionnaires car elle risquait de déboucher sur un véritable « césarisme fasciste ».

Staline saura jouer la carte « nationale-bolchevik » face à chaque difficulté. Ainsi, en 1925, il l'utilise pour faire passer sa thèse du « socialisme dans un seul pays », c'est-à-dire l'abandon de l'internationalisme prolétarien au profit de la défense prioritaire (sinon exclusive) des intérêts de la « Grande Russie » (*sic*). Ainsi, en 1927, c'est encore en instrumentalisant cette carte nationaliste qu'il réussit une sorte d'union sacrée pour faire taire ses derniers opposants : « Je viens de recevoir la nouvelle que le gouvernement conservateur anglais a décidé de rompre avec l'URSS. D'aucuns menacent le Parti de guerre et d'intervention. D'autres de scission. Il se forme une sorte de front unique de Chamberlain à Trotski »[3]. Kroupskaïa (mal informée ?) souscrit à cette thèse stalinienne : « L'Union soviétique est menacée d'une agression armée et dans ces conditions il faut [...] que notre parti forme un bloc solide et que la masse

---

1 Conte Francis, « Autour de la polémique Rakovskij-Staline sur la question nationale, 1921-1923 », in *Cahiers du monde russe et soviétique*, vol. 16, n° 1, janvier-mars 1975, p. 111-117.

2 Laloy Jean. L'établissement des relations entre la Russie et le reste du monde après 1917 », in *Tiers-Monde*, tome IX, n° 35-36, 1968. Coexistence pacifique, p. 573-593.

3 Cité par Boris Souvarine, *op. cit*, p. 381.

qui l'entoure serre également les rangs ». Même Trotski, pourtant victime désignée de cette campagne nationaliste, soutient que l'Opposition bolchevik combattra pour la patrie socialiste, bien qu'il refuse toute idée d'union sacrée avec Staline. En 1938, Staline utilisera encore cette carte nationaliste en inventant le faux complot du groupe de Toukhatchevski afin de liquider au sein de l'Armée rouge ceux qui s'opposaient (ou pouvaient s'opposer) au pacte germano-soviétique[1].

Vers la signature du pacte germano-soviétique

Les connexions entre le courant nationaliste (qualifié de national-bolchevik) et les intérêts de la classe dirigeante (nouvelle et ancienne ralliée) permettent de mieux comprendre pourquoi Staline choisit de décapiter l'Armée rouge à la veille de la seconde guerre mondiale en faisant fusiller 40 000 à 60 000 officiers. Ces derniers furent accusés d'être en lien avec le « groupe Toukhatchevski », du nom du maréchal russe le plus célèbre, complot qui n'a bien sûr jamais existé sauf dans la tête de Staline, lequel souhaitait éliminer tous ceux au sein de l'armée qu'il soupçonnait de ne pas accepter son rapprochement avec Hitler[2].

Le maréchal Toukhatchevski n'a strictement rien d'un homme sympathique, commandant en 1920 la marche sanglante sur Varsovie, puis en 1923 l'écrasement de la révolte de Cronstadt, auteur de crimes de guerre contre son propre peuple en ayant utilisé des armes chimiques contre des paysans. Toukhatchevski se pense comme le Bonaparte de la révolution russe. Staline l'avait même ouvertement accusé en 1930 de tramer un coup d'État. Trotski donnera à cette occasion raison à Staline qui choisira finalement de maintenir Toukhatchevski dans ses fonctions, avant même de le promouvoir en 1936 au rang de Maréchal de l'URSS. On a longtemps pensé qu'Hitler aurait dupé Staline en fabriquant un faux laissant croire que Toukhachevski était un agent allemand. Cette fable intoxiqua le gouvernement français comme le confiera le 18 juin 1946 Léon Blum devant une Commission d'enquête parlementaire. Churchill reprendra ces accusations contre les chefs de l'Armée rouge dans ses mémoires. Les historiens ont établi depuis que c'est Staline qui informa le président tchèque Bénès, *via* la GPOU, pour que Bénès l'informe officiellement, lui permettant ainsi d'éliminer les militaires hostiles à sa politique pro Hitler. Staline s'appuya sur un groupe d'anciens officiers tsaristes vivant à Paris, et agents doubles au service de Berlin et de Moscou dont le général Skobline. Cette décapitation de l'Armée rouge

---

1 Sophie de Lastours, *Toukhatchevski, le bâtisseur de l'Armée rouge*, Paris, Albin Michel, 1996.

2 Santamaria Yves, *1939, le Pacte germano-soviétique*, Bruxelles, Complexe, 1998.

tend à prouver que Staline savait que les militaires étaient opposés au pacte germano-soviétique comme les communistes, et qu'il ne pourrait l'imposer qu'en prenant appui sur des courants anticommunistes, c'est-à-dire issus de la mouvance nationale-bolchevik. Le prix à payer (sans aucune difficulté par Staline) fut le retour des thèses judéophobes au sein de l'Armée rouge et du Parti, retour rendu possible par l'élimination de Zinoviev et de Kamenev qui seuls auraient pu s'y opposer. Anna, la sœur de Lénine, suppliera Staline de rendre public l'ascendance juive de Lénine pour combattre le retour de l'antisémitisme, mais Staline refusera. Cet antisémitisme des anciens Cent-noirs[1] et des nationaux-bolcheviks sera l'un des soubassements du pacte germano-soviétique, qui ne fut donc pas seulement une tactique de Staline face au refus de l'Angleterre et de la France de s'allier avec lui contre Hitler, mais un choix politique cohérent. Hitler déclarera : « Ce n'est pas l'Allemagne qui deviendra bolchevik mais le bolchevisme qui se transformera en une sorte de national-bolchevik »[2].

La victoire des alliés sur le nazisme ne met pas fin aux tentations judéophobes de Staline comme le prouve le montage en janvier 1953 du « complot des médecins terroristes »[3] dans lequel neuf sommités de la médecine russe, dont six d'origine juive, se virent accusés d'être des « assassins en blouse blanche », à la solde de l'étranger et d'une institution philanthropique juive[4]. Ce procès devait être le prélude à un pogrom débouchant sur la déportation des Juifs en Sibérie, mais Staline décédera (le 5 mars 1953) avant de pouvoir le mettre en œuvre[5].

Vers la fin de l'égalité des nations

La Russie d'avant 1917 était une véritable prison des peuples caractérisée par des droits spécifiques reconnus aux seuls Russes et aux seuls chrétiens orthodoxes. La jeune Russie des Soviets proclame donc par un décret du 2 décembre 1917 l'égalité en droit de toutes les nationalités et reconnaît le droit à la séparation et à la constitution d'un État indépendant à toutes celles qui le souhaiteraient. Le IIIe Congrès des Soviets de janvier 1918 envisage donc de créer une Fédération de Républiques soviétiques qui respecterait

---

1 Pour les mouvements extrémistes de droite en Russie, cf. Igor Omeliantchouk, *Composition sociale des parts des Cent noirs au début du XXe siècle* (en russe), 2004, sur le site de Vivovoco.rsl.ru ; Iouri Kirianov, *Partis de droite en Russie, 1911-1917* (en russe), Éditions Rosspen, Moscou, 2001.

2 Cité par Boris Souvarine, Staline, *op. cit.*, p. 585.

3 Johnathan Brendt, Vladimir Naumov, *Le dernier crime de Staline*, Paris, Calman-Levy, 2006.

4 Carantino Bernard, « Schiray Alexis. La campagne de redressement en Russie soviétique », in *Politique étrangère*, n° 1, 1953, 18e année, p. 51-70.

5 G. Aranyossy, *La presse antisémite en URSS*, Paris, Albatros, 1978 ; Aleksandr Borchtchagovsli, *L'holocauste inachevé ou comment Staline tenta d'éliminer les juifs d'URSS*, Paris, JC Lattès, 1995.

toutes les particularités, sauf si elles constituent une domination (comme le port du voile, la dot ou le mariage forcé). Chacun serait libre de prendre officiellement la nationalité de son choix, celle d'une des Républiques ou celle d'une minorité comme les Juifs ou les Tatars. Octobre libère en effet les Juifs en mettant fin aux décrets qui limitaient le droit au déplacement, à l'installation, aux études supérieures, à diverses professions. La jeune Russie des Soviets instaure un Commissariat aux questions juives au sein du Commissariat aux nationalités et prend appui à la fois sur des sections juives fondées au sein du parti bolchevik et sur la création du Kombund (*bund communiste*). Elle instaure l'enseignement du yiddish à la place de l'hébreu (langue de la synagogue) et favorise les journaux et livres en yiddish, etc. Staline développera progressivement l'esprit grand-russe et l'antisémitisme.

Cet enchaînement d'événements explique comment, au nom d'un « plus d'État » nécessaire pour combattre les ennemis réels ou imaginaires de la Révolution et pour soutenir la construction d'un capitalisme dont ne voulait pas le peuple, a pu se mettre en place, avec le soutien des anciennes élites, une double dictature, au lieu de la démocratie réelle attendue, celle d'une fraction du Parti sur le Parti et celle de ce Parti (et de ses réseaux) sur toute la société.

LA DICTATURE D'UNE FRACTION SUR LE PARTI

Le mot de bolchevik ne signifie rien d'autre étymologiquement qu'une fraction majoritaire (*bol'sinstvo*) lors d'un Congrès mais ce vocabulaire ne doit pas nous abuser car les partisans de Lénine sont redevenus minoritaires bien avant 1917[1]. Ce parti est pourtant celui qui va réussir le coup d'État militaire d'octobre puis parvenir à faire la révolution et à se maintenir durablement au pouvoir en se confondant avec l'État. L'échec de la révolution d'Octobre se manifeste avant même la dictature du Parti sur la société par celle qu'une minorité de membres exerce sur les autres. Ce parti, héritier d'un modèle d'organisation militaire en raison de sa longue tradition de clandestinité, n'adoptera que très provisoirement un modèle civil, pour se replier très vite sur un fonctionnement idéologique de type religieux. Ce parti, qui se considère comme une armée de professionnels de la Révolution, fonctionne, en fait, lui-même, sur un modèle assez proche de celui d'un État. Les bolcheviks sont habitués à l'usage du secret et à entretenir des relations de nature verticale, non seulement entre eux mais avec la société russe. Ce parti se considère depuis 1902 et le fameux « Que faire ? » de Lénine comme une avant-garde éclairée chargée

---

[1] Les bolcheviks ne furent majoritaires qu'au Congrès du POSDR de juillet 1903 à Bruxelles.

de diriger la Révolution donc le peuple. Ce parti est en revanche habitué aux débats et se trouve très loin d'être monolithique, d'autant plus qu'il (ré)intègre juste avant la révolution d'Octobre, des hommes et femmes au tempérament fort comme Trotski, Kollontaï, etc. Les débats sont cependant d'une extrême violence et les insultes systématiques. Lénine cultive en revanche l'aptitude à oublier très vite les différends et de pouvoir retravailler sans difficulté avec ceux qu'il vient juste d'excommunier.

Le Parti-État

Ce n'est pas la guerre civile qui explique la dérive du parti bolchevik, mais ses choix de gérer seul l'appareil d'État, au point de se confondre avec lui. Ce parti révolutionnaire devient en quelques mois un Parti-État bureaucratisé. Plus de la moitié de ses adhérents sont désormais membres de l'appareil d'État. C'est-à-dire que l'essentiel de ses forces dépendant existentiellement de lui. Cette situation ne va pas sans provoquer des craintes et des protestations. Kamenev a déjà eu toutes les difficultés à l'emporter sur l'Opposition ouvrière lors du Congrès de 1920 et cette Opposition n'a cessé depuis, de progresser. Préobrajensky propose, dans un long rapport depuis le IXᵉ Congrès de 1920, de renforcer le rôle des militants de base, de renouveler souvent les directions locales, d'obliger les cadres du Parti à avoir une activité pratique au sein des masses prolétariennes ne serait-ce qu'en participant aux « samedis rouges », de retirer les voitures de fonction aux cadres qui en font un usage personnel, etc. L'Opposition semble une fois de plus l'emporter puisqu'il est décidé, en juillet 1920, de créer une Commission spéciale au sein du PC(b)R pour enquêter sur les « inégalités, malversations et abus de pouvoir » mais elle restera lettre morte ! C'est donc bien contre cette gauche du Parti qui s'oppose au « plus d'État », qui conteste le retour des « specy », la toute-puissance des dirigeants économiques, le retour aux inégalités sociales, la militarisation et la bureaucratisation, etc., que les droits des militants vont se trouver réduits puis totalement spoliés. Les droits des communistes ne cesseront plus jamais de reculer en même temps que les autres partis (de gauche) seront mis hors la loi, que la liberté de presse et le droit de se réunir seront supprimés, que les syndicats seront assujettis, etc. Kroupskaïa déclarera en 1926 que si Lénine vivait encore, il serait en prison.

L'interdiction des tendances

On retient généralement la date de 1921 comme constituant un tournant au sein du Parti bolchevik, puisque c'est à l'occasion du Xᵉ Congrès qui se tient en mars que Lénine fait adopter l'interdiction du droit de tendance et de fraction. Lénine redoute, sinon de perdre la majorité au Congrès, du moins une scission. Cette décision d'interdire les tendances est prise d'un commun accord avec Trotski, lequel insistera plus tard dans l'ouvrage *La Révolution trahie*, sur « le caractère exceptionnel » que ces mesures devaient avoir à ses yeux. Ce « caractère exceptionnel » n'apparaît pourtant pas, ou très peu, dans les textes. Lénine définit bien comme « exceptionnelle » la possibilité pour le Comité central d'exclure un de ses membres à la majorité des deux tiers mais il est moins précis pour ce qui est du droit de tendance et de fraction au sein du Parti. Lénine n'entendait certes pas supprimer toute vie démocratique au sein du Parti, puisque le *Bulletin de discussion* restera ouvert et que l'Opposition ouvrière put présenter ses thèses, quatre mois plus tard, mais seulement, devant le Congrès de l'Internationale communiste et non pas du PC(b)R.

Le Congrès de 1921 fut déjà une simple chambre d'enregistrement, comme en témoigne l'intervention désespérée d'Alexandre Chliapnikov : « Nous sommes obligés de constater qu'en dépit de tout effort de cohésion, les liens organiques, qui unissaient jadis les militants de base et les organes dirigeants, ont cessé d'exister. Camarade Lénine, j'affirme, en m'adressant à vous, que nous sommes privés maintenant de ce "coude à coude" qui distinguait le Parti dans le passé. Et il me paraît étrange, camarades, que cet isolement soit intervenu précisément à l'étape actuelle lorsque le Parti a pu mettre à sa disposition de puissants moyens techniques de liaison : radio, postes, télégraphes, des milliers de militants dans toutes les parties du territoire, des rouages de l'appareil soviétique mis en marche. Et, malgré tout cela, l'intimité qui régnait parmi les militants récemment encore, en 1914 et aussi bien en 1917, a disparu. Vous souvenez-vous, camarade Lénine, de l'époque où vous n'étiez même pas en Russie ? La moindre nuance, le moindre papier griffonné à la main parvenaient jusqu'à nos cellules de base. Nous savions alors, dans notre vie quotidienne, ce que signifient des termes tels que cohésion, unité de pensée et de sentiments. Il n'en est plus de même aujourd'hui. »

Lénine exigera l'exclusion de Chliapnikov, le dernier dirigeant ouvrier au sein du Comité central, mais le Comité central du Parti bolchevik refusera de le suivre.

La nomination de Staline le 4 avril 1922 comme secrétaire général du PC(b)R alors qu'il est parallèlement qualifié de « brutal », d'« argousin » et de « grand Russe » par Lénine, est donc bien un acte fort et non accidentel, qui ne peut se comprendre que dans ce contexte de suppression des droits des militants. Lénine concède certes que « ce cuisinier ne nous préparera que des plats épicés. »

La faute à Lénine et Trotski ?

On ne comprend toute la portée des mesures prises par Lénine en 1921 qu'en se souvenant que l'interdiction du droit de tendances coïncida avec son refus de laisser convoquer le « Congrès des producteurs » que souhaitait la gauche du Parti, car il considérait que le temps de la « démocratie ouvrière » était révolu. Le Parti ordonna donc le silence dans ses rangs au moment même où il réduisait au silence, de façon souvent musclée, des millions de travailleurs en lutte. Beaucoup d'historiens, comme Moshe Lewin, considèrent que certaines décisions de Lénine, qualifiées d'erreurs, ont pu contribuer à « déséduquer » les cadres du Parti et à les désarmer face à la montée de la contre-révolution bureaucratique. Le philosophe Daniel Bensaïd ajoutait que, « développée à partir d'une documentation rigoureuse, une telle analyse est pourtant conforme au sens de l'histoire. Le principal obstacle à l'alliance antibureaucratique qui s'ébauche et s'impose réside dans les hésitations de Lénine lui-même : il perçoit et dénonce le « bureaucratisme » sans comprendre encore pleinement la vraie dimension et la vraie nature de la bureaucratie. Il raisonne en termes de déformations dans l'exercice du pouvoir, mais ne voit pas dans toute son ampleur et sa portée l'autonomisation tendancielle de ce corps parasitaire ».

J'ajouterai que Trotski ne fait pas une analyse plus juste du phénomène bureaucratique, parlant, lui aussi, d'État ouvrier dégénéré et considérant, lui aussi, face à Zinoviev, que le temps de la démocratie ouvrière est révolue. Cette bévue ne peut s'expliquer que par son incapacité à mettre en relation ce phénomène bureaucratique avec le « plus d'État » et l'industrialisme forcené[1].

Trotski semble, en revanche, comprendre en 1927 qu'il est impossible de combattre la bureaucratisation sans restaurer la démocratie au sein du Parti. Il déclare « le plus grand d'entre tous les dangers, c'est le régime de parti » (sic) mais il ne semble pas pour autant remettre en cause sa conception même. C'est pourtant bien dans la conception même du Parti conçu comme une avant-garde détentrice de la Vérité absolue que se trouve l'origine du drame bolchevik, car tant que cette vision subsiste, il ne peut exister de démocratie ouvrière. Cela, seuls les libertaires et les conseillistes le dénoncèrent collectivement. Quelques communistes de gauche aussi mais beaucoup trop isolés pour être entendus. Ainsi Herman Gorter (1864-1927), poète et militant communiste néerlandais, expliquait dès 1920 qu'à la politique des masses (*massenpolitika*) avait succédé dans la jeune Russie des Soviets « la politique des chefs » (*führerpolitik*). Il rédigea même une « Lettre ouverte au camarade Lénine » dans laquelle il dénonçait, bien avant Trotski, ce régime

---

1 Marie Mendras, *Un État pour la Russie*, Paris, Éditions Complexe, 1999.

de parti : « L'opportunisme n'a pas été tué, pas même chez nous. C'est ce que nous constatons déjà dans tous les partis communistes, dans tous les pays » ; « L'usage s'établira à nouveau de mauvais compromis parlementaires avec les social-patriotes et les bourgeois » ; « La liberté de parole sera supprimée et de bons communistes seront exclus ». Ces prédictions seront amplement vérifiées.

Lénine et Trotski découvrent la bureaucratisation du parti

Lénine et Trotski, qui ont laissé Staline accéder au Secrétariat général du Parti en avril, font bloc, dès la fin de la même année, contre ce qu'ils qualifient désormais de « bureaucratisation » de la direction du Parti bolchevik lui-même. Lénine semble même faire un pas en direction de l'Opposition de gauche en défendant la nécessité de changer la culture du Parti car, dit-il, « la force économique dont dispose l'État prolétarien de Russie est tout à fait suffisante pour assurer le passage au communisme ». Il ajoute : « Qu'est-ce donc qui nous manque ? C'est clair, ce qui nous manque, c'est la culture chez les dirigeants communistes prisonniers de la machine bureaucratique ». Lénine dénonce alors trois risques majeurs : l'analphabétisme, les pots-de-vin et la suffisance communiste. Il parle de « com-mensonges » et de « com-ventardises » pour caractériser les relations entretenues par le Parti avec le peuple.

Le premier combat contre Staline est engagé sur la question du monopole du commerce extérieur car le nouveau secrétaire général souhaite y mettre fin, en multipliant les exceptions comme le réclame ouvertement la classe montante. Or remettre en cause le monopole du commerce extérieur, c'est réinsérer l'économie russe dans le capitalisme mondial, et c'est donc aussi permettre aux nouveaux riches de devenir encore plus riches et de s'allier aux étrangers. Staline emporte une première victoire lors du Comité central du 6 octobre qui se plie à ses vues, mais Lénine et Trotski, s'opposant au diktat de Staline, obligent ce même Comité central à annuler le 18 décembre sa décision.

La deuxième attaque contre Staline concerne l'affaire géorgienne. Lénine découvre, semble-t-il, avec stupeur, le retour au sein du Parti et de l'État de ce qu'il nomme l'idéologie du « grand-Russe chauvin » dans la personne de Staline. Le contexte de cette critique est celui de la fondation de l'URSS avec l'objectif d'intégrer les Républiques indépendantes au sein de la nouvelle entité politique. Les Géorgiens votent majoritairement contre et même les communistes géorgiens qui refusent ce qu'ils considèrent être un coup de force des Russes. Un violent conflit éclate alors entre le Parti communiste géorgien et le bureau caucasien du PC(b)R dirigé par Ordjonikidze, un dirigeant proche de Staline. Après qu'Ordjonikidze ait frappé un dirigeant communiste géorgien, Lénine s'oppose frontalement au couple Staline/Ordjonikidze en proclamant : « Je déclare une guerre à mort au chauvinisme grand russe ». Il propose que la présidence du Comité exécutif central fédéral soit occupée à tour de rôle par un Russe, un Ukrainien puis un Géorgien. Il ajoutera plus tard « Je suis grandement coupable devant les ouvriers de Russie [...] Nous avons glissé dans un bourbier. Nous appelons notre un appareil qui, de fait, nous est foncièrement étranger et représente un salmigondis de survivances bourgeoises et tsaristes ». Lénine souhaitait alors que Trotski s'en prenne à Staline sur cette question des nationalités, ce qu'il choisit de ne pas faire sans doute parce qu'il défend une conception aussi centralisatrice que celle de Staline et il l'attaquera plutôt sur la question de la bureaucratisation du Parti.

L'essentiel n'est pas de suivre les méandres de ce mauvais cours qui aboutiront à la tragédie du stalinisme mais de rappeler que cette dictature était prévisible dès Octobre, compte tenu des décisions prises par la fraction dominante. Ainsi le Parti bolchevik, qui n'avait jamais été un parti démocratique au sens moderne du terme, compte tenu notamment de sa clandestinité, ne mettra pas à profit sa nouvelle situation pour avancer vers davantage de démocratie. Alors qu'il était dirigé par un Comité central déjà réduit de 19 membres, assisté d'un « Orgbureau » (bureau d'organisation) de 5 membres, il verra naître, avec la Révolution, un « Politburo », également de 5 membres, non prévu dans les statuts, mais créé à la veille de l'insurrection sur une initiative de Dzerjinski, pour être une sorte de directoire secret provisoire. Cet organisme deviendra permanent et concentrera tout le pouvoir, avant d'être lui-même détrôné par le Secrétariat général du Parti réduit à Staline. Ce secrétariat, qui était au départ une simple fonction administrative, assurée par Hélène Stassova (1873-1966), membre du Comité central, dirigeante de la Tchekha, écartée lors des purges staliniennes, mais exceptionnellement épargnée, deviendra d'abord un organe de cinq membres dirigé successivement par Sverdlov, puis par Kalinine, Molotov et enfin par Staline. Allant jusqu'au bout de cette logique Staline, après avoir rétrogradé Molotov, se retrouvera seul. La prophétie de 1917 de Plekhanov se réalisera : « À la fin des fins, tout tournera autour d'un seul homme qui, *ex providentia*, réunira en lui tous les pouvoirs. »

Staline, l'homme de la classe dominante

Staline ne fut jamais l'homme du centre comme il voudra le faire croire en qualifiant ses adversaires d'opposition de gauche puis d'opposition de droite. Staline représente les intérêts d'une nouvelle classe dominante qui a pris le pouvoir et profite matériellement et idéologiquement du nouveau régime[1]. La première grande faiblesse théorique des Oppositions de gauche, notamment trotskiste, c'est d'en rester au mythe d'un « État ouvrier dégénéré » et donc de refuser longtemps de voir dans la bureaucratie une classe dominante : « Les privilèges de la bourgeoisie ne changent pas encore les bases de la société socialiste, car la bureaucratie tire ses privilèges, non de certains rapports particuliers de propriété, propres à elles, en tant que « classe » mais des rapports même de possession qui furent créés par la révolution d'Octobre »[2].

La seconde grande erreur théorique des Oppositions fut de croire que cette couche parasitaire ne devait son existence qu'à la situation de pénurie. Conséquence : seule une fuite en avant industrialiste pourrait permettre d'assurer l'abondance et de supprimer ainsi le besoin de terreur politique. Cette thèse est celle de Trotski qui chiffre en 1938 les effectifs de cette caste spoliatrice du maximum de richesses à 400 000 ou 500 000 personnes : « Ces 15 à 20 % de la population jouissent d'autant de biens que les 80 % à 85 % restants ».

L'opposition dite de droite, avec Boukharine, choisit initialement la NEP avec le même objectif que l'abondance qui devait en résulter supprime la terreur. La période du « communisme de guerre » montre, pourtant, que la terreur d'État ne s'explique pas d'abord par la pénurie mais par la peur des foules sans chef.

L'élimination des Oppositions de gauche

Ceux qualifiés d'Opposition de gauche constituent des groupes qui se succèdent entre 1917 et 1927 et ont en commun de croire dans les rêves bolcheviks. Ces courants prendront successivement différents noms mais, même lorsqu'ils seront probablement majoritaires au sein du PC(b)R, ils ne parviendront jamais à s'unir de façon durable, tandis que le groupe qui défendait avec Staline les intérêts de la nouvelle classe dominante s'avérera beaucoup plus efficace. Non pas tant, comme on le répète à l'envie, parce que Staline occupait le Secrétariat général et pouvait disposer des militants à volonté en jouant sur les mutations, mais parce que ce groupe possédait, avec le national-bolchevisme une idéologie de substitution en phase avec ses propres intérêts de classe.

Les Oppositions (de gauche) ne disposeront jamais en revanche d'une idéologie leur permettant de s'opposer efficacement aux logiques dominantes. C'est pourquoi, après la réduction au silence de la première opposition dite

---

1 Ferro Marc, « La naissance du système bureaucratique en URSS », in *Annales. Économies, Sociétés, Civilisations*, 31ᵉ année, n° 2, 1976, p. 243-267.

2 <https://www.marxists.org/francais/trotsky/oeuvres/1933/10/331001a.htm>

Opposition ouvrière (autour d'Alexandra Kollontaï) et surtout après l'échec du putsch réalisé par les tchékistes SR et la tentative d'assassinat de Lénine, les futures oppositions ne combattront plus qu'en proposant paradoxalement d'aller encore plus loin et plus vite dans les mêmes logiques industrialistes. Les Oppositions de gauche auraient pu triompher si elles n'avaient pas été productivistes donc prisonnières de logiques dont elles combattaient les fruits. Comment taire la responsabilité personnelle de Trotski, trop souvent absent de façon inexplicable selon les dires de ses biographes comme Pierre Broué. Un Trotski trop sûr de lui mais aussi dévoré par sa passion pour la chasse aux loups qui le faisait déserter Moscou.

La Lettre des Quarante-six

Les Oppositions de gauche semblent se réveiller en 1923 lorsque 46 personnalités du Parti adressent le 15 octobre une *Lettre* au Comité central reprenant largement les thèses de Trotski, sans jamais cependant le nommer et demandent la convocation d'une conférence spéciale du Parti bolchevik. Ces gauches fédérées dénoncent l'explosion des inégalités sociales et la bureaucratisation du Parti et demandent l'ouverture d'un débat public, en précisant qu'« au sein du parti, plus la lutte est menée silencieusement et secrètement, plus elle devient féroce ». Cette Opposition appelle cependant à une industrialisation encore plus accrue et rapide pour créer l'abondance. Conséquence : la Troïka qui dirige alors le Parti-État (avec Zinoviev, secrétaire général de l'IC, Kamenev, secrétaire général du Politburo et Staline, secrétaire général du Parti) peut sembler donner raison aux opposants de gauche en qualifiant le Gosplan d'« État-Major de l'État socialiste » et en fixant comme objectif « la concentration et la rationalisation maximale de l'économie », tout en distinguant une industrialisation qui se veut plus raisonnable et dite à « pas de tortue » à la fuite en avant industrialiste chère aux opposants de gauche.

Staline reprend ainsi à l'Opposition tout ce qui est soluble dans le national-bolchevisme mais il conteste l'une des propositions phares de cette Opposition visant à instaurer la réélection obligatoire régulière de tous les fonctionnaires. Staline obtient ainsi une réaction de peur au sein de l'appareil d'État et du Parti qui compte désormais 300 000 fonctionnaires sur un total de 351 000 adhérents. Staline publie, dans *La Pravda* du 15 décembre 1923, un texte rompant la solidarité de façade habituelle entre dirigeants bolcheviks et désigne Trotski comme le grand responsable de cette menace pour les fonctionnaires. La Troïka (Staline, Zinoviev, Kamenev) s'élargit alors en Semiorka, véritable comité secret de sept membres avec Kalinine, Tomski, Rykov, Kouïbychev, se donnant comme objectif commun la défense des intérêts de la nouvelle classe dirigeante. Ils inventent le terme de trotskisme pour disqualifier les oppositions de gauche. Zinoviev et Kamenev demandent la tête de Trotski mais Staline refuse en expliquant que si on commence par couper une tête, on en coupera deux, trois et à la fin il ne restera rien du Parti. Trotski est donc placardisé mais conserve sa place au sein du Parti.

L'échec de l'opposition s'explique aussi par le fait que Trotski apparaît peu crédible en tant que représentant d'une opposition unie à la bureaucratisation. C'est lui qui a éliminé l'opposition militaire ; c'est encore lui qui a brisé les révoltes syndicales et, même, souhaité militariser l'ensemble des syndicats ; c'est, également, lui, qui a prôné une discipline de fer dans les usines et la toute-puissance des chefs ; c'est, toujours, lui qui a laissé exclure Bogdanov du Parti et l'a même laissé emprisonner, après les grèves de 1923, sur un simple soupçon de lien avec le groupe oppositionnel Vérité ouvrière.

Le groupe Vérité ouvrière, qui a pris en 1922 la relève de l'Opposition ouvrière alors (auto)dissoute, dénonce « l'abîme entre le Parti et la classe ouvrière (qui) ne cesse de s'approfondir » mais aussi l'existence d'une « nouvelle bourgeoisie » dotée de privilèges politiques et matériels et bénéficiant d'un régime d'arbitraire et d'exploitation. D'autres oppositionnels unis au sein du Groupe ouvrier expliquent que le PC(b)R n'a pas établi la « dictature du prolétariat » mais celle d'un Triumvirat sur le Parti et sur l'ensemble de la société. Le bloc dirigeant réagit, avec Dzerjinski, en rendant obligatoire la dénonciation des « groupes illégaux dissimulés dans le Parti » soit auprès du GPOU soit auprès de la Commission de contrôle du Parti.

Trotski, sortant de sa réserve habituelle, adresse alors, le 8 août 1923, une lettre au Comité central intitulée « Le chaos vient d'en haut » et dans laquelle il juge que la cause des difficultés actuelles est la mainmise de Staline sur le Parti, puisque, grâce à un système de désignation verticale, il s'est formé une hiérarchie de secrétaires, un appareil de secrétaires, une psychologie de secrétaires, etc. Le Politburo réplique, toujours aussi adroitement, en dénonçant la volonté de Trotski de vouloir imposer une « dictature économique et militaire » qui aboutirait au sacrifice de la grande majorité des Soviétiques, sous prétexte d'un industrialisme forcené totalement insoutenable.

Lors de la discussion au XIIIᵉ Congrès (mai 1924), les oppositions, Trotski en tête, laissent, de façon aujourd'hui encore totalement incompréhensible, Staline mentir ouvertement au sujet du Testament de Lénine qui demandait de lui retirer ses responsabilités, en expliquant qu'il n'existerait pas. Les dirigeants bolcheviks dont Trotski étaient nombreux à en avoir une copie. Kroupskaïa remet le document au Comité central pour publication mais Zinoviev soutient que Lénine s'est trompé dans son jugement sur Staline. Le Comité central donne donc raison à Staline et refuse de publier le document avec l'accord de Trotski. Ce dernier publie à la place *Les leçons d'Octobre* pour le 6e anniversaire de 1917 dans lesquelles il ne retient que la critique politique et non sociologique de la bureaucratisation du Parti et de l'État. L'Opposition laisse faire alors qu'elle est majoritaire à Moscou et au sein de l'Armée rouge et compte un tiers des suffrages malgré les malversations.

Vers l'Opposition unifiée

L'année 1925 est celle où tout semble enfin possible puisque se réalise la convergence de toutes les oppositions à Staline, celle de Trotski et de ses amis, celle du groupe de Zinoviev et de Kamenev, celles de ce qui demeure des deux oppositions défaites en 1921 (Opposition ouvrière de Kollontaï et Chliapnikov, et Centralisme démocratique avec Timofeï Sapronov, Vladimir Smirnov, Nikolaï Ossinsky qui réclamaient plus de démocratie et moins de centralisme). Cette Opposition unie semble invincible, du moins sur le papier, puisqu'elle regroupe les trois principaux lieutenants de Lénine (Trotski, Kamenev et Zinoviev), son épouse Kroupskaïa, les plus grands héros de la guerre civile (Antonov, Ousenko, Lachevitch, Mouralev), les plus grands économistes du Parti (Préobrajensky, Piatakov), les plus grands spécialistes des relations internationales (Radek et Joffe), des sommités du Parti (Serebriakov, Krestinski, Lachevitch, le Commissaire à la guerre, Mooralov, l'Inspecteur général de l'Armée rouge, l'essentiel du corps diplomatique, de nombreux alliés au sein du GPOU, etc. Sur 18 membres encore en vie du Comité central de mars 1919, dix appartiennent à l'opposition.

Cette Opposition unie fonctionne désormais comme une organisation secrète à l'intérieur même du Parti, avec sa propre hiérarchie, avec son Politburo, avec ses agents régionaux et locaux, avec ses cotisations, avec son chiffre secret de correspondance, avec ses milices assurant la protection de ses chefs. Mais elle ne regroupe plus que 8 000 activistes sur les 750 000 membres du Parti même si ces 8 000 membres comptent parmi les plus aguerris et les plus célèbres. Cette Opposition unie a perdu également le secteur stratégique de Leningrad mais elle conserve encore des forces avec l'exécutif de l'Internationale communiste.

Staline ne reste naturellement pas sans réagir. Il renforce la chasse aux opposants mais continue à les nommer dans des postes géographiquement éloignés. Ainsi Antonov Ovssenko, ancien responsable de la prise du palais d'Hiver et de l'arrestation du gouvernement de Kerensky, devenu chef de la direction politique de l'Armée rouge, est relevé de ses fonctions en décembre 1923 pour avoir signé la *Lettre des Quarante-six* et envoyé comme ambassadeur en Tchécoslovaquie. Comme beaucoup d'autres, il acceptera de revenir à la demande de Staline en 1938 et sera fusillé en 1939.

Zinoviev exprime publiquement son désaccord avec Staline en avril 1925. Il explique que « le développement de la NEP en même temps que le retard de la révolution mondiale est gros de celui de dégénérescence de l'État ouvrier ». Fort de son rapport de force puisqu'il représente Leningrad face à Moscou, il rompt avec Staline lors du xive Congrès en révélant l'existence du Testament de Lénine, en reconnaissant avoir écarté les dirigeants des Komsomols proches de l'Opposition de gauche, en attaquant la thèse du socialisme dans un seul pays, en reconnaissant enfin l'existence de la Troïka illégale dans le but d'éliminer Trotski. Kroupskaïa sert de sa réserve et dénonce également Staline. Staline obtient cependant 559 voix contre 65 et Zinoviev perd son fief de Leningrad. Zinoviev et Kamenev proposent alors une alliance à Trotski par le biais de Serebriakov, ancien Commissaire à la direction des voies de communication, ancien secrétaire du Parti et signataire de la *Lettre des Quarante-six*. Trotski, après avoir beaucoup hésité car il n'a pas confiance en Zinoviev et Kamenev, scelle l'accord qui va permettre à l'Opposition unifiée de se mettre en place. Une plateforme de plusieurs dizaines de pages est rédigée en vue du Congrès. Les opposants sont assez optimistes à l'exception notable de Trotski. Ainsi Kamenev proclame : « Il suffira que Zinoviev et Trotski apparaissent à la même tribune pour que le Parti reconnaissance son vrai Comité central. »

L'opposition tente donc de relancer le débat comme elle l'avait fait avec la *Déclaration des Quarante-six* en publiant une *Déclaration des Treize* en juillet 1926. Sa publication est repoussée par le Comité central et Zinoviev exclu du Politburo. La plateforme de l'Opposition unifiée circulera de façon clandestine et notamment sous la couverture d'un roman de Dimitri Fournavov *Le chemin de la lutte*. L'Opposition multiplie les réunions publiques durant l'automne 1926 mais elles sont systématiquement empêchées, interdite, perturbées. Les Opposants ne sont plus seulement nommés (provisoirement) sur des postes à l'étranger mais exclus du Parti et déportés en Sibérie et en Asie Centrale. Les « décistes[1] » estiment nécessaire durant l'été 1927 de rompre avec le Parti bolchevik. Radek est également favorable à une scission mais Trotski continue à s'y refuser.

Le xive Congrès de 1925 marque donc la victoire de Staline, une victoire signée par l'absence de discussion préparatoire et de tribune libre dans *La Pravda*. Ce nouvel échec de l'Opposition unie s'explique par le fait que Staline a su placer ses fidèles aux endroits les plus stratégiques de l'organisation mais surtout par le fait que les dirigeants de l'opposition reculeront devant la scission inévitable. L'Opposition reste prisonnière de l'idée que

---

1 Les décistes désignent les membres du groupe Centraliste démocratique qui s'oppose aux méthodes bureaucratiques au sein du Parti dès le début des années vingt.

puisque le prolétariat est indivisible, le Parti doit l'être. Cette thèse sera celle de Trotski jusqu'en 1927.

L'Opposition ne peut aller dès lors que de défaite en défaite.

La première défaite survint en 1925 avec l'élimination de Zinoviev et Kamenev. Staline entend mettre en effet la main sur la totalité du mouvement communiste russe et international ; or Grigory Zinoviev (1883-exécuté en 1936), auquel est lié Lev Kamenev (1883-exécuté en 1936), est le chef du secteur de Leningrad et de l'Internationale communiste. Le prétexte est bien choisi puisqu'il s'agit de la question de la « démocratie ouvrière » dont Zinoviev s'est fait (assez soudainement) l'apôtre dans le but de se rapprocher des syndicats. Staline sait que sur ce point Zinoviev ne peut compter sur Trotski.

La deuxième défaite concerne les (trop grandes) prérogatives du GPOU. Ainsi Nikolaï Krylenko, président du Tribunal révolutionnaire, dénonce le 1er mai 1925 les abus de pouvoir et préconise de limiter les pouvoirs du GPOU, mais l'équipe de Staline qui travaille au renforcement de ses attributions, à travers un nouveau Code pénal (adopté en 1926) qui élargit la notion de crime « contre-révolutionnaire » et codifie la notion de « personne socialement dangereuse », l'emporte facilement[1].

La troisième défaite concerne le rythme de l'industrialisation. L'Opposition de gauche propose de rattraper le retard de l'industrie par rapport à l'agriculture en spoliant davantage encore les campagnes. Ce point de vue, qualifié d'industrialiste, a pour chef de file Préobrajensky. C'est donc Staline qui s'oppose tactiquement à ce qu'il nomme une « déviation industrialiste » en comparant le projet d'usines électriques géantes sur le Dniepr, défendu par la gauche du Parti, à l'achat d'un phonographe par un moujik affamé (*sic*). Il prend appui sur Boukharine qui vient de lancer en 1925 son fameux « Enrichissez-vous ! » dans le but d'étendre les principes de la NEP et de générer l'abondance[2]. Semblable allusion au français Guizot avait déjà été faite, un an auparavant, par Guerorgui Tchitcherine (l'inamovible Commissaire du peuple aux affaires étrangères de 1918 à 1930 et un proche de Staline) : « Enrichissez-vous ! Disons-nous selon les paroles de Guizot. Enrichissez-vous ! Car ainsi nous nous enrichirons nous-mêmes ». Cette politique a une traduction immédiate puisqu'on ne doit plus parler de koulak mais de « paysans aisés » et qu'on n'évoque plus la lutte des classes à la campagne que pour dénoncer ceux qui s'en réclament (notamment les « gauchistes »).

---

1 Lavigne P., « La légalité socialiste et le développement de la préoccupation juridique en Union Soviétique », in *Revue d'études comparatives Est Ouest*, vol. 11, 1980, n° 3, p. 5-20.

2 La formule entière est la suivante : « Aux paysans, à tous les paysans, nous devons dire : Enrichissez-vous, développez vos fermes et ne craignez pas que la contrainte s'exerce sur vous. Aussi paradoxal que cela puisse paraître, nous devons développer la ferme aisée pour aider les paysans pauvres et moyens. »

Staline sait que Trotski souhaite également que le paysan devienne plus riche, en élargissant le cadre des rapports marchands à la campagne et ne peut donc s'entendre, sur ce point, avec Zinoviev et Kamenev qui resteront les seuls à dénoncer cette déviation « koulakophile » (*sic*). Dzerjinski qui est chargé de leur répliquer explique que les moujiks n'ont accumulé que quatre roubles par tête mais le chef des services de sécurité décède d'une crise cardiaque en descendant de la tribune. Il venait juste ce 20 juillet 1926 de menacer Kamenev et Piatakov de « poudre sèche » pour l'automne.

Le dernier grand combat aura lieu en 1927 alors que l'Opposition unie très affaiblie ne compte plus que 4 000 à 5 000 membres actifs. Une *Déclaration des quatre-vingt treize*, rédigée par Trotski et Zinoviev et signée par Préobrajensky, Radek, Kamenev, Smirnov, Smilga, est envoyée au Comité central du Parti communiste (b). Ce texte, qui constitue la plateforme pour le xve Congrès de l'Opposition bolchevik unifiée, dénonce la « droitisation » du régime. Il mérite d'être cité assez longuement car pour la première et dernière fois l'Opposition tient publiquement un discours commun : « Une fausse politique accélère la croissance des forces hostiles à la dictature prolétarienne : les koulaks, NEPmen, bureaucrates. Ceci mène à l'impossibilité d'utiliser dans la mesure voulue et dans la mesure due les ressources matérielles qu'il y a dans le pays pour l'industrie et pour l'économie d'État. Le retard de la grosse industrie sur les demandes qui lui proviennent de la part de l'économie nationale (disette de marchandises, hauts prix, chômage) et de tout le système soviétique en entier (la défense du pays) amène le renforcement des éléments capitalistes dans l'économie de l'Union soviétique, surtout à la campagne. La croissance des salaires s'est arrêtée, il y a même des tendances à les baisser, pour certains groupes d'ouvriers. À la place du système qui existait avant et qui consistait à augmenter les salaires suivant la croissance de la production, actuellement, on applique comme règle générale que les salaires ne peuvent augmenter qu'à condition de l'augmentation du rendement de l'ouvrier (intensification du travail : voir § 2 de la décision du Congrès des Soviets sur le rapport du camarade Kouibichev). En conclusion, l'ouvrier en URSS ne peut, à l'heure actuelle, améliorer son bien-être, non suivant le développement de l'économie du pays et de la technique comme autrefois, mais il ne peut le faire qu'à la condition de se dépenser davantage et de fournir un plus grand effort physique. C'est pour la première fois qu'on pose ainsi le problème, au moment où l'intensification du travail en général, à l'heure actuelle, a atteint le niveau d'avant-guerre et par endroits l'a dépassé, une telle politique atteint les intérêts de la classe ouvrière. Le chômage grandit, non seulement alimenté par les éléments paysans qui quittent la campagne, mais il englobe aussi les cadres du prolétariat industriel, L'augmentation de l'armée des sans-travail empire en général la situation économique de la classe ouvrière [...] La différenciation de la paysannerie va de plus en plus vite. Du mot d'ordre : « Enrichissez-vous », de l'invitation aux koulaks à « s'intégrer dans le socialisme », le groupe dirigeant du CC en est arrivé à passer sous silence le processus de différenciation à la campagne, à sous-estimer ce facteur d'une part, et d'autre part, dans la pratique, sa politique a consisté à s'appuyer sur le paysan économiquement fort. Au 10ᵉ anniversaire de la révolution d'Octobre, la situation est la suivante : plus de 3 millions d'ouvriers agricoles jouent un rôle infime dans les Soviets, la coopération et les cellules communistes ; l'attention et l'aide apportées aux paysans pauvres sont encore insuffisantes. La résolution du dernier Congrès des Soviets sur l'économie agricole ne dit mot de la différenciation à la campagne. C'est-à-dire qu'elle se tait sur la question essentielle du développement économique, et politique de la campagne. Tout ceci affaiblit notre soutien à la campagne et entrave l'union de la classe ouvrière et de la paysannerie pauvre avec le paysan moyen. Cette union peut se développer et se renforcer uniquement dans la lutte systématique contre les aspirations exploiteuses des koulaks. On sous-estime chez nous la croissance et le rôle joué par le koulak. Une telle politique a ses dangers qui s'accumulent et qui peuvent subitement exploser. Cependant, l'appareil officiel du Parti et des Soviets frappe à gauche, et ouvre ainsi largement les portes au véritable danger de classe qui vient de droite. ».

Staline redoute l'affrontement lors du Congrès prévu en décembre 1927. En octobre, les responsables de l'Opposition sont donc exclus du Comité central et le 5 novembre, la Commission de contrôle exclut Trotski et Zinoviev du Parti. Le 7 novembre, l'Opposition entend montrer sa force dans la rue en manifestant à l'occasion de la commémoration des dix ans de la révolution d'Octobre, mais le bloc stalinien a prévu des détachements de miliciens nombreux et musclés. Des manifestations d'opposants se tiendront sous la responsabilité de Smilga, ancien président des Soviets de Finlande et organisateur des Soviets de la flotte de la Baltique, un vieux bolchevik proche de Zinoviev. Les principaux mots d'ordre sont « Appliquez le Testament de Lénine » et « À bas les Koulaks, les NEPmen, et les bureaucrates ». Rendant hommage aux très nombreux manifestants arrêtés et emprisonnés, Trotski déclarera : « Pour qui sait voir, le 7 novembre 1927 s'est jouée dans les rues de Moscou une répétition de Thermidor ». Staline, qui craignait d'être débordé par le nombre des manifestants, à quelques semaines de l'ouverture du xvᵉ Congrès, avait annoncé la veille le passage à la journée de travail de sept heures, alors que celle des huit heures était déjà très loin d'être respectée. L'Opposition commet une nouvelle erreur tactique en qualifiant cette promesse d'irréaliste, ce qui permet à Staline de dénoncer les trotskistes-zinovietistes comme étant des « industrialistes » opposés aux intérêts du peuple. Le Congrès peut désormais déclarer le trotskisme et le zinovievisme non seulement incompatibles avec les conceptions du Parti mais « ennemis de classe » (*sic*). Tous les derniers opposants seront exclus du Parti dans la foulée[1]. Les réactions seront diverses.

Adolf Joffé, ancien président de la délégation soviétique à Brest-Litovsk, membre du Comité central, se suicide, le 16 novembre 1927, pour protester contre les vexations dont est victime globalement la gauche du Parti mais aussi contre le fait qu'on lui refuse personnellement les moyens de se soigner. Ses funérailles donneront lieu à la dernière grande manifestation. Staline refuse que la cérémonie ait lieu un soir ou un jour de repos, cependant 10 000 manifestants bravent les forces de répression déployées. Les principaux leaders de l'opposition parviendront même à s'exprimer devant sa tombe. Ainsi Christian Rakovski peut-il déclarer : « Ce drapeau (rouge) nous le suivrons comme toi jusqu'au bout, nous en faisons le serment sur ta tombe ». Ancien président du Conseil des commissaires du peuple de la République soviétique d'Ukraine, un temps ambassadeur en Grande-Bretagne, il deviendra le principal dirigeant de l'opposition sur le territoire soviétique après l'expulsion de Trotski mais il finira, lui aussi, par se rallier à Staline.

Trotski tient lors de cet enterrement son dernier discours public en URSS.

Staline ordonne au Congrès de 1927 la capitulation des derniers opposants. Ceux qui refusent sont déportés par milliers en Sibérie et en Asie centrale. Kamenev et surtout Zinoviev acceptent de faire leur autocritique afin d'être réintégrés au sein du Parti mais sans retrouver leur ancienne fonction. Trotski est d'abord exilé en Russie en 1928 puis expulsé d'URSS en 1929.

L'Opposition n'obtiendra finalement aucun délégué au Congrès de décembre : « Le mot d'ordre lancé par Staline, lors du xivᵉ Congrès du Parti : Feu à gauche! n'a pu que faciliter le rassemblement des éléments de droite dans le Parti et des éléments bourgeois-oustrialovistes dans le pays. La question de savoir qui des deux aura le dessus se résout par une lutte de classe continuelle sur tous les secteurs des fronts économique, politique et culturel – pour un développement socialiste ou pour un développement capitaliste, pour la répartition du revenu national selon l'une ou l'autre voie empruntée, pour la plénitude du pouvoir prolétarien ou pour le partage de ce pouvoir avec la nouvelle bourgeoisie. »

Ce xvᵉ Congrès du PC(b)R sera proclamé celui du « 100 % d'unanimité ». L'Opposition unifiée éclate dès le soir du Congrès tandis que Staline renforce la répression contre ses représentants et recourt massivement aux déportations. Une circulaire du GPOU précise qu'« il est indispensable

---

1 Le meilleur récit des camps reste celui de Varlam Chalamov, *Récits de la Kolyma*.

d'établir les oppositionnels envoyés en déportation dans des conditions telles qu'elles leur ôtent toute possibilité de nuire au Parti et au gouvernement[1] ». Chaque déportation fait l'objet de manifestations de soutien empêchant le GPOU d'agir rapidement. Les manifestants arborent systématiquement des portraits de Lénine mais aussi de Trotski et lancent des slogans qui reprennent le vieux répertoire bolchevik.

Staline profitera de sa victoire complète contre les gauches du Parti pour opérer, dès 1928, son grand virage industrialiste qui (comme nous le verrons juste après) sera salué chaleureusement par les chefs de l'Opposition depuis leur exil forcé interne ou externe. Les trotskistes se félicitant notamment que le « petit père des peuples » ait choisi de développer les grandes exploitations agricoles et de relancer des grands travaux industriels[2].

Conséquence : la « droite » du Parti s'émeut face à ce qu'elle dénonce comme l'abandon de la NEP et le retour aux méthodes du « communisme de guerre ». Un nouveau front oppose désormais Staline à Boukharine, Tomski, Rykov. Staline temporise et explique qu'il serait stupide de parler de suppression de la NEP et d'un retour aux réquisitions alimentaires puisque personne n'aurait davantage intérêt au maintien de la NEP que le Parti et l'État : « Seuls les menteurs contre-révolutionnaires peuvent parler d'une suppression de la NEP » (*La Pravda* du 12 avril 1928). Les faits sont cependant suffisamment têtus, surtout lorsque Staline oblige à la fusion des petites exploitations, pour que la rupture devienne inévitable.

Boukharine accuse alors Staline de faire du Préobrajensky sans Préobrajensky. Ce changement de politique agricole provoquera plus de 150 insurrections paysannes en moins d'un semestre, qui seront toutes sévèrement réprimées. À tel point que l'appareil d'État, notamment ses branches répressives, tangue sérieusement. Staline nomme Viatcheslav Menjinski (né en 1874, empoisonné en 1934), ancien Commissaire aux finances, nouveau chef du GPOU, avec comme principal adjoint Guenrikh Iagoda (1891-exécuté en 1938).

L'élimination des boukhariniens

L'histoire officielle a retenu la fable qu'après avoir éliminé les Oppositions de gauche, Staline aurait triomphé de l'opposition de droite boukharinienne. Cette vision est doublement trompeuse car Staline ne fut jamais un homme du centre, et parler d'opposition de droite au sujet de Boukharine, Tomski, Rykov constitue davantage un élément de langage stalinien qu'une réalité

---

1 Cité par Pierre Merlet, *op. cit.*, tome II, p. 12.

2 Charles Bettelheim, *L'industrialisation de l'URSS dans les années trente*, Paris, EHESS, 1982.

sociopolitique. Comme l'écrit l'historien Robert Daniels, ce groupe « droitier » a d'abord été vaincu puis seulement après attaqué par Staline qui s'invente de cette façon un adversaire sur mesure, alors qu'il entend poursuivre la même politique.

Boukharine est en 1929 l'un des derniers géants de la révolution d'Octobre encore en vie ou au pouvoir, malgré le fait qu'il se soit souvent opposé à Lénine qui le qualifiait, pourtant dans son Testament, d'« enfant chéri du Parti ». Boukharine, qui fut, rappelons-le, le grand théoricien du dépérissement de l'État et du passage immédat au communisme, deux thèses nécessairement articulées, a soutenu ensuite la NEP pour desserrer l'étau du productivisme. Boukharine est convaincu contrairement à Trotski qu'on ne peut construire le socialisme ni contre le peuple ni même sans lui, y compris dans les campagnes. Il se refuse également à opposer, à la façon de lOpposition de gauche, les intérêts de classe de la paysannerie à ceux de la classe ouvrière, autrement dit, il se refuse, contrairement à Trotski et Préobrajensky, à tondre davantage les paysans. Boukharine considère même que la façon dont on traite la paysannerie (notamment les koulaks) anticipe le traitement réservé à la classe ouvrière. C'est pourquoi Boukharine s'élève en 1929 contre l'exploitation du travail paysan et qualifie la situation d'exploitation militaro-féodale de la paysannerie. (*sic*) Il qualifie l'impôt sur les koulaks de tribut prélevé sur la paysannerie par l'État. C'est pourquoi il s'associe à Rykov et Tomski pour présenter devant le Politiburo, le 9 février 1929, un programme de libéralisation de la NEP (une super NEP) et une réduction drastique du rythme de l'industrialisation. Il est convaincu que la fuite en avant « industrialiste », voulue autant par l'Opposition de gauche que par la caste au pouvoir représentée par Staline, est responsable de l'échec. Staline l'accuse aussitôt de vouloir saboter la construction du socialisme et exige une révision à la hausse des objectifs du premier plan quinquennal. Il décide aussi une marche forcée dans la collectivisation des campagnes. Ce différend entre Staline et Boukharine porte en apparence sur la poursuite de la NEP. Mais ce tournant de 1927 n'est du côté de Staline qu'un simulacre visant à faire oublier sa responsabilité dans le retour de la famine et du chômage de masse. Staline rendant ainsi la « droite » du Parti responsable de ces catastrophes alors qu'il était partie prenante de cette politique et souhaitait poursuivre la NEP. Staline fera du neuf avec du vieux en caricaturant des mesures déjà prises, comme l'envoi de brigades de collecteurs venues des villes dans les campagnes afin de remplacer les collecteurs ordinaires, jugés beaucoup trop conciliants. Ces nouveaux collecteurs porteront la guerre civile à la campagne car ne redoutant plus d'être accusés de trotskisme par les paysans en cas de zèle. Staline généralisera le système de délation expérimenté dans le Parti.

Boukharine est relevé de ses fonctions de président de l'IC en juillet 1929, puis dénoncé, dans *La Pravda* du 21 août 1929, comme chef de file d'une fraction de droite. Il propose, à l'instar de Kamenev et de Zinoviev, de faire son autocritique. Staline accepte de lui confier le sale travail puis le fera arrêté et exécuté en 1938. Staline se sent assez fort fin 1929 pour s'écrier « Au diable la NEP! » (*La Pravda* du 27 décembre 1929) et appeler à passer à une troisième phase de la Révolution, (après celle du « communisme de guerre » et celle de la NEP).

La capitulation devant Staline de la majorité des oppositionnels de gauche

Rien ne serait plus faux et injurieux pour des hommes et des femmes de la trempe des opposants bolcheviks que de croire que leur ralliement à Staline s'expliquerait par la peur de la répression ou l'attrait d'un (maigre) pouvoir. C'est bien pour des raisons idéologiques, en raison d'un commun productivisme, que des hommes comme Préobrajensky, Radek et Smilga vont rejoindre Staline et entraîner avec eux des milliers d'opposants de gauche assez déboussolés. Ceux qui résistent désignent alors les opposants ralliés de capitulards. J'insiste : ceux qui refusèrent cette capitulation furent sans doute aussi nombreux que ceux qui acceptèrent et il suffit de lire l'ouvrage de Pierre Merlet pour être convaincu de l'âpreté des combats et du courage des opposants à Staline[1].

Le choix de précipiter le premier plan quinquennal et de lancer les grands travaux staliniens est considéré comme une concession à leurs thèses par les trotskistes. Le fameux « tournant de gauche » dont se réclame Staline ne serait qu'un premier pas vers ce que l'opposition réclame depuis *la déclaration des Treize* : « Ce n'est qu'à condition de développer avec suffisamment de puissance l'industrie qu'il sera possible d'assurer à la fois le relèvement des salaires et les bas prix des marchandises dans les campagnes ». La première étape du tournant à gauche serait selon Trotski le plan quinquennal lancé en avril 1929 mais avec effet rétroactif au 1er octobre 1928. La seconde étape du tournant à gauche serait la première vague de dékoulakisation lancée par Staline fin 1920. Trotski apporte sans nuance ce qu'il nomme un « soutien critique » au « nouveau cours » car il a été obtenu sous la pression populaire (*sic*). Conséquence : beaucoup des vieux oppositionnels réintègrent le Parti, font leur autocritique et signent des déclarations d'allégeance à Staline.

Ainsi Gueorgui Piatakov (1890-fusillé en 1937), ancien Commissaire du peuple de Kiev, membre depuis sa fondation de l'Opposition de gauche, ouvre le bal de la capitulation en acceptant, dès fin 1928, de reconnaître le

---

1 Pierre Merlet, *L'Opposition communiste en URSS*, T. II, *op. cit.*

bien-fondé de la politique industrialiste de Staline, et se voit nommer président de la banque d'État et adjoint d'Ordjonikidze (proche de Staline) au commissariat à l'industrie lourde ; il sera même élu puis réélu au Comité central du PC(b)R en 1930 et 1934. Arrêté en 1936, il est le principal accusé du procès truqué de 1937 et fusillé. Cette première capitulation est suivie de centaines d'autres, toujours au nom du pseudo-tournant de gauche qui n'est qu'une accentuation du productivisme.

Le deuxième grand acte de la capitulation sera la publication dans *La Pravda* du 13 juillet 1929 d'une « Lettre de ralliement » signée par Préobrajensky, Radek et Smilga : « Nous retirons nos signatures des documents fractionnels, nous nous déclarons parfaitement solidaires de la ligne générale du Parti et demandons notre réadmission dans ses rangs ». Cet appel est suivi par 447 réintégrations d'ex-opposants en deux mois. Préobrajenski explique désormais que « ce que proposait l'opposition et ce que s'efforce de faire à présent la majorité du Parti ne sont que des variantes d'un seul et même plan stratégique économique. » Radek ajoute : « L'opposition reflète évidemment les intérêts de la classe ouvrière, mais les Staliniens aussi ; les premiers sont dans la position d'une avant-garde par rapport à une arrière-garde ». Il en conclut qu'il faut construire un front uni avec les Staliniens.

Le troisième grand acte de la capitulation au « tournant productiviste » sera la publication en août 1929 d'une lettre de soutien au « tournant de gauche » de Staline cosignée par V. Kossior, N. Mourralov, V. Kasparova et Christian Rakovski (1873-fusillé en 1941), le successeur « officiel » de Trotski en URSS. Ce document appelle à « une amélioration des rapports qui se sont créés entre l'Opposition léniniste (N.D.L.R. : comprendre trotskiste) et la direction du Parti ». Cette offre de rapprochement se faisant bien sûr sur une base industrialiste. Trotski soutient et justifie depuis son exil ce soutien donné au nouveau cours.

Rakovski déclare en 1929 que les thèses de la xvie Conférence du Parti sont justes « en principe » mais que les méthodes bureaucratiques les déformaient (*sic*). Il ajoutait cependant que « le socialisme intégral (que représentait la collectivisation à outrance) allait ouvrir le chemin au capitalisme intégral » mais que l'enjeu essentiel restait de donner une base technique développée à l'URSS. Rakovski, de plus en plus isolé et malade, capitule totalement en 1934 sous prétexte d'une crainte d'une guerre interventionniste fasciste contre l'URSS : « Devant la montée de la réaction internationale dirigée en dernière analyse contre la révolution d'Octobre, mes anciens désaccords avec le Parti ont perdu leur signification. Je considère comme le devoir d'un communiste bolcheviste de se soumettre entièrement et sans réticences à la ligne générale du Parti. »

Staline ne pouvait que se féliciter de cette prise de choix puisqu'elle déca-pitait toute l'Opposition de gauche interne et privait Trotski d'un relais es-sentiel. C'est pourquoi il nomma cet ancien socialiste révolutionnaire interna-tionaliste rallié aux bolcheviks (principal dirigeant du mouvement socialiste roumain, ancien président du Conseil des Soviets d'Ukraine, diplomatique de haut vol qui fit sortir la jeune Russie des Soviets de son isolement inter-national) Commissaire du peuple adjoint à la santé tout en l'obligeant à aller toujours plus loin dans la dénonciation de Trotski et dans ses déclarations enflammées sur Staline. Christian Rakovski est de nouveau arrêté en 1937, torturé pour lui faire avouer des crimes imaginaires et fusillé en 1941.

Staline, qui n'a pas changé malgré les illusions trotskistes sur son tour-nant à gauche, refuse la main tendue des oppositionnels et renforce encore la répression en faisant fusiller, pour l'exemple, Iakov Blumkine (1889-1929), l'ex-SR de gauche auteur de l'attentat contre l'ambassadeur d'Allemagne, retourné par Trotski et devenu membre des services de renseignements so-viétiques. Les conditions de déportation et notamment de vie au sein des isolateurs politiques deviennent toujours plus effroyables malgré la solidarité des détenus entre eux au point que Gueorgui Boutov, secrétaire de Trotski, torturé durant des semaines pour l'obliger à avouer un complot entre Trotski et les Blancs se laissera mourir au terme d'une grève de la faim en prison de 45 jours[1]. L'assassinat de Kirov par le jeune communiste Nikolaïev, le 1er décembre 1934, permet à Staline de dénoncer plus que jamais le complot zinoviéviste – trotskiste. Karl Radek sera arrêté et emprisonné puis assassiné en prison en 1937. Evgueni Preobrajenska sera également de nouveau arrêté et exécuté en 1937. Léon Sédov, fils de Trotski, décédera à Paris en 1938 dans une clinique tenue par des Russes blancs, mais largement infiltré par les services du NKVD. Le même Sedov expliquait auparavant qu'« on trouve beaucoup de koltchakistes dans les rangs du GPOU. Ce fait jette une lu-mière crue sur la question : qui mène la politique stalinienne de persécution et d'extermination des bolcheviks déportés ? Les anciens Blancs et ce n'est pas par hasard ».

Les décistes sont le seul courant à continuer à refuser tout rapprochement avec Staline car pour eux le « fameux tournant à gauche » est « une tentative de la bureaucratie d'intégrer la bourgeoisie des campagnes à son propre sys-tème ». Le leader déciste T. V. Sapronov parvient à faire diffuser son analyse depuis son isolateur : « L'étatisation – et non la collectivisation comme disent les journaux du secteur agricole exigera des millions de cadres, de bureau-crates, et la classe petite bourgeoise « liquidée » occupera une place, et pas

---

1 On ne peut que conseiller l'excellent ouvrage de Pierre Merlet, *L'opposition communiste en URSS* (deux tomes), publié aux Éditions Les Bons caractères, Paris, 2014. Je ne partage évidemment pas la foi de l'auteur pour le développement des forces productives qui me semble intact malgré les décennies passées.

la dernière, dans la hiérarchie bureaucratique en dépit même de toutes les épurations. Il ne s'agit pas d'une liquidation, mais d'une modification, d'une transformation du petit et souvent du gros propriétaire en représentant des « serviteurs de l'État », lesquels vivent sur la plus-value produite par la classe ouvrière. Ces processus se développent sur la base des sept années écoulées de politique économique petite bourgeoise et de monstrueuse bureaucratisation de tous les appareils. »

La dictature du Parti sur la société

La dictature d'une caste sur le Parti puis celle du Parti sur la société accompagnent l'abandon de la thèse du dépérissement de l'État, le développement d'une nouvelle classe dominante avec ses privilèges, etc. La répression contre le monde ouvrier ne commence pas en 1927 ni même en 1921 avec Cronstadt, mais dès 1918 et surtout entre 1919 et 1920. L'occasion en est donnée par les mobilisations contre les difficultés de ravitaillement. Plutôt que de s'en prendre aux Juifs comme dans les campagnes ou de limiter leur critique aux aristocrates et aux « grands bourgeois » comme le souhaiterait le Parti, les ouvriers dénoncent la dictature du Comité central du PC(b)R et exigent qu'on tienne les promesses de donner « tout le pouvoir aux Soviets ». Ils demandent la liberté des élections aux Soviets et aux comités d'usine, la suppression des limitations sur les quantités de nourritures transportables depuis les campagnes, la fin des privilèges dont bénéficient les bolcheviks, etc. Le régime réagit en mettant en place en 1919 un vaste réseau d'indicateurs, au sein des entreprises en relation directe avec la Tcheka et avec les dirigeants. Signe de l'importance accordée par le régime au flicage des ouvriers : Ivan Pavlounovski, chef de la Tcheka au sein de l'Armée rouge, sera nommé à la tête de la Tcheka dans l'industrie (avant d'être fusillé en 1937 sur ordre de Staline).

Cette répression ne suffit pas à faire diminuer le nombre de grèves sauvages qui ont désormais comme principales revendications l'alignement des rations des ouvriers sur celles des soldats de l'armée rouge, la suppression des privilèges pour les membres du Parti bolchevik (qui reçoivent des rations plus élevées), la libération des prisonniers politiques de gauche, des élections libres, etc.

Le régime réagit en accentuant la répression : la peine de mort, abolie en Octobre contre l'avis de Lénine, est ainsi rétablie trois mois plus tard. Cette dictature du Parti sur la société procédera non seulement par la réduction des libertés collectives mais par la multiplication des « groupes sociaux ennemis ».

De l'absence à la prolifération des fonctionnaires

Cette dictature violente du Parti sur la société est d'autant plus une tentation que le Parti dispose au début de fort peu de relais au sein de la société. Les syndicats sont très loin de lui être soumis, le mouvement du Proletkult, plus puissant numériquement rêve de socialisme populaire et démocratique, les Komsomols sont encore squelettiques et en outre particulièrement agités, etc. La jeune Russie des Soviets souffre d'un autre mal terrible avec une prolifération de fonctionnaires au centre et une absence partout ailleurs. Si en 1920, 230 000 personnes occupent une fonction administrative dans la seule région de Moscou, soit environ 40 % de la population active de la capitale, presque partout l'État défaillant laisse la place à des clans familiaux. Cette situation aurait pu n'être que provisoire, si les choix économiques du Parti lui avaient permis de prendre appui sur des formes nouvelles de démocratie. L'incurie d'un État non-État, pour parler comme Lénine, va faire que les bureaucrates centraux et locaux vont former une couche sociale à part entière, avec ses intérêts propres et les moyens de se faire entendre du Parti-État.

Du côté de l'État central

L'appareil d'État central s'éloigne toujours plus de ce qu'il aurait dû être pour se conformer aux préconisations de Marx après la Commune de Paris et de Lénine de *L'État et la Révolution* pour devenir un État Moloch étranglant la société. Cet État central redevient très vite la continuation de l'ancien État tsariste honni[1]. Lénine est conscient de ce paradoxe puisqu'il constate qu'à l'exception du ministère des Affaires étrangères et du corps diplomatique les administrations d'État restent truffées d'anciens serviteurs du Tsar et de fonctionnaires obtus. On se souvient que lorsque Trotski arrive au Commissariat du peuple aux Affaires étrangères, il découvre un ministère dans lequel l'administration est en grève pour protester contre le coup d'État bolchevik et a caché tous les dossiers. Il brise la grève en révoquant 33 hauts fonctionnaires et 28 diplomates.

Le diagnostic de Lénine est sans doute juste mais les remèdes apportés renforceront le mal, qu'il s'agisse du système des Commissaires politiques (fondé en réponse à la militarisation de l'armée et au retour des officiers tsaristes) ou de l'Inspection ouvrière et paysanne (Rabkrin) chargée de surveiller les surveillants par la constitution d'un corps sous la direction de Staline. Ainsi au lieu de démocratiser l'appareil d'État afin de le rapprocher de la so-

---

1 On peut se demander quel fut l'impact du modèle jacobin : Albert Mathiez, *Le bolchevisme et le jacobinisme*, Paris, Librairie du PS et de l'Humanité, 1920.

cié, on éloigne davantage les dirigeants des dirigés et les fonctionnaires du peuple. Peu importe que ces surveillants soient issus des milieux populaires comme on s'en enorgueillit puisque par leur existence, ils confortent la verticalité du pouvoir. Aussi, loin d'apparaître comme des « amis du peuple », ces Rabkrin sont systématiquement pris à partie par la population affamée, qui n'hésite pas à les rendre responsables de la pénurie et à les assassiner. Alexandra Kollontaï s'insurge en 1921 devant le Xᵉ Congrès : « Dans les assemblées, il arrive que si l'on indique un communiste qui jouit de la confiance de la masse, on dit de lui qu'il ne ressemble pas à un communiste, puisque les gens ont confiance en lui, et qu'il n'est pas comme les autres. Ceci montre clairement camarades, que chez nous, les communistes sont une chose et la masse en est une autre. »

Du côté de la périphérie

Le second piège dans lequel s'enferment les bolcheviks, confrontés à l'extrême faiblesse de l'appareil d'État, est de préférer voir se développer de véritables satrapes locaux, plutôt que de miser sur une démocratie locale décentralisée. Des clans familiaux vont dominer progressivement le pays avec l'aide du PC(b)R. Le système s'apparente, dès lors, chaque jour davantage à un modèle corporatiste plutôt qu'à une démocratie socialiste même balbutiante. Ces dirigeants locaux, loin d'être des représentants du peuple, ni même des délégués du pouvoir central, deviennent des petits Staline dans leur territoire. Ces satrapes locaux usent des mêmes rituels de pouvoir que les dignitaires centraux, avec exhibition de leurs portraits, obligation de fêter leurs anniversaires, etc. Staline, qui a pris appui sur ces satrapes pour s'assurer le pouvoir et qui défend globalement leurs intérêts matériels et idéologiques, se trouve tout de même parfois obligé de les rappeler vertement à l'ordre. Ainsi, en 1934, il les qualifie de « seigneurs féodaux » considérant que « les décisions du Centre n'étaient pas rédigées pour eux mais pour des imbéciles […] Ce qui se forme actuellement ce n'est pas un groupe dirigeant de travailleurs responsables, mais une famille, un clan, dont les membres essayent de vivre en paix, ne pas s'offenser les uns les autres, de ne pas laver leur linge sale en public ; ils se congratulent mutuellement et de temps à autre envoient au centre des rapports stupides et nauséabonds sur leurs « succès ». »

Le PC(b)R a donc construit un système de pouvoir étranger à ses dogmes initiaux, en raison de sa peur des foules sans chef et de ses choix industrialistes. L'inefficacité et le rejet de cet appareil d'État parasitaire vont paradoxalement entretenir un sentiment de toute-puissance, correctif fantasmé à son impuissance réelle, justifiant *a priori* toutes les violences envers la population. Le PC(b)R s'avère suffisamment conscient, dans un premier temps, de cette situation pour reconnaître qu'il est en train de (re)construire le type même d'État étranger au corps social qu'il condamnait avant son arrivée au pouvoir. Mais ce même Parti finira par oublier sa préférence pour la démocratie directe et multipliera les organes représentatifs avec de nombreux degrés, éloignant toujours plus les élus des électeurs et les militants des simples citoyens. Ainsi les Soviets de base élisent les délégués des Soviets supérieurs et ceci jusqu'au Soviet suprême, ce qui conduit à vider la démocratie soviétique de sa charge de démocratie directe. Faut-il rappeler que la première Constitution soviétique proclamait ouvertement l'abolition des classes et du pouvoir d'État?

Le renforcement de l'État aurait-il pu se produire autrement qu'en imitant les États Moloch des régimes les plus autocratiques que l'histoire ait connus? Il est difficile de répondre mais ce qui est certain c'est que cette période (1924-1927) de mimétisme débute avec la reconnaissance de la jeune Russie des Soviets comme seul État légitime en Russie par la communauté internationale. Ainsi 1924 qui est l'année de la reconnaissance diplomatique par la Grande-Bretagne, l'Italie, l'Autriche, la Norvège, la Suède, la Grèce, la Chine et la France, est aussi l'année qui voit le Parti confirmer, au XIIIe Congrès, le choix du capitalisme d'État et commencer sa propre épuration en dénonçant le trotskisme.

La critique en peau de chagrin de la bureaucratie

La critique de la bureaucratie est féroce dès la fin de la guerre civile notamment au sein des Oppositions de gauche comme les décistes adeptes de moins de centralisme et de plus de démocratie que Lénine fustige comme infantiles. Lev Sosnovsky, vieux bolchevik respecté au sein du Parti, se lance aussi entre 1920 et 1922 dans l'écriture de nombreux pamphlets contre les bureaucrates qu'il qualifie de ni chauds ni froids mais seulement adeptes de la moindre vague. Lénine semble durant ces derniers mois de vie obsédé par la bureaucratie. Mais autant le caractère virulent de ses déclarations témoigne de son affolement face à une situation qui lui échappe, autant les remèdes imaginés aggravent le mal[1]. Dans une lettre adressée en 1922 à A. D. Tsiouroupa, Lénine s'emporte : « Les administrations ? De la merde ! Les décrets ? De la merde ! Chercher des hommes, vérifier le travail, tout est là ». Lénine le répète à chacun de ses interlocuteurs : « Le Parti ne contrôle plus la machine d'État mais c'est l'inverse [...] Un homme est bien assis au volant, qui semble la diriger, mais la voiture ne roule pas dans la direction voulue, elle va où la pousse une autre force, une force illégale, une force illi-

---

1 Pour une approche générale du phénomène bureaucratique : Lewin Mosche, L*a formation du système soviétique*, Paris, Gallimard, 1987, et Bruno Rizzi, *L'URSS Collectivisme bureaucratique*, Paris, Ivrea, 1977.

cite, force venant d'on ne sait où, où la poussent les spéculateurs ou peut être les capitalistes privés, ou peut-être les uns et les autres. »

Lénine avance certes le concept de bureaucratie soviétique mais avant tout pour dénoncer les Soviets qui agiraient de façon trop indépendante du Parti. En 1919, il profite de son oraison funèbre de Jacob Sverdlov (1885-1919), lequel vient de mourir de la grippe espagnole alors qu'il est président du Comité exécutif central (c'est-à-dire du gouvernement bolchevik) et le grand stratège et organisateur du parti bolchevik, pour soutenir que l'hégémonie bolchevik ne doit pas être la terreur mais le leadership politique et idéologique. Mais il précise immédiatement qu'en raison de la faiblesse culturelle des masses, le PC(b)R doit se substituer à elles, donc aux Soviets, et grâce aux Rabkrin surmonter le déficit culturel du peuple russe responsable de la bureaucratie ! Lénine reprend son slogan de 1917 sur la cuisinière et la politique mais en précisant désormais que les bolcheviks doivent lui apprendre à gérer l'État. Cette « injonction paradoxale » ne quittera plus Lénine jusqu'à sa mort. Dans son Testament, il explique que « l'espoir que la démocratie des Soviets transforme l'État par le bas s'est évanoui. Alors servez-vous du Parti pour remodeler par le haut l'appareil d'État dont nous avons hérité ». Il refuse de soumettre l'État au contrôle de travailleurs épuisés, démoralisés, incultes (*sic*). Karl Radek traduit sa pensée lorsqu'il soutient que le Parti doit imposer sa volonté de vaincre aux travailleurs fatigués donc disposés à lâcher pied.

Lénine lisant en 1923 les *Souvenirs de la Révolution* publiés par un SR de gauche, Nikolaï Sovkhanov, déclare qu'il a raison d'affirmer que la Russie n'était pas prête pour le socialisme, que la grande question était bien celle du mode de vie. Dans le dernier feuillet de son bloc-notes, il explique que la Russie doit modifier ses priorités en accordant la plus grande priorité au budget de l'éducation, et, notamment, à l'amélioration de la situation matérielle des enseignants.

La révolution d'Octobre n'a donc pas permis de socialiser la politique comme les bolcheviks le souhaitaient mais on a assisté, au contraire, à son étatisation avec la bureaucratisation du social, avec l'abandon de la thèse du dépérissement. Le plus étonnant, c'est que Lénine conscient de l'évolution négative de l'État ne semble pas faire le lien avec l'évolution négative de l'économie aussi analysée : « Voilà encore une année de vécue ! L'État est entre nos mains, mais dans le domaine de l'économie politique, tout, durant cette année, n'a pas marché selon notre volonté. Nous ne voulons pas le reconnaître. Non ! Or, comment la machine a-t-elle fonctionné ? La machine roule, non pas dans la direction dans laquelle nous la dirigeons, mais dans la direction où la dirige quelqu'un. Ce quelqu'un, c'est peut-être les illégaux, les irresponsables, les gens venus Dieu sait d'où : les spéculateurs, les capitalistes petits propriétaires. Peut-être les uns et les autres. La machine roule tout à fait autrement, surtout autrement que celui qui est au volant se le représente ».

Nous verrons que, faute de reconnaître le lien entre l'évolution de cette « machine » économique et celle de la « machine » d'État, La jeune Russie des Soviets ne pourra qu'abandonner tous ses objectifs initiaux sur les fronts du politique, de l'économie, du social, du travail, de la monnaie, de l'éducation, etc.

Les premières années de la jeune Russie des Soviets sont donc marquées par une dictature croissante d'une fraction des dirigeants sur le Parti et sur l'État. Deux appareils sont responsables de ce basculement vers la terreur, l'appareil répressif, d'une part, avec la Tcheka puis le GPOU, et, d'autre part, l'appareil économique chargé d'imposer une discipline de fer, jugé propice au capitalisme d'État. L'histoire officielle a retenu la responsabilité de l'appareil répressif mais a choisi d'oublier celle de l'appareil économique. Je ne cherche nullement à minorer la responsabilité de la Tcheka dans le passage à la terreur comme mode de gouvernement, mais je crois utile de rappeler que si des critiques contre cette évolution eurent lieu au sommet de l'appareil répressif (Armée rouge et Tcheka), jamais on entendra le sommet de l'appareil économique s'en émouvoir. Bien au contraire, les chefs d'entreprise n'auront de cesse de revendiquer tous les pouvoirs et d'appeler au renforcement de la discipline. Le cœur de la glaciation politique se trouve donc dans le choix de construire un capitalisme d'État grâce à une logique productiviste centralisée. En 1925, le patron de la Tcheka, Dzerjinski, dénonçait cette catastrophe : « À regarder tout notre appareil, tout notre système de direction, notre bureaucratisme inouï, notre incroyable désordre avec toutes les formalités possibles ; je suis littéralement horrifié ». Miasnikov, président du Soviet de Pern en 1917, leader de l'Opposition ouvrière explique que la dictature du prolétariat a laissé la place à une « nouvelle classe » que le marxisme n'avait pas prévu la « sociale-bureaucratie ». Boukharine dénonce également devant le Congrès des Komsomols le danger d'un figement de caste (*sic*). Il pourra bientôt écrire que l'histoire de l'humanité se divise en trois périodes : le matriarcat, le patriarcat et le secrétariat. Trotski enferré dans son économisme refusera toujours, au nom d'une vision étroite du matérialisme, de qualifier la bureaucratie du Parti et de l'État comme constituant une classe exploiteuse et dominatrice. Au mieux, ses partisans comme Rakovski, Kossior, Mouralov, Kasparova expliqueront, à l'occasion du XVIᵉ Congrès, que « D'un État prolétarien à déformation bureaucratique, nous sommes passés à un État bureaucratique à survivances prolétariennes communistes ».

Sur le front de l'économie

Le domaine économique est celui où les dirigeants bolcheviks étaient le plus empêtrés dans « l'économisme », l'autoritarisme et l'étatisation[1]. Il n'en reste pas moins qu'un débat existait et que des expériences furent un temps tolérées, dans le cadre du mouvement coopératif et d'un socialisme des conseils, mais aussi en matière d'égalité salariale, de versement de la rémunération en nature, d'organisation du travail, de contrôle ouvrier, etc.

L'enchaînement mécanique des modes de production

Les bolcheviks ne prennent pas le pouvoir en octobre 1917 dans le but de créer en Russie une société socialiste, et encore moins communiste. Ils ne croient pas au « Grand soir » et ne sont en rien des utopistes. Ils sont très éloignés de la pensée d'un auteur comme Babeuf disant sous la Révolution française que « les pauvres seront logés dans les appartements des riches au soir de la Révolution ». Ils n'ont de cesse de dénoncer ceux qui voudraient aller trop vite et Lénine parlera du « gauchisme » comme d'une « maladie infantile du communisme ». La stratégie est donc de réussir des révolutions dans des pays capitalistes économiquement plus avancés afin de passer collectivement au socialisme. L'orthodoxie marxiste considère en effet qu'on ne peut que respecter l'enchaînement mécanique des modes de production (féodalisme, capitalisme, socialisme, communiste), sans jamais chercher à brûler des étapes, donc au besoin, en se faisant soi-même capitaliste, afin de préparer le futur. Les bolcheviks ont une autre bonne raison de ne pas vou-

---

1 Charles Bettelheim, *La transition vers l'économie socialiste*, Paris, Maspero, 1968 ; Pierre Broué, *Le parti bolchevik. Histoire du PC de l'URSS*, Paris, Éditions de Minuit, 1963 et *Communistes contre Staline. Massacre d'une génération*, Paris, Fayard, 2003.

loir précipiter l'histoire, ils sont convaincus, contrairement aux courants du socialisme utopique et populiste russe, que le socialisme (ou le communisme) ne peut qu'être un régime d'abondance économique, c'est pourquoi ils n'auront jamais de mots assez durs pour dénoncer le « socialisme de la misère » (selon la formule de Marx) et se démarquer des courants qui se réclament du christianisme primitif. Trotski explique en 1919 que « le communisme d'aujourd'hui, à la différence du christianisme primitif ne signifie nullement le nivellement par le bas de la pauvreté. Au contraire, le développement de l'ordre communiste présuppose une croissance des forces productives de l'industrie et de l'agriculture, de la technique et de la science, de l'art sous toutes ses formes. Les rations de famine et les logements glacés ne sont pas le communisme[1]. »

Le choix de construire un capitalisme d'État

L'URSS et ses défenseurs expliqueront plus tard les difficultés du système soviétique en mettant en avant le caractère féodal de la Russie de 1917, donc son arriération économique et culturelle, mais c'est oublier qu'elle était la sixième puissance économique mondiale avant même la révolution de Février. L'échec des révolutions dans les pays économiquement plus développés (Allemagne, Autriche, Angleterre, Italie, France) va contraindre les bolcheviks à changer de stratégie pour se conformer à leur vision linéaire du progrès. Faute de pouvoir prendre appui sur des formations économiques et sociales plus avancées, la seule solution envisageable devient de construire un capitalisme d'État en imitant le modèle militariste allemand puis le modèle taylorien américain, afin de réaliser une industrialisation accélérée et permettre une marche forcée vers le socialisme.

Le choix est donc fait en conscience de sacrifier des générations entières. Ce sacrifice sera bien sûr matériel mais aussi social, politique, culturel, puisque l'idée, déjà présente avant la Révolution, selon laquelle les prolétaires ne seraient pas à la hauteur de leur mission historique, deviendra dominante, dès 1921-1922, justifiant ce qu'ils nommeront le « substituisme » du Parti à la classe. La dictature économique, c'est-à-dire la toute-puissance reconnue aux chefs d'entreprise, va servir de base au développement de la dictature politique. La période dite du « communisme de guerre » sera donc entre 1919 et 1920 une exception, simple parenthèse entre deux périodes de construction du capitalisme d'État, avec son cortège d'inégalités et sa discipline de fer.

---

1 Cité in <https://www.marxists.org/francais/broue/works/1988/00/PB_tky_17.htm>

Nous devons dénoncer la thèse qui veut que le « communisme de guerre » ait été imposé par l'effondrement économique puisque les mesures prises en 1919 répondaient aux revendications des ouvriers et de beaucoup de bolcheviks. La direction du PC(b)R a été obligée d'être plus « révolutionnaire » qu'elle ne le souhaitait, car, disait Lénine, la classe ouvrière était en 1917 plus révolutionnaire que les bolcheviks eux-mêmes.

Le front sacrifié des communes agricoles et de production

La jeune Russie des Soviets a expérimenté, tant sur le plan industriel qu'agricole, des alternatives efficaces à l'industrialisation forcée et au capitalisme d'État. Ce terrain est bien défriché grâce aux travaux d'historiens dont Basile Kerblay (*Les utopies communautaires au banc d'essai de la Russie des années vingt*), Dominique Durand (*En communisme dès 1918, sociographie des communes agraires en URSS*) et Eric Aunoble (*Le communisme tout de suite! Le mouvement des communes en Ukraine soviétique, 1919 à 1925*).

L'idée coopérative suscite des initiatives dans tous les secteurs : agricole, industriel, pédagogique, artistique et musical avec des orchestres sans chef. Le mouvement des communes rurales sera plus précoce et plus puissant que celui des villes, avec la participation de bolcheviks, mais surtout d'anarchistes, de SR, de tolstoïens, de membres de groupes religieux minoritaires, etc. Ce mouvement bénéficie du soutien de Vladimir Bontch-Brouïevitch (1873-1955), historien, secrétaire de Lénine, puis du Sovnarkon (cf. « Le front religieux »). Lénine avancera en 1917 le concept d'État-commune pour désigner cette libre union des communes prolétarienne en nation qu'il voit se constituer[1]. Il reprend ainsi la thèse de Petr Tkatchev (1844-1886) qui visait en 1875 « la transformation progressive de l'actuelle communauté paysanne […] en communauté-commune ».

Kommunar et *kommunist* passent alors pour être synonymes!

Ces communes rurales sont différentes de la tradition du *Mir* russe dans laquelle chaque paysan reste autonome dans sa façon de travailler et beaucoup plus libre de disposer, pour lui-même et sa famille, des fruits de son travail[2]. Les communes agricoles regroupent, outre le travail agricole, de nombreux services, comme des ateliers de réparations, des forges, des moulins, des écoles, etc. Ces communes comprennent en général une centaine de membres maximum et travaillent moins de 500 hectares avec des moyens techniques traditionnels (sans aucun tracteur jusqu'en 1923 puis très peu et

---

1 Sorlin Pierre, « Lénine et le problème paysan en 1917 », in *Annales. Économies, Sociétés, Civilisations*, 19e année, n° 2, 1964, p. 250-280.

2 Péchoux Pierre, « La commune rurale dans l'Empire des tsars de J. H. Schnitzler », in *Cahiers du monde russe et soviétique*, vol. 6, n° 3, juillet-septembre 1965, p. 367-398.

progressivement ensuite). On comptait, selon Dominique Durand, en 1919, 1961 communes agricoles ; en 1920, 1892 ; en 1921, 3015, puis, plus que 1943 en 1922 (avec la NEP). Le mouvement connaîtra une brève remontée vers 1929-2030 mais s'arrêtera avec la collectivisation forcée[1].

Des centaines de milliers de personnes ont donc participé à ces expériences. Les principes varient certes d'une commune à l'autre mais, dans l'ensemble, « chacun travaille selon ses possibilités » et « chacun reçoit selon ses besoins ». La vie démocratique est absolue et comme le mentionne Eric Aunoble, « les assemblées générales discutent à perte de vue de la répartition des tâches, de la révolution en Allemagne ou de l'origine de l'univers ». Les performances économiques sont au rendez-vous, à tel point que les bolcheviks pensent d'abord prendre appui sur les communes pour résoudre la crise alimentaire. Ces communes seront, dans de nombreuses régions, balayées par les armées blanches mais le retour des rouges ne permettra pas une nouvelle floraison. Eric Aunoble note que le premier mouvement « anticommunes » qui fut le fait des petits propriétaires alla de pair avec de nombreux pogroms antisémites. Le Parti bolchevik, tenant compte du nouveau rapport de force, découragea les communards et choisit de laisser le pouvoir local au chef des grandes familles. Il créa en compensation les Comités de paysans pauvres avant de les sacrifier. Le mouvement des communes agricoles survivra cependant au « communisme de guerre » et à la NEP mais sera l'une des victimes de la « dékoulinisation ». Les communes agricoles passeront certes de 1706 en 1928 à 7600 en 1930 au moment de la grande collectivisation mais il ne s'agit plus de la même chose. L'artel, pseudo-coopératif, imposé par Staline entre 1929 et 1931 repose en effet sur des principes totalement contraires à l'esprit des communes, avec l'enrôlement forcé des villageois, la fin de la démocratie, la condamnation de l'égalitarisme, le rétablissement de la propriété privée, le rôle des chefs, etc. Le kolkhoze stalinien est l'antithèse absolue de l'idéal démocratique et égalitaire[2]. Les communes d'avant la collectivisation reposaient en effet sur l'adhésion volontaire, une large autonomie, des innovations culturelles (écoles), une vie démocratique, un partage égalitaire des revenus souvent démonétarisés. La NEP avait déjà contraint au partage du revenu au prorata du travail effectué et non plus en fonction des besoins et légalisé le paiement de salaires monétaires. Staline fustigera ces communes en qualifiant « l'égalitarisme de réactionnaire et d'absurdité petite bourgeoise » car contraire au sens profond de l'histoire[3].

---

1 Méquet Georges, « Le problème agraire dans la révolution russe », in *Annales d'histoire économique et sociale*. 2ᵉ année, n° 6, 1930, p. 161-192.

2 Aymard Marguerite, « Une charte nouvelle pour le kolkhoze », in *Cahiers du monde russe et soviétique*, vol. 11, n° 4, octobre-décembre 1970, p. 497-575.

3 Staline, *Rapport au XVIIᵉ Congrès*, 1934.

Le mouvement des communes de production sera également très important dans les villes et ceci dans les différents secteurs de l'industrie et des services. Les communistes laisseront d'abord faire puis décideront de tuer dans l'œuf ces initiatives en les transformant en brigades de travail obligatoires dans le cadre de la militarisation de l'économie puis en interdisant le nivellement des rémunérations (*uravnilovka*) censé nuire à l'esprit de l'émulation au travail. Ces coopérateurs donnaient en effet un très mauvais exemple au moment où les bolcheviks choisissaient d'imposer la toute-puissance des chefs d'entreprise, la division du travail, le salaire au rendement, un système punitions-récompenses. Ces communes de production subsisteront durant plusieurs années malgré la répression et l'opprobre idéologique[1].

On peut penser, avec Eric Aunoble, que le mouvement des communes staliniennes, c'est-à-dire des Kolkhozes, a une autre source d'inspiration, celle des expériences tsaristes de modernisation par des méthodes militaristes[2]. Le célèbre *Panopticon*, modèle de prison moderne présenté par Jeremy Bentham au Parlement de Londres, s'inspire en effet des chantiers maritimes organisés en Russie, par son frère Samuel sous le règne de Catherine II.

Le sage programme économique des bolcheviks

Le modèle économique de Lénine n'est nullement celui de la Commune de Paris mais celui de l'économie de guerre allemande au cours de la guerre de 1914-1918. Cette économie de guerre a été dirigée par l'économiste Walter Ratheneau (1867-1922), industriel, essayiste, homme politique allemand, favorable à l'impérialisme allemand ; il mourra d'ailleurs assassiné par l'organisation Consul. Lénine fera traduire ses ouvrages par ses propres services et se réfère à lui (et à Taylor) dans *Les tâches immédiates du pouvoir soviétique* : « Prenons l'exemple plus concret du capitalisme d'État […] c'est-à-dire l'Allemagne. Nous y avons le "dernier cri" de l'ingénierie capitaliste moderne et de la gestion planifiée, subordonnée à l'impérialisme junker-bourgeois. Remplaçons les termes "d'État junker militariste bourgeois et impérialiste", par ceux d'un autre État, d'un type social différent […], un État « soviétique » et vous aurez la somme totale des conditions nécessaire au socialisme. »

Le programme économique initial des bolcheviks est donc très modéré.

1. C'est pourquoi Lénine ne souhaite que très peu de nationalisations, sauf dans le secteur de l'armement et des banques. Il prendra même des me-

---

1 in *Les ouvriers et le pouvoir de Kharkov de 1920 à 1933 à travers les archives régionales*, CERMTRI n° 13/14, avril-juin 2001.

2 Péchoux Pierre-Yves, L'agriculture russe et les machines », in *Annales de Géographie*, T. 50, n° 282, 1941, p. 94-113.

sures pour s'opposer aux « municipalisations » spontanées. Encore Lénine appelle-t-il à ne pas confondre nationalisation et confiscation. Évoquant celle des banques, il précise qu'elles se feront « sans enlever un sou à aucun propriétaire » puisqu'il s'agit simplement de transférer la direction pour faire fonctionner les banques au profit de la production et de l'investissement et non pas de sanctionner les anciens propriétaires. Lénine s'exclamera en 1918 : « Nous avons déjà confisqué, nationalisé, cassé et démoli plus que ce nous nous pouvons recenser. » Un décret de janvier 1918 interdit donc catégoriquement toute nouvelle forme de socialisation, quelle qu'en soit la forme, sauf autorisation expresse. Les ouvriers, qui continuent à exproprier leurs anciens patrons, se voient donc traités comme des ennemis de la Révolution et sanctionnés. Conséquence : jusqu'en juin 1918, seules 487 entreprises seront nationalisées et la grande majorité, d'entre elles, sous le coup de « nationalisations chaotiques menées d'en bas ». (*sic*)

2. C'est pourquoi Lénine ne soutient le mouvement des communes qui se développe spontanément que du bout des lèvres car il préfère développer une grande industrie sur le modèle des trusts allemands. Lénine est devenu, après l'avoir combattu initialement, un farouche adepte de l'Organisation scientifique du travail (OST) de Taylor. Il n'envisage pas la construction du capitalisme d'État ou du socialisme sans « travail à la chaîne », sans discipline de fer et sans salaire au rendement.

La jeune Russie des Soviets se voit cependant obligée de prendre une série de mesures pour satisfaire le prolétariat, d'autant plus que le mouvement syndical (qui a peu participé à la révolution d'Octobre contrairement à celle de Février) rechigne et n'hésite pas à se mettre en grève et à manifester massivement. Un décret du 29 octobre 1917 établit la semaine de 48 heures (six journées de huit heures), un autre supprime, à la demande expresse des SR de gauche, le principe du salaire aux pièces, alors très développé dans les usines russes. Les bolcheviks instaurèrent même la « semaine continue de travail » afin de rompre avec le modèle religieux et permettre le fonctionnement continu des services publics (cantines, crèches) nécessaire à l'émancipation des femmes (cf. *infra*). Chacun travaillait cinq jours de suite et se reposait les deux suivants. Ce principe sera vite abandonné pour revenir au principe du repos dominical avec le rétablissement de bonnes relations avec l'église orthodoxe (cf. *infra*).

Cette politique très « sage » ne produit pas cependant les effets escomptés en raison du Traité de paix de Brest-Litovsk puisque la Russie perd une bonne partie de ses ressources et de ses grandes usines, puis de la guerre civile et de l'intervention étrangère et enfin de la grève passive des anciennes élites. Conséquence : la production chute de façon vertigineuse puisqu'elle n'est plus globalement en 1919 que du tiers de celle de 1913, le charbon et l'électricité chutent des trois quarts et la production agricole de plus de 40 %.

Les bolcheviks vont alors se souvenir que le modèle de l'économie de guerre allemande ne prévoyait pas seulement la « socialisation des entreprises » (au moyen de la constitution de grands cartels) mais le transfert d'une part toujours plus importante des salaires sous forme de rémunération en nature. Un nouveau programme est donc adopté, dans l'urgence, en mars 1919, sur la base d'un rapport (publié sous le titre *L'ABC du communisme*[1]) présenté par Boukharine et Préobrajensky, réputés être les deux meilleurs économistes. Ils proposent donc la transformation de la propriété privée des moyens de production en propriété publique, le recensement de tous les facteurs de production au moyen de la centralisation, le remplacement du marché par un réseau de comités d'utilisateurs, le passage rapide d'une économie monétaire, donc marchande, à une économie en nature reposant sur des échanges gratuits. La jeune Russie des Soviets, jusqu'alors hostile aux nationalisations, va alors nationaliser à tour de bras puisqu'on compte pour le seul mois d'août 1920, 370 00 nationalisations dont 5 000 concernent des entreprises avec un salarié. Le gouvernement se donne aussi l'objectif d'abolir la monnaie du circuit économique afin d'avancer au plus vite vers la destruction totale du capitalisme. Le Conseil économique suprême se voit chargé d'étudier les conditions concrètes du passage immédiat d'une économie monétaire capitaliste à une économie de troc communiste : « Les entreprises industrielles d'État livreraient leurs productions à d'autres entreprises d'État sans paiement, les chemins de fer et la flotte marchande transporteraient gratuitement les produits de toutes les entreprises d'État ». Lénine appelle à aller encore plus vite en mettant en œuvre des mesures radicales comme le versement des salaires en nature et la gratuité des transports publics et des services municipaux (cantines, crèches, etc.).

C'est pourquoi, par un décret du 15 mai 1919, le Commissariat du peuple aux finances est autorisé à émettre pour cela autant de monnaie que nécessaire, ce qui provoqua une hausse vertigineuse des prix des biens et services échangés. C'est ainsi qu'en quelques mois le pouvoir central fit du « salaire en nature » la seule forme stable de rémunération du travail qu'exigeaient les travailleurs.

Le choix de la « naturalisation » de l'économie

L'économiste Jacques Sapir a donc raison, c'est bien la guerre civile qui obligea les bolcheviks à radicaliser plus qu'ils ne le souhaitaient leur pro-

---

1 Cf. *L'ABC du communisme* (réédition), Paris, les Nuits rouges, 2007.

gramme. Mais il n'y a pas une, mais au moins deux raisons à ce changement de paradigme, car si la jeune Russie des Soviets connaît en effet un effondrement économique, la période est aussi propice à l'effervescence révolutionnaire et aux expériences. Les bolcheviks savent également qu'ils doivent donner des gages au prolétariat : Il eut été impossible de gagner la guerre civile en se présentant comme les champions des inégalités salariales et du pouvoir des chefs d'entreprise. La guerre civile a donc créé l'opportunité de faire non seulement de la politique mais de l'économie « autrement » en révolutionnant davantage la société. La notion de « communisme de guerre » ne viendra qu'après-coup, comme une façon de faire oublier quel était l'esprit de cette période révolutionnaire. On parle à l'époque de naturalisation de l'économie et pas d'économie de guerre. Cette « naturalisation » consiste non seulement à se passer de monnaie en généralisant le troc et la gratuité de nombreux biens et services mais aussi à « démarchandiser » la vie économique en sapant les grandes catégories économiques du capitalisme, comme le salaire, le travail, la consommation[1]. L'objectif est d'éliminer l'échange marchand entre producteurs (entreprises), entre producteurs et État et entre producteurs et salariés/consommateurs. Lénine déclare alors que l'or servira un jour à construire des vespasiennes et Alfred Rosmer raconte, dans ses mémoires, comment, dans les souterrains du Kremlin, où étaient entreposées les réserves d'or de la Russie, Lénine lui remplissait les poches pour financer la révolution en France, en lui expliquant que, de toute façon, les métaux précieux n'auraient bientôt plus cours.

Trotski résume la situation au tout début de l'année 1920 lorsqu'il constate : « Le salaire en espèces tend de plus en plus à être remplacé par le paiement en nature, l'émission continuelle de papier-monnaie et la chute rapide de sa valeur ne font que consacrer la disparition du vieux système financier et commercial. »

La jeune Russie des Soviets instaure la gratuité des aliments pour les ouvriers et employés, en précisant que c'est « un pas de plus vers l'abolition d'une des survivances capitalistes qui subsistait encore sous le régime soviétique, le système monétaire ». Elle institue aussi la gratuité des transports, du logement, de l'éclairage, des spectacles pour mettre fin au « fétichisme de l'argent ». Cette rémunération en nature, qui représentait, en 1917, 5,3 % de la valeur du salaire global, atteint 47,4 %, en 1918, 80 %, en 1919, 93,1 %, en 1920, et, même 93,8 % au 1er trimestre 1921[2]. Le philosophe marxiste allemand Ernst Bloch, de passage à Moscou, appelait, dès 1918, à mettre fin à toute économie privée, à toute économie de l'argent, à la morale mercantile

---

1 Salomoni Antonella, « Lenin censuré » [Deux fragments inédits de décembre 1917], in *Cahiers du monde russe et soviétique*, vol. 27, n° 1, janvier-mars 1986, p. 71-94.

2 Jovan Pavlevski, *Le niveau de vie en URSS : de la révolution d'Octobre à 1980*, Paris, Economica, 1999.

et à fêter le communisme. Ces passages disparaîtront dans l'édition de 1923 du *Principe espérance*.

Cette période de « naturalisation » de l'économie est marquée aussi par une forte tendance à l'égalisation puisqu'on prévoit une hiérarchie plus resserrée : le gouvernement établit ainsi un seul barème pour toutes les branches économiques avec cinq catégories, selon le degré de qualification, et un éventail de 1 à 2,1 dans chaque catégorie. Le Congrès panrusse des Soviets adopte en 1919 le principe de la « ration sociale » ébauche d'une ration unique. La naturalisation de l'économie semble donc aller de pair avec l'égalité sociale[1].

La naturalisation de l'économie prendra officiellement fin le 1er octobre 1922 avec la suppression de la Commission centrale pour le ravitaillement. Le ve Congrès panrusse des syndicats, anticipant sur les désirs des dirigeants, préconise alors de repasser uniquement à un salaire en argent. Le gouvernement accepte et commence à supprimer les rations, profession par profession. Il interdira même, à partir de 1923, toute distribution de vivres.

Les dirigeants bolcheviks maintiendront des éléments de naturalisation de l'économie, même après le rétablissement du capitalisme d'État en 1921, mais avec une philosophie et des objectifs sociaux et économiques opposés. Le gouvernement supprime les cartes d'alimentation liée à la « naturalisation » mais rend obligatoire en avril 1921 la distribution de primes en nature mais uniquement dans les entreprises qui atteignent au moins 60 % de leurs objectifs et dans le but de pousser les ouvriers à échanger les produits sur les marchés, donc à participer eux-mêmes à la (re)création du marché économique. Le même décret autorise également les ouvriers à fabriquer des objets de première nécessité (en dehors des heures de travail) et à les vendre sur les marchés. Un décret du 18 juillet 1921 institue même un système de ravitaillement collectif complémentaire, toujours en nature, mais uniquement pour les entreprises qui réduisent au moins de moitié leurs effectifs tout en produisant autant.

Boukharine versus *Gol'cman*

L'économie en nature, qui se développe en 1919-1920, relève donc de deux projets antagonistes. D'un côté, les thèses de Boukharine et de Préobrajensky, d'abord dominantes, d'un autre, celles du courant « industrialiste », représenté par Gol'cman, auteur en 1919 d'un traité sur le « salaire communiste ».

Nikolaï Boukharine et Evgueni Préobrajensky se voient confiés en 1919 dans la perspective du Congrès du Parti bolchevik, l'écriture d'un rapport sur les conditions du passage immédat au communisme. Ce texte, qui sera

---

1 Sur le niveau de vie aux différentes époques de l'URSS : Pavlevski Jovan « Le niveau de vie en Union Soviétique de la révolution d'Octobre à 1950 ». in *Revue de l'Est*, vol. 1, 1970, n° 2, p. 47-96.

publié sous le titre *L'ABC du communisme*, est la bible de la naturalisation de l'économie. Préobrajensky (1886-exécuté en 1937) est alors secrétaire du Comité central (poste qui deviendra celui de Secrétaire général avec Staline) et principal économiste bolchevik. Boukharine est l'un des principaux dirigeants et directeur de *La Pravda*. La naturalisation est revendiquée non pas comme un accident en raison des contraintes de la guerre civile mais comme un accès au communisme : « L'argent dès le commencement de la révolution socialiste perd peu à peu de sa valeur. Toutes les entreprises nationalisées, pareilles à l'entreprise d'un seul grand patron [...] ont une caisse commune et elles n'ont plus besoin de se faire des achats ou des ventes contre de l'argent. L'échange sans argent est ainsi graduellement introduit. L'argent est, de ce fait, écarté du domaine de l'économie populaire. Même à l'égard des paysans, l'argent perd lentement de sa valeur et c'est le troc qui le remplace »; l'échange sans argent est ainsi graduellement introduit. L'argent sera de ce fait écarté du domaine de l'économie populaire. Même à l'égard des paysans, l'argent perd lentement de sa valeur et le troc le remplace[1]. »

Ce courant de l'économie en nature va être concurrencé et bientôt vaincu par un autre incarné par Abram Zinovevic Gol'cman, dirigeant syndicaliste des métallurgistes et responsable de la Commission tarifaire du Soviet central des syndicats. Gol'cman est surtout un « industrialiste » opposé à la « démocratie ouvrière ». Ce courant est connu pour sa dénonciation du « sabotage ouvrier » (*rabocijsabotaz*), qui serait responsable de l'effondrement, bien plus que la grève passive des élites, car les ouvriers ne se contenteraient plus de saboter marginalement mais refuseraient toute idée de réglementation du travail. Ce courant « industrialiste » obtiendra le retour au salaire aux pièces, à la discipline de fer et à une organisation scientifique du travail soviétique, celle de Gastev (cf. *infra*) encore plus inhumaine que le système-Taylor qu'il vénère.

Gol'cman défend les principes de la « naturalisation » de l'économie pour d'autres raisons que Boukharine et Préobrajenskycar pour les « industrialistes » cette économie en nature doit servir à généraliser l'austérité. Gol'cman préfère parler de « communisme de guerre » en expliquant que ce modèle servira de base pour l'économie socialiste en temps de paix. Pour ces « industrialistes », le communisme de guerre est avant tout une façon de faire la guerre à la classe ouvrière et à ses mauvaises habitudes de travail et d'existence. C'est pourquoi, loin de viser l'instauration d'un communisme émancipateur, ils souhaitent changer les modes de vie des travailleurs et notamment leur alimentation, en faisant, par exemple, disparaître de leur table le pain, faute de blé en quantité suffisante, pour lui substituer une nourriture arti-

---

1 Nikolaï Boukharine, *L'ABC du communisme*, p. 314, Maspero.

ficielle à base de succédanés (Paul Ariès, *Histoire politique de l'alimentation*, Paris, Max Milo, 2016). Le Commissariat du peuple à l'approvisionnement se lancera dans des recherches pour inventer une alimentation issue de la chimie afin de briser la dépendance des villes à l'égard des campagnes et de garantir l'autonomie (alimentaire donc aussi politique) des ouvriers envers les paysans. L'Institut de chimie de Moscou développera des ersatz de pain capables de nourrir le peuple à moindre coût. Gol'cman estimant que « la capacité de consommation de la population doit être définie scientifiquement afin de lutter contre la dispersion irrationnelle des forces productives de la société dans une consommation qui n'est pas justifiée par la nécessité physiologique », des travaux seront effectués sur la « ration physiologique » nécessaire en fonction de la nature de chaque emploi. Cette idée émergente d'une « ration alimentaire de classe » (biologiquement défini) n'a donc strictement rien de commun avec une politique émancipatrice et égalitaire. Les « industrialistes » n'avaient qu'une idée en tête : obtenir qu'on réduise au maximum les « rémunérations » au profit de l'investissement productif. Les textes de Gol'cman traitent donc de la meilleure façon d'imposer durablement l'austérité aux travailleurs sans cacher que la Russie des Soviets deviendrait : « Une société où existeraient deux classes antagonistes, celle qui accepte la condition donnée et la transforme en engagement politique et celle qui ne veut pas reconnaître la situation présente et agit pour la renverser[1]. » Gol'cman poursuit en notant que : « L'expression la plus élevée de la lutte des classes dans la Russie soviétique de la période actuelle est la lutte contre les éléments inconscients qui ne veulent pas ou qui ne peuvent pas s'adapter à la pénurie. »

Le « salaire communiste » de Gol'cman est le contraire de toute idée de « sécurité sociale de la main-d'œuvre » ou de « protection sociale » puisque comme il l'écrit : « Le salaire n'est pas une assurance contre la sous-alimentation. Le salaire est l'ensemble des produits que la société distribue à l'ouvrier en échange des produits qu'il a fabriqués. Le salaire, en tant qu'ensemble de ces produits, doit être proportionnel à la productivité du travail. » C.Q.F.D. Le syndicat des métallurgistes prendra, sous son autorité, position contre toute augmentation de salaires sans augmentation préalable de la productivité. Nous verrons comme ce courant imposera dès 1918 avec la notion de « sabotage ouvrier », la thèse que la nouvelle classe ouvrière serait indigne de confiance et qu'il faudrait nécessairement la « dresser » (*sic*) en rétablissant l'ordre dans les usines et en reconnaissant aux chefs d'entreprise un pouvoir absolu.

---

1 Cité par Antonella Salomoni, « Industrialisme contre sabotage » in *Revue des études slaves*, tome 61, fascicule IV, 1989, p. 403-418.

L'échec du « communisme de guerre »

L'échec du « communisme de guerre » ne s'explique pas par les mesures prises initialement en faveur de l'égalité sociale ou de la démocratie ouvrière, mais par le changement de conception de la « naturalisation » de l'économie. Le « communisme de guerre » développe une nouvelle conception de la vie réduite à la survie et donc nécessitant toujours plus d'État et de terreur. Le « communisme de guerre » se transforme en confiscation et en répression. Nous sommes très loin des vues initiales de Boukharine et de Préobrajensky.

Dès 1919, des commissions d'expropriation créent l'obligation pour les « classes possédantes » de remplir un questionnaire détaillé répertoriant tous leurs biens : appartements, meubles, vaisselles, chaussures, vêtements, bijoux, etc. On va aussi confisquer la production agricole avant même l'organisation de la production agricole, c'est-à-dire en pillant systématiquement les semences. Ce contingentement, connu sous le nom de *prodrazviersika*, ne laisse que le strict nécessaire à la survie puisque l'objectif est d'établir la plus grande austérité. Lénine reconnaîtra plus tard : « Nous avons dépassé la mesure », « nous avons éprouvé une défaite sur le front économique, une défaite très lourde. » Mais ce qui était en cause, ce n'était pas, contrairement à ce que Lénine écrira, « notre tentation de passer immédiatement au communisme », sauf à confondre le communisme avec un régime de répression du besoin dans tous les domaines. Cette conception d'un communisme austéritaire aboutira, selon le mot de Lénine, à « une défaite plus sérieuse que toutes les défaites infligées par Koltcack, Denikine et Pilsudski ». C'est pourtant cette politique qui sera imposée.

Cette politique désastreuse obligea les bolcheviks à porter la terreur dans les campagnes car les paysans s'estimaient d'autant plus spoliés que toute vie démocratique avait été suspendue, y compris en contournant les Soviets ruraux. Le gouvernement crée en 1919 des Comités de paysans pauvres (les Kombedy), chargés de remplacer les Soviets des villages et qui concentreront officiellement, durant un moment, tous les pouvoirs administratifs et répressifs. Ces comités de paysans pauvres sont en réalité au service du Parti-État car ils ne sont défendus que s'ils réquisitionnent en abondance des vivres pour les villes. Le mot d'ordre officiel, conformément aux journées de réquisition voulues par Zinoviev, est : « Pille ce qui a été pillé ». Ces comités réquisitionnent le gros bétail (bœufs, chevaux, vaches, moutons), les petits animaux (volailles, lapins), le matériel (charrues, herses) et les objets ordinaires (linge, vaisselle, etc.). Le principe est de ne laisser aux propriétaires qu'un seul exemplaire, parfois deux, des objets quotidiens (linge). Conséquence : la vie économique se désagrège. Le revenu national tombe à

20 % de ce qu'il était avant 1917. Cet échec dans les campagnes conduira les bolcheviks, non pas à changer de politique, mais à abandonner les paysans pauvres et à choisir les paysans propriétaires[1].

Le principe du travail obligatoire

L'échec du « communisme de guerre », version Gol'cman, est tout aussi important dans les villes où les ouvriers se mettent à refuser de travailler. Les « industrialistes » créent ainsi la situation qu'ils dénonçaient auparavant. Le sabotage économique est le fruit de leur politique et n'existe pas, par exemple, au sein des communes ouvrières et des autres expériences coopératives. Les « industrialistes » vont donc se rapprocher des autres courants productivistes pour mettre à profit l'effondrement économique qu'ils ont largement créé et imposer ce qu'ils nommeront d'abord une « redevance générale du travail », laquelle prendra ensuite le nom beaucoup plus clair de Service du travail obligatoire. Ainsi ceux qui refusaient la stratégie du « communisme tout de suite », sous prétexte que le communisme devait être un régime, généralise-ront, non pas le « socialisme de la misère » dénoncé par Marx, mais un « capitalisme d'État » incapable d'assurer la survie de millions de Russes.

Établi le 28 novembre 1919, le STO restera en vigueur dans les villes jusqu'en 1921. Cette décision est présentée comme la conséquence de la « naturalisation » de la rémunération puisque convaincus de (mal) vivre sans avoir besoin de travailler, les salariés auraient cessé de réaliser des efforts d'où la chute de la productivité : la production passant d'une base 100 en 1913, à 74,7 en 1917, puis à 27,1 en 1920. Trotski, qui aurait préféré une autre politique annonciatrice de ce qui sera la NEP en 1923 (cf. *infra*) se fera le champion du principe du travail obligatoire, en accord avec les principaux dirigeants syndicalistes.

Trotski explique qu'il faut faire reposer le STO sur des « districts territoriaux et de production », bases de la vie économique et de la future Armée rouge. *La Pravda* du 17 décembre 1919 publie ses thèses sur le STO en lien avec la milice : « La transition doit être assurée par des mesures de caractère coercitif, c'est-à-dire, en dernière analyse, par la force armée de l'État-prolétarien[2]. »

Les troupes, libérées par la fin de la guerre civile, devant rester mobilisées et servir à la reconstruction des secteurs vitaux de l'économie. Ainsi la IIIᵉ

---

1 Stanziani Alessandro, « La gestion des approvisionnements et la restauration de la *gosudarstvennost'* [Le *Narkomprod*, l'armée et les paysans, 1918-1921] », in *Cahiers du monde russe : Russie, Empire russe, Union soviétique, États indépendants*, vol. 38, n° 1-2, janvier-juin 1997. *Guerre, guerres civiles et conflits nationaux dans l'Empire russe et en Russie soviétique, 1914-1922*, p. 83-116.

2 Cité par Pierre Broué, in https://www.marxists.org/francais/broue/works/1988/00/PB_tky_17.htm.

Armée du front de l'Est, commandée par un proche de Trotski, deviendra la première Armée du travail chargée de la collecte des produits alimentaires, de la coupe du bois et de son transport, de la construction de baraquements pour les forestiers, de la mise à disposition pour les paysans de mécaniciens et d'ateliers, etc.

Le principe même du STO est contraire à celui des communes ouvrières, puisqu'on passe de la maxime communiste « De chacun selon ses besoins » à la maxime chrétienne « De chacun selon son travail » que Staline officialisera.

Fort de son expérience au sein de l'Armée rouge et dans le secteur des transports, Trotski présente, en avril 1920, devant les délégués du III⁺ Congrès panrusse des syndicats, son plan pour instituer le travail obligatoire : « Par travail obligatoire, nous entendons un travail où chaque ouvrier a une place déterminée qui lui est assignée par les organismes économiques, chaque ouvrier [...] doit être un soldat de l'armée du travail. [...] On dit que le travail forcé est improductif. S'il en était ainsi toute l'économie socialiste serait vouée à l'effondrement, car il n'y a pas d'autre voie conduisant au socialisme en dehors de la répartition autoritaire par un organisme économique central de la totalité de la main-d'œuvre du pays selon la nécessité d'un plan économique national. »

Le Commissariat du peuple au travail, assez hostile au principe même du STO, ce qui lui vaudra de perdre l'essentiel de ses prérogatives au profit des syndicats, obtient diverses concessions : le décret qui institue le STO exclut les moins de 16 ans, les plus de 45 ans, les femmes enceintes pendant huit semaines avant et après l'accouchement et celles qui allaitent. La création du STO impose la mise en place de toute une bureaucratie liée directement au mouvement syndical et chapeautée par un Comité central du STO dirigé par des syndicalistes. Le mouvement syndical devient ainsi le principal instrument du travail obligatoire. Le Commissariat du peuple au travail perd la réglementation des salaires et des conditions de travail ainsi que le contrôle de l'inspection du travail rétive au STO. Les syndicats semblent donc triompher au point qu'il est proposé au Congrès d'avril 1920 de supprimer simplement le Commissariat du peuple au travail. L'idéologie productiviste se retourne ainsi contre les salariés puisqu'il est estimé que l'économie n'étant plus capitaliste il ne serait plus besoin de les protéger, ni même de prévoir des procédures spécifiques de résolution des conflits. Nous verrons que Trotski sera celui qui ira le plus loin dans cette direction avec son projet de militarisation des syndicats auquel s'opposera Lénine qui lui rétorquera que les salariés ont toujours besoin d'être défendus (cf. *infra*). Les partisans du STO imposent cependant le principe que le salarié est *a priori* fautif. C'est pourquoi sont créés dès 1919 des tribunaux pour juger ses infractions.

Des pénalités lourdes sont prévues dès 1920 pour tout manquement à la discipline. La classe ouvrière refuse cette mise au pas et multiplie les grèves sauvages. La répression est féroce et le divorce s'accroît entre les ouvriers et les syndicats. Face aux résistances est instaurée l'obligation de travailler dans la localité et l'entreprise indiquées afin de pouvoir plus facilement contrôler les ouvriers, on institue bien sûr de nouveaux organismes pour poursuivre les récalcitrants avec des « Comités d'enregistrement et de distribution de la force de travail » (les *Comtroud*) puis des « Comités pour les déserteurs du travail » (*Comtroud-desertirs*). Comme cela ne suffit toujours pas, le Parti-État ajoute encore d'autres structures bureaucratiques pour contrôler la bureaucratie. Qu'il s'agisse des Commissaires politiques, directement inspirés du modèle mis en place au sein de l'Armée rouge ou des *Tchrezvytchaiki* chargés de contrôler les Commission d'enregistrements de la *Rabsila* (force de travail).

La fin du Service du travail obligatoire

Ce système bureaucratique et répressif ajoutera du chaos au chaos. Le STO sera donc supprimé d'abord dans les campagnes dès juillet 1921 puis dans les villes. Le nouveau code du travail de 1922 l'interdit pour toutes les professions, sauf circonstances exceptionnelles. Le Commissariat du peuple au travail retrouve sur le papier l'essentiel de ses prérogatives mais l'état d'esprit a changé. L'historiographie soutient que l'année 1923 serait celle du retour à la normale mais c'est faire peu de cas du fait que disparaissent, en même temps que le STO, la plupart des protections réglementaires et donc le rôle du commissariat. La fin du STO signe en effet la mise en concurrence progressive des ouvriers entre eux. Est supprimée ainsi la politique des Bourses du travail qui donnait la préférence aux ouvriers locaux et empêchait l'embauche de salariés à moindre coût. Les entreprises vont donc se mettre à recruter systématiquement des migrants acceptant des salaires beaucoup plus bas et des conditions de travail dépréciées provoquant ainsi un chômage de masse parmi les anciens ouvriers. Le nouveau Commissaire du peuple au travail dénonce vertement les directeurs d'usine tout-puissants qui renvoient sans motif des milliers d'ouvriers dans le but de les remplacer par des paysans beaucoup moins payés et beaucoup plus dociles! Beaucoup d'ouvriers se trompent de colère et s'en prennent aux migrants, dénoncés comme des voleurs d'emplois mais aussi de logements, car perdre son emploi équivaut généralement à perdre le logement qui lui est lié. Moscou comptera bientôt 100 000 SDF et le Soviet municipal ouvrira des asiles de nuit. La situation des ouvriers se dégrade à un tel point que la fraction communiste du Conseil central des syndicats déplore une augmentation considérable du chômage parmi les travailleurs qualifiés syndiqués au profit des migrants.

Le débat sur la militarisation des entreprises

La militarisation des entreprises va accompagner aussi bien la période du communisme de guerre à la sauce Gol'cman que celle du STO puis de l'après STO. Léon Trotski se trouve au cœur de ses débats souvent du mauvais côté. Ce sont souvent ses suggestions, d'abord repoussées par le reste du Parti, qui se trouvent finalement adoptées dans l'urgence lorsque plus rien n'est possible. Trotski, qui a dénoncé dès 1920, devant le Comité central, la politique de réquisition « égalisatrice » qu'il propose de remplacer par un impôt en nature proportionnel à la récolte (résolution repoussée par 10 voix contre 4), principe adopté l'année suivante face à l'échec du STO et aux révoltes paysannes, se rallie finalement aux thèses en faveur du « communisme de guerre ». Il est donc chargé de rédiger *l'Appel aux travailleurs* lancé le 25 février 1920 par l'Exécutif central des Soviets afin de mettre en place le STO en créant des « armées du travail » (sur le modèle de la IIIᵉ Armée du Front de l'est). Nous examinerons l'expérience dans les chemins de fer puis dans les mines[1].

Le pouvoir bolchevik prendra longuement appui sur Alexandre Serebrovski. Cet ingénieur sera d'abord directeur des usines Nobel avant d'être nommé à la tête de l'industrie pétrolière, puis gazière, puis des réserves d'or de la Russie. Ce capitaine d'industrie qui avait hébergé Trotski dans son propre appartement lors de son retour à Petrograd était un partenaire financier de son oncle Abraham Jivotovski grâce auquel il avait été en contact avec les banquiers de Wall-Street. Staline l'enverra plus tard aux États-Unis pour étudier l'industrie aurifère. Il fera venir John-D. Little Page pour monter et diriger le trust de l'or en URSS.

La militarisation des chemins de fer : Trotski devient le 23 mars 1920 Commissaire du peuple aux transports alors que les chemins de fer sont menacés de disparition tant ils sont désorganisés. Il va donc militariser le secteur des transports sur le modèle des Armées du travail, en prévoyant l'application de la loi martiale dans le secteur des chemins de fer, un STO pour les cheminots, le renforcement du pouvoir de la direction, le traitement des cheminots « déserteurs du travail » selon le Code militaire, l'ouverture de camps de concentration pour les cheminots récalcitrants, la création de bataillons disciplinaires au sein même de cette armée du travail, la fondation d'une organisation d'éveil politique à destination des cheminots (le

---

1 Pour aller plus loin sur la militarisation de l'économie : Périès Gabriel, « Economie et discours militariste » in : *Mots*, n° 43, juin 1995. *Acte d'autorité, discours autoritaires*, sous la direction de Carmen Pineira et Gabriel Périès, p. 62-75.

Glavpolitput), sans oublier la fondation d'une Tcheka spécialisée, etc. Les cheminots, et autres salariés des transports, bénéficient en contrepartie de ce régime militaire d'une augmentation importante de leurs rations alimentaires. Dans une lettre à Lénine en date du 1er février 1920, Trotski déclare : « La ration de pain doit être réduite pour ceux qui ne travaillent pas dans les transports [...] que des milliers de gens périssent si nécessaire, mais le pays doit être sauvé. »

Pour conduire cette politique, Trotski prendra appui sur l'ancien ministre adjoint des Transports du Tsar Lomonossov qu'il fera spécialement revenir des États-Unis pour en faire son conseiller. Ils choisiront ensemble de confier la fabrication des locomotives à des firmes américaines et non pas aux usines russes qui fabriquaient pourtant déjà avant-guerre des milliers de locomotives chaque année. Pour cela, il fallut construire d'abord des usines en Suède et vaincre les protestations des cheminots et des syndicats.

Cette militarisation suscite l'opposition d'une fraction des bolcheviks et celle du syndicat des cheminots que Trotski dissout immédiatement et remplace par un Comité central des transports (*Tsektran*), qu'il préside et qui résulte de la fusion du Commissariat du peuple, de l'administration ferroviaire et du syndicat. Cet organisme fonctionne à la façon d'un commandement militaire, ce qui accroît les protestations des cheminots, du mouvement syndical non-cheminot et au sein des bolcheviks de gauche, obligeant Trotski à faire machine arrière.

La militarisation dans les mines : Le secteur des mines est considéré comme aussi vital que celui des transports. Guergui Piatakov (1890-1938), ancien anarchiste, très apprécié par Lénine qui a parlé de lui comme l'un de ses héritiers possibles, spécialiste de l'administration, proche de Trotski, est nommé en 1920 à la tête de la Direction centrale de l'industrie charbonnière avec comme objectif d'augmenter la production. Guergui Piatakov sera bien plus tard arrêté sur ordre de Staline puis exécuté. Il lance en 1920[1] la « militarisation » des mines avec comme objectif le quadruplement de la produc-

---

1 Trotski écrit en 1930 dans *Ma vie* : « À l'opposition militaire appartenait, par exemple, Piatakov, qui est actuellement directeur de la Banque d'État. En général, il était de n'importe quelle opposition, et toujours pour finir en fonctionnaire. Il y a trois ou quatre ans, lorsque Piatakov appartenait encore avec moi à un certain groupe, je prédis, par plaisanterie, qu'en cas de coup d'État bonapartiste, il prendrait, dès le lendemain, son portefeuille et se rendrait à la chancellerie. Maintenant, je dois ajouter, plus sérieusement, que si cela ne se produit pas ce sera uniquement parce qu'il n'y a pas de coup d'État bonapartiste ; en d'autres termes, ce ne sera nullement de la faute de Piatakov. En Ukraine, Piatakov eut une influence considérable et non par hasard ; c'est un marxiste assez instruit, surtout dans le domaine économique, et c'est incontestablement un administrateur qui a des réserves de volonté. Dans les premières années, Piatakov avait aussi de l'énergie révolutionnaire, une énergie qui, cependant, a rapidement dégénéré en conservatisme bureaucratique. Pour combattre les idées à demi anarchistes de Piatakov concernant l'organisation de l'armée, j'employai le procédé suivant : je lui confiai immédiatement un poste responsable, ce qui le forçait de passer de la parole aux actes. Le procédé n'est pas nouveau, mais il est irremplaçable en bien des cas. Le sens de l'administration lui suggéra bientôt d'employer les méthodes contre lesquelles il avait guerroyé en paroles. »

tion au prix d'une exploitation sauvage, avec une augmentation forcenée des horaires et de la charge de travail, avec l'obligation de travailler le dimanche, avec un salaire au rendement, avec une sous-alimentation chronique. Toute absence est assimilée à un acte de sabotage et sanctionnée par une peine de camp ou par la mort.

D'autres proches de Trotski militarisent d'autres secteurs d'activité avec toujours les mêmes recettes : salaire aux pièces, interdiction des grèves assimilées à une désertion en temps de guerre, renforcement de la discipline et des pouvoirs absolus de la direction, subordination complète des Comités d'usine et des syndicats, interdiction de quitter le poste de travail sans autorisation, sanction en cas d'absentéisme et même de simple retard, etc., Pour tous ces adeptes de la militarisation des entreprises, la classe ouvrière n'est plus qu'une force de travail (*rabsila*) corvéable à merci, grâce à la militarisation du travail et en contournant la législation et les syndicats.

Cette « militarisation » des entreprises aura, comme le STO, des effets contre-productifs : 77 % des grandes et moyennes entreprises sont touchées par des grèves au cours du premier semestre 1920 malgré une répression féroce. Les grévistes sont systématiquement jugés par des tribunaux révolutionnaires. La répression est sauvage : lock-out systématique avec réembauchage individuel, après signature d'un papier stipulant que toute nouvelle grève sera punie de la peine de mort, confiscation des cartes de ravitaillement et des logements, condamnation des déserteurs du travail à des peines dans des camps, condamnation à la peine capitale des principaux meneurs, familles prises en otage pour contraindre les déserteurs et les meneurs à se rendre, etc. Les autorités déplorent cependant des cas de plus en plus fréquents de fraternisation entre ouvriers en grève et soldats de l'Armée rouge. Ces mobilisations sont souvent l'occasion de vengeance envers les communistes et elles se nourrissent aussi d'un fond d'antisémitisme (« communistes = juifs »).

Le débat sur la militarisation des syndicats

Trotski, fort de l'expérience du STO et de la militarisation du secteur des transports, propose bientôt de généraliser la militarisation des syndicats, comme prélude à la militarisation systématique de l'économie/administration. On peut penser qu'il a tiré les leçons des résistances syndicales à la base et qu'il entend incorporer les syndicats à l'État afin d'en faire des institutions gouvernementales de gestion industrielle et non plus des organes de défense. Trotski reprend la formule de « démocratie des producteurs » mais en lui donnant le sens d'une « obligation syndicale pour les salariés » et d'un assujettissement complet et officiel des syndicats à l'égard du Parti et de l'État. Il ajoute que les syndicats n'ont plus d'autres raisons d'exister dans un

« État ouvrier » que de participer à l'organisation de la production. La majorité des syndicats s'insurge alors, de même que les oppositions internes au PC(b)R. La tension monte non seulement au sein du Parti mais des usines/administrations. Lénine prend ouvertement position contre les propositions de Trotski : « Notre État n'est pas ouvrier mais ouvrier et paysan, avec de nombreuses déformations bureaucratiques. Les syndicats doivent donc défendre les intérêts ouvriers contre un tel État. » Le conflit s'envenime au sein de la direction du PC(b)R. Avec d'un côté : Trotski, Dzerjenski, Racovski, Boukharine, Sokolnikov, Piatakov, Kelinski, Préobrajensky, Sénebriakov et de l'autre côté, Lénine, Staline, Zinoviev, Kamenev, Kalinine et les leaders syndicaux comme Tomski ou Roudzoutak. Mais Lénine est mis en minorité d'une voix devant le Comité central et le Parti bruisse de nouveau de bruits de scission. Lénine dépité déclare : « Le parti est malade, le parti tremble de fièvre. » Une conférence du Parti est donc convoquée pour trancher ce différend qui oppose les principaux dirigeants de la Révolution.

Cette 9e Conférence du Parti est convoquée du 22 au 25 septembre 1920. Les adversaires de la militarisation semblent en voie de l'emporter car Zinoviev et Préobrajensky se rapprochent des syndicats opposés à la militarisation et semblent chercher une alliance avec les deux groupes oppositionnels au sein du Parti : le courant de l'Opposition ouvrière et celui du Centralisme démocratique. Cette opposition va cependant échouer car le courant du Centralisme démocratique renvoie dos à dos les deux fractions opposées qui ne sont, à ses yeux, que des nuances d'un seul et même groupe de « militarisateurs » de l'économie. L'Opposition ouvrière échoue dans sa contre-offensive lancée par Chliapnikov et Kollontaï et qui consiste à vouloir confier aux syndicats la direction de toute la production, bref à « syndicaliser l'État ouvrier ». La Conférence lâche cependant du lest en évoquant la nécessité d'une plus grande égalité dans la société et d'une plus grande liberté au sein même du Parti. Les jeux sont cependant faits : au Xe Congrès de mars 1921, Lénine obtient 336 voix, Trotski 50 et l'Opposition ouvrière n'engrange seulement que 18 voix. Le courant du Centralisme démocratique renonce à défendre ses thèses car le Congrès se termine d'une façon tragique puisque bon nombre de délégués sont partis à Cronstadt pour écraser la révolte des marins (cf. *supra*). Zinoviev, rallié à la thèse de la « démocratie ouvrière » opposée à la militarisation des syndicats, déclare qu'« il faut être contre le bâton avec Lénine ou pour le bâton avec Trotski ». Une résolution, dans ce sens, est d'ailleurs adoptée lors du Congrès mais elle ne sera pas suivie d'effets et donc très vite oubliée.

Mais l'Opposition ouvrière a pu se faire entendre une dernière fois en dénonçant, à travers le projet de militarisation des syndicats, « les agissements dictatoriaux du comité central », « la dégénérescence bureaucratique de l'oligarchie », « les hauts fonctionnaires du Parti [qui] étouffent le droit de critique et organisent l'exil des contestataires ». Vladimir Maximovski aura une belle formule : « On dit que le poisson commence à pourrir par la tête. Le Parti à son sommet commence à subir l'influence du centralisme bureaucratique. » Sapronov dénoncera bientôt le fait que la direction du Parti bolchevik ne tienne aucun compte des décisions du Congrès des Soviets ou de son propre Congrès : « Croyez-vous que le salut de la Révolution soit dans l'obéissance mécanique ? Cela conduit à la dictature du fonctionnaire du Parti. » Mais alors que l'Opposition ouvrière réclame la « direction collective » du Parti et des usines, Lénine considère désormais que l'essentiel est de rétablir le pouvoir des chefs. Nous verrons bientôt le Parti prôner la toute-puissance des chefs d'entreprise. En attendant, il commence à (re)gagner les anciennes élites en mettant en cause le principe de l'égalité sociale et en promouvant l'idée d'un État fort.

Le débat sur l'égalité

La révolution d'Octobre s'est traduite d'abord par une modification du rapport de force au sein des entreprises dans un sens favorable aux salariés. Les premiers mois de la jeune Russie des Soviets voient ainsi une multiplication des contrats collectifs redéfinissant à la hausse salaires et conditions de travail. Le gouvernement bolchevik va pourtant bientôt abroger ces contrats collectifs et les remplacer par des tarifs fixés par décret, selon le lieu et la profession. En juin 1918, un premier décret définit les salaires pour l'agglomération de Moscou puis un deuxième, en septembre 1918, ceux applicables sur tout le territoire. Ces tarifs obligatoires sont déterminés indépendamment de la qualification individuelle et sans tenir compte des conditions particulières de travail. La « naturalisation » des rémunérations renforcera cette pratique puisque le travailleur reçoit sa ration journalière que le jour soit travaillé ou pas. On voit, cependant dès 1920 l'esprit changer et des inégalités réapparaître. Ainsi, le pouvoir institue, à côté des « rations normales », des rations dites « blindées » pour les seuls salariés travaillant dans les grandes entreprises. Cette ration « blindée », qui comporte une livre de pain et une demi-livre de légumes par jour est distribuée uniquement, les jours de travail, violant ainsi le principe. En janvier 1920, on dénombre 750 357 rations blindées et en décembre 2 738 686. Le régime instaure ensuite des rations dites d'attaque (encore plus inégalitaires) destinées aux seuls salariés des grandes industries de métallurgie, des chemins de fer et du bassin de Donetz. Elles sont mensualisées et comprennent quarante livres de pain, une demi-livre de sel, trois livres et demi de viande, un quart de livre de graisse, un quart de litre de café, 20 livres de légumes, trois quarts de livres de gruau. Sont instituées parallèlement des primes dites spéciales en nature (et même en argent) pour les seuls ouvriers les plus productifs.

Les syndicats de base, encore partiellement autonomes, s'opposent le plus souvent à ce retour des inégalités, fut-ce sous la forme de rations différenciées. L'instauration de la NEP sacrifiera bientôt tous les rêves égalitaires d'Octobre. Le maître mot va devenir en matière de salaire l'individualisation à outrance. Le gouvernement s'oppose ainsi à la revendication du IVe Congrès panrusse des syndicats préconisant le retour aux anciens contrats collectifs de travail. Un décret du 1er mai 1921 supprime toutes les limitations à l'individualisation des salaires et généralise le principe du salaire aux pièces donc au rendement. Sont prévues des primes en cas d'augmentation de la productivité ou d'heures supplémentaires.

Staline a toujours été le principal opposant aux politiques égalitaires en soutenant que le nivellement égalitaire serait contraire au communisme. Il se rangera toujours du côté de « l'émulation socialiste » c'est-à-dire du développement des stimulants matériels et moraux inégalitaires. Il s'opposera également, contrairement à la tradition marxiste, à toute critique de la division du travail : « D'aucuns pensent que l'on peut arriver à supprimer l'opposition entre le travail intellectuel et le travail manuel par une certaine égalisation culturelle et technique entre travailleurs intellectuels et manuels, en abaissant le niveau culturel et technique des ingénieurs et techniciens, des travailleurs intellectuels, jusqu'au niveau des ouvriers de qualification moyenne. C'est absolument faux[1]. »

Staline est donc bien le meilleur représentant d'un courant foncièrement antiégalitaire parmi les bolcheviks, non pas conjoncturellement, mais par principe : « Il est temps de comprendre que le marxisme est l'ennemi de l'égalitarisme. L'égalité socialiste c'est la fin de l'exploitation de classe mais pas l'uniformité et l'homogénéité. [...] Le nivellement des besoins et de la vie personnelle est une stupidité petite bourgeoise réactionnaire, de quelques sectes primitives d'ascètes mais non d'une société socialiste organisée à la manière marxiste. On ne saurait en effet exiger des hommes qu'ils aient tous les mêmes besoins et les mêmes goûts, que dans leur vie personnelle, ils adoptent un standard unique [...] par égalité, le marxisme entend non pas le nivellement des besoins personnels et de la manière de vivre mais la suppression des classes sociales. » Le même Staline ajoutait que « la conséquence de l'égalisation des salaires est que l'ouvrier non qualifié manque d'une incitation à devenir un travailleur qualifié et se trouve ainsi privé de perspectives d'avancement[2] ».

---

1 Staline, vol. 14, p. 34.

2 Staline, vol. 13, p. 314-315.

Staline s'en prend à ce titre au mouvement des communes égalitaires : « L'idéalisation des communes agricoles est allée à un moment donné jusqu'à tenter l'organisation de communes dans les usines et fabriques, où les ouvriers, qualifiés et non qualifiés, travaillant chacun dans leur spécialité, devaient verser leur salaire dans une caisse commune et toucher ensuite une part égale. On sait quel tort ont fait à notre industrie ces expériences puériles de nivellement tentées par les brouille-tout de "gauche"[1]. »

Le Conseil central des syndicats de l'URSS soutiendra en 1932 que c'est grâce au « camarade Staline que les syndicats ont commencé à anéantir le vieux système de l'égalitarisme petit-bourgeois ». C.Q.F.D.

Les débats sur la paysannerie

En 1913, la Russie comptait 160 millions d'habitants dont 80 % de paysans. La France avait 56 % de paysans pour un peu plus de 40 millions d'habitants[2]. Le grand problème des paysans russes reste l'accès à la terre même si la réforme de 1861 a aboli le servage et a offert aux paysans la possibilité de l'acheter, mais la majorité d'entre eux sont beaucoup trop pauvres pour pouvoir le faire[3]. L'exploitation commune (le *Mir*) reste donc la base pour la moitié d'eux. Faut-il une fois encore rappeler le rôle des paysans dans la victoire du coup d'État bolchevik, puisque de par leur refus de poursuivre la guerre, ils ont donné une base sociale à une révolution qui se voulait celle des ouvriers et des paysans ? Les autres mouvements révolutionnaires sont cependant bien mieux implantés dans les campagnes que les bolcheviks notamment les SR et les mencheviks. Les dirigeants bolcheviks considèrent donc les paysans avec beaucoup de méfiance car, selon Trotski, « la paysannerie est le protoplasme d'où de nouvelles classes se différencièrent dans le passé et continuer à se différencier dans le présent », et, selon Lénine, « la paysannerie secrète le capitalisme chaque jour, chaque heure ».

On aurait tort pourtant de croire que les bolcheviks connaissaient mal le monde paysan : ils feront réaliser dix-huit enquêtes entre 1918 et 1926, notamment sur la question jugée alors décisive de l'alimentation paysanne. À partir de 1924, l'enquêteur réside sur place et visite les familles deux fois par mois. Une synthèse est régulièrement publiée par la Direction de la sta-

---

1 Staline, vol. 13, p. 316.

2 Pour une vision globale : Nicolas Werth, *Vie quotidienne des paysans russes (1917-1939)*, Paris, Hachette, 1984.

3 Méquet Georges, « Le problème agraire dans la révolution russe » in *Annales d'histoire économique et sociale*, 2ᵉ année, n° 6, 1930, p. 161-192.

tistique. La Russie restera longtemps le pays le mieux documenté sur la vie paysanne[1].

Les bolcheviks imposeront quatre politiques successives dans les campagnes. En 1918, Lénine annonce qu'il attend un nouvel Octobre dans les campagnes qu'il qualifie même de plus important que la révolution bolchevik d'Octobre. Il explique que tant que les bolcheviks seront soutenus par toute la paysannerie, la Révolution ne pourra avoir un caractère socialiste, ils doivent donc soutenir les paysans pauvres (*Bednota*) dans leurs luttes contre les paysans riches (*Koulaks*). Ces paysans pauvres reçoivent alors la mission de créer des fermes d'État censées devenir l'ébauche d'un modèle agricole conforme au communisme. La paysannerie moyenne existante aurait la tâche d'assurer la soudure, non plus entre deux récoltes, mais entre deux systèmes agricoles concurrents. Les bolcheviks soutiennent donc d'abord le mouvement des communes agricoles. Nous savons que ces communes sont de divers types et qu'elles comptent bon nombre de sectaires, de vieux-croyants et aussi d'anarchistes, de tolstoïens, etc. Ces communes comprennent surtout d'anciens ouvriers agricoles (sans terre). Un décret du 14 février 1919 pose donc le principe de la socialisation de la terre et définit les exploitations individuelles comme étant seulement transitoires. Les fermes coopératives se multiplient passant de 912 en 1918 à 13 000 en 1920. Ces communes paysannes sont laissées cependant sans assez de terre et de matériel agricole, sans doute faute de confiance de la part du pouvoir central. Les paysans sont toujours soupçonnés préférer les SR de gauche aux bolcheviks. C'est à ce moment que Lénine déclarera en décembre 1920 que ces fermes collectives ressemblent davantage à des hospices qu'à des exploitations. Plus question dès lors de soutenir ce mouvement des communes agricoles ! Lénine ne parle plus ainsi de paysans riches mais de « paysans industrieux ». Le parti bolchevik renonce donc au scénario de la lutte des classes dans les campagnes, et ceci bien avant l'annonce de la NEP qui débute en 1921 dans les villes[2]. La jeune Russie des Soviets abandonne donc les paysans pauvres et, avec eux, les expériences de fermes d'État (*sovkhozes*) et de coopératives (*kolkhozes*). Lénine s'oppose également au projet de certains bolcheviks de gauche d'imposer par la force aux paysans moyens un nouveau mode de production de type socialiste : « Il n'y a rien de plus stupide que l'idée même de la violence exercée à l'égard des paysans moyens ». « Nous devons dire aux petits paysans [...] produisez de la nourriture et l'État ne prélèvera qu'une taxe minimale [...] seuls des accords avec la paysannerie peuvent sauver la révolution socialiste en Russie ». « C'est le paysan moyen le paysan appliqué qui doit être notre appui. C'est lui que

---

1 Pour aller plus loin : Robert Linhard, *Lénine, Les paysans, Taylor*, Paris, Éditions du Seuil, 1976.

2 Basile H. Kerblay, *Les marchés paysans en URSS*, Paris, EHESS, 1968.

nous devons ménager. Si nous voulons atteindre notre but le relèvement de la production agricole, il faut lui faire bonne mine, lui laisser un intérêt à développer ses cultures, éviter toute brimade à son endroit ».

Les « paysans industrieux » de Lénine cesseront dès 1920 de produire plus que ce que nécessite leur propre consommation pour échapper aux réquisitions. Les surfaces ensemencées chutent d'un tiers et la récolte passe de 653 millions de quintaux en 1917 à 458 en 1920 empêchant l'approvisionnement des villes. Le VIIIe Congrès des Soviets décide donc en décembre 1920, d'appliquer à l'agriculture le système de militarisation qui a échoué dans l'industrie. Le paysan se trouve sommé de se comporter comme un soldat d'une armée en respectant des plans d'ensemencement moyennant la fourniture de semences, de matériel et de cheptel, avec des objectifs de rendements imposés. L'échec est de nouveau patent car les paysans consomment les produits, les gaspillent ou les vendent au marché noir, plutôt que de les donner aux organismes de ravitaillement qui multiplient alors les brutalités et les sanctions.

Le Parti bolchevik va se tourner alors vers le *bednjak* (petit propriétaire dépourvu de cheval), en délaissant toujours le *batrak* (paysan sans terre). Ces paysans les plus pauvres sont regroupés au sein du mouvement des *kombedy* (comités des paysans pauvres) mais ce sont les *bednjaki* qui reçoivent désormais les terres prises aux *kulaki* (paysans les plus riches)[1].

L'adoption de la NEP se marquera, dans les campagnes, par la levée des interdictions qui restreignaient le retour au capitalisme agraire[2]. C'est l'époque où Boukharine lance son fameux « Enrichissez-vous! » qui ne concerne pas le *batrak*. Cette politique vise à soutenir à nouveau les *kulaki* (paysans riches), même si le Parti appelle dès 1925 à redévelopper le mouvement coopératif (qu'il a combattu) et à créer des Comités d'entraide des paysans (KKOV). Ces nouveaux Comités permettent de liquider les anciens Comités de paysans pauvres devenus encombrants car risquant toujours d'envenimer les relations entre paysans pauvres, moyens et *kulaki* dont le Parti espère tout. Cette politique conduit en fait à favoriser l'éclatement des petits paysans avec une grande majorité qui demeurera des *bednjaki* (paysans pauvres) et une minorité qui deviendra des *serednjaki* (paysans moyens) ressemblant à des *kulaki*. Molotov et Zinoviev dénoncent cette dualisation de la paysannerie tandis que Boukharine et Staline y voient le succès de la nouvelle politique agricole.

---

1 Graziosi Andrea, Négrel Dominique, « Collectivisation, révoltes paysannes et politiques gouvernementales [à travers les rapports du GPU d'Ukraine de février-mars 1930] », in *Cahiers du monde russe : Russie, Empire russe, Union soviétique, États indépendants*, vol. 35, n°3, juillet-septembre 1994, p. 437-472.

2 Grosskopf Sigrid, « Appropriation, utilisation et partage des terres à l'époque de la NEP », in *Cahiers du monde russe et soviétique*, vol. 14, n° 4, octobre-décembre 1973, p. 513-535.

Le succès sera cependant de courte durée car ce n'est plus la campagne et ses paysans qui ne suivent pas le rythme mais la ville, ses industries et ses ouvriers. Les paysans enrichis se lancent donc dans une sorte de grève en refusant d'acheter des produits industriels et de consommation courante jugés beaucoup trop chers, en raison de la faiblesse des prix agricoles par rapport aux prix industriels. Kamenev aura ce bon mot : « Le paysan risque de dire "votre organisation socialiste ne me convient pas, elle est trop chère ; je ne puis me payer l'indienne fabriquée par des méthodes soviétiques, ni le pétrole que produit l'État". » Conséquence de cette grève de la consommation de la majorité des paysans : le chômage explose dans les villes et les tensions villes/campagnes renaissent. La gauche du Parti lance le mot d'ordre : « Le porc NEP est gros à lard, il est temps de le tuer », sous-entendu on a fait beaucoup trop de concessions aux *kulaki*. La gauche du Parti souhaite alors un retour aux communes agricoles[1].

Mais Lénine, qui ne croit plus aux fermes d'État ni aux coopératives, se tourne vers la seule solution encore imaginable à ses yeux : l'industrialisation des campagnes grâce à l'électrification et à la mécanisation (tracteur et charrue). C'est dans ce contexte qu'il lance le slogan « Le communisme, c'est le pouvoir des Soviets plus l'électrification de tout le pays », en ne manquant jamais d'ajouter que c'est le moyen d'apporter des biens de consommation des villes dans les campagnes (notamment des outils, vêtements et médicaments), donc d'obtenir en retour l'approvisionnement alimentaire des villes dans de bonnes conditions. Lénine, qui considérait encore au début de l'année 1921 que les organes de distribution des produits alimentaires devaient rester étatiques, proclame, dès la fin de la même année, la dépénalisation totale du commerce privé de blé, car désormais tout doit être sacrifié, y compris les principes, à l'électrification. En effet, selon Lénine, la cause de l'échec ce n'est pas le « communisme de guerre » à la façon de Golc'man (donc *in fine* la politique du Parti) mais l'arriération de la paysannerie et l'état primitif des techniques agricoles. Lénine prévoit donc des générations pour transformer la mentalité des paysans : « Jusqu'à ce que nous ayons remodelé le paysan, jusqu'à ce qu'un mécanisme à grande échelle l'ait réformé, nous devons lui assurer la possibilité de diriger son économie sans restrictions. » Il faut donc permettre au paysan de redevenir son propre patron, c'est-à-dire le plus souvent le patron des sans-terres.

Cette nouvelle politique agricole est inséparable du nouveau mot d'ordre que lance le PC(b)R sur « l'alliance des paysans et des ouvriers » (*lasmycka*)[2]. Ce thème mérite qu'on s'y arrête car il est riche d'enseignements. Lé-

---

1 Sumpf Alexandre, « Le visage vers la campagne : les bolcheviks et l'éducation politique de la paysannerie dans les années 1920 », in *Revue des études slaves*, tome 78, fascicule I, 2007, p. 107-112.

2 Chase William J., « L'irréalisable smyčka » in *Revue des études slaves*, tome 64, fascicule I, 1992, p. 53-73.

nine appelle déjà les ouvriers à créer des structures pour aller éduquer la paysannerie : « C'est notre devoir d'établir des contacts entre les travailleurs urbains et ceux de la campagne, d'établir entre eux une forme de camaraderie qui peut être développée aisément [...] Nous devons former dans les usines un certain nombre d'associations ouvrières (parti, syndicats et associations privées) qui se consacreront à assister régulièrement les villages dans leur développement culturel ». Ces associations de patronages (dénommées *sefstvo*) qui entendaient « élever la conscience de classe des paysans » auront des résultats pitoyables. Comment aurait-il pu en être autrement puisque cette nouvelle alliance entre les ouvriers et paysans était définie comme profondément asymétrique : « Le prolétariat guide la paysannerie, classe qui ne peut être éliminée et détruite comme celle des propriétaires fonciers et des capitalistes. Une classe que nous devons réformer par des efforts persistants et prolongés, et au prix de grandes privations. Il dépend de nous, le Parti dirigeant, de répartir ces souffrances entre le prolétariat et la classe paysanne. Comment les répartir ? Sur la base de l'égalité ? [...] Nous disons que ce sont les intérêts du prolétariat qui doivent nous guider. »

Ce débat sur la nature des paysans ne se refermera jamais durant toute la NEP. Alors que Kirov demande qu'on aille apprendre l'agriculture chez les kolkhoziens, Staline répond que les paysans ne connaissaient rien à l'agriculture et qu'il est de la responsabilité de l'État d'intervenir dans tous les détails !

La dékoulakisation stalinienne : Staline, parvenu au pouvoir absolu, va se retourner contre Boukharine et lancer la grande campagne tragique de « dékoulakisation » en s'en prenant en réalité aux *serednjaki*, puisque les vrais *kulaki* ne sont que 3,7 % des paysans[1]. Staline lance le premier plan quinquennal en 1929 en augmentant le prix du pain pour les ouvriers de 20 % afin d'amadouer les *koulaks* mais c'est un échec total. Fin 1929, il lance alors une première vague de « dékoulakisation » en rendant obligatoire l'intégration dans des kolkhozes (qui ne sont en rien des coopératives volontaires). En un semestre, 58 % des paysans se retrouvent kolkhoziens mais cet autoritarisme sans nom provoque un effondrement brutal de la production agricole responsable du retour de la pénurie et de la famine. Staline publie, alors, le 2 mars 1930, dans *La Pravda*, un texte intitulé « Les vertiges du succès » qui dénonce les excès de la collectivisation (*sic*) et en rend responsables, selon son habitude, les exécutants de ses propres ordres. Un nouveau décret autorise donc les paysans à quitter de nouveau les kolkhozes. Il n'en restera que 23 % en trois mois et 18 % en mai 1931 mais la famine s'étend. Staline

---

1 Lewin M. « Le problème de la différenciation de la paysannerie vers la fin de la NEP [Les théories du Parti face aux réalités rurales] », in *Cahiers du monde russe et soviétique*, vol. 6, n° 1, janvier-mars 1965. p. 5-41.

opère alors une nouvelle volte-face en annonçant la liquidation des *koulaks* en tant que classe ce qui lui vaut le soutien de l'Opposition de gauche. Une seconde guerre civile s'empare des campagnes avec des révoltes paysannes, des opérations contre les représentants du Parti et de l'État et parallèlement, l'envoi de brigades musclées venant des villes pour réquisitionner les stocks alimentaires, des centaines de milliers d'arrestations, la déportation de millions de ruraux, et, pour finir, la réintégration forcée dans les kolkhozes de 25 millions de paysans représentant 61,5 % des familles paysannes. Mais selon les chiffres officiels, les paysans abattent alors 55 % des chevaux, 40 % des bêtes à cornes, 55 % des porcs, 66 % des moutons[1].

Le régime bolchevik en proie à la famine

La période du « communisme de guerre » présente un bilan effroyable sur le plan économique et humain même si, comme nous le verrons, elle fut aussi celle d'une grande créativité dans de nombreux domaine de la vie (cf. *infra*). Lénine sera contraint de reconnaître que « la dictature du prolétariat a valu à la classe dirigeante, au prolétariat, des sacrifices, des souffrances et une misère sans précédent dans l'histoire. À Moscou la famine est atroce. Le prolétariat est saigné à blanc ». La Russie subit une terrible famine en 1920 et surtout 1921, faisant au moins cinq millions de morts de faim, malgré l'aide internationale considérable apportée par l'American Relief Association, aide alimentaire nord-américaine sans laquelle le régime se serait totalement effondré[2].

Le Commissaire du peuple au ravitaillement, Ivan Teodorovitch (1875-1937), spécialiste de l'agriculture, secrétaire général de l'Internationale Rouge paysanne, condamné en 1930 comme contre-révolutionnaire krondratieviest (partisans de la NEP), fusillé en 1937, ne cache pas en 1921 la triste réalité[3].

Les rapports officiels établissent la consommation massive de chiens, de chats, de rongeurs, d'herbes, de paille, de feuilles, d'écorce d'arbres, de déchets, de cadavres humains, etc. La situation est si désespérée que le Com-

1 Ces chiffres sont donnés par Pierre Merlet in *L'Opposition Communiste en URSS*, tome II, LBC, Paris, 2014.

2 Maksudov S., Aymard Marguerite, Négrel Dominique, « Pertes subies par la population de l'URSS, 1918-1958 », in *Cahiers du monde russe et soviétique*, vol. 18, n° 3, juillet-septembre 1977, p. 223-265. À lire aussi : Heller Michel, Négrel Dominique, « Premier avertissement : un coup de fouet [L'histoire de l'expulsion des personnalités culturelles hors de l'Union soviétique en 1922] », in *Cahiers du monde russe et soviétique*, vol. 20, n° 2, avril-juin 1979, p. 131-172.

3 Stanziani Alessandro, « La gestion des approvisionnements et la restauration de la *gosudarstvennost'* [Le Narkomprod, l'armée et les paysans, 1918-1921] », in *Cahiers du monde russe : Russie, Empire russe, Union soviétique, États indépendants*, vol. 38, n° 1-2, janvier-juin 1997. « Guerre, guerres civiles et conflits nationaux dans l'Empire russe et en Russie soviétique, 1914-1922 », p. 83-116.

missariat du peuple à l'agriculture, voulant préserver le cheptel russe d'une extermination complète, ordonne l'évacuation forcée de milliers de chevaux des régions où la famine sévit le plus durement afin de les mettre à l'abri. Le même Commissariat s'inquiète de la destruction de la forêt russe car les arbres périssent de froid, après que leur tronc ait été dépouillé de leur écorce par des affamés[1].

Cette tragédie alimentaire provoque des morts par millions et une explosion des épidémies de typhus avec, selon les rapports du Commissariat au transport, des trains arrivant dans les grandes villes, bondés de mourants et de cadavres[2].

La situation est certes meilleure à Moscou qu'à Petrograd mais le pouvoir s'alarme face aux protestations dans les milieux ouvriers et à la multiplication des conflits (dans lesquels les SR de gauche prennent une très large part). Le régime tente bien sûr de réagir face à l'effondrement des structures étatiques, mais il va subir deux échecs successifs car ces deux politiques successives reposent sur une même conception autoritaire et centralisatrice (qu'il s'agisse des Comités de la misère ou des services de ravitaillement)[3].

Face aux échecs, le pouvoir bolchevik tente des expédients comme la lutte contre l'alcoolisme ou sa grande campagne de propagande contre la faim. En 1921, une opération est lancée contre les « distillateurs des campagnes » qui « mettent l'orge, l'avoine, le blé au service de l'alambic, au lieu d'envoyer les céréales dans les régions où sévit la famine ». Le journal *La Misère* (*Bicdnotat*) du 24 septembre 1921 proclame une lutte sans merci contre les « fabricants d'alcool affameurs du peuple » dont beaucoup sont arrêtés par la Tcheka/GPOU. Cette campagne ne suffisant pas à inverser la situation sur le front de la famine, les bolcheviks créent en août 1921 une Commission centrale de propagande pour la lutte contre la famine chargée d'organiser des conférences pour propager les « bonnes » mesures à prendre afin d'assurer la campagne des semailles d'hiver, la conservation du bétail, la préservation des instruments agricoles, une bonne répartition des migrants, la lutte contre les épidémies et contre les préjugés, etc. Le régime accepte même, dans ce contexte, la fondation d'un éphémère Comité panrusse de secours aux af-

---

1 Wheatcroft Stephen G. "Soviet statistics of nutrition and mortality during times of famine : 1917-1922 and 1931-1933", in *Cahiers du monde russe : Russie, Empire russe, Union soviétique, États indépendants*, vol. 38, n° 4, octobre-décembre 1997. « Statistique démographique et sociale (Russie-URSS) Politiques, administrateurs et société », p. 525-557.

2 Adamets Serge, « À l'origine de la diversité des mesures de la famine soviétique : La statistique des prix, des récoltes et de la consommation », in *Cahiers du monde russe : Russie, Empire russe, Union soviétique, États indépendants*, vol. 38, n° 4, Octobre-décembre 1997. *Statistique démographique et sociale (Russie-URSS) Politiques, administrateurs et société*, p. 559-585.

3 Kateb Kamel. S. Adamets — Guerre civile et famine en Russie : le pouvoir bolchevik et la population face à la catastrophe démographique 1917-1923 », in *Population*, 58e année, n° 2, 2003. p. 293-294.

famés qui publie son propre bulletin *Pomostch* (*Le secours*), mais jugé trop indépendant du PC(b)R, il est remplacé par un bulletin *Au secours!* rédigé par des bolcheviks. Un mois de secours aux affamés est organisé du 15 septembre au 15 octobre 1921. À cette occasion, de nombreuses régions créent des « journaux spéciaux », comme *La Misère* (*Biedmota*), *Moscou-la-rouge* vendus au profit des affamés, avec des contributions de dirigeants comme Lénine, Trotski, Sosnovski, Radek. Le Parti lance même un grand débat sur les différents « pains de famine » entre ceux qui remplissent le ventre mais tuent et ceux comestibles avec de la terre mélangée à de l'oseille sauvage ou des galettes d'aubier de tilleul moulu. La terre glaise de couleur grise, très recherchée, est vendue 500 roubles la livre : « Elle s'écrase dans la bouche en masse noire et fade et ne crisse pas sous les dents, c'est là sa haute qualité, elle est plus légère que les autres, pèse moins sur l'estomac et n'obstrue pas les intestins. On l'appelle l'argile alimentaire. »

Le régime bolchevik en proie à la crise des combustibles

La crise alimentaire se double d'une crise des combustibles provoquant la disparition de la lumière électrique, l'arrêt des usines et des moyens de transport (tramways, locomotives), l'impossibilité de se chauffer, de réparer les maisons, alors détruites, pour récupérer le bois des portes, fenêtres, poutres. Les arbres sont systématiquement coupés et sciés pour se chauffer. Ces mesures exceptionnelles sont soutenues par la direction du Parti mais aussi de l'État. Ainsi le Commissariat du peuple aux approvisionnements annonce officiellement renoncer à approvisionner la population des villes en bois de chauffage. Alexandre Chliapnikov, président de la Commission spéciale, annonce que le gouvernement donne la permission aux salariés de quitter leur travail : « Camarades, ouvriers et employés! Organisez dans vos usines des associations pour la préparation de stocks de bois pour l'hiver. Adressez-vous aux organisations locales de chauffage et demandez des haches et des scies. Exigez aussi que l'on vous assigne un bosquet. Mettez-vous au travail. La commission pour l'amélioration de la vie des ouvriers et la commission du travail doivent prendre part à cette campagne de préparation des bois. Pour le transport du bois, il est nécessaire d'obliger l'administration de l'usine ou de toute autre entreprise de fournir les moyens dudit transport. Le bois ainsi préparé ne sera pas réquisitionné. Il faut se mettre au travail si on veut éviter les souffrances de l'hiver dernier ».

Sacrifice et répression

Cette politique bolchevik faite de sacrifice constant et de répression violente, si éloignée du programme d'Octobre, s'avère naturellement contre-productive[1]. La population se venge sur qui elle peut : représentants du Parti ou de l'État. Certains produits ou secteurs sont plus particulièrement visés comme les aliments (ce qui est normal) ou les lignes télégraphiques et téléphoniques. Dans ces domaines, toute dégradation, même involontaire, commise par un citoyen ou un salarié, est considérée comme un crime majeur et punie comme tel. Les citoyens sont chargés de veiller collectivement à la conservation des lignes et tout acte malveillant est sanctionné tout aussi collectivement par la Tcheka. La population supporte une amende égale à dix fois le coût des réparations, des habitants sont pris en otage par les autorités pour éviter d'autres sabotages. Face au pillage des magasins, des trains et gares, un décret de septembre 1921 rend responsables ceux qui ont la charge du transport ou de la garde des biens. Le journal *les Izvestia* du 13 septembre 1921 déplore le nombre croissant de vols malgré le fait qu'en deux mois, 208 affaires ont été jugées et que sur les 709 personnes accusées, 56 ont été exécutées et les autres emprisonnées.

Le pouvoir ne semble savoir passer que d'un système répressif à un autre. Des détachements armés parcourent les campagnes pour s'emparer des stocks, prennent des otages fusillés lorsque les quotas de réquisition ne sont pas atteints, détruisent les maisons et parfois des villages entiers, pratiquent l'humiliation et la torture à grande échelle, obligeant à rester nus dans le froid.

Les bolcheviks décident en 1921 d'abandonner ce système des réquisitions inefficace au profit d'un impôt en nature supposé rendre le désir de produire. Une série de décrets définit donc le montant de ces impôts par catégorie de biens, blés et graines oléagineuses, pommes de terre, volaille, tabac, miel, viandes de boucheries, etc. On peut se faire une idée de ce surcroît de bureaucratie en détaillant le décret concernant la volaille soviétique : les éleveurs, ayant plus de vingt poules ou canards et au moins dix oies ou dindons, doivent donner une poule sur dix d'un poids non inférieur à deux livres, un canard d'au moins trois livres et une oie de sept livres ou un dindon de six livres, pour chaque dizaine de canards, d'oies ou de dindons qu'ils détiennent... La presse aux ordres ne tarit pas d'éloges bien sûr sur ce nouveau dispositif fiscal mais comme la rentrée de l'impôt ne donne pas satisfaction

---

1 Sumpf Alexandre. Werth Nicolas, Berelowitch Alexis, « L'État soviétique contre les paysans : rapports secrets de la police politique (Tcheka, GPU, NKVD) 1918-1939 », Paris, 2011, in *Revue des études slaves*, tome 83, fascicule I, 2012. *Alexandre Herzen (1812-1870). Son époque, sa postérité*, sous la direction de Korine Amacher et Michel Mervaud. p. 295-297.

au pouvoir, les mêmes créent des « détachements de coercition » accompagnant les agents du fisc. Toute une armée de fonctionnaires se met ainsi en mouvement pour recueillir la graisse, l'huile, le beurre, le miel, les œufs, la volaille, la laine, les pommes de terre, les céréales, les fruits, le foin, le tabac, le poisson, le bétail, etc. Le Commissariat du peuple prend même un nouveau décret sanctionnant les membres du PC(b)R qui refusent de payer l'impôt ou cherchent à s'y soustraire : le délinquant est blâmé et le blâme inscrit sur sa carte de membre du Parti. En cas de récidive, il est exclu et traduit devant un tribunal révolutionnaire. Ce régime d'exception s'étendra ensuite à tous les villageois, qui, en cas de paiement insuffisant, sont condamnés à des peines d'internement dans des camps de concentration pour refus d'acquitter l'impôt en nature. Le régime crée même des structures disciplinaires pour enquêter sur les fonctionnaires des impôts acceptant en paiement des produits de mauvaise qualité, comme des pommes de terre vertes ou pourries. Les coupables sont punis de peines de licenciement, de confiscation des biens, d'emprisonnement, de travaux forcés.

LE PASSAGE À LA NEP

Le lecteur doit comprendre que c'est dans ce contexte de pénurie absolue et de terreur totale que le xe Congrès du PC(b)R entérine la décision prise par Lénine d'abandonner le « communisme de guerre » au profit d'une « Nouvelle Économie Politique » (*Novaya economicheskaya politika*) qui reprend les thèses économiques de Trotski, jusqu'alors repoussées par la majorité des bolcheviks. Cette nouvelle phase est cependant commandée par la situation sociale et politique plus encore qu'économique : 77 % des entreprises ont connu entre fin 1920 et début 1921 des grèves massives en raison des problèmes de ravitaillement, sans parler du très mauvais signal que fut Cronstadt.

Lénine affirme donc défendre cette Nouvelle politique par pur pragmatisme : « C'est par pure nécessité que nous nous sommes engagés dans cette voie. Et là sont l'unique fondement et la seule justification de notre nouvelle politique économique ». Il présente la NEP comme une défaite et une retraite sévères, une retraite dans le désordre et même dans un désordre extrême… : « Nous pensions pouvoir organiser la production de l'État (et) la distribution […] selon des lignes communistes dans un pays de petits paysans directement dirigé par l'État prolétarien […] Nous avions tort […] Nous devons construire sur l'intérêt personnel, les motivations personnelles et les principes des affaires […] nous devons d'abord mettre en route […] le capitalisme d'État ». Trotski tient un discours similaire : « Les mencheviks du monde entier se sont mis à parler du Thermidor de la révolution russe, mais ce n'est pas eux, c'est nous-mêmes, qui avons établi ce diagnostic. Et ce qui est encore plus important. Le PC a fait aux aspirations thermidoriennes, aux tendances de la petite bourgeoisie, les concessions nécessaires à la conservation du pouvoir par le prolétariat sans briser le système ni lâcher le gouvernail ».

La NEP est donnée comme provisoire. Lénine dit une génération. Boukharine, qui s'est ralliée à la NEP, corrige « une génération au moins ». Boukharine espère que la NEP donnera l'abondance et mettra fin à la terreur politique. La NEP constitue certes une défaite mais surtout pour la gauche du Parti. Le Lénine de 1921 retrouve en effet avec la NEP ses thèses de 1917-1918 en faveur de la construction d'un capitalisme d'État russe plutôt que du communisme. L'échec du communisme de guerre conforte ses positions antérieures lorsqu'il écrivait : « Si la révolution tarde en Allemagne, nous devons nous mettre à l'école du capitalisme d'État des Allemands, l'imiter de toutes nos forces, ne pas craindre les procédés dictatoriaux pour accélérer cette assimilation de la civilisation occidentale par la Russie barbare, ne pas reculer devant les moyens barbares pour combattre la barbarie. » Il ajoute que « le capitalisme est un mal par rapport au socialisme. Le capitalisme est un bien par rapport au régime féodal, à la petite production » et prône des « relations d'alliance ou de mariage économique avec le capitalisme ». Il précisait d'ailleurs que « les concessions sont peut-être la forme la plus simple, la plus nette, la plus exactement délimitée revêtue par le capitalisme d'État à l'intérieur même du système sovietiste ». Il se dit en revanche circonspect sur la coopération : « espèce de capitalisme d'État, mais moins simple, moins nettement délimitée, plus complexe. »

Lénine se retrouve comme un poisson dans l'eau dans le cadre de la NEP, contrairement à Préobrajensky qui se sent obligé de justifier ce revirement. C'est pourquoi Lénine appelle à ne pas avoir peur des mots : « la liberté de l'échange c'est la liberté du commerce, la liberté du commerce, c'est le retour du capitalisme », bref le choix de la NEP c'est celui d'un capitalisme d'État assumé. Nous verrons juste après ce que cela signifia sur le front du travail (entreprise). La gauche du Parti est beaucoup plus ennuyée, ainsi l'économiste en chef, Préobrajensky, qui sera d'abord l'un des principaux théoriciens de la NEP, avant d'en devenir un détracteur, publie en 1922 un ouvrage de fiction *De la NEP au socialisme* dans lequel il imagine qu'un économiste soviétique tient, en 1970, une série de conférences sur l'évolution russe depuis 1921[1]. Cet ouvrage a pour but de dépeindre la NEP comme une étape possible vers le socialisme (*sic*). L'objectif serait de créer une formation économique duale avec une grande industrie étatique (constituant le pôle socialiste de l'ensemble) et une petite production marchande dans les villes et les cam-

---

1 Decaillot Maurice. E. Préobrajensky « De la NEP au socialisme, vues sur l'avenir de la Russie et de l'Europe », préface de Pierre Naville, in *Revue de l'Est*, vol. 1, 1970, n° 2. p. 159-163.

pagnes (pôle capitaliste). La stratégie qu'il préconise consiste alors à assurer la domination de la seconde par la première grâce aux relations induites par les besoins de la grande industrie. Cette thèse soutient que l'État prolétarien et la grande industrie formeraient « l'île socialiste » dans un monde hostile de petits paysans (*sic*). La grande industrie pourrait dominer l'économie paysanne si elle est gérée de façon à soumettre les éléments de régulation (marché, crédit bancaire) aux priorités de l'accumulation socialiste grâce à un État porteur de tous les espoirs. Trotski reprend cette analyse à son compte dans le cadre puis contre la NEP.

Que voulait vraiment Lénine ?

La gauche du Parti se fait-elle alors des illusions sur le changement de cap ? Il semble bien que Lénine souhaitait utiliser la NEP pour surveiller et dégraisser les appareils du Parti et de l'État, devenus moins nécessaires avec le capitalisme. Il appelle notamment à épurer les rangs du Parti bolchevik, même s'il continue à s'en prendre plus volontiers aux membres des oppositions de gauche. Lénine a passé cependant un accord avec Trotski en vue du XIIᵉ Congrès (avril 1923) afin de se débarrasser de Staline. Il prépare, selon ses secrétaires, une « bombe » contre Staline afin d'obtenir sa révocation de son poste de Secrétaire général. Lénine, qui s'enfonce de plus en plus dans la maladie et l'agressivité, ne dirige plus véritablement la jeune Russie des Soviets, ni même son propre Parti. Il a subi une première attaque le 27 mai 1922 qui l'a laissé grandement diminué. Conscient de son état et des suites prévisibles, il fait venir le 30 mai Staline à sa *datcha* de Gorki et lui demande de tenir une vieille promesse de l'aider dans le cas où il se trouverait paralysé en lui procurant des pilules de cyanure. Le 15 décembre 1922, il subit une deuxième attaque qui le rend incapable d'écrire. Il ne peut plus que parler et ne reçoit des visiteurs que de façon prudente. Lénine décédera avant de faire exploser sa « bombe » et les oppositions choisiront de laisser Staline, niant l'existence du Testament de Lénine, conserver son poste. Ce même Staline se débrouillera pour que Trotski soit absent aux funérailles[1].

Le choix d'un capitalisme de fer

La NEP va coïncider, contrairement à la volonté affichée de Lénine, à un nouveau renforcement de la bureaucratisation du Parti et de l'État Moloch. Le Xᵉ Congrès est à la fois celui de la proclamation de la NEP (du capitalisme d'État), de la dissolution immédiate des tendances décistes et

---

1 Lewin Moshé, Marie Jean-Jacques, « Les derniers mois de la vie de Lénine d'après le Journal de ses secrétaires », in *Cahiers du monde russe et soviétique*, vol. 8, n° 2, avril-juin 1967. p. 264-328.

de l'Opposition ouvrière et de l'interdiction des fractions tant dit-on que le Parti-État ne sera pas capable de diriger l'industrialisation dans le sens que les dirigeants le souhaitent. Le xe Congrès préconise de revenir à l'élection des dirigeants du Parti mais dans les faits, ils restent désignés par le Bureau des affectations (le *Vkhraspred*). La Direction centrale se dote même d'un corps d'Instructeurs responsables du Comité central et d'un second corps d'Inspecteurs itinérants qui vont organiser une véritable épuration du Parti, frappant en premier tous les opposants. Cette période est aussi celle qui voit l'Inspection ouvrière et paysanne (*Rabkrin*), dont Staline fut le Commissaire du peuple de 1920 à sa désignation comme Secrétaire général du Parti, obtenir des pouvoirs illimités pour contrôler tous les autres Commissariats. Alors que Lénine souhaitait réduire l'Inspection ouvrière et paysanne à 300 ou 400 fonctionnaires, Staline la fait passer à 8 000. Alors que Lénine souhaitait réduire les effectifs du Parti bolchevik, Staline recrute subitement 500 000 nouveaux adhérents avec la « promotion Lénine ».

« Certes, l'Inspection ouvrière et paysanne présente pour nous une difficulté extrême qui, jusqu'à ce jour, n'a pas été résolue. Je pense que les camarades qui prétendent la régler en niant l'utilité ou la nécessité de cette institution ont tort. Par ailleurs, j'admets que la question de notre appareil d'État et de son perfectionnement est très ardue ; elle est loin d'être tranchée, et c'est aussi une question éminemment pressante. Notre appareil d'État, excepté le Commissariat du Peuple aux Affaires étrangères, constitue dans une très grande mesure une survivance du passé, et qui a subi le minimum de modifications tant soit peu notables. Il n'est que légèrement enjolivé à la surface ; pour le reste, c'est le vrai type de notre ancien appareil d'État. Et pour rechercher les moyens de le rénover réellement, il faut faire appel, je crois, à l'expérience de notre guerre civile. [...] Je propose au Congrès d'élire pour la Commission centrale de contrôle 75 à 100 nouveaux membres choisis parmi les ouvriers et les paysans. Les camarades élus seront soumis, en tant que membres du Parti, à une vérification pareille à celle que subissent tous les membres du Comité central, puisqu'ils jouiront de tous les droits attachés à cette qualité. [...] D'autre part, l'Inspection ouvrière et paysanne sera ramenée à 300 ou 400 employés, particulièrement vérifiés eu égard à leur bonne foi et à leur connaissance de notre appareil d'État ; ils devront aussi subir une épreuve spéciale attestant qu'ils sont au courant des principes de l'organisation scientifique du travail en général, notamment de l'administration, du travail de bureau, etc. [...] D'autre part, je pense aussi que le commissaire du peuple à l'Inspection ouvrière et paysanne devra s'appliquer à fusionner en partie ou à coordonner en partie l'activité des Instituts supérieurs pour l'organisation du travail (Institut central du Travail, Institut de l'organisation scientifique du Travail, etc.) qui sont au nombre de 12 au moins dans la République. » (Lénine in *La Pravda* du 25 janvier 1923).

Face à l'essor de la bureaucratie et au pourcentage toujours plus faible d'ouvriers au sein du Parti, il ne restera bientôt plus aux opposants que la dérision : « 40 000 membres du Parti manient le marteau, 400 000 le cartable. »

La NEP, plus de liberté mais pour qui ?

La critique ne retient généralement que le bilan économique positif : un doublement de la production industrielle entre 1921 et 1923, une production industrielle qui dépasse en 1926 de 10 % celle d'avant-guerre, une production de blé grimpant de 38 millions de tonnes en 1921 à 77 en 1926. Ces résultats sont incontestablement à mettre à l'actif du nouvel « esprit de liberté » qui règne dans le monde des affaires mais pas au sein de la société. Sept mille entreprises privatisées dans le seul secteur de la transformation alimentaire et du cuir vont bénéficier d'un marché du travail totalement libéré. Les salariés ne bénéficient plus d'aucune protection et la réglementation s'étiole. Si le commerce privé atteint 78 % des transactions dès la fin de l'année 1922, les milieux populaires n'accèdent pas pour autant à davantage de biens. Seule la nouvelle classe dominante voit sa situation matérielle s'améliorer. L'industrie d'État (ce qu'il en reste) est tenue de travailler pour le marché et d'adopter les méthodes capitalistes (travail aux pièces, taylorisme, etc.). La NEP se traduit donc par un retour de l'affairisme et de l'esprit revanchard des élites. Le régime, qui n'ose pas encore sacrifier publiquement ses principes, préfère certes brader les biens publics sous forme de location durable plutôt que de permettre directement l'acquisition privée d'usines, de théâtres, de transports. Les billets sont rétablis dans les transports (tramways puis chemin de fer), d'abord sous forme de billets gratuits puis payants (1 000 roubles par voyage), avec des tarifs sociaux pour les soldats et les écoliers (300 roubles) mais on maintient les billets gratuits pour les bureaucrates du Parti et de l'État.

On peut naturellement se demander ce qu'aurait été la période de « naturalisation » de l'économie si les milieux populaires avaient bénéficié d'autant de liberté qu'en auront les nouveaux chefs d'entreprise ?

Le Gosplan : l'industrialisation avant la planification

La NEP ce n'est pas seulement et d'abord le retour à l'économie de marché, c'est surtout le choix renforcé d'une industrialisation/accumulation à outrance. La société va tout sacrifier à cet objectif notamment sur le plan des ressources (même si l'Opposition de gauche trouvera que le régime ne prélève pas encore suffisamment de revenus dans les campagnes pour financer l'industrialisation). C'est la raison pour laquelle le gouvernement prendra le 26 février 1922 un décret permettant la confiscation immédiate des biens de l'Église (cf. *infra*). La famine n'étant qu'un prétexte car le but est bien de financer l'industrialisation, c'est pourquoi l'essentiel de la confiscation aura lieu entre mars et mai 1922. C'est pourquoi la NEP sera vécue comme une « nouvelle extorsion du prolétariat » car, à l'exception des élites que les bolcheviks souhaitent gagner à leur cause, elle n'améliore pas la situation du peuple soviétique.

La NEP ne signe pas l'abandon d'une économie dirigée même si l'heure n'est plus aux grands projets (suite aux essais malheureux de Trotski en 1920), à l'exception du plan d'électrification de la Russie alors le plus cher à Lénine. C'est pourquoi il créera le *Golero* (Commission panrusse de l'électrification) dont il confie la direction à son plus vieil ami, l'ingénieur Gleb Krjijanovski. Ce dernier présente devant le VIIIe Congrès des Soviets de décembre 1920 un copieux rapport de 650 pages, base de travail pour le futur plan d'électrification de la Russie. Beaucoup parlent cependant d'« électrofiction ».

Ce plan général d'électrification de la Russie s'appuie sur les travaux du professeur Ballod de l'Université de Berlin qui dans son ouvrage, *L'État à venir* de 1919 soutient qu'une Allemagne socialiste serait à même d'offrir, dans un délai de trois à quatre ans, après seulement cinq années de service de travail, une retraite de l'État permettant de jouir d'une vie épanouie (la première édition de cet ouvrage est parue en 1898 sous le pseudonyme d'Atlanticus). Boukharine préfère évoquer au sujet de ce premier plan d'électrification le roman *L'étoile rouge* de Bogdanov qui raconte l'histoire d'un terrien qui s'initie sur une planète Mars déjà socialisée à une période de grands travaux.

Gleb Krjijanovski, père du plan d'électrification de la Russie, sera aussi entre 1921 (date de sa fondation) et 1931, le président du Gosplan chargé d'« élaborer un plan unique pour tout l'État sur la base du plan d'électrification approuvé par le VIIIe Congrès des Soviets ». Le Golero doit créer les conditions de l'industrialisation, ce qui devait prendre dix ans pour sa première phase : « L'industrialisation à grande échelle, basée sur les avancées les plus récentes de la technologie et capable de réorganiser l'agriculture, implique l'électrification de tout le pays. [...] L'exécution de la première phase du programme devrait prendre dix ans. » (Lénine)

Le Gosplan s'attache plus particulièrement à certaines branches de l'industrie, comme les mines, l'énergie, la sidérurgie et métallurgie, l'automobile, et sacrifie largement la satisfaction des besoins du plus grand nombre. On destine ainsi une part importante de l'agriculture au commerce extérieur dans le but de faire rentrer des devises pour financer l'industrie lourde. Le Gosplan est une synthèse de plans sectoriels (transports, l'agriculture, etc.) ensuite traduite en objectifs obligatoires pour chaque République. Le premier Plan quinquennal est pensé pour la période qui court de 1928 à 1933. Les spécialistes proposeront deux variantes différentes au Conseil des Commissaires du peuple qui choisira l'option optimale contre l'option directive[1].

La création du Gosplan ne traduit pas tant le choix de la planification que celui de l'industrialisation forcenée, au mépris de la vie des travailleurs et des citoyens et au moyen de l'américanisation de l'économie et du travail avec la constitution de grands combinats et la généralisation du système Taylor. Une autre planification eut été possible comme le montreront les désurbanistes. Le Gosplan obligeait à retirer 30 % du revenu national pour l'investissement. Quand on se souvient que 10 % de la population s'appropriait près de 90 % des ressources restantes, on devine la part disponible pour les besoins de tous.

La NEP et le Gosplan marquent donc la victoire des divers courants productivistes, qui ne sont pas seulement des courants « industrialistes », des courants « économicistes » mais des courants foncièrement antidémocratiques. Les plans quinquennaux vont imposer la formation d'une caste de bureaucrates (techniciens, ingénieurs, administrateurs) dont le sort, collectif et personnel, est étroitement lié au développement sans fin de l'industrialisation lourde. Ces spécialistes formés « *na kodu* », selon l'expression russe qui signifie « uniquement à cela » dépendent du succès de la politique de Staline

Une société vouée à la seule production

Avec la NEP (1921-1929), la jeune Russie des Soviets ne « choisit » pas tant de renouer avec le capitalisme que de soumettre toute la société à l'économie. Selon Victor Serge, tout l'édifice social va se retrouver, du jour au lendemain, fondé sur la seule sphère de la production avec comme unité de base l'entreprise industrielle, avec comme leaders les ingénieurs et directeurs, avec comme structures des syndicats érigés en cellules polyvalentes remplissant les fonctions dirigeantes de production et d'organisation de classe. Conséquence : les relations de travail deviennent essentielles à l'existence. Cette période est celle du slogan « Qui ne travaille pas, ne mange pas ! », peint sur les murs des usines, formule empruntée à une épître de Saint-Paul ! L'étape suivante sera de remplacer dans la Constitution la maxime marxiste « À chacun selon ses besoins » par la maxime religieuse/stalinienne « À chacun selon son travail ». Sous l'apparence de la négation du parasitisme se cachait le

---

1 Friedmann Georges, « Au cœur de la grande aventure soviétique : les combinats ouralo-sibériens et l'avenir industriel de l'URSS », in *Annales. Économies, Sociétés, Civilisations*, 1ʳᵉ année, n° 1, 1946, p. 80-86.

choix d'une exploitation et d'une domination renforcées sur les travailleurs, avec une individualisation extrême de la force de travail notamment sur le plan salarial. Le premier plan quinquennal imposera une gestion sauvage de la main-d'œuvre puisqu'aux côtés des ouvriers « libres » on multipliera les déportés du travail. Ceux issus de la dékoulakisation et ceux condamnés pour des raisons diverses. Le Parti-État avait impérativement besoin de cette main-d'œuvre carcérale renouvelable à volonté pour coloniser de nouvelles régions de son territoire. C'est cette main-d'œuvre servile qui construira les routes et chemins de fer, qui sera chargée de la production du bois, de la construction des grands combinats. La « dékoulakisation » qui ne concerna pas la paysannerie riche mais moyenne fut un moyen délibéré de transférer de la population en Sibérie : deux millions de paysans seront déportés dont 1,8 million pour la seule année 1930-1931[1]. Mais de la même façon que Trotski ne comprenait sincèrement pas comment le communisme pourrait être envisageable sans Service du travail obligatoire, Staline ne comprenait pas l'échec de sa propre politique de déportation. À tel point que le Parti créera en 1931 une Commission spéciale, encore une, rattachée directement auprès du Politburo, pour tenter de comprendre pourquoi la productivité des nouveaux « colons du travail » s'avérait aussi nulle. Au total, plus de six millions mourront de faim durant cette seule première période.

Quelques exemples de travaux pharaoniques

Si le XIVe Congrès du PCUS se prononce pour une accélération de l'industrialisation, le XVe Congrès déclare l'industrialisation à outrance[2]. Ces « grands chantiers » de Staline seront nommés les *velikie stalinskie strojki*.

Jean-Paul Depretto rappelle que le nombre d'ouvriers dans le seul secteur de la construction passe entre 1928 et 1932 de 630 000 à 1,8 million soit un triplement en quatre ans[3]. Le combinat Oural-Kuznetz constitue la plus grande réalisation, vantée par la propagande officielle, avec la centrale hydroélectrique du Dniepr, les usines de tracteurs de Kharkov, Stalingrad et Tcheliabinsk. Stephen Kotlin a étudié le cas du chantier de Magnitogorsk qui occupe 17 000 personnes en 1930 et 50 000 en 1931 et donnera nais-

---

1 Pour aller plus loin sur le même sujet : Jean-Jacques Marie, *Les peuples déportés d'Union Soviétique*, Paris, Éditions Complexe, 1999.

2 Sapir Jacques « L'industrialisation en Union soviétique », in *Communications*, 42, 1985. *Le gigantesque*, sous la direction de Bernard Paillard, p. 79-86.

3 Jean-Paul Depretto, *Les ouvriers en Russie (1928-1941)*, Paris, Éditions de la Sorbonne, 1997 ; Depretto Jean-Paul, « Un grand chantier du premier plan quinquennal soviétique : Kuznetskstroï », in *Genèses*, 39, 2000. *Entreprises et société à l'Est*, sous la direction de Christian Topalov. p. 5-26.

sance à Stalinsk, une cité champignon dont la population passera de 12 700 à 159 500 entre 1929 et 1933[1].

L'emblème du productivisme russe restera longtemps la gigantesque station hydroélectrique sur le Dniepr dont Trotski avait commandité la construction. Il sera éliminé du pouvoir juste à la veille de sa réalisation par l'équipe de Staline. Ce vieux projet, qui datait de 1905, sera réalisé entre 1928 et 1933 pour un coût officiel de 200 millions de roubles mais probablement plus de cinq fois plus. Staline décidera bien sûr de faire mieux que Trotski en passant la capacité de production initialement fixée à 230 000 kilowatts à 530 000 kilowatts, ce qui obligera le Bureau de planification à construire une usine d'acier, une usine d'aluminium et un complexe chimique pour utiliser l'électricité excédentaire. La conception et réalisation de ce méga projet « socialiste » furent sous-traitées, comme presque systématiquement, à une compagnie américaine sous la direction du colonel Hugh Cooper, le constructeur du barrage de Wilson.

Le projet de combinat Oural-Kuznetsk opposait depuis 1927 partisans et adversaires de la construction, dont les ingénieurs ukrainiens qui avaient émis des critiques en soulignant le coût très élevé de transport qu'impliquerait la navette du minerai de fer et du charbon sur une distance de 1 500 kilomètres. Staline tranchera en mai 1930 en rendant ce chantier prioritaire pour l'attribution de fonds, de matériaux, de machines, de personnels qualifiés et de sécurité. Il figure sur la liste de 1931 des chantiers de choc auxquels tout doit être sacrifié ! Les dirigeants staliniens profiteront de cette création *ex nihilo* pour imposer le choix de techniques industrielles jugées les plus « modernes », donc celles des États-Unis, contre l'avis de ses propres spécialistes souhaitant d'autres choix. Staline fera appel au Bureau d'études de la firme américaine Freyn (Chicago) qui dessinera les plans de l'usine de Kuznetz et dont les ingénieurs grassement rémunérés viendront encadrer le travail des spécialistes russes du *Gipromez* (Institut d'État pour la conception des usines de métaux rattaché au pouvoir central). Les propos de Kouibychev, président du Conseil supérieur de l'économie nationale, sont à cet égard sans aucune équivoque : « La maison Freyn a envoyé des ingénieurs sur le chantier ; ils ont à la fois participé à la construction et aidé au lancement de la production sidérurgique. Le choix du "modèle américain" impliquait une option résolue en faveur de la très grande entreprise comme le montrent les objectifs fixés en juin 1930 : en 1932-1933, la production de fonte devait s'élever à un million de tonnes par an, contre 600 000 pour la plus importante unité construite avant » ; « L'Amérique rencontrera la Sibérie. Herzen en rêvait déjà il y a cent ans. Et voilà que cette rencontre, nous l'organisons nous, les

---

1 Stephen Kotkin, *Magnetic Mountain : Stalinism as a Civilization*, University of California Press, 1995.

bolcheviks [...] Naturellement, construire en Sibérie, y créer une Amérique socialiste sera difficile[1]. »

Ceux qui refusèrent la NEP

Le choix de revenir au capitalisme productiviste ne fait cependant pas recette. Des dizaines de milliers d'adhérents déchirent leur carte du Parti bolchevik. On parle communément dans les usines de « Nouvelle extorsion du prolétariat » (*sic*). Le journal français *l'Humanité* écrit : « La NEP porte en elle un peu du pourrissement capitaliste qui avait totalement disparu au temps du communisme de guerre. »

Cette volte-face « économique » n'est donc pas vécue comme un simple pas en arrière, comme le prétend Lénine, mais comme une véritable trahison de classe. Si ce changement de direction est approuvé par la fraction des syndicalistes ralliée au courant « industrialiste » et hostile à la « démocratie ouvrière » et qui comprend des dirigeants comme Gol'cman ou Tomski, il provoque la colère de la majorité des travailleurs comme en témoigne la multiplication des grèves. Nous aurons une idée des difficultés du PC(b)R au regard des syndicats, et même des communistes membres des syndicats, en rappelant que lors du Congrès des syndicats de 1921, qui réunit 3 500 délégués, la commission désignée par le PC(b)R pour conduire le Congrès échoue à imposer la résolution présentée par Mikhaïl Tomsky (1880-1936), le leader syndicaliste membre du Comité central du parti bolchevik et homme de confiance des dirigeants bolcheviks (en 1936, il choisira de se suicider pour éviter son arrestation). Le Comité central du PC ne reconnaît pas le vote, dissout le bureau du Congrès et expédie (provisoirement) Tomski au Tukestan et David Riazanov à l'étranger, car sa motion prônant l'autonomie syndicale et l'égalité sociale a été préférée. David Riazanov (1870-1938), philosophe, fondateur de l'Institut Marx-Engels, défenseur de l'autonomie syndicale et proche de l'Opposition de gauche, sera plus tard envoyé en camp de travail sur ordre de Staline puis fusillé en 1938.

Le débat sur l'inexistence de la classe ouvrière

Le choix de la dictature économique et politique est justifié officiellement par l'idée que les masses populaires russes seraient foncièrement immatures. Le chef de la Tcheka Félix Dzerjinski précisera : « À ce point obscures et ignorantes qu'elles ne sont même pas capables de voir où est leur propre intérêt. » Ce même Dzerjinski déclarera cependant, au moment des grands mouvements de grève de l'automne 1923, qu'il y a quelque chose de vicié dans le

---

1 Cité in Depretto Jean-Paul, « Un grand chantier du premier plan quinquennal soviétique : Kuznetskstroï », in *Genèses*, 2/2000 (n° 39), p. 5-26.

Parti s'il lui faut liquider la classe ouvrière. Cette légende sur l'absence d'une bonne classe ouvrière vient cependant de loin, comme le prouve le débat de 1898-1899 entre marxistes et socialistes économicistes, qui considéraient déjà que malgré ses deux millions d'ouvriers (soit 12,5 % de la population), la Russie devait se contenter de revendications trade-unionistes en attendant son essor industriel. Les bolchéviks héritent de cette idée que le peuple n'est tout simplement pas à la hauteur de l'histoire, c'est-à-dire des exigences du Parti bolchevik, ce qui contraint le pouvoir (celui du Parti et de l'État) à se substituer à lui. Certes Petrograd a perdu les deux tiers de sa population et Moscou plus de la moitié durant la guerre civile, et largement en raison de la famine et du froid, mais est-ce une raison pour dire avec Gol'cman qu'il faut « dresser » les autres ?

Cette haine du peuple réel prendra une tournure plus virulente encore à l'encontre des paysans, systématiquement présentés de façon bestiale, même si ce sont ces paysans qui ont permis aux bolcheviks de s'emparer du pouvoir. Cette haine n'empêchera pas cette classe dirigeante de tout faire pour remplacer des millions d'ouvriers par des paysans réputés moins exigeants. Cette haine du peuple réel ne naît pas seulement avec les difficultés car l'idée que la conscience révolutionnaire ne puisse lui être apportée que de l'extérieur est consubstantielle au bolchevisme, ce qui n'empêchera pas ce même Lénine de reconnaître que la classe ouvrière était, au début de la révolution d'Octobre, « cent fois plus révolutionnaire » que les bolcheviks eux-mêmes.

Les dirigeants bolcheviks expliqueront bientôt à ceux qui réclament une démocratie ouvrière que la classe ouvrière aurait disparu dans la guerre civile. La classe ouvrière, même revenue à ses effectifs d'avant le cataclysme de 1920 ne sera plus jamais considérée digne de sa mission historique donc du Parti, parce que composée, comme le déplorait Staline, de trop d'anciens paysans ! Cette thèse servira à légitimer tous les mauvais coups qu'il s'agisse de la militarisation des entreprises, des syndicats, puis, nous le verrons, de Gastev et de son projet d'organisation scientifique du travail pire que celui de Taylor. Même Boukharine se ralliera finalement à Trotski en 1921 sur cette base.

Les deux prétendants au rôle de substitut deviennent le Parti puis l'État : « L'État soviétique est la principale force, le principal instrument d'édification du socialisme et de la construction du socialisme. Voilà pourquoi la tâche principale est de renforcer par tous les moyens l'État soviétique[1]. »

L'affaire Chliapnikov illustre parfaitement les résistances à ce dogme absurde. Alexandre Chliapnikov (1885-1937) est le seul dirigeant soviétique à avoir été ouvrier en usine. Durant son exil en France, il travaille comme ouvrier métallurgiste et milite au sein de la CGT. Homme de confiance de

---

1 P. Loudine, *La source principale du développement de la société soviétique*, Moscou, ELE, 1950.

Lénine, il est chargé des finances des bolcheviks et des autres opérations sensibles. C'est lui qui organise le retour clandestin de Lénine en Russie via l'Allemagne. C'est lui aussi qui est chargé, avant la Révolution, d'organiser le Soviet de Petrograd et qui gagne le syndicat des métallurgistes dont il est élu président au bolchevisme. Devenu Commissaire du peuple au travail en 1917, il est l'auteur du décret du 14 novembre 1917 qui instaure le principe du contrôle ouvrier sur la production, le magasinage et la vente ainsi que sur la gestion financière des entreprises. Ce contrôle devait être effectué via des institutions élues, comités d'usines et de fabriques, conseil des *starostes* (dirigeants) et non par des syndicats inféodés. Il rejoint l'Opposition ouvrière et prône le renforcement du pouvoir des syndicats face au Parti et à l'État et s'oppose autant à la « militarisation » des syndicats voulue par Trotski qu'au courant « industrialiste » pétri de taylorisme. Lors du xe Congrès du Parti bolchevik de 1921, allant encore plus loin, il demande que la gestion des entreprises soit directement confiée aux syndicats. Lénine parle de déviation syndicaliste et demande son exclusion du Parti bolchevik. Elle est cependant refusée à une large majorité par les instances dirigeantes. Chliapnikov peut ainsi participer au grand débat sur le « sabotage ouvrier », lancé par le courant « industrialiste » afin de généraliser le taylorisme. Il conteste l'idée que la classe ouvrière ne serait plus à la hauteur de l'histoire, qu'elle aurait été engloutie par la Révolution et que le Parti et l'État devraient (ou avec les industrialistes, les spécialistes du management) se substituer à elle. Chliapnikov n'hésite pas à railler Lénine en s'exclamant, en plein Congrès, lorsque ce dernier déplore une nouvelle fois la disparition de la classe ouvrière : « Eh bien camarade Lénine, je vous félicite d'exercer le pouvoir au nom d'une classe qui n'existe pas ! » Osant le ton, il qualifie, lors du même Congrès, le gouvernement bolchevik de gouvernement « anticlasse ouvrière » et dénonce la NEP capitaliste. Il est extradé, en 1924, comme Conseiller d'ambassade à Paris. Il se rapproche des leaders syndicalistes français comme Pierre Monatte. Rappelé à Moscou, il est exclu du Parti en 1933, emprisonné en 1935 à l'isolateur politique de Verkhneouralsk puis fusillé sur ordre de Staline en 1937.

L'élimination de l'opposition de gauche trop industrialiste

Les vieux courants oppositionnels ayant été défaits administrativement (par l'interdiction des tendances et les affectations notamment à l'étranger), la nouvelle opposition, qui se développe au sein du Parti bolchevik, fait porter désormais sa critique, moins sur l'absence de contrôle ouvrier que sur la stratégie de la NEP jugée pas assez industrialiste/productiviste à son goût. Trotski demande dès 1923 la liquidation de la NEP et prône à la place une

« accumulation socialiste primitive » inspirée des thèses de Préobrajensky. Il prône donc de développer la grande industrie sous le contrôle de l'État.

Trotski adresse le 8 octobre 1923 une lettre au Comité central du PC(b)R dénonçant la bureaucratie et appelant à développer l'industrialisation. Le 15 octobre, 46 vieux bolcheviks envoient une lettre collective à la direction du Parti qui marque la naissance officielle de l'Opposition de gauche. Parmi les signataires des proches de Trotski comme Préobrajensky, Piatakov, I. Smirnov, Eltsine, Serebriakov et des anciens décistes comme Sapronov, V. Smirnov, Ossinsky. Ils déclarent que « le régime qui a été mis en vigueur dans le Parti est absolument intolérable ; il tue toute initiative et soumet le parti à un appareil de fonctionnaires appointés ». Il appelle à l'instauration d'une « dictature de l'industrie centralement planifiée ». La discussion éclate au sein du Parti. Staline tente de rappeler l'interdiction des fractions mais le 5 décembre le Politburo vote une résolution sur la nécessité de démocratiser le parti et le 28 un texte de Trotski intitulé *Cours nouveau* est publié dans *La Pravda* dirigée par Boukharine. Préobrajensky explique que seule une industrialisation massive et rapide permettrait de recréer le grand prolétariat qui ferait, selon lui, défaut dans le seul but de sauver la Révolution. Préobrajensky publie en 1924 une série d'articles dans *La Pravda*, puis en 1926 l'ouvrage *La nouvelle économie*, véritable référence du courant industrialiste. Il explique : « Après la Révolution [...] le système socialiste n'est pas encore prêt à développer tous les avantages organiques, tout en abolissant inévitablement une série d'avantages économiques propres à un système capitaliste développé [...] Comment traverser aussi vite que possible cette période critique ? C'est une question de vie ou de mort pour l'État socialiste. »

La solution qu'il avance est de générer une croissance économique folle en sacrifiant au maximum la consommation de masse au profit de l'investissement. Mais il précise que cette « accumulation primitive accélérée » ne peut être obtenue en saignant davantage la classe ouvrière puisqu'il s'agit de la reconstituer, il convient donc d'exploiter sans retenue la paysannerie au moyen de la répression. Il explique que si l'accumulation primitive capitaliste s'est faite par l'exploitation prolongée de la petite production, l'accumulation socialiste primitive doit reposer sur l'exploitation prolongée de la paysannerie. Il prévoit même une terreur nécessaire de vingt ans dans les campagnes. En économiste, Préobrajensky propose de jouer sur le mécanisme des ciseaux en maintenant des prix agricoles artificiellement bas couplés à des prix industriels artificiellement haut, car définis par l'État et défendus au moyen d'un fort protectionnisme (en assurant le monopole du commerce extérieur). La condition serait donc la suppression du marché et de ses prix et son remplacement par une économie centralement planifiée dirigée par l'État.

Pour des raisons différentes, Kamenev, Zinoviev, Boukharine et Staline vont rejeter cette stratégie de Préobrajensky défendue notamment par Trotski. Boukharine explique que les conceptions de Trotski et Préobrajensky détruiraient le marché domestique et se retourneraient contre les ouvriers : « Dans leur naïveté, les idéologues du trotskisme suggèrent que chaque année un maximum de transfert de l'économie paysanne vers l'industrie assurera un taux maximum de développement industriel. » Mais il est évident qu'il n'en va pas ainsi. On ne peut soutenir « le meilleur taux de croissance [...] que sur la base d'une rapide croissance agricole. Le développement de l'industrie dépend de celui de l'agriculture ». Zinoviev prend donc l'initiative d'une réaction collective contre Trotski et propose de tenir une réunion du Politburo sans Trotski. Boukharine retardera même la publication d'une réponse de Trotski dans *La Pravda* face aux calomnies et aux accusations mensongères de Staline.

L'élimination de l'opposition de droite pas assez industrialiste

Boukharine ne remet pas en cause les choix industriels solides mais il ajoute que ces choix doivent être modérés dans leur rythme et application[1]. C'est dans ce contexte qu'il lance en 1925 aux paysans son « Enrichissez-vous ! ». Staline utilisera lors de la Conférence de Moscou de janvier 1925 les griefs formulés par Boukharine contre Trotski en appelant notamment à préserver « une attention particulière et un soin particulier à la paysannerie ». Le PC donnera raison à Boukharine contre Préobrajenski lors de sa XIVᵉ Conférence des 27/29 avril 1925 en autorisant la location des terres, le recours à du personnel agricole salarié, la libération des prix agricoles, la baisse de l'impôt foncier. On ne reprend pas la célèbre formule de Boukharine (« Enrichissez-vous ») mais on l'applique au point de mécontenter la population ouvrière. C'est dans ce contexte que se produit le soulèvement de Leningrad de 1925. Le PC y est dirigé par un vieux bolchevik Saloutski, un des lieutenants de Zinoviev, lequel publie en septembre 1925 un brûlot contre la NEP et contre la thèse d'un socialisme possible dans un seul pays. Le conflit idéologique et social s'exprime ainsi par un conflit des appareils, celui de Leningrad avec Zaloutski contre celui de Moscou avec Ouglanov. Zinoviev obtient même au XIVᵉ Congrès le droit de présenter un autre rapport politique préconisant d'établir une dictature ouvrière et critiquant vertement la confiscation du pouvoir par l'appareil du Parti. Staline joue le rôle de modérateur entre les deux camps et Boukharine qui réplique

---

1 Anna Larina, *Boukharine, ma passion*, Paris, Gallimard, 1990 ; Lewin Moshé. « N. I. Boukharine : Ses idées sur la planification économique et leur actualité », in *Cahiers du monde russe et soviétique*, vol. 13, n° 4, octobre-décembre 1972, p. 481-501.

à Zinoviev l'emporte finalement par 559 voix contre 65. Staline réconforté par l'élimination des successeurs désignés de Lénine (Trotski, Zinoviev et Kamenev) agit désormais à visage découvert. On sait cependant que, devenu le chef incontesté de l'URSS, il lancera en 1929 une « industrialisation à outrance » sur le dos des paysans. Cette « dékoulakisation » forcée se mesure au fait que si les paysans indépendants détenaient en 1928 encore 97 % des terres, en 1936 ils n'en possèdent plus que 10 % seulement. Boukharine dénonce « une politique d'exploitation militaire féodale de la paysannerie ». Le stalinisme liquidera plus de dix millions de paysans qualifiés de riches et le système exigera toujours plus de déportés pour ses projets pharaoniques.

Staline organisera une série de grands procès contre ceux qui contestent ses choix industriels et notamment les adeptes d'un développement plus raisonné. Le procès contre un groupe d'ingénieurs de la ville de Chakthy accusés de saboter l'économie soviétique en liaison avec des puissances étrangères est un message à destination de ceux qui soutiennent les analyses de Boukharine. Ce procès de mai-juillet 1928 est le premier grand procès spectacle depuis 1922. L'opposition qualifiée de droite par Staline (avec Boukharine, Rikov, Tomski) tente vainement de s'opposer au sein du Politburo à l'organisation de ce procès. Rykov (1881-1938), successeur de Lénine comme chef du gouvernement de 1924 à 1929, favorable à la NEP, sera arrêté en 1937 et fusillé en 1938. Mikhaïl Tomski, dirigeant bolchevik responsable des syndicats, se suicide en 1936 pour éviter son arrestation. Nikolaï Boukharine est exécuté en 1938.

La classe ouvrière première victime de la folie industrialiste

Les travailleurs vont être les principales victimes de la folie productiviste. Dès la victoire de Staline, la nouvelle classe dominante impose à l'État toute une série de mesures dont n'osent même pas rêver les patrons des pays capitalistes. Le 7 septembre 1929, le Comité central du PCUS institue le principe du commandement unique du directeur au sein de chaque entreprise abolissant ainsi les droits déjà devenus totalement théoriques des Comités ouvriers. En octobre 1930, un décret fixe sur place les travailleurs préposés au flottage du bois, cette règle sera ensuite étendue à l'ensemble de la main-d'œuvre, les aides sociales aux chômeurs sont supprimées afin de décourager les démissions, le Code pénal instaure une peine de dix ans de prison (et la mort en cas de préméditation) en cas d'infractions à la discipline dans le secteur des transports. En février 1931, un livret de travail obligatoire est instauré sur le modèle du livret militaire avec biographie du salarié (états de service, sanctions et motifs). En mars 1931, de nouvelles sanctions sont prévues en cas d'absentéisme, de retard, de négligence, de paresse, d'ivresse au travail, de vols ou dégradation; en avril 1931, un ravitaillement préférentiel est instauré pour les « brigades de choc » avec priorité pour l'obtention d'un logement et de combustibles. En juin 1931, les ouvriers sont rendus responsables *a priori* des avaries sur les machines, les accidents de travail sont assimilés à des actes de sabotage, les chefs d'entreprise obtiennent les pleins pouvoirs pour déplacer le personnel. En août 1932, le vol de biens dans l'industrie du transport est puni de la peine de mort, en novembre 1932, une seule absence injustifiée vaut le licenciement, etc. Staline rétorque qu'il ne s'agit pas d'exploitation puisque l'État serait ouvrier : « Notre classe ouvrière, non seulement n'est pas privée des instruments et moyens de production, au contraire, elle les possède en commun, avec le peuple entier. Et du moment qu'elle les possède et que la classe des capitalistes est supprimée, toute possibilité d'exploiter la classe ouvrière est exclue. La classe ouvrière de l'URSS est une classe absolument nouvelle comme n'en a jamais connu l'histoire de l'humanité[1]. »

À quoi Trotski pourrait répondre : « La nouvelle Constitution, quand elle déclare que l'exploitation de l'homme par l'homme est abolie en URSS, dit le contraire de la vérité [...] la domesticité ne figure pas dans les feuilles de recensement. Les questions suivantes ne sont pas posées : le citoyen, soviétique a-t-il des domestiques et lesquels (bonne, cuisinière, nourrice, gouvernante, chauffeur)? A-t-il une automobile à son service. De combien de chambres dispose-t-il? Il n'est pas question non plus de la grandeur de son salaire[2]. »

La naissance du complexe militaro-industriel

La suppression de ce qui subsistait de la NEP en 1929-1930 ne marqua pas le retour à une politique plus à gauche (comme les idéologues du système le soutiendront et comme l'historiographie occidentale le laissera croire conformément à la fiction d'un Staline « centriste » frappant d'abord sa gauche, puis sa droite) mais l'acte véritable de naissance du complexe militaro-industriel, qui dominera ensuite l'URSS, puis aujourd'hui la Russie de Poutine.

L'homme de cette transition sera le général Mikhaïl Toukhatchevski (1893-1937) que nous avons déjà croisé et dont la biographie détaillée mérite le détour. Aristocrate rallié à la Révolution, membre du Parti bolchevik depuis 1918, auteur de l'écrasement de la révolte de Cronstadt, coupable d'avoir gazé des populations rurales révoltées, commandant de l'Académie militaire russe, chef d'État-Major de Staline de 1924 à 1928, devenu vice-ministre des

---

1 In Staline, *Les questions du léninisme.*

2 https://www.marxists.org/francais/trotsky/livres/revtrahie/frodcp9.htm.

Armées en 1931 et chef des Armements pour toute l'Armée rouge, nommé maréchal en 1935 par Staline, puis victime d'un complot ourdi par le même Staline, car il le soupçonne de refuser le rapprochement programmé avec l'Allemagne nazie.

Toukhatchevski est en charge des seules affaires militaires lorsqu'il demande que soit mis fin à la NEP de Lénine qui bride les entreprises de son secteur. Cette provocation, voulue par Staline, déchaîne les réactions attendues au sein du Parti et Staline fait mine de faire marche arrière mais pour mieux instrumentaliser la grande crise du blé qui affame de nouveau en 1929 l'URSS. Mettre fin à la NEP, c'est le choix d'une industrialisation toujours aussi forte mais sur la base d'une idéologie nationale-bolchevik et du complexe militaro-industriel, censé se passer de l'étranger.

Lénine et Trotski sont non seulement des admirateurs de l'économie de guerre allemande mais du taylorisme, qui prendra dans la jeune Russie des Soviets des aspects encore plus sinistres qu'aux États-Unis, mais suscitera l'opposition massive des salariés, des komsomols et d'une fraction des opposants de gauche. Les bolcheviks n'ont, sitôt la victoire assurée, qu'une idée en tête : rétablir la hiérarchie et l'ordre dans les usines en modifiant la culture des salariés, grâce à l'organisation scientifique du travail, à la généralisation du salaire aux pièces, à la mise en sommeil des conseils d'usine, au conditionnement complet des comportements, à la reconnaissance de la toute-puissance des chefs, etc.

Le choix léniniste du taylorisme

Lénine, d'abord très critique en 1913, devient dès l'année suivante un propagandiste forcené du taylorisme : « Le système taylorien prépare le temps où le prolétariat prendra en main toute la production sociale ». Il prône la taylorisation de l'économie et affirme qu'il n'y a pas de socialisme sans taylorisme. Il fait traduire en russe tous les spécialistes de la science de gestion comme Frederick Taylor, Franck Gilbreth, Jules Amaret, quelques années plus tard Henry Ford avec cinq éditions de son ouvrage entre 1924 et 1925.

Lénine ne voit que des bénéfices dans le système Taylor car il repose sur « la science et la technique moderne » mais aussi parce qu'il permet de créer des relations de pouvoir totalement incontestées au sein des entreprises. N'oublions pas que la classe ouvrière n'est jamais digne de confiance.

Quatre citations suffisent à illustrer sa pensée dans ce domaine :

« La tâche qui incombe à la République socialiste soviétique peut être brièvement formulée ainsi : nous devons introduire, dans toute la Russie, le système Taylor et l'élévation scientifique, à l'américaine de la productivité du travail. Il faut passer au fonctionnement réglé d'une entreprise mécanisée. » (in *Les tâches immédiates du pouvoir des Soviets*)

« Le socialisme est impossible sans la technique du grand capitalisme conçue d'après le dernier mot de la science la plus moderne sans une organisation de l'État méthodique qui subordonne des dizaines de millions d'hommes à l'observation la plus rigoureuse d'une norme unique dans la production et la répartition des produits [...] sans obéir sans réserve à la volonté unique des dirigeants du travail. » (in *La tâche principale de nos jours*)

« Notre dictature du prolétariat consiste à assurer l'ordre, la discipline, la productivité du travail, le recensement et le contrôle. » (Lénine, *Discours au Comité exécutif central de Russie, 29 avril 1918*)

« Nous devons introduire dans toute la Russie le système Taylor et l'élévation scientifique à l'américaine de la productivité du travail. Il faut passer au fonctionnement strictement réglé d'une entreprise mécanisée. Aujourd'hui la Révolution exige que les masses obéissent sans réserve à la volonté unique des dirigeants du travail. Notre dictature du prolétariat consiste à assurer l'ordre, la discipline, la productivité du travail, le recensement et le contrôle. Le socialisme est impossible sans la technique du grand capitalisme, conçue d'après le dernier mot de la science, la plus moderne, sans une organisation d'État méthodique qui subordonne des dizaines de millions d'hommes à l'observation la plus rigoureuse d'une norme unique dans la production et la répartition des produits[1]. »

Le développement du « système Taylor » ne fut cependant pas immédiatement possible en raison notamment, des résistances ouvrières et syndicales, des compromis nécessaires avec les SR de gauche pour leur accès au gouvernement et des positions de l'Opposition ouvrière réfractaires à la division du travail. On ne débat d'ailleurs pas tant de Taylor que de l'américanisation des entreprises.

Trotski sera le grand artisan du rapprochement avec les États-Unis d'Amérique, alors que Lénine regardait avant la Révolution davantage du côté de l'Allemagne. Les liens entre Trotski et les États-Unis sont à la fois stratégiques et personnels. Tout en souhaitant la victoire des alliés, Les dirigeants américains redoutaient que la Russie tsariste ne domine une partie trop importante du continent européen aussi feront-ils le maximum pour obtenir un changement de régime. Lors de son exil, Trotski a établi aussi de bonnes relations avec certains milieux d'affaires juifs, grâce à son oncle Abraham Jivotovski, financier international. Le premier soutien financier de Trotski sera Alexandre Parvus (1867-1924), de son vrai nom Israel Gelfand (1867-1924), révolutionnaire russe exilé depuis 1896, membre du Parti social-démocrate allemand, devenu marchand d'armes, conseiller financier de la Turquie, collaborateur des services secrets allemands. Son second sou-

---

1 Lénine cité par Vigne Eric « Stakhanov, ce héros normatif », in *Vingtième Siècle, revue d'histoire*, n° 1, janvier 1984. *Histoires de l'avenir, 1984 au rendez-vous d'Orwell*, p. 23-30.

tien financier sera Jacob Schiff (1847-1920), banquier américain, gérant de la banque Kuhn, Loeb & Co, un des principaux financiers de Wall Sreet, homme de gauche comme la plupart des intellectuels juifs de son époque, il deviendra le banquier des bolcheviks avant de rompre très rapidement. Nous devons aussi mentionner Sidney Reilly, le représentant d'Abraham Jivotovski aux États-Unis, agent du M16 britannique et conseiller du colonel Edward House, l'un des plus proches collaborateurs du président américain Woodrow Wilson.

L'américanisme prolétaire

Nous pouvons nous faire une idée assez juste de l'américanomania soviétique en rappelant que l'on parlait d'« américanisme prolétaire » et qu'on diffusait massivement le slogan « américanisme communiste, réalisme et vigilance ». La Russie des Soviets fera venir des ingénieurs et techniciens américains pour encadrer ses usines et grands chantiers et elle enverra des contingents d'ouvriers, de techniciens et d'ingénieurs se former chez Ford à Détroit (USA).

Faut-il rappeler qu'au même moment, une autre gauche, inspirée notamment par Emile Durkheim, dénonçait les « formes anormales de la division du travail » et que Simone Weil expliquait, dans *La condition ouvrière*, que Taylor ne cherchait pas une méthode pour rationaliser le travail et le rendre plus efficace mais un moyen de contrôle sur les ouvriers, bref à asseoir sa domination ?

C'est aussi en raison d'abord de la détestation des milieux ouvriers (censés saboter délibérément le travail) et en raison ensuite de la volonté de conditionner le comportement des salariés que les dirigeants bolcheviks et les élites économiques (anciennes et nouvelles) s'accorderont pour imposer leur propre « système Taylor », l'industrialisation lourde et le sacrifice des salariés.

Ce point de vue, qui rejoint celui de Lénine et de Trotski, est théorisé par les principaux meneurs du courant des « industrialistes » qui dominera la vie économique de la Russie durant toute la période des années vingt et au-delà. Ce point de vue, très présent au sein du Parti Bolchevik, est soutenu en 1918 à la Conférence panrusse des syndicats par Abram Gol'cman (que nous avons déjà croisés) et Alexeï Gastev. Gastev et Gol'cman font l'éloge des expériences acquises par le capitalisme dans le domaine de la productivité du travail, de la promotion du machinisme et de la grande industrie et même de l'assujettissement du corps ouvrier au temps fixé par les machines.

Alexeï Gastev, le Taylor bolchevik

Alexeï Gastev (1882-1932) est un bolchevik, ouvrier, « poète prolétarien », réfugié en France avant la Révolution, il découvre les premières expériences de taylorisme dans les usines Renault, lesquelles suscitent des grèves ouvrières, « parce que les ouvriers n'y étaient pas préparés », selon lui et Taylor. Devenu président en 1917 du Comité central de l'Union des ouvriers métallurgistes, c'est lui qui introduira véritablement le taylorisme dans la Russie des Soviets en devenant le « Taylor Russe » en fondant l'Institut central du travail (CIT), où il réalise des études du mouvement inspirées des travaux des époux Gilbreth. La fameuse *Symphonie des sirènes*, créée par Arwseny Avraamov pour célébrer le 5ᵉ anniversaire de la révolution d'Octobre, est écrite sur un de ses poèmes. Gastev fondera dès 1926 une société par actions dénommée Structure dans le but de financer ses recherches et de réaliser des audits au sein des entreprises russes. Staline fera fermer ses Instituts. Il sera arrêté en 1938, torturé et fusillé en 1939.

Les Bolcheviks à l'école des époux Gilbreth

Les nord-Américains Franck Gilbreth (1868-1924), ingénieur économiste et Lilian Gilbreth (1878-1973), ingénieur et psychologue, furent parmi les premiers adeptes de Taylor mais alors que Taylor voulait réduire le temps de production (d'où l'importance du chronométrage), ils entendaient avant tout réduire les mouvements au nom d'une efficacité respectueuse du bien être des ouvriers. Ils soutenaient également que cette nouvelle économie du mouvement instaurerait un nouveau mode de vie et un nouveau mode de pensée[1]. Il ne s'agissait donc pas seulement pour eux de tayloriser la vie économique mais toute l'existence, grâce à une exploitation maximale du temps de vie. Ainsi beaucoup plus qu'une simple standardisation et normalisation des gestes, ce mode de vie créerait de nouvelles aptitudes et modes de pensée.

L'Institut Central du Travail et les sections NOT

En 1920, Gastev, déjà célèbre en tant que « poète prolétarien », va obtenir directement de Lénine l'autorisation, les locaux et les moyens financiers et humains nécessaires à la fondation d'un Institut central du Travail à Moscou. Il est secondé par un autre poète Ippolit Sokolov et protégé par Kasimir Malevitch (1878-1935), peintre, sculpteur et fondateur du courant

---

1 Stites Richard, « Utopias of time, space, and life in the Russian Revolution », in *Revue des études slaves*, tome 56, fascicule I, 1984. *L'utopie dans le monde slave*, sous la direction de Jacques Catteau, p. 141-1.

artistique dit du suprématisme dont l'emblème est le tableau « carré noir sur fond blanc ». La jeune Russie des Soviets se couvrira bientôt de nombreux Instituts du travail. Gastev dirigera entre 1932 et 1936 la revue *Maintenant : normes et qualité*.

En 1938, plus de 500 000 travailleurs qualifiés de toute profession auront été formés par plus de 20 000 instructeurs au sein des 1 700 Instituts du travail. Ces personnels étaient destinés à former une véritable aristocratie ouvrière. Gastev avait imposé dans son Institut central le port de l'uniforme et le remplacement du nom de famille par un numéro afin d'identifier/interpeller les travailleurs. Chaque Institut possédait son laboratoire de physiologie du travail et de psychotechniques, disciplines créées sous l'impulsion du taylorisme. L'année 1920-1921 est proclamée « Année de la propagande productiviste » (*sic*). L'État crée avec Gastev une Union des travailleurs NOT (*nauonaja organizacija rada*), un mouvement de masse promouvant l'organisation scientifique du travail. Il n'y aura bientôt plus d'entreprises sans leur section NOT/OST regroupant en premier les ouvriers bolcheviks ce qui les isolera davantage du monde ouvrier. Ces sections NOT sont chargées de proposer des mesures pour accroître la productivité du travail en augmentant les cadences de production. Plusieurs conférences panrusses des sections NOT seront organisées avec Gastev.

Gastev est un personnage atypique car sa dévotion au taylorisme ne lui interdit pas de se revendiquer du « Proletkult » (cf. *infra*) mais cette nouvelle culture du prolétariat serait justement incarnée dans cette catégorie d'ouvriers « qui font un travail parfaitement standardisé et suivent une routine programmée ». Gastev entendait faire aussi de l'organisation scientifique du travail le fondement d'une nouvelle démocratie qui supplanterait bientôt l'ancienne (avec ses rituels électoraux, ses partis, ses majorités et minorités) car la machine toute-puissante mise au service de l'homme supprimerait les conflits sociaux. Gastev, célébré en 1918 pour la publication de *Poésie de frappe ouvrière*, cessera bientôt d'écrire de la poésie en expliquant que la fondation du CIT serait sa plus grande création artistique. Il n'écrira plus que des ouvrages de gestion. En 1924, Gastev décrit dans *Comment on doit travailler* seize grandes règles censées régir toutes les formes de travail et auquel chacun doit se soumettre. Il enseigne une série de mouvements totalement rationnels et uniquement fonctionnels, comme les « bons gestes » pour travailler, pour marcher, pour se reposer et même pour dormir. Dans *L'inventaire de la civilisation moderne*, il explique que l'homme de la civilisation moderne doit posséder en plus d'organes sensoriels développés (« Il doit regarder avec les yeux du diable et écouter avec les oreilles d'un chien »), un don exceptionnel d'observation et d'imitation.

Ces thèses de Gastev sont très loin d'être originales puisqu'elles se fondent sur la réinterprétation, dans le contexte soviétique, des grands auteurs européens et américains de la psychologie industrielle du xixe et du début du xxe siècle. Leur objectif commun est de parvenir à une mécanisation complète de l'humain puisqu'il doit (pas seulement au travail) apprendre non seulement à obéir aux machines mais à se comporter lui-même de façon machinale/machinique. Gastev réalise des milliers d'expériences en photographiant/filmant des ouvriers au travail, des danseurs, des sportifs afin de décomposer leurs gestes, dans le but d'élaborer une grammaire des gestes machiniques parfaits. Le contrôle social ne serait plus exécuté par des intellectuels, comme dans la vieille culture du livre mais par des ingénieurs, contrôleurs de la machine sociale. On commence à voir poindre ce qui deviendra le socialisme des ingénieurs.

Gastev et l'utopie du « travail heureux »

Ces travaux de Gastev, visant à la mécanisation intégrale des gestes, sont certes fondés sur ceux de Taylor et des époux Gilbreth mais aussi sur ceux de deux autres auteurs, très célèbres à l'époque, Karl Bücher et Rudolph Laban.

Le grand économiste allemand Karl Bücher soutenait que le travail ne serait détesté, car ressenti comme un poids, qu'en raison de ses conditions présentes. Il expliquait que cet *horror laboris* n'était pas la situation originelle de l'humanité qui liait travail, jeu et plaisir, chant et musique, convivialité et serviabilité. Ce « travail plaisant » serait la condition d'une existence simple et insouciante. Gastev, qui se revendiquera de cette utopie du « travail heureux », créera une obligation de bonne humeur, d'esprit positif comme on dirait aujourd'hui.

En 1896, Karl Bücher publie le célèbre *Arbeitund Rythmus* (Travail et rythme) dans lequel il explique que la danse, la poésie et la musique se seraient développées à partir de la rythmique originelle des chants des travailleurs. Il envisage une société du futur dans laquelle chacun se trouverait soudé aux autres grâce au rythme collectif d'un travail accouchant d'une civilisation harmonieuse. Le travail ne serait plus une sanction mais une activité heureuse, puisque les gestes du travail ne se distingueraient plus des mouvements dansés, de la même façon que dans les sociétés antiques les Romains comparaient le pas lourd du blanchisseur à la danse des armes des Saliens ou que le travail des presseurs de raisins se concevait toujours comme une fête.

Rudolph Laban (1879-1958) est un auteur hongrois alors très célèbre, danseur, chorégraphe, pédagogue, qui prône l'éducation rythmique au moyen de la danse et d'une culture du corps comme base de la civilisation de demain. Évoquant cette « nouvelle culture du travail et de la fête », cette « renaissance de l'amour pour le travail », il précise que « l'industrie ne sera plus la négation de la vie » mais que « le travail deviendra la base de la construction du moi ». Laban travailla avec des organisations professionnelles allemandes à la réconciliation des corps de métier et à la fin du conflit entre professions. Il prônait aussi la réconciliation des classes dans une société harmonieuse. Dans ce but, il organisera de grands défilés des différents corps de métier en soutenant que « le niveau de civilisation d'un peuple dépend beaucoup du respect que l'on accorde au travail » ajoutant que « le travail est le nerf de la vie ».

Le grand objectif de Gastev et des Instituts du travail est donc d'avancer vers cette réhabilitation du travail au moyen de la « mécanisation de l'homme » en « formatant » le fonctionnement physique mais aussi mental des ouvriers. À cette fin, il proposera de réformer la langue russe afin d'en faire un langage purement utilitaire avec une économie de mots et une exactitude de sens. Cette mécanisation de la langue passait par le choix d'expressions courtes, stéréotypées, correspondant à des ordres simples et directs. À cette fin aussi, il utilisera la musique comme stimulant de la productivité et fera écrire des morceaux joués en usines selon les instructions, donc les besoins des ingénieurs. Le Front gauche de l'art s'opposera à cette instrumentalisation de l'art (cf. *infra*). En 1921, Gastev est assez puissant pour obtenir non seulement l'autorisation mais aussi le papier pour lancer un journal *L'organisation du travail* qui marquera durablement la conception du travail soviétique. Des cohortes d'ouvriers apprendront dans ses Instituts les « gestes parfaits » à base de mouvements rythmés dans des salles d'exercices tayloriens. La devise des Instituts est « Pas un geste, pas une flexion, pas un mouvement inutiles ».

La ligue du temps de Kerjentsev

Ce courant aura ses ultras qui reprocheront à Gastev de s'arrêter en chemin. On pourrait citer A. Holtzmann, psychologue d'entreprise russe, auteur du fameux livre *La réorganisation de l'homme* publié à Moscou en 1924[1]. On pourrait citer aussi Dziga Vertov, cinéaste d'avant-garde, membre de la revue LEF, déclarant en 1922 : « Le psychologique empêche l'homme d'être aussi précis qu'un chronomètre, entrave son aspiration à s'apparenter à la machine [...] Nous allons, par la poésie de la machine, changer le citoyen traînard en homme électrique parfait. »

---

1 <http://agon.ens-lyon.fr/index.php?id=1368>

On s'intéressera davantage à la fameuse Ligue du temps (la *Zeitliga*) fondée, avec le soutien du pouvoir, pour faire la « chasse aux temps morts » et ceci dans tous les domaines de la vie, dans le but d'américaniser la vie soviétique. Le principal théoricien de ce courant fut Platon Kerjentsev (1881-1940), spécialiste de l'ergonomie et de la psychologie industrielle, bolchevik depuis 1905, proche de la gauche du Parti et membre du Proletkult, plusieurs fois condamnés sous le tsar à la prison, rédacteur des *Izvestia* en 1919 puis responsable de la revue *Croissance*, organe de propagande d'État dans le domaine économique. Il publie en 1924 *La lutte au fil du temps*, ouvrage de référence de la Ligue du temps.

Platon Kerjentsev défend une autre conception des changements nécessaires, car il considère que le « système Taylor » donc Gastev allait à l'encontre des buts poursuivis par le socialisme en réduisant son application à l'économie. La ligue du temps (1923-1926) qui s'autodéfinit « comme un moyen de propagande collectif pour l'introduction de l'américanisme dans le meilleur sens du terme » souhaitait « habituer l'ensemble de la population » « à la discipline, à la précision et à l'efficacité dans le travail et la vie privée ». Les membres de la Ligue du temps (dont Gastev) se promenaient ainsi avec des chronocartes sur lesquelles ils notaient toute perte de temps afin de parvenir à une juste utilisation. Un exemplaire de Zeitkarte se trouvait dans le bureau de Lénine.

En 1921, lors de la grande conférence sur la science de la gestion organisée par Trotski à Moscou, Kerjentsev apostrophe violemment Gastev. La direction du Parti cherche un compromis entre les deux écoles en créant un Conseil central d'organisation scientifique du travail qu'elle place sous l'autorité de Trotski. Ce Conseil enverra dans les entreprises des bataillons de spécialistes chargés de conseiller les travailleurs à tous les stades de la production mais les chefs d'entreprise se plaindront au sommet de l'État et du Parti bolchevik de la présence de ces experts sapant leur autorité et ce système fut vite abandonné. Une nouvelle Conférence sur la science de la gestion est donc convoquée en 1924 au cours de laquelle l'État-Major bolchevik tranche en faveur de Gastev. Platon Kerjentsev, vaincu, sera nommé en 1926, ambassadeur en Italie.

La victoire de Gastev s'explique par son alliance avec le chef syndicaliste Tomski. Ce dernier analyse en effet le retard économique de la Russie par le refus systématique des ouvriers d'accepter toute forme de réglementation du travail. C'est donc la volonté des ouvriers qu'il faut briser et non son inaptitude. Cette thèse, que nous avons déjà abordée, est celle dite du « sabotage ouvrier » : « En fait, nous sommes aux prises avec un énorme sabotage mené par des millions d'ouvriers. Parler de sabotage bourgeois, transformer un bourgeois apeuré en saboteur me paraît risible. Nous avons affaire à un sabotage national, populaire, prolétaire. »

Le « mérite » de cette thèse aux yeux des (anciennes et nouvelles) élites est à la fois de les dédouaner de toute responsabilité et de rendre les travailleurs seuls responsables mais aussi de recentrer le débat sur la seule question économique. Les bolcheviks n'auraient pas de temps à perdre avec la refonte du mode de vie.

Cette « gastévisation » du travail suscitera de nombreuses réactions négatives, celle de la masse de la classe ouvrière refusant d'être enrégimentée et de perdre ses savoir-faire, ses cultures de métier, son autonomie relative, celle de la majorité du mouvement syndical, initialement opposé au taylorisme, celle surtout dans le champ politique des komsomols, des Oppositions de gauche. *Nous autres* d'Evgeni Zamjatin (1884-1937) sonne comme un réquisitoire[1]. Ce roman d'anticipation prend la forme d'un journal intime d'un mathématicien et ingénieur numéro D-503 en proie à une passion amoureuse et qui s'insurge contre le « bonheur scientifique planifié par un État totalitaire ». Gorki obtiendra l'autorisation pour Zamjatin de quitter la Russie. Il finira ses jours en France totalement misérable.

La psychotechnique russe contre le système-Taylor

Le principal adversaire du système-Taylor sera Isaak Spielrein, représentant russe du courant de la psychotechnique, issu de la psychologie expérimentale. Frère de Sabrina Spielrein, la plus importante psychanalyste russe alors en lien avec une partie des plus hauts dignitaires bolcheviks dont Trotski, il est un personnage très écouté dans le champ de la psychologie du travail. Isaak Spielrein est considéré comme l'un des pères des techniques d'évaluation.

Isaak Spielrein contre Gastev

Isaak Spielrein se veut un disciple de l'Allemand Hugo Münsterberg (1863-1916), théoricien germano-américain, pionnier de la psychologie appliquée et notamment de la psychologie industrielle, un des fondateurs de la psychotechnique, lui-même disciple de Wilheim Wundt (1832-1920), phy-

---

1 Heller Leonid, Négrel Dominique, « La prose de E. Zamjatin et l'avant-garde russe » [Notes sur les correspondances des arts], in *Cahiers du monde russe et soviétique*, vol. 24, n° 3, juillet-septembre 1983, *L'avant-garde russe : un dossier*, p. 217-239 ; Heller Leonid. « Gor'kij et Zamjatin », in *Cahiers du monde russe et soviétique*, vol. 29, n° 1, janvier-mars 1988, *Maksim Gor'kij (1868-1936) cinquante ans après*, p. 53-66 ; Heller Leonid, « Zamjatin : prophète ou témoin ? Nous autres et les réalités de son époque », in *Cahiers du monde russe et soviétique*, vol. 22, n° 2-3, avril-septembre 1981, p. 137-165.

siologiste, psychologue, philosophe allemand, père de la psychologie expérimentale et créateur du premier laboratoire de psychologie.

La psychotechnique russe, ensemble de moyens visant à contrôler le comportement humain, sera longtemps une discipline reine en Russie. Elle se présente, dans le champ du travail, comme une alternative au taylorisme. Elle explique que le taylorisme serait le choix de la cadence contraire à la nature première de l'humanité, alors que la psychotechnique serait celui du rythme. Isaak Spilrein emprunte au psychologue allemand Fritz Giese (1890-1935) l'idée que l'homme ne pourrait pas fusionner facilement avec la machine car il obéirait plus spontanément à une formation rythmique et non cadencée, non pas certes de façon innée mais en raison de la culture du corps qui est la sienne. Le rythme renvoyant l'homme vers la nature le lierait aux animaux et plantes. La cadence, parce qu'elle est spécifique à la machine, serait davantage artificielle. La solution serait donc non pas d'abandonner toute idée d'homme machine mais plutôt que d'imposer *a priori* les méthodes de Taylor il faudrait d'abord développer la capacité d'adaptation à des cadences ne cadrant pas avec les rythmes naturels de l'humanité (on parlerait aujourd'hui de chronobiologie). L'homme moderne pourrait ainsi grâce aux psychotechniques perdre ses références stables et donc devenir capable de mener une vie déséquilibrée. Gastev parlera dans ce sens de créer un « homme nouveau malléable » de la même façon que Fritz Giese avait déjà évoqué cet « homme instable ». Selon lui, le cinéma et le jazz étaient un moyen idéal pour créer cette instabilité.

Une controverse entre Gastev et Satunovskij permet de mieux comprendre certains enjeux de ce conflit entre ingénieurs NOT et psychotechniciens. Dès 1923, ce dernier reprochait au tout-puissant patron de l'Institut central du travail de confondre protection du travail et dressage des salariés. Il écrivait : « Les hommes ne sont pas des machines. La protection du travail oui, le dressage non » ; « Préparons des cravaches de dressage à la place des manuels. »

Le camp productiviste bolchevik était donc divisé dans le choix des moyens. Il semble cependant avéré qu'il suscitera peu d'objections au regard des buts. Cette ligne productiviste était commune à ceux qu'on nommera plus tard l'opposition de gauche et de droite, aux Léninistes et aux Crypto-staliniens. Cette ligne productiviste de gauche est parfaitement résumée dans la formule de David Riazanov (1870-1938) directeur de l'Institut Marx-Engels de Moscou : « Le communisme est inconcevable sans l'enregistrement de toutes les forces productives ». Lénine et Trotski sauteront sur cette notion d'enregistrement. Elle deviendra bientôt l'équivalent du contrôle absolu et de la militarisation. Cette notion d'enregistrement des forces productives sera même utilisée par le même Riazanov contre Kollontaï et ceux qui prêchaient la liberté sexuelle (cf. *infra*). Staline, qui le fera déporter puis exécuter en 1938, en donnera sa version : « L'homme est le capital le plus précieux. »

LE DÉBAT SUR LES *SPECY*

L'attitude des bolcheviks envers les « spécialistes » (*specy*) est annonciatrice des choix qui seront faits tout au long de l'histoire de la jeune Russie des Soviets. Le parti bolchevik préférera systématiquement les « spécialistes » (ingénieurs, techniciens et savants) contre-révolutionnaires aux ouvriers révolutionnaires[1].

Ce paradoxe apparent s'explique par le fait que pour les bolcheviks la révolution socialiste consiste avant tout à accélérer l'essor des forces productives qui seraient bloquées par les rapports de production (de propriété) capitalistes. Les *specy* seraient donc la couche sociale la plus à même de réussir cette révolution. Ces *specy*, d'abord réintroduits dans le domaine militaire par Trotski, envahiront ensuite tous les domaines de la société et se verront reconnaître des avantages. Ils deviendront ce que Staline nommera « l'intelligentsia technique » et qui formera la couche sociale sur laquelle son régime prendra principalement appui.

Lénine appelle dès fin 1919 à accorder des rations spéciales pour 500 grands *specy*. On peut donner en exemple le général tsariste Vladimir Ipatiev qui sera chargé de recenser les ressources naturelles et deviendra le chef de l'industrie chimique et M. Palchinski, ancien membre du gouvernement Kerenski qui deviendra le président de l'association technique russe dès 1922.

Le choix bolchevik des forces contre-révolutionnaires

Les classes supérieures et moyennes se sont opposées majoritairement et fortement au coup d'État des bolcheviks qu'il s'agisse des hauts fonctionnaires, des dirigeants d'entreprises, des cadres, des professions libérales, notamment des médecins, mais aussi des ingénieurs et techniciens, des enseignants, etc. Ces diverses professions se mettront en grève d'abord active puis face à la répression en pratiquant un sabotage passif systématique. Trotski rappellera que, lorsqu'il prend ses fonctions au ministère des Affaires étrangères, tout le personnel est en grève et a dissimulé les dossiers nécessaires au

---

1 Cinnella Ettore, « État "prolétarien" et science "bourgeoise" [Les *specy* pendant les premières années du pouvoir soviétique], in *Cahiers du monde russe et soviétique*, vol. 32, n° 4, octobre-décembre 1991, *Spécialistes, bureaucratie et administration dans l'Empire russe et en URSS, 1880-1945*, p. 469-499.

bon fonctionnent de l'administration. Il recourra à la répression pour casser la grève.

La puissante Société des médecins russe appelle dès le 22 novembre 1917 à s'opposer activement « aux forces qui détruisent le pays » et condamne lors de son Congrès convoqué en mars 1918 le bolchevisme appelant à le boycotter. L'académie des sciences s'oppose également le 21 novembre 1917 à la Révolution, c'est pourquoi les dirigeants bolcheviks institueront dès 1918 une Académie socialiste de sciences sociales rebaptisée Académie communiste (*Komakademia*) en 1923 après le ralliement majoritaire de la communauté scientifique. Cette académie communiste subira plus tard les foudres de Staline.

Deux décisions témoignent de la volonté de gagner les élites au nouveau pouvoir :

1. Alors que le système scolaire, plus proche des SR que des contre-révolutionnaires, est mis au pas de façon particulièrement violente, l'université ouvertement opposée à la Révolution obtient le maintien de son autonomie.

2. Alors que de nombreux désaccords entre ouvriers et ingénieurs s'expriment dès les premiers jours de la Révolution et que les ouvriers révolutionnaires sont très vite mis au pas, notamment leurs organisations syndicales, les cadres des entreprises vont bénéficier d'un régime de faveur y compris syndicalement.

Les actes de violence contre les dirigeants économiques se multiplient d'autant plus que le 1er congrès de l'Union panrusse des ingénieurs (VSI) refuse le principe du « contrôle ouvrier » sur la gestion des entreprises et propose à la place une supervision de l'économie par des représentants du Capital, du Travail, des consommateurs et des techniciens supérieurs et ingénieurs. Les dirigeants bolcheviks sont divisés mais Lénine fait savoir son accord. VSI publie lors de son congrès d'octobre 1918 son Manifeste : « Travailler et ne pas désespérer : voilà ce que nous devons faire et inciter à faire inlassablement. »

La révolte des ouvriers contre les ingénieurs

Le parti bolchevik, qui a choisi la révolte des ingénieurs contre celle des ouvriers, suspendra bientôt l'activité du puissant syndicat VSI pour imposer la mise en place de sections d'ingénieurs et de techniciens au sein des syndicats ouvriers. Ces derniers refusent majoritairement de perdre ainsi leur autonomie. L'insurrection est assez forte pour que Tomski soit contraint en mars 1920 de jeter tout son poids dans la bataille au nom du « refus de tout préjugé ». Les sections de cadres sont assez nombreuses dès 1921 pour tenir leur propre Congrès. Le parti bolchevik accepte parallèlement que les cadres dirigeants et les plus grands spécialistes de l'industrie puissent fonder leur propre organisation, l'Association panrusse des ingénieurs (VAI).

Les rapports entre ouvriers et cadres continuent cependant à se dégrader en raison du refus de tout contrôle ouvrier et du retour aux vieilles pratiques. La situation est telle que Zinoviev est chargé de présenter un rapport spécial, lors de la Conférence du PC(b)R de novembre 1920, sur le mécontentement des ouvriers face aux *specy*. Les ouvriers et les syndicats ne refusent pas en effet de recourir aux *specy*, comme le disent les cadres, mais considèrent qu'ils ne doivent pas avoir toujours le dernier mot et encore moins les mépriser. Le Parti bolchevik est, comme à son habitude, divisé sur la réponse à apporter. Lénine tranche en publiant la brochure *Les tâches urgentes du pouvoir soviétique* dans laquelle il explique que le passage au socialisme serait impossible sans les spécialistes, donc qu'il convient de renoncer aux principes de la Commune de Paris et de payer des salaires très élevés aux *specy* auxquels il convient d'obéir. Trotski sera alors le meilleur représentant de ce courant technocratique qui, après avoir fait l'éloge des « samedis rouges », propose de militariser le travail, invite les journaux à publier chaque jour les statistiques de production, tout en dénonçant publiquement et nommément les échecs et les responsables. Il ajoute que « les grands et les petits chefs de la technique doivent occuper une place d'honneur dans l'esprit public » (in *Défense du terrorisme*, p. 153). Il propose des châtiments sévères pour les ouvriers les moins performants. L'Opposition ouvrière ainsi que d'autres courants ouvriers ruent dans les brancards et suscitent des mobilisations massives au sein même des entreprises. Le VIIIe Congrès du PC(b)R semble vouloir concilier les deux camps en soutenant que le régime ne doit rien concéder aux *specy* sur le plan politique tout en utilisant leur travail. Il rejette cependant avec plus de force le point de vue « pseudo-radical », dicté par « une ignorance présomptueuse » selon laquelle la classe ouvrière pourrait se passer des ingénieurs, techniciens et dirigeants. Lénine argumente : « Ces spécialistes ne sont pas les serviteurs des exploiteurs : ce sont des hommes de culture qui, dans la société bourgeoise ont servi la bourgeoisie, comme le disaient les socialistes du monde entier, mais qui dans la société socialiste, nous serviront. » Le débat sur les *specy* sera officiellement tranché avec l'adoption de la NEP qui enterre les rêves de partage des richesses et du pouvoir au sein des entreprises. Les choses ne traînent pas puisqu'un premier décret du 25 août 1921 instaure des conditions de travail et de vie plus avantageuses pour les seuls *specy*. Et pas seulement sur le plan économique mais aussi juridique et politique puisqu'ils obtiennent le droit de créer des associations, d'organiser des conférences, d'avoir une presse moins censurée, et ceci contrairement aux ouvriers. Les *specy* obtiennent notamment un équilibre entre les sections des ingénieurs et techniciens et celles des simples travailleurs au sein des syndicats officiels. Un *specy* compte de ce fait beaucoup plus qu'un ouvrier et employé ordinaire. Un second décret va relégaliser en 1922 l'Association panrusse des ingénieurs qui pourra même rééditer son journal et tenir son Congrès en juin de la même année. Les résistances ne cèdent toujours pas et la presse s'en fait l'écho.

Le Parti bolchevik choisit alors de transformer en affaire d'État le suicide d'un ingénieur en chef de l'aqueduc de Moscou, O. I. Denborger, suite au harcèlement dont il aurait été victime de la part des ouvriers de son secteur. Lénine s'empare du dossier et l'inscrit à l'ordre du jour du xɪᵉ congrès de 1922. Cette affaire servira au lancement d'une campagne d'État contre les mauvais comportements dont les chefs seraient victimes de la part des ouvriers. Cette classe ouvrière déjà soupçonnée officiellement de saboter l'économie se voit accusée de saper le moral des dirigeants économiques en les harcelant.

La croissance de l'intelligentsia technique

La période du premier plan quinquennal coïncide avec la volonté de Staline de doter son régime d'une assise large en développant l'intelligentsia technique. Ce renforcement considérable des effectifs de la bureaucratie, à la fin des années vingt et surtout durant les années trente, fut une volonté stratégique de Staline. Il avait compris qu'il avait besoin d'une classe sociale privilégiée plus large, consciente que sa richesse relative et son pouvoir étaient liés à son règne. Cette *nomenklatura* est le nom de la politique pro-*specy* à plus grande échelle. Accéder à un poste inscrit sur la *nomenklatura* ouvrait bien des avantages[1].

Cette bureaucratie présentait aussi l'avantage de dissimuler les vrais détenteurs du pouvoir de plus en plus confondus avec le complexe militaro-industriel. Cette « intelligentsia technique » qui prolonge les *specy* du début des années vingt regroupait les ingénieurs diplômés et des techniciens sortis du rang (les *praktiki*), véritables autodidactes de la production et de l'innovation technique. L'acte de naissance de cette couche sociale fut le décret d'août 1931 supprimant les discriminations contre l'intelligentsia technique et économique et qui introduisit l'égalité avec les ouvriers pour l'accès à l'université, pour les rations alimentaires, pour les droits au sanatorium, au logement, etc.

Staline, se souvenant de ses diatribes des années vingt contre l'égalité sociale, justifie cette nouvelle politique favorable à la *nomenklatura* en soutenant que : « Le nivellement dans les besoins et la vie privée est une stupidité petite bourgeoise réactionnaire, digne de quelque secte primitive d'ascètes,

---

1 Michael Voslensky, *La nomenklatura, les privilégiés en URSS*, Paris, Belfond, 1980.

mais non point d'une société socialiste organisée d'une façon marxiste, car l'on ne peut exiger des hommes qu'ils aient tous les mêmes besoins et les mêmes goûts, que, dans la vie personnelle, ils adoptent un standard unique. » Le même Staline ajoutait que « la conséquence de l'égalisation des salaires est que l'ouvrier non qualifié manque d'une incitation à devenir un travailleur qualifié et se trouve ainsi privé de perspectives d'avancement ». La Constitution stalinienne de 1936 posera bientôt le principe chrétien : « À chacun selon son travail » (article 14) à la place du communiste « À chacun selon ses besoins ».

Cet âge d'or de l'intelligentsia technique correspondra aussi au développement du stakhanovisme et à la mort des structures comme l'Institut central du travail. Staline finira par éliminer Gastev, en même temps qu'il favorisera la croissance sans précédent de la bureaucratie et de la « bourgeoisie rouge ». Les effectifs du Parti comptent alors de moins en moins d'ouvriers et d'employés.

Une direction à la poigne de fer

Le PC(b)R théorise alors le style de management souhaité sous le slogan, bien peu poétique, de « direction à la poigne de fer » (*zhëstkoc rukovodstvo*). Ce style « rude » (*zhëstkii*) est officiellement prôné contre les ouvriers. Lazare Kaganovitch (1893-1991), un des fidèles de Staline, chargé de l'élimination à grande échelle des opposants, mais aussi responsable de l'industrialisation, exige des directeurs d'entreprises de se conduire de telle façon que « la terre tremble quand ils se déplacent dans l'usine ». Ce choix d'une « direction à la poigne de fer » enterre la troïka officielle (parti, syndicat et direction) qui présidait à la direction des entreprises, puisque parti et syndicat devinrent des instruments des directeurs, de même que le bureau du GPOU présent dans les usines. L'historien Moshe Lewin analyse de façon convaincante cette période : « La création d'une hiérarchie de patrons dévoués était une stratégie délibérée visant à stabiliser la société ébranlée. L'on demanda de fait aux *nachalstvo* de se considérer comme des chefs de guerre. Le Parti voulait que les patrons soient efficaces, puissants, durs et il les dota de prérogatives et des encouragements appropriés. Les dirigeants suprêmes du Parti stalinien disaient d'eux-mêmes qu'ils savaient obtenir des résultats "à n'importe quel prix". La rudesse envers les hommes, les subordonnés devint une vertu mais, chose plus significative encore, le *nachal'nik* dans l'entreprise fut investi d'un pouvoir quasi policier : il avait non seulement le pouvoir d'infliger des amendes ou de décider des renvois entraînant la privation de nourriture et de logement, mais encore il entretenait des contacts avec le procureur ou avec le *sets-otdel*, département spécial de la police secrète qui se rencontrait dans la plupart des grosses usines et des bureaux importants » ; « Le problème n'était pas seulement d'avoir assez de spécialistes et de dirigeants mais de promouvoir une puissante catégorie de dirigeants composée par les différents réseaux de chefs (*nachalstvo*) qui formaient les grands dirigeants d'entreprise et les cadres supérieurs des administrations d'État. Ces cadres officiellement reconnus sous le terme de dirigeants (*rukovoditeli*), certains privilèges étaient ouvertement connus et reconnus comme les voitures et les pensions personnelles ; et les restaurants spéciaux. D'autres privilèges demeuraient cachés : réseau d'approvisionnement parallèle et caché proposant des rations privilégiées, autorisations spéciales d'approvisionnement, lieux de villégiature[1]. »

Le stalinisme contre la classe ouvrière

Cette période de « direction à la poigne de fer » est celle de la généralisation du salaire au rendement, de la casse systématique des solidarités entre salariés. Staline supprime, en 1928, toute idée de salaire de base garanti. Le PCR(b) promeut ainsi la nouvelle figure de « l'ouvrier de choc », celle de l'*udamik*, qui perçoit un meilleur salaire, un meilleur logement, une priorité d'accès à la crèche, à l'école pour ses enfants, une priorité pour les séjours en vacances, etc. Staline profite donc du premier plan quinquennal pour casser du « prolo ». Nous en avons un bon symptôme dans le fait qu'il met fin à ce que les bolcheviks nommaient l'ouvriérisme et qui faisait la gloire de la jeune Russie des Soviets, en interdisant toutes les politiques de discriminations positives (*Vydvizhenic*). Il démantèle progressivement entre 1930 et 1931 l'ensemble du dispositif : le recrutement des ouvriers dans les bureaux se trouve désormais interdit, l'accès aux Instituts des hautes études (orientés jusqu'alors vers la production) redevient une affaire de qualification et non plus d'origine sociale, etc.

La priorité n'est plus la promotion ouvrière mais de discipliner la main-d'œuvre. Une loi de 1932 punit très sévèrement tout vol dans les kolkhozes puis dans les autres secteurs. Les sanctions vont de dix ans de prison pour un vol de grains à la peine de mort en cas de vol important commis au détriment de l'État.

L'affaire Hammer, faux nez du national-bolchévisme

L'affaire Hammer servira de faux nez au choix de Staline de développer l'intelligentsia technique comme fondement social du national-bolchevisme[2].

---

1 Lewin Moshé, « L'État et les classes sociales en URSS 1929-1933 », in *Actes de la recherche en sciences sociales*. Vol. 2, n° 1, février 1976, *L'État et les classes sociales*, p. 2-31.

2 *L'Idéologie du national-bolchevisme* (en russe), Paris, YMCA-Press, 1980 ; M. Agoursky, *The Third Rome :*

Les frères Armand (1898-1990) et Victor (1901-1985) Hammer seront pendant dix ans les principaux rouages des relations entre la jeune Russie des Soviets et les États-Unis d'Amérique. Ils ne furent certes pas les seuls et il faudrait parler du rôle de financiers comme Jacob Schiff (1847-1920), grand banquier américain, gérant de la banque Kuhn, Loeb & Co, figure de proue de Wall Street, d'abord financier des bolcheviks avant de se détourner d'eux.

L'Américain Armand Hammer est un curieux personnage, qui bénéficiera longtemps du monopole des relations commerciales, entre la jeune Russie des Soviets puis l'URSS et les États-Unis et le continent américain[1]. Dès 1921, il est le premier investisseur nord-Américain dans la jeune Russie des Soviets et occupa longtemps un bureau au Kremlin contigu à celui de Staline. Hammer, qui avait fait fortune aux États-Unis durant la prohibition en commercialisant une teinture à base d'alcool de gingembre, deviendra ensuite un des principaux magnats mondiaux de l'industrie pétrolière et gazière. Il utilise en 1921 les réseaux de son père, un des fondateurs du PC américain pour se rapprocher de Lénine qu'il fréquente avant de devenir le symbole de la possibilité de faire de bonnes affaires en Russie, utilisé par les bolcheviks. Il possède notamment des mines d'amiante dans l'Oural, dans lesquelles travaillent des détenus du Goulag sous le contrôle musclé de la Tcheka. Il avait le monopole du commerce des fourrures précieuses mais aussi du platine. Staline fera de son départ forcé de l'URSS en 1929 le symbole de son nouveau règne, un signe de son national-bolchevisme, mais il le dédommagera grassement. Staline enverra, parallèlement mais secrètement, en 1929, une délégation composée de cinq Commissaires du peuple dont Maxime Litvinov (1876-1951), Commissaire aux affaires étrangères, ancien Ambassadeur russe en Grande-Bretagne, pour rencontrer les financiers de Wall Street et leur faire financer le premier plan quinquennal contre la promesse de profits substantiels sur le dos des Russes. Les grands travaux staliniens sauveront largement l'Amérique de la grande dépression.

National-bolchevism in the USSR (version augmentée), Westview Press, Boulder, CO., 1987.

1 Eric Laurent, *La corde pour les pendre*, Fayard, 1985, Paris.

Sur le front de l'écologie

Le lecteur découvrira que la jeune Russie des Soviets fut, entre 1917 et 1927, le pays du monde le plus avancé en matière d'écologie et de protection de la nature, avant que les purges staliniennes ne frappent tous ces chercheurs[1]. Aussi, alors que l'URSS préstalinienne était au cœur des recherches pionnières sur l'écologie, comme l'atteste l'invention en 1925 du concept de biosphère par Vladimir Vernadsky[2] (1863-1945), le « père » de la science soviétique, le stalinisme marque la glaciation de toute pensée dans ce domaine, ce qui autorise John Bellamy Foster à parler de « trou noir » avec/après le stalinisme : « Le stalinisme purgera littéralement le commandement et la communauté scientifique soviétique de ses éléments les plus écologiques – ce qui n'avait rien d'arbitraire, puisque c'est dans ces cercles que se trouvait une part de la résistance à l'accumulation primitive socialiste[3]. »Les écologistes figureront parmi les premières victimes des vagues de répression de 1933 à 1951[4]. Bellamy Foster note que le marxisme de l'Ouest ne résista pas mieux en devenant un positivisme, choisissant ainsi de concevoir une histoire humaine isolée de la nature. La seule exception majeure restera longtemps le marxisme britannique avec Christopher Caudwell[5].

Une double tradition écologiste

La jeune Russie des Soviets bénéficie d'une double tradition écologiste : celle d'une partie de l'intelligentsia russe acquise aux thèses environnementalistes et celle des courants marxistes non voués au culte des forces

---

1 Sur la catastrophe écologique en URSS : Boris Komarov, *Le rouge et le vert, la destruction de la nature en URSS*, Paris, Le Seuil, 1981.

2 Vladimir Vernadsky, *La Biosphère*, Paris, Éditions Diderot, 1997.

3 John Bellamy-Foster, *Marx écologiste,* Paris, Éditions Amsterdam, 2011.

4 Nous sommes dans ce domaine largement tributaires des travaux précurseurs de Jean Batou et de ceux de l'historien Douglas R. Weimer et du philosophe John Bellamy Foster.

5 Marie-Hélène Mandrillon, « Les voies du politique en URSS : l'exemple de l'écologie » in *Annales 1991*, n° 46.

productives. L'historien américain Douglas R. Weimer a montré dans ses travaux que Lénine n'est en rien comparable à Staline au regard de la question écologique. J'ajouterai que Lénine et Boukharine sont beaucoup plus écologistes que Trotski. Lénine pour des raisons purement théoriques que nous examinerons et Boukharine parce qu'il s'opposait en outre à l'accumulation primitive socialiste. Jean Batou qui fut en France l'un des premiers à faire connaître ces pages plutôt glorieuses de l'écologie bolchevik, note que l'histoire des rapports hommes/nature en Union soviétique fait apparaître une rupture entre la période 1917-1927 et les années 1928-1934 : « Ce n'est que vers 1928-1929 que le mouvement écologiste commence à se heurter frontalement aux objectifs économiques du pouvoir d'État. Son opposition résolue au « modèle de développement » stalinien l'amène alors à condamner courageusement certains objectifs du premier plan quinquennal[1]. »

La jeune Russie des Soviets développe trois disciplines écologiques : la phytosociologie, discipline scientifique née bien avant la Révolution, avec les travaux de Mozorov en 1904 puis de Korolenko (parent et inspirateur de Vernadski) envisageant les différentes espèces végétales dans leur coexistence (la permaculture actuelle en est donc une très lointaine descendante) ; la biocénologie qui est l'étude de la communauté des espèces vivantes ou biotope ; la dynamique trophique qui étudie les flux d'énergie dans les chaînes alimentaires.

Ce n'est donc pas par hasard que Vladimir Vernadski, considéré comme le père fondateur de l'écologie moderne soit un Russe. Ce scientifique, initialement frontalement opposé à la révolution bolchevik, deviendra plus tard le père de la science soviétique. Vernadki est l'inventeur du concept de biosphère qui permet de penser la Terre comme un « organisme vivant » et non plus comme une matière inerte à la disposition des humains et de leur activité économique.

Ce n'est pas davantage par hasard que T. I. Baranoff développe dès 1925 la notion de bioéconomie reprise plus tard par Nicholas Georgescu-Roegen considéré comme le père des courants de la décroissance.

Il est donc impossible, comme on le fait en instrumentalisant Tolstoï, d'opposer ce qui aurait été une écologie morale prérévolutionnaire et une écologie politique post-révolutionnaire car les deux sont scientifiques. Certaines propositions (dont nous reparlerons) comme la création des premiers « parcs nationaux » et certaines notions ou concepts comme celle de conservation de la nature passent d'une période à l'autre.

C'est sans doute le zoologiste G. A. Kozhevnikov qui donna le mieux ce double ancrage à l'écologie russe, scientifique et sociale et politique.

---

1 Batou Jean, « Révolution russe et écologie (1917-1934) », in : *Vingtième Siècle, revue d'histoire*, n° 35, juillet-septembre 1992, p. 16-28.

Kozhevnikov est un disciple du grand naturaliste suisse Paul Bénédict Sarasin (1856-1929), président fondateur de la Ligue suisse pour la protection de la nature et du Comité pour la protection de la nature. Paul Sarrasin est non seulement un environnementaliste, défenseur de la nature mais un opposant virulent au capitalisme, adepte du socialisme. Cette matrice marquera durablement les mouvances écologistes russes. Kozhevnikov devient ainsi l'avocat, avant même la Révolution, des parcs naturels, totalement isolés et de la défense des peuples primitifs. Son intervention en 1913 lors de la Conférence internationale de Berne (Suisse) pour la protection de la nature témoigne de cette double filiation : « La même commission qui dit au chasseur "Arrêtez-vous, vous allez faire disparaître l'oiseau du paradis" doit pouvoir dire au colon qui met en joue "Arrête, tu vas faire disparaître l'homme primitif". »

Kozhevnikov obtient en 1915, de la toute nouvelle Commission permanente de la conservation de Moscou, la publication en langue russe des principaux textes de conférences du naturaliste Paul Sarrasin. Il rallie, à ces thèses une bonne partie des naturalistes russes.

Quatre dirigeants soviétiques sont plus sensibles à ces questionnements : V. Lounatcharski, F. N. Petrov, V. T. Teroganesov et V. Lénine, lui-même, qui entretenait de bonnes relations avec les membres de l'Académie des sciences, notamment avec sa section des sciences naturelles.

Lénine, contrairement à beaucoup de marxistes positivistes, soutenait qu'il était autant impossible de « remplacer les forces de la nature par le travail humain que des archines (*N.D.L.R.* : une ancienne unité de longueur russe) par des pouds (*N.D.L.R.* : une ancienne mesure de poids utilisée en Russie)[1]. » Preuve de son intérêt scientifique et pratique pour les questions écologiques, il fait créer une quarantaine d'Instituts de recherche durant la période de la guerre civile et la part du PNB soviétique, consacrée à la recherche dans ce domaine, dépasse alors de très loin celle de la globalité des autres grands pays européens. Lénine intervient également auprès de la Tcheka pour faire libérer Vladimir Vernadsky (1863-1945), le père fondateur de l'écologie globale, de la biogéochimie et de la théorie de la biosphère, arrêté (comme tant d'autres) pour ses idées politiques. Lénine soutiendra la publication en 1926 de son célèbre ouvrage *Biosphère*.

LE MOUVEMENT POUR LA CONSERVATION DE LA NATURE

Le Mouvement pour la conservation (de la nature), réuni à Moscou du 30 octobre au 2 novembre 1917 (donc au beau milieu des événements révolu-

---

1 Lénine, « La question agraire et les « critiques » de Marx », *Œuvres*, p. 109.

tionnaires), dresse un bilan dramatique des trois années de guerre et propose un plan d'ensemble pour créer un réseau national de parcs nationaux.

Entre 1918 et 1922, la jeune Russie des Soviets prend toute une série de lois et de décrets qui vont indéniablement dans le sens de la défense de la nature. Une loi du 14 mai 1918 réglemente le déboisement en définissant le rythme soutenable d'une exploitation compatible avec le maintien des surfaces boisées. Elle organise aussi la lutte contre l'érosion des sols et traite de l'équilibre des bassins fluviaux et de la protection des « monuments de la nature » (grands espaces). Une loi est édictée le 27 mai 1919 en faveur de la protection de certains gibiers avec notamment la réduction des saisons de chasse. Plusieurs décrets de 1918 à 1922 protègent les zones de pêche en interdisant l'exploitation prédatrice.

Le gouvernement bolchevik est cependant divisé sur les priorités. Au milieu des années vingt, les ressources forestières constituent la principale ressource d'exportation de la jeune Russie des Soviets et les fourrures la seconde.

Le grand promoteur de l'écologie bolchevik restera longtemps Anatoli Lounatcharski, le Commissaire du peuple à l'éducation, qui doit souvent batailler contre ses collègues de l'agriculture, de l'industrie et des finances. Le dirigeant le moins sensible semble être Trotski car dans ce domaine son matérialisme est très mécaniste et son marxisme se confond avec un positivisme scientiste.

Le courant écologiste remporte donc incontestablement une grande victoire lorsque le gouvernement russe adopte la loi du 16 septembre 1921 sur la protection des « monuments de la nature », ce texte habilite le Commissariat de l'éducation à créer, de sa propre initiative, des parcs naturels totalement isolés du monde. Podiapolski, agronome rattaché au Commissariat de l'éducation, se voit confier ce dossier par Lénine à l'issue d'une réunion organisée en 1919. Il est assisté par l'astronome bolchevik, Ter Oganesov, nommé président du Comité scientifique rattaché au Comité d'État pour la protection des monuments de la nature et par deux autres zoologistes. Ils créent ensemble le premier parc naturel au monde (*zapovednik*) dans le delta de la Volga, entièrement voué à l'étude des mécanismes de l'environnement et dans le but de prendre des mesures face aux environnements dégradés.

L'ÉCOLOGIE FACE À LA NEP

La période de la NEP ne remet pas en cause les objectifs écologiques mais redéfinit les priorités, notamment budgétaires, en insistant sur la production.

Les grands débats ne sont pas seulement théoriques mais pratico-pratiques. Chaque projet industrialiste, extractiviste dirions-nous aujourd'hui, donne lieu à des expertises et à des contre-expertises bref à des positions inconciliables.

Les restrictions budgétaires réduisent de façon drastique les projets de parcs. L'Académie des Sciences instaure cependant en janvier 1922 un nouveau Bureau central pour l'étude des traditions locales et le Commissariat du peuple à l'éducation fonde en 1924, sous l'impulsion de Lounatcharski, la Société panrusse de conservation, en agrégeant des associations préexistantes. L'étude des traditions locales entend valoriser les modes de vie écologiques et la « conservation » signifie « le maintien en bonne santé des écosystèmes ». Le Commissariat de l'éducation reste donc à la manœuvre en inscrivant, par exemple, la question de la conservation dans les programmes scolaires et en organisant de grandes manifestations pour valoriser ces thèmes écologiques. Ainsi, il organise en 1923, à l'occasion de la grande exposition agricole, une présentation de « l'action destructrice de l'homme sur la nature » afin de justifier la politique des parcs nationaux, il mobilise également 45 000 jeunes naturalistes pour fêter « le retour annuel des oiseaux » et les protéger. L'année 1925 semble même marquer le retour en force de l'agenda écologiste avec la fondation d'une agence gouvernementale dédiée, le *Goskomitet*. Cette structure, qui dépend toujours du Commissariat de l'éducation, se voit chargée de coordonner les programmes de conservation de l'environnement. Ainsi, la Russie passera de 10 000 km² de parc en 1925 à 40 000 en 1929. Ce nouveau rapport de force décidera Vladimir Vernadski, déjà auréolé de gloire et intouchable, à lancer en 1926 un cri d'alarme repris par les écologistes : « Les forces productives naturelles constituent un potentiel (mais) elles sont indépendantes en composition et en abondance de la volonté et de la raison humaine, aussi centralisées et organisées soient-elles. Comme ces forces ne sont pas inépuisables, nous savons qu'elles ont des limites. Celles-ci peuvent être déterminées par l'étude scientifique de la nature et constituent pour nos propres capacités productives une frontière naturelle insurpassable. Nous savons maintenant que pour notre pays, ces limites sont assez étroites et n'autorisent – au risque d'une cruelle fracture – aucun gaspillage dans l'usage de nos ressources. »

Ce texte fait l'effet d'une bombe car publié alors que se prépare le premier plan quinquennal (1928-1933) sous l'égide de tous les courants industrialistes et avec l'objectif d'accélérer l'accumulation primitive sur le dos des paysans certes, comme le revendique Préobrajensky et comme le dénonce Boukharine, mais au péril aussi des équilibres écologiques comme le soutiennent les écologistes. Le Commissariat du peuple à l'éducation se sent encore assez puissant pour lancer en 1928 une revue ouvertement écologiste sous le titre

Conservation. Cette revue officielle, qui s'ouvre à des analyses hétérodoxes comme le rôle du chamanisme en matière de définition des taux d'exploitation supportables du gibier en Sibérie, fait connaître de nouveaux concepts scientifiques, comme celui de biocénose (ou principe de plénitude) signifiant que les communautés vivantes évoluent vers un équilibre où la compétition est réduite au maximum. Evgeniy Kozhevnikov présente également en 1928 ses thèses en faveur d'une critique radicale de toute démarche utilitariste dans les rapports avec la nature : « Développer une conception matérialiste de la nature, cela ne revient pas à calculer combien de mètres cubes de bois on peut extraire d'une forêt, où combien de dollars de peaux d'écureuils il est possible de réaliser chaque année. »; « Prendre le contrôle des régulations naturelles est une affaire extrêmement difficile et grosse de responsabilités. Toute intervention (de l'homme), même celles que nous considérons comme bénéfiques, par exemple l'agriculture ou l'acclimatation d'animaux (exotiques), détruit les conditions naturelles des biocénoses [...] de ce tissu de vie, qui a évolué durant des milliers d'années d'interactions, on ne peut enlever un maillon isolé sans dommage. » L'indéboulonnable Commissaire du peuple à la culture et à l'éducation Lounatcharski se voit remplacer au ministère par un Boublov moins gênant.

L'OFFENSIVE CONTRE LES ÉCOLOGISTES

L'offensive contre les « écolos » se fera en plusieurs temps selon Jean Batou. Dès 1928-1929, on évoque, comme c'est devenu habituel, les origines bourgeoises ou petites bourgeoises des écologistes afin d'affaiblir leurs positions politiques. Cette attaque est conduite au sein même de l'Académie des sciences par les partisans du philosophe A. M. Deborine. La notion de conservation est dans le viseur. Le Congrès des Mouvements de conservation peut certes encore se tenir en 1929 à Moscou mais le biologiste Raikou est démis de son poste.

L'affrontement va se produire autour des enjeux du premier plan quinquennal. Le premier clash sérieux concerne la question de la chasse aux phoques : le plan quinquennal prévoit 350 000 prises par an à ajouter aux 200 000 prises norvégiennes, ce qui ferait 550 000 prises pour un million de phoques. Le deuxième clash concerne l'objectif d'augmenter de 60 % l'exploitation des forêts. Les courants écologistes réagissent en réclamant des études d'impact. L'agronome Podiapolski attire dès 1930 l'attention des dirigeants bolcheviks sur les dangers d'une mécanisation trop rapide et systématique des cultures car cette uniformisation des écosystèmes ruraux fragiliserait l'agriculture. La science soviétique est en effet déjà assez férue en matière de connaissance des sols en raison des travaux pionniers du géographe Vassili Dokoutchaïev (1846-1903), considéré alors comme le père de la science des sols.

La réaction du camp productiviste sera immédiate et brutale. La Société panrusse de conservation est mise sous surveillance sous prétexte qu'elle ne compte pas assez d'ouvriers et beaucoup trop de scientifiques et d'étudiants. *La Pravda* publie un texte accusant les écologistes de vouloir sauver la nature du plan quinquennal, ce qui équivaut à une accusation gravissime de sabotage. Le pouvoir imposera en 1931 de changer le nom de l'association Conservation qui devient la Société pour la conservation et la promotion de la croissance des ressources naturelles. Le journal *Conservation* est débaptisé et devient *Nature et économie socialiste*. Un nouveau responsable est nommé en la personne de Vaisili Nikitich Makarov, lequel appelle à renforcer la concentration industrielle, autour des gisements de charbon et de fer et à développer les exportations de ressources naturelles, donc l'extractivisme, afin de financer l'industrie lourde.

Le philosophe Isaak Izrailevich Prezent va être, durant toute la période du premier plan quinquennal, le principal adversaire des thèses écologistes : « Pendant douze ans de révolution, les savants soviétiques se sont enfermés avec dédain dans un parc naturel réservé à l'espèce menacée des scientifiques bourgeois. » Ce même philosophe officiel du stalinisme, après avoir démontré en 1930 l'incompatibilité du lamarckisme avec le marxisme et le matérialisme dialectique, deviendra un important soutien de Lyssenko et participera au développement de la théorie stalinienne des deux sciences (bourgeoise et prolétarienne)[1]. Prezent sera nommé à la tête de l'Académie communiste de Leningrad dans le but de mettre au pas les spécialistes des sciences naturelles. En 1931, il fonde le département de la nature et des sciences de l'évolution. La science n'est décidément jamais du côté des scientistes positivistes.

Les scientistes soviétiques au pouvoir

Staline fixera bientôt la nouvelle ligne en matière de lutte anti-écologistes : « Toutes les objections soulevées par la "science" contre la possibilité et l'opportunité d'organiser de grandes fabriques céréalières de 40 000 à 50 000 hectares se sont effondrées et ont été réduites en poussière. La pratique a réfuté les objections de la "science" et a montré une nouvelle fois que si la pratique doit apprendre de la "science", la "science" doit aussi apprendre de la pratique[2]. »

---

1 Denis Buican, *Lyssenko et le lyssenkisme*, Paris, PUF, 1988 ; Dominique Lecourt, *Lyssenko*, Maspero, 1976.
2 Joseph Staline, *op. cit.*, 1951, p. 135.

Staline nomme bientôt un nouveau directeur à l'agriculture soviétique, Alexandre Serguéï Evitch Iakovlev lequel impose, y compris aux Académies scientifiques, des objectifs de croissance de la production céréalière de 35 %. Les mêmes promettent également une augmentation considérable du cheptel. Le bilan sera tragique débouchant sur le retour de la pénurie et de la famine : les pertes sont estimées à près de la moitié pour les céréales et entre 10 % et 50 % pour le bétail[1]. Trotski écrit « les pertes en hommes dues à la faim, au froid, aux suites des épidémies et de la répression, n'ont pas été enregistrées avec autant d'exactitude que les pertes en bétail, mais elles se chiffrent aussi par millions ». L'historien Roy Medvedev les estime entre huit et neuf millions.

Cette tragédie prévisible permet aux derniers écologistes de dresser un réquisitoire implacable : la « collectivisation forcée » a engendré un double drame, humain et écologique ; la fuite en avant vers l'accumulation primitive « socialiste » est la cause de la destruction des écosystèmes et de pollutions. Les écologistes sont accusés de saper la mobilisation pour le plan quinquennal. Ils parviendront à se faire entendre, une dernière fois en 1933 lors du Congrès panrusse de conservation, en croyant se protéger en citant Engels : « Ne nous flattons pas trop de nos victoires sur la nature. Elle se venge sur nous de chacune d'elles. Chaque victoire a certes en premier lieu les conséquences que nous avons escomptées, mais, en second et en troisième lieu, elle a des effets tout différents, imprévus, qui ne détruisent que trop souvent ces premières conséquences. Les gens qui, en Mésopotamie, en Grèce, en Asie Mineure et autres lieux essartaient les forêts pour gagner de la terre arable, étaient loin de s'attendre à jeter par-là les bases de l'actuelle désolation de ces pays, en détruisant avec les forêts les centres d'accumulation et de conservation de l'humidité. Sur le versant sud des Alpes, les montagnards italiens qui saccageaient les forêts de sapins, conservées avec tant de sollicitude sur le versant nord, n'avaient pas idée qu'ils sapaient par-là l'élevage de haute montagne sur leur territoire ; ils soupçonnaient moins encore que, par cette pratique, ils privaient d'eau leurs sources de montagne pendant la plus grande partie de l'année et que celles-ci, à la saison des pluies, allaient déverser sur la plaine des torrents d'autant plus furieux. Ceux qui répandirent la pomme de terre en Europe ne savaient pas qu'avec les tubercules farineux ils répandaient aussi la scrofulose »[2].

Le camp stalinien réplique aussitôt par la voix de Vaisilii Nikitich Makarov : lorsqu'il faisait ses remarques, « Engels n'avait pas en vue une société socialiste mais l'économie prédatrice, non planifiée, irrationnelle du

---

1 Peretz Pauline « La Grande Famine ukrainienne de 1932-1933 : essai d'interprétation », in *Revue d'études comparatives Est-Ouest*, vol. 30, 1999, n° 1. Dossier : « retours sur le passé » p. 31-52.

2 Frédéric Engels, *Dialectique de la nature*. 1883.

système capitaliste »[1]. Les écologistes assènent un dernier argument encore emprunté à Engels : « Les faits nous rappellent à chaque pas que nous ne régnons nullement sur la nature comme un conquérant règne sur un peuple étranger, comme quelqu'un qui serait en dehors de la nature, mais que nous lui appartenons avec notre chair, notre sang, notre cerveau, que nous sommes dans son sein et que toute notre domination sur elle réside dans l'avantage que nous avons sur l'ensemble des autres créatures, de connaître ses lois et de pouvoir nous en servir judicieusement. »

V. V. Stanchinski et les autres scientifiques écologistes sont arrêtés en 1934. Ils sont accusés d'avoir propagé « l'idée "réactionnaire" selon laquelle il y aurait des limites naturelles à la transformation de la nature par la culture humaine[2]. » Les positions écologistes renaîtront régulièrement au sein de l'Académie des sciences lorsque les grands travaux pharaoniques dépassaient trop la mesure, comme lorsque le régime voudra implanter sur les rives du lac Baïkal en Sibérie, un grand combinat chargé de produire des fibres de cellulose ultrarésistantes pour équiper les avions militaires. Le courant est cependant affaibli. Roy Medvedev écrira : « L'écologie soviétique est rejetée plus de vingt ans en arrière. »

Le productivisme cause de l'échec des gauches antistaliniennes

L'écrasement de la pensée écologiste russe est tout autant le fait des courants qui l'emporteront avec Staline que de la majorité des Oppositions de gauche. Nous retrouvons la thèse que nous avons déjà plusieurs fois ébauchée : la gauche bolchevik a échoué dans son combat parce qu'elle était au moins aussi productiviste, industrialiste, centralisatrice que le courant stalinien. Nous pouvons approfondir cette hypothèse en opposant presque systématiquement les positions de Trotski à celles de Marx et d'Engels. Je suivrai les analyses de Daniel Tanuro, même si l'argutie selon lequel il ne faudrait pas commettre d'anachronisme, sous-entendu que Trotski était peu ou pas informé, ne tient pas, au regard de la place de l'écologie dans la Russie, mais aussi de la vivacité des débats sur l'écologie au sein du PC(b)R[3]. Nous choisissons donc de prendre à partie Trotski, pas seulement en raison de son rôle historique, mais parce qu'il fut la caricature de l'antiécologisme. L'enjeu est de taille à croire Thomas Remington qui estime que c'est bien le projet de domination de la nature qui permit le rapprochement entre les ingénieurs, les techniciens, les scientifiques et le pouvoir bolchevik et donc, c'est moi qui

---

1 Cité par Batou Jean « Révolution russe et écologie (1917-1934) », in *Vingtième Siècle, revue d'histoire*, n° 35, juillet-septembre 1992, p. 16-28.

2 in Jean Batou, *op. cit.*

3 <https://npa2009.org/content/ecologie-le-lourd-heritage-de-leon-trotski-par-daniel-tanuro>

le précise, qui permit au système stalinien de perdurer si longtemps. L'analyse de Daniel Tanuro aide à comprendre cette synthèse idéologique productiviste.

Le marxisme est-il un positivisme scientiste ?

Karl Marx n'aura jamais de mots assez durs pour dénoncer ce qu'il appelait « cette merde de positivisme » contraire à sa conception de la science[1]. Marx lira Comte, tardivement il est vrai, mais son mépris transparaît dans cette lettre à Engels datée du 7 juillet 1866 : « J'étudie maintenant accessoirement Comte, parce que les Anglais et les Français font tant de bruit autour de ce type. Ce qui les séduit dans son livre, c'est le caractère encyclopédique, la synthèse. Mais comparé à Hegel, c'est bien piteux. »

Engels n'avait pas davantage foi dans la possibilité d'une science absolue : « La souveraineté de la pensée humaine se réalise dans une série d'hommes dont la pensée est extrêmement peu souveraine, et la connaissance forte d'un droit absolu à la vérité, dans une série d'erreurs relatives ; ni l'une ni l'autre (ni la connaissance absolument vraie, ni la pensée souveraine) ne peuvent être réalisées complètement sinon par une durée infinie de la vie de l'humanité. […] La contradiction entre le caractère représenté nécessairement comme absolu de la pensée humaine et son actualisation uniquement dans des individus à la pensée limitée […] ne peut se résoudre que dans le progrès infini, dans la succession pratiquement illimitée, pour nous du moins, des générations humaines. Dans ce sens, la pensée humaine est tout aussi souveraine que non souveraine et sa faculté de connaissance est tout aussi illimitée que limitée[2]. »

Lénine défend une idée semblable lorsqu'il écrit que « nous nous rapprocherons de la vérité objective (sans toutefois l'épuiser jamais)[3] ».

Trotski en affichant en revanche un enthousiasme débridé pour la science exprime donc un point de vue propre à une fraction des opposants de gauche. Daniel Tanuro rappelle ainsi qu'en 1925, alors qu'il est président du Conseil scientifique et technique de l'industrie et responsable de toutes les institutions scientifiques soviétiques, il fait preuve d'un optimisme technico-scientifique qui le rattache davantage au scientisme de Dimitri Mendeleïev qu'au marxisme : « La foi de Mendeleïev en les possibilités illimitées de la science, de la prévision et de la domination de la matière doit devenir la foi scientifique commune des chimistes de la patrie socialiste. Par la bouche d'un de

---

1 K. Marx, *Lettre à Engels du 7 juillet 1866*.

2 F. Engels, *Anti-Dühring*, p. 136-137.

3 Lénine, *Matérialisme et Empiriocriticisme*, p. 147.

ses savants, Du Bois Reymond, la classe sociale quittant la scène historique nous confie sa devise philosophique : « Ignoramus, ignorabimus ! » c'est-à-dire : « Nous ne comprenons pas, nous n'apprendrons jamais ». Mensonge, répond la pensée scientifique qui lie son sort à celui de la classe montante. L'inconnaissable n'existe pas pour la science. Nous comprendrons tout ! Nous apprendrons tout ! Nous reconstruirons tout ![1] » Tanuro relève que ce scientisme régresse vers une posture antiscientifique lorsque Trotski affirme péremptoirement que le vieux rêve des alchimistes pourra être réalisé : « La chimie est, avant tout, la science de la transmutation des éléments », lance-t-il lors du Congrès Mendeleïev. Il revient sur le sujet un an plus tard : « La parenté des éléments et leurs mutuelles métamorphoses peuvent être considérées comme prouvée empiriquement dès le moment où, avec l'aide des éléments radioactifs, il est devenu possible de résoudre l'atome en ses composants. » Le point le plus surprenant ici est que Trotski recourt à la dialectique comme s'il s'agissait d'une métathéorie dont les lois gouverneraient l'univers : « Jusqu'à récemment, les scientifiques supposaient qu'il y avait dans le monde à peu près 90 éléments […] qui ne pouvaient pas être transformés l'un en l'autre […] Une telle notion contredit la dialectique matérialiste, qui parle de l'unicité de la matière et, plus important encore, de la transformabilité des éléments de la matière. » Et de conclure que « la chimie des radioéléments célèbre le triomphe suprême de la pensée dialectique[2] ».

Les techniques sont-elles neutres ?

Karl Marx a toujours insisté sur le fait que les techniques ne sont pas neutres. Elles possèdent un caractère de classe donc rien ne serait plus erroné que de croire qu'on pourrait s'en abstraire et les utiliser dans une autre société. J'illustrerais volontiers cette idée en disant que le pétrole socialiste n'est pas plus écologique que le pétrole capitaliste et que le nucléaire socialiste ne serait pas moins dangereux ni plus autogérable que le nucléaire capitaliste. Marx note par exemple au sujet du sort de la classe salariée avant la Révolution industrielle que « le mode de production technique ne possédant encore aucun caractère spécifiquement capitaliste, la subordination du travail au capital n'était que dans la forme[3] ». Autrement dit, la technologie qui allait permettre le développement du capitalisme était inutilisable par ailleurs. Daniel Tanuro poursuit en notant que cette manière de voir sous-tend d'ailleurs la violente dénonciation du machinisme, des « capitalistes ingénieurs », de la

---

1 L. Trotski, *Mendeleïev et le marxisme*, discours au congrès Mendeleïev, 17 septembre 1925, Marxists Internet Archive.

2 L. Trotski, *Radio, science, technique et société*, 1926 Marxists Internet Archive (notre traduction).

3 K. Marx, *Le Capital*, I, Chap. XXVIII, Garnier Flammarion 1969 p. 546.

science capitaliste, etc., telle qu'elle se déploie dans le chapitre xv du Capital, en particulier dans le chapitre « machinisme et grande industrie ».

Trotski exprime donc, une nouvelle fois une position propre à une fraction des Oppositions de gauche lorsqu'il écrit, dans *Culture et Socialisme*, que « le caractère de classe de la société réside fondamentalement dans l'organisation de la production », pas dans les forces productives – donc pas dans la technologie : « Toute société de classe s'est développée selon certains moyens de lutter contre la nature, et ces moyens ont changé en fonction du développement de la technologie »; « La technologie est une conquête fondamentale de l'humanité […]. La machine étrangle l'esclave salarié. Mais l'esclave salarié ne peut être libéré que par la machine. Là réside la racine de toute la question.[1] » Daniel Tanuro en profite pour nous mettre en garde, avec raison, contre les fausses proximités entre Trotski et l'écologie. Ainsi lorsque Trotski écrit que « le prolétariat prend possession des usines équipées par la bourgeoise et il le fait dans la forme où la Révolution les a trouvées », il ajoute bien, « cependant, dans la forme où nous l'avons prise, cette vieille technologie est complètement inappropriée au socialisme ». Mais comme le souligne Tanuro, ce n'est pas la technologie proprement dite qui est visée, mais le mode social de sa mise en œuvre, car celui-ci concrétise « la concurrence entre entreprises, la course au profit, le développement inégal des branches séparées, l'arriération de certaines régions, la petite échelle de l'exploitation agricole, le gaspillage des ressources humaines[2]. »

Une vision très linéaire du progrès

Trotski adhère, comme le montre Daniel Tanuro, à une vision très linéaire du progrès : « Il raisonne comme si, à chaque niveau de connaissance scientifique, correspondait une filière technologique, et une seule. Or, l'histoire fournit de nombreux exemples de choix, et même de carrefours technologiques. » Alain Tanuro poursuit sa critique en notant que pour Trotski : « La tendance du capitalisme à développer de plus en plus les forces destructives, en lieu et place des forces productives, se concrétise essentiellement dans la barbarie militaro-policière de l'impérialisme en général, et du fascisme en particulier. Sur ce point, sa conception est plus étroite que celle des fondateurs du marxisme qui, dans L'idéologie allemande, citent le machinisme et la monnaie comme forces destructives »[3]. Trotski est en effet convaincu que le plus gros problème du capitalisme, c'est de créer des rapports de produc-

---

1 L. Trotski, *Culture et Socialisme, op. cit.* Marxists Internet Archive.

2 L. Trotski, *Culture et socialisme, op. cit.*

3 K. Marx, F. Engels, *L'Idéologie allemande*, Marxists Internet Archive.

tion qui bloquent le développement des forces productives qui, en lui-même, serait toujours positif.

Dans un ouvrage daté de 1923, Trotski précise « l'emplacement actuel des montagnes, des rivières, des champs et des prés, des steppes, des forêts et des côtes ne peut être considéré comme définitif. L'homme a déjà opéré certains changements non dénués d'importance sur la carte de la nature ; simples exercices d'écolier par comparaison avec ce qui viendra. La foi pouvait seulement promettre de déplacer des montagnes, la technique qui n'admet rien par foi les abattra et les déplacera réellement. Jusqu'à présent, elle ne l'a fait que pour des buts commerciaux ou industriels (mines et tunnels), à l'avenir elle le fera sur une échelle incomparablement plus grande, conformément à des plans productifs et artistiques étendus. L'homme dressera un nouvel inventaire des montagnes et des rivières. Il amendera sérieusement et plus d'une fois la nature. Il remodèlera, éventuellement, la terre, à son goût. Nous n'avons aucune raison de craindre que son goût sera pauvre. […] L'homme socialiste maîtrisera la nature entière […] au moyen de la machine. Il désignera les lieux où les montagnes doivent être abattues, changera le cours des rivières et emprisonnera les océans[1]. »

Quelles relations entre l'humanité et la nature ?

À partir des travaux de Liebig sur l'épuisement des sols (en raison de l'industrialisation), Marx avance le concept de régulation rationnelle des échanges de matière (ou métabolisme social) entre l'humanité et la nature comme seule liberté possible. Lénine répondra aux auteurs qui considèrent que l'invention des engrais de synthèse rendrait l'analyse de Marx obsolète : « La possibilité de substituer des fertilisants artificiels aux engrais naturels […] ne réfute en rien l'irrationalité qui consiste à gaspiller des engrais naturels en polluant ainsi les rivières et l'air dans les districts industriels[2]. » Boukharine ira encore plus loin dans son ouvrage *La théorie du matérialisme historique. Manuel de sociologie marxiste*, en faisant une synthèse du concept de « métabolisme social » et en l'agrémentant de considérations pertinentes sur la possibilité d'estimer la productivité sociale du travail en ramenant les différentes activités à leur dénominateur commun : la dépense d'énergie[3]. Daniel Tanuro, une fois encore, a raison de noter au sujet de Trotski : « De toutes ces questions, la seule qui semble l'intéresser est celle de l'abolition de

---

1 Léon Trotski, *Littérature et Révolution*.

2 Lénine, *La question agraire et les critiques de Marx*, Chapitre iv, Marxists Internet Archive.

3 N. Boukharine, « La théorie du matérialisme historique », *Manuel de sociologie marxiste*, éd. Anthropos, Paris, 1967. La version anglaise (*Historical Materialism. A System of Sociology*) est consultable sur //www.marxists.org/archive/bukharin/librar.

la séparation entre villes et campagnes. De plus, il l'aborde exclusivement par le biais de la lutte contre "l'idiotisme paysan" (la formule est de Marx). La problématique des sols n'est pas mentionnée. L'abolition de la séparation entre villes et campagnes, pour lui, c'est plus d'espaces verts dans les villes, d'une part, et l'industrialisation de la production agricole dans le cadre d'exploitations géantes, d'autre part. »

Un surhomme socialiste est-il souhaitable ?

Alain Tanuro note que l'idée d'un surhomme socialiste sélectionné artificiellement et scientifiquement revient dans l'œuvre de Trotski. Dans le dernier chapitre de *Littérature et Révolution*, il écrit : « Enfin, l'homme commencera sérieusement à harmoniser son propre être. Il visera à obtenir une précision, un discernement, une économie plus grands, et par suite, de la beauté dans les mouvements de son propre corps, au travail, dans la marche, au jeu. Il voudra maîtriser les processus semi-conscients et inconscients de son propre organisme : la respiration, la circulation du sang, la digestion, la reproduction. Et, dans les limites inévitables, il cherchera à les subordonner au contrôle de la raison et de la volonté. L'homo sapiens, maintenant figé, se traitera lui-même comme objet des méthodes les plus complexes de la sélection artificielle et des exercices psychophysiques. […] L'homme s'efforcera de commander à ses propres sentiments, d'élever ses instincts à la hauteur du conscient et de les rendre transparents, de diriger sa volonté dans les ténèbres de l'inconscient. Par-là, il se haussera à un niveau plus élevé et créera un type biologique et social supérieur, un surhomme, si vous voulez. »

Dix ans plus tard, en conclusion de *Si l'Amérique devait virer au communisme* (1934), il fait encore comme le déplore Tanuro, une tentative maladroite pour opposer un eugénisme socialiste à l'eugénisme des Nazis : « Tandis que les imbéciles romantiques de l'Allemagne nazie rêvent de restaurer la vieille race des sombres forêts d'Europe dans sa pureté, ou plutôt dans son ordure originale, vous, Américains, après avoir pris en mains fermement votre machine économique et votre culture, appliquerez des méthodes scientifiques originales aux problèmes de l'eugénisme. D'ici un siècle, votre *melting-pot* de races aura donné naissance à une nouvelle variété d'hommes – la seule digne du nom d'Homme[1]. »

Alain Tanuro a raison de noter que certains raisonnements sur le développement scientifique ou technique font appel à la dialectique comme une sorte de métathéorie transcendante alors que cette conception de la dialec-

---

[1] Cité par À. Tanuro : L. Trotski, *If America Should Go Communist*, Marxists Internet Archive.

tique est complètement à l'opposé de celle que Trotski met en œuvre quand il analyse les phénomènes sociaux et politiques. Dont acte.

Cependant, je ne pense pas comme Alain Tanuro que Trotski ait simplement « tordu le bâton dans l'autre sens » car ce serait *in fine* prêter à Staline une posture antiproductiviste et écologique qui ne fut jamais la sienne même lorsqu'il s'opposa tactiquement à la construction du barrage sur le Dniepr. Je ne crois pas davantage qu'on puisse écrire à la décharge de Trotski qu'il aurait été simplement fidèle à la culture techniciste et moderniste de son époque. Si cette culture était présente existait aussi une prise de conscience écologique qui aurait pu faire de la jeune Russie des Soviets un laboratoire écologique.

Sur le front éducatif

La Russie fut, après la défaite de la révolution de 1905, un important terrain d'expérimentations pédagogiques[1]. Ce courant était animé par le groupe des otzovistes dirigé par Bogdanov et Lounatcharski avec le soutien de Gorki[2]. Les otzovistes constituent un courant d'extrême gauche, souvent proche des « constructeurs de Dieu », qui se sépare en 1908 des bolcheviks car ils exigent le rappel des députés SD de la Douma et prônent l'antiparlementarisme. Rappeler se dit en russe *otzyv* d'où le nom d'otzoviste. Les clivages ne sont pas toujours tranchés : ainsi Alexandra Kollontaï et Nicolaï Boukharine, bien que bolcheviks, partagent beaucoup des thèses otzovistes, notamment sur le plan éducatif. Ce courant est particulièrement puissant comme le prouve le mouvement du Proletkult, issu en partie des otzovistes, qui comptait 500 000 membres

Le front éducatif est inséparable du mouvement du Proletkult et d'Anatoli Lounatcharski (dont nous parlerons amplement en arpentant le front culturel). Le Proletkult s'intéressait à l'éducation, donc aussi à la question de l'école. Il débattra par exemple d'un projet de déclaration des droits de l'enfant : « Tout enfant a le droit d'élire ses futurs éducateurs, de renier ses parents et de les quitter s'ils s'avèrent être de mauvais éducateurs. Aucun enfant ne peut être contraint par force à la fréquentation d'un établissement d'éducation ou de formation, etc. »

Ce projet sera certes ajourné par la majorité des membres mais non pas en raison de son contenu idéologique mais parce qu'il était fondé sur les théories du droit naturel (inacceptables au regard d'une conception matérialiste).

Anatoli Lounatcharski, d'abord otzoviste puis parrain du Proletkult, avait cependant conservé l'estime et l'admiration de Lénine, sans doute parce qu'il campait sur des positions minoritaires au sein du Proletkult et parce

---

1 On se reportera pour une vision synthétique à Daniel Lindenberg, *L'internationale communiste et l'école de classe*, Maspero, 1972. On lira aussi Ludovic Zoretti, *Le mouvement ouvrier et l'école*, 1919, prolongé en 1923 par *L'Éducation nationale et le mouvement ouvrier en France*, Joseph Boyer, *L'École Laïque contre la classe ouvrière*, ESI, 1931, et de Maurice Dommanget, *Les Grands éducateurs socialistes, notamment le n° sur Francisco Ferrer*, A. Colin, 1970.

2 Avraham Yassour, « Bogdanov et son œuvre », *Cahiers du monde russe et soviétique*, 1966, n° 10, p. 546-584.

qu'il défendait la philosophie des Lumières et souhaitait aussi démocratiser la grande culture (le lecteur peut lire son portrait dans le chapitre consacré au front culturel). Lounatcharski fut donc nommé Commissaire du peuple à l'Instruction publique, avec l'ambition de « démocratiser » et de « révolutionner » l'école. Lénine, bien que souvent en désaccord, lui faisait confiance, d'autant plus que Kroupskaïa le secondait. Dès sa prise de fonction, il se heurte à la grève des enseignants contre le coup d'État bolchevik, puis à une sorte de grève passive, paralysant le système pendant des mois, alors qu'ils partageaient les mêmes visions. Lorsque Lounatcharski arrive au Commissariat du peuple les anciens responsables ont emporté tous les dossiers et la comtesse Panina, grande figure du ministère avant octobre 1917, a même confisqué les salaires des enseignants certifiant qu'elle ne rendrait l'argent qu'à l'autorité légale et non à des brigands.

L'ÉCOLE AU SORTIR DE LA RÉVOLUTION D'OCTOBRE

L'école russe d'avant 1917 est une école de classe encadrée par l'Église orthodoxe. La Russie ne scolarise qu'un enfant sur cinq et ne compte que 127 000 étudiants. L'école russe est donc composée pour l'essentiel d'enfants de la bonne société. Le front éducatif russe restera durant des années l'un des plus contestataires[1]. La majorité des enseignants et des enseignés (lycéens et étudiants) s'opposent au courant bolchevik et lui reprochaient d'être non démocratique et trop timoré dans ses projets pour en finir avec « l'école des popes et des patrons ». Lounatcharski jouera habilement les élèves contre les maîtres et les chapelles pédagogiques les unes contre les autres avant de se rallier aux méthodes américaines, au moment où la Russie bolchevik succombera au taylorisme. Cet entre-deux fut donc une période d'extraordinaire liberté pédagogique. Ces expériences prendront fin avec la reprise en main qui accompagna le stalinisme. L'école, qui devait être au service de la vie, sera enrégimentée au service du renforcement de l'État dit prolétarien et de l'industrialisation à outrance.

Les élèves face à Octobre

L'étude de Wladimir Berelowitch sur *La Révolution dans les gymnases russes de la fin du XIXe siècle à 1925*[2] actualise les connaissances sur la parti-

---

1 Sur la situation de l'école avant la Révolution : Berelowitch Wladimir, « L'école russe en 1914 », in *Cahiers du monde russe et soviétique*, vol. 19, n° 3, juillet-septembre 1978. Hommage à Georges Haupt, p. 285-300.

2 Berelowitch Wladimir, « La révolution dans les gymnases russes de la fin du XIXe siècle à 1925 », in *Cahiers du monde russe et soviétique*, vol. 27, n° 1, janvier-mars 1986, p. 5-26.

cipation des élèves issus des classes moyennes à la révolution d'Octobre. Si la révolution de 1905 a commencé par le mouvement étudiant, avant que la grève ouvrière ne prenne le relais, il n'en fut pas de même en 1917 ni les années suivantes. Beaucoup de lycéens adhéraient avant Octobre à divers mouvements dont la puissante Organisation des élèves des établissements secondaires (OSUZ), proche du courant des socialistes-révolutionnaires (qui publie alors le bulletin *Svobnodnaja Skola*) et de l'Union des élèves socialistes réunissant principalement des jeunes proches des SR de gauche et forte de 30 000 membres environ. Les lycéens bolcheviks sont historiquement beaucoup plus faibles et se contentent alors de militer au sein de l'OSUZ. Dès le début de la révolution de Février, un mouvement de Soviets d'élèves s'étend depuis Petrograd avec la mise en place de délégués élèves et de cahiers de doléances. Ce mouvement des scolarisés se lance dans une critique radicale de l'école tsariste et propose de supprimer les examens, d'établir la mixité, de mettre fin au « sadisme pédagogique », de supprimer les gendarmes-inspecteurs, d'assurer la participation des élèves à la gestion des écoles, d'instaurer l'autosurveillance, d'interdire de convoquer des élèves en raison de mauvaises notes, etc. Les filles, qui ne sont pas les moins revendicatives, réclament en plus la suppression de la surveillance extrascolaire. Le principal mot d'ordre reste cependant l'élection des maîtres et directeurs. Aux assemblées générales qui se tiennent en journée succèdent la nuit des fêtes et des bals où le romantisme révolutionnaire triomphe selon W. Berelowitch : les jeunes révolutionnaires s'engagent par exemple à ne pas tomber amoureux avant le triomphe de la révolution mondiale ! On aurait tort cependant de croire que ce mouvement de jeunesse, plutôt désordonné, serait resté inefficace. Déjà parce que l'organisation lycéenne OSUZ va connaître une première scission. Les élèves bolcheviks, quittant l'OSUZ avant fin Octobre, fondent début 1918 leur propre organisation intitulée « Union des élèves des écoles uniques du travail » (*suprotrus*) pour témoigner de leur soutien à la politique des bolcheviks, lesquels viennent de transformer les écoles en « écoles uniques du travail ». Les élèves qui portent des rubans de différente couleur selon leur affiliation politique n'en finissent plus de débattre et de monter des projets éducatifs. Ensuite parce que le gouvernement bolchevik laissa cette agitation se développer afin de disposer d'un contre-pouvoir face aux enseignants. Lounatcharski rendra visite aux lycéens et mettra le palais du Travail à leur disposition afin d'organiser leurs réunions, leurs actions et leur presse. Il annonce la création d'un Collège des élèves au sein du Commissariat du peuple. Les bolcheviks prendront ainsi appui sur les Soviets d'élèves pour éliminer certains enseignants lors de la phase de leur élection (printemps 1918), notamment ceux qui avaient contesté, avec leur syndicat, le coup d'État. Le bulletin du ministère publie des dénonciations d'enseignants à caractère général, tandis que le komsomol, qui vient d'être créé en novembre 1918 (par la fusion de plusieurs organisations de jeunesse dont le *suprotrus* bolchevik), développe la croisade contre les « maîtres réactionnaires » et appelle les élèves du secondaire à se mobiliser contre « les tendances réactionnaires des enseignants ». Le premier dirigeant des komsomols, Oskar Ryvkin (1899-1937)[1], membre du PC(b)R depuis mars 1917, ancien Garde rouge, chef de la Ligue socialiste du Travail à Petrograd, membre du Conseil de rédaction de la revue *Lunyi prolétarii*, obtiendra la participation des élèves aux Soviets des écoles du second degré[2]. Une directive du PC(b)R du 11 mai 1919 crée une section spéciale des élèves du secondaire au sein du komsomol afin d'entreprendre la Révolution à l'école sur des bases proches de celles du Commissariat du peuple. Les élèves communistes demeurent cependant fort peu nombreux au cours de la période du « communisme de guerre » et même durant la NEP. L'organe du komsomol, le *Junyj kommunar*, évoque en 1920 l'échec d'un meeting moscovite à l'invitation des bolcheviks : « Les élèves ont montré leur peu de conscience. Au lieu de 1 500 ou 2 000, il en est venu 70 à 80 et encore ceux-ci sont-ils arrivés en retard et repartis avant la fin. » Un autre journal du Komsomol écrit que « le travail parmi les élèves est mal assuré. Aucune école de Moscou n'a de cellule ». Berelowitch donne le chiffre d'un communiste sur dix élèves en 1926. Le PCR(b) se penchera très vite sur la question de l'encadrement de la jeunesse. Parallèlement au komsomol est fondée une organisation moscovite directement copiée sur le modèle des scouts auxquels elle empruntant sa devise « Toujours prêt! », qu'elle adapte « Toujours prêts à lutter pour la cause de la classe ouvrière! ». Une Conférence panrusse décide en mai 1922 de généraliser ce modèle d'organisation sous son nom définitif de pionniers et pionnières.

Les enseignants face à Octobre

L'hostilité du monde enseignant aux bolcheviks est quasi absolue même si la majorité souhaite une révolution politique, sociale et bien sûr éducative. Ainsi les instituteurs, fortement organisés au sein de l'Union panrusse des instituteurs (VUS), 50 000 membres pour 350 000 enseignants, proches des SR, déclenchent une grève en décembre 1917 qui dura plusieurs mois notamment à Moscou. Le gouvernement saisit donc au vol la revendica-

---

1 <https://books.google.fr/books ?id=baIy17SLYk0C&pg=PA47&lpg=PA47&dq=Ryvkin+-komsomol&source=bl&ots=X42FlAoYp2&sig=aEY6tRtRxA3aVu9KXiDU069EZ50&hl=fr&-sa=X&ved=0ahUKEwjOlJuZwI_PAhVGOpoKHSpzDfAQ6AEIMTAC#v=onepage&q=Ryvkin komsomol&f=false>

2 <https://books. google. fr/books ?id=0Tk0S5HAeakC&pg=PT178&lpg=PT178&dq=Ryvkin+komsomol&source=bl&ots=rwWOQCQBBk&sig=wBMjzBBsOxmJholTTUgRZiy_Jnw>

tion lycéenne de l'élection des maîtres et des directeurs. Les enseignants, tous officiellement limogés, doivent être élus (décret du 27 février 1918) pour pouvoir retrouver leur fonction en vertu du principe de l'éligibilité. Des Commissions nommées par les Soviets locaux feront le ménage. Le Commissaire du peuple Lounatcharski déclare : « Il suffit de mettre les écoles à l'entière disposition des maîtres et des parents pour qu'ils restaurent l'école ancienne et recommencent à estropier les enfants. Nous ne pouvons l'admettre. » Pozner, un de ses adjoints, ajoute : « Il est indispensable que tout le monde comprenne que des réélections régulières sont des actes de démobilisation de l'ancienne armée corporative et intellectuelle et d'une sélection systématique de nouveaux cadres de l'enseignement. [...] Il est indispensable que ces réélections libèrent l'armée des éducateurs de tout le ballast inutile que sont les artisans bornés du métier qui dépérit, désespérément hostiles à l'édification nouvelle. »

Les militants du Syndicat des instituteurs (VUS), dissous le 23 décembre 1918, composeront les principales victimes de cette première grande purge. Alors que la professionnalisation de l'armée conduira à rappeler les anciens officiers tsaristes, qui retrouveront même leur commandement militaire, seule une petite moitié des enseignants en poste avant Octobre sera reconduite !

Une nouvelle organisation (l'Union des instituteurs internationalistes) est fondée sous la direction de Pozner, donc du commissariat du peuple. Le commissariat hésite même à en faire un véritable mouvement de masse car il redoute toujours les enseignants ou une organisation réservée aux fidèles. Un compromis est trouvé avec la création en juillet 1919 d'une Union des travailleurs de l'instruction et de la culture socialiste englobant toute la profession. Elle passe entre octobre 1919 et 1920 de 50 000 à 250 000 cotisants. Lénine expliquera que « ce syndicat doit se placer résolument sur la plate-forme soviétique [...] afin que tous les membres de la profession soient réunis en une association unique ». Le même procédé sera réutilisé beaucoup plus tard lors de la reprise en main des professions intellectuelles par Staline (cf. *infra*). L'heure n'est pas cependant à la grande glaciation et les premières années de la jeune Russie des Soviets créeront une liberté pédagogique.

La méfiance envers les enseignants et le peuple

Les « principes d'éducation du programme de 1917 » ne comprennent que quatre points : laïcité, gratuité, enseignement dans la langue nationale et développement de l'enseignement professionnel. La jeune Russie des Soviets se pense cependant comme une gigantesque école selon les termes de Sul'gin (cadre du Commissariat du peuple à l'Instruction publique nommé *Narkompros*). Le PC(b)R était convaincu qu'il lui fallait enfanter l'homme neuf et qu'il ne pouvait pour cela faire confiance aux enseignants, anciens ou nouveaux. Alors que la moitié du personnel avait déjà été purgé, Lénine déclarait encore en 1920 : « Nous devons éduquer une nouvelle armée du personnel pédagogique enseignant, qui doit être étroitement lié avec le Parti et ses idées, qui doit être imprégné de son esprit, qui doit s'attirer les masses ouvrières, les imprégner de l'esprit du communisme, les intéresser à ce que font les communistes. »

Vladimir Berelowich écrit que l'école, selon Lénine, ne devait pas seulement apprendre à lire et à écrire mais apprendre à lire et à écrire des slogans bolcheviks. Certes, mais je pense que le problème principal, au-delà de la question de l'alphabétisation, réside dans la conception de la culture défendue par la majorité des bolcheviks, une culture n'émergeant pas des milieux populaires mais devant être apportée de l'extérieur par une avant-garde. Cette avant-garde enseignante devant être, elle-même, éduquée par l'avant-garde de l'avant-garde, c'est-à-dire par les bolcheviks, eux-mêmes connaissant une gradation puisque seuls les dirigeants du Parti détiennent la vérité. Nous voisinons avec une image éminemment religieuse, celle du saint des saints, du *sanctum sanctorum* qui caractérisera tout le fonctionnement du bolchevisme. Seul le courant du Proletkult aurait pu défendre une autre conception et une autre praxis de la culture, qui auraient correspondu, bien davantage, à la thèse en faveur du dépérissement de l'école (cf. *Sur le front culturel*).

LA CROISADE CONTRE L'ENSEIGNEMENT RELIGIEUX

Les écoles privées sont interdites dès le lendemain d'Octobre, notamment confessionnelles, sauf s'il s'agit d'associations prolétariennes liées au Proletkult. L'État bolchévique nationalise ainsi 34 000 écoles liées à l'Église orthodoxe. Les écoles primaires juives bénéficieront d'un répit jusqu'en 1920-1921. Lounatcharski soutient la supériorité du maître sur le prédicateur : « Combien plus enviable est le rôle du maître qui a affaire non pas à des âmes déformées par une vie perverse, presque incapables de renouvellement, mais à un flot d'âmes neuves et pures, qu'il faut préserver de la politique et diriger vers le chemin de la vérité. »

Le combat antireligieux à l'école va mobiliser beaucoup d'énergie, suppression de l'enseignement religieux dans l'enceinte des établissements, organisation de clubs de jeunes athées (*bezbozniki*), dénonciation des fêtes religieuses en faisant la chasse à l'absentéisme (à partir de 1928), obligation de retirer les icônes (malgré les craintes de Lounatcharski que cela n'engendre des émeutes).

Vers le dépérissement de l'école

La thèse du dépérissement de l'école est conforme à la théorie marxiste et socialiste. Elle accompagne celle en faveur du dépérissement de l'État. Puisque l'école a été un instrument au service des popes et des patrons, elle doit disparaître, c'est-à-dire être dépassée par l'invention d'une autre pédagogie[1]. L'école ne saurait être démocratisée car elle ne pourrait que reproduire l'ordre social ancien avec ses injustices et inégalités. Cette thèse est celle de l'aile gauche du PC(b)R et est soutenue par de nombreux pédagogues révolutionnaires comme Sul'gin, Pozner, Rjappo et par les komsomols. Cette vision est condamnée par les principaux dirigeants du ministère dont Lounatcharski ou Kroupskaïa mais avec des arguments qui ne sont pas ceux qu'utilisera plus tard Staline pour interdire les expériences pédagogiques[2]. Ainsi Kroupskaïa reconnaît en 1921 que « le sentiment qui produit cette exigence radicale m'est proche et je le comprends fort bien mais le moyen est trop simple et insuffisamment radical. On peut fermer d'un trait de plume les écoles du second degré mais l'ancienne instruction, tout l'esprit de l'ancienne école secondaire s'insinuera parfaitement aussi bien dans les facultés ouvrières que dans les écoles professionnelles ». Lounatcharski soutient que supprimer l'école est trop peu si l'on souhaite libérer la culture et émanciper ainsi le peuple ! La rentrée scolaire de 1918 est retardée tant les désaccords sont grands au sein du ministère et il est demandé au Congrès des Soviets de trancher ces différends. La décision prise est d'autoriser toutes les expérimentations même si pour sa part Lounatcharski ne cache pas son attirance pour le modèle américain de Dewey (cf. infra).

Les expérimentations anti-autoritaires

La jeune Russie des Soviets n'est cependant pas fermée aux expérimentations dans ce domaine et va donc laisser ce courant faire ses preuves.

Strebilsky préconise en avril 1920 la dissolution complète de l'école en supprimant les livres scolaires, les programmes, les leçons, les examens et les diplômes. Il reçoit le soutien de Pozner et Lebedev de la gauche du Parti.

Blonskii se fait le chantre d'« une école sans école » et se dit convaincu que pour supprimer l'école, il faut avant tout la laisser absorber par la vie sociale. Une société sans classe étant une société où l'État dépérit au profit

---

1 Berelowitch Wladimir, « De l'enfant à l'homme nouveau : le « futurisme pédagogique des années 1920 », in *Revue des études slaves*, tome 56, fascicule I, 1984. *L'utopie dans le monde slave*, sous la direction de Jacques Catteau. p. 115-125.

2 Nadejda Kroupskaïa, *Sur l'éducation*, Moscou, Éditions du Progrès.

de la société, l'école, en tant qu'institution coupée de la vie, doit donc elle aussi dépérir.

V. N. Choulguine (directeur de l'Institut pour la pédagogie marxiste et léniniste de Moscou) deviendra l'un des grands théoriciens du dépérissement de l'école. Il explique que, puisque l'école a été un instrument de domination de la classe bourgeoise, elle doit disparaître en se fondant avec la vie sociale elle-même, c'est-à-dire avec le processus productif, ce qui suppose de supprimer les classes par niveau, les programmes officiels, les manuels et même les enseignants. L'école se fera à travers « le monde, la bibliothèque et les théâtres, les cinémas, les radios, la musique, les réunions et les meetings, les tramways, les autos, les avions, etc. Toutes ces choses instruisent. […] L'éducation ne se fait pas seulement par les instituteurs et les journaux, mais encore par le Parti, les Soviets, les syndicats, etc. Là on apprend non seulement à comprendre la vie mais aussi à la transformer sur des bases nouvelles. Il faut donc chercher des moyens pour accélérer ce processus d'éducation, afin qu'il donne de meilleurs résultats. […] C'est la pédagogie qui doit nous venir en aide mais pas la pédagogie scolaire. C'est la pédagogie nouvelle que nous devons créer, mais que nous n'avons pas encore faite ».

Vers l'école nouvelle

Cette thèse du dépérissement nécessaire de l'école peut être mise en rapport avec des décisions prises durant les premières années de la Russie des Soviets : suppression dès décembre 1917 des fonctions de directeurs et d'inspecteurs, suppression dès janvier 1918 de l'équivalent français des rectorats, suppression des manuels, des programmes, des devoirs et des notes, instauration de l'autodiscipline, suppression des uniformes scolaires, suppression du lien entre les maîtres d'école primaire et les classes puisqu'ils deviennent des « personnes-ressources » à la disposition des élèves, suppression de l'organisation en classes, des cours magistraux et de l'enseignement des langues anciennes car selon Lounatcharski, « elles encrassent l'esprit de l'enfant et servent à dresser des esclaves de la bourgeoisie », ouverture des cours d'histoire, de géographie et de littérature aux sciences sociales marxistes, remplacement des disciplines traditionnelles au profit de « centres d'intérêt » à partir desquels on fait un peu de tout, y compris en prenant en compte les choix de chaque enfant/élève, développement de la pédagogie individualisée, etc.

L'école du travail : atelier ou usine

Comme nous l'avons déjà mentionné, la jeune Russie des Soviets instaure, le 16 octobre 1918, l'école unique du Travail, dont toute la pédagogie repose sur le principe de la « commune scolaire », c'est-à-dire d'une école autogérée par les enseignants, les parents et les élèves âgés de plus de douze ans[1]. Cette école unique du travail est d'abord une école mixte, laïque, gratuite et obligatoire jusqu'à 17 ans. L'obligation scolaire sera ramenée à 15 ans en 1920. Les cours ont lieu en russe et dans les autres langues maternelles des nationalités. L'État fournit vêtements, chaussures, manuels et petit déjeuner gratuits aux enfants. Cette école repose sur l'abolition des programmes, des notes et examens (d'entrée, de passage et de sortie), l'interdiction des punitions, la gratuité de la cantine, etc. L'objectif central est de construire un lieu de vie dans lequel les activités recréent à l'échelle de la commune scolaire les principes d'une société communiste future. Ainsi une école sans notes supprimerait l'individualisme, une école sans classement supprimerait l'esprit de compétition, une école sans programme deviendrait une école ouverte sur la vie…

L'idée que le travail productif (« socialement utile ») est essentiel dans l'éducation réunit alors tous les courants socialistes russes et étrangers. La jeune Russie des Soviets réalise à sa façon (d'autres existent) ce vieux rêve d'une alliance de l'école et de la production, c'est-à-dire de l'école et de la vie sociale. L'entreprise transformée devenant elle aussi un centre productif et éducatif. Les enfants sont regroupés en brigades d'études et de production et les activités ne sont plus organisées par des maîtres mais par des spécialistes des tâches. Choulguine ne résume cette conception de l'école unique du Travail en se protégeant, comme il est déjà d'usage, sous la figure tutélaire de Lénine : « La masse, dit Lénine, s'instruit par sa propre expérience. […] Le processus est le même pour les adultes et les enfants, […] le travail à la fabrique cessera d'être maudit pour devenir un plaisir. La fabrique cessera d'être exclusivement un lieu de création des valeurs matérielles, pour devenir une école, un laboratoire. La production sera mise au service de l'éducation […] Les enfants comme les adultes doivent s'instruire dans le processus du travail. Il ne faut donc que choisir des travaux qui leur sont accessibles, nécessaires et qui les instruisent. […] Cela n'est possible que dans un degré de développement technique tel que nous le rencontrons en Amérique. […] Les limites entre le travail physique et le travail intellectuel et entre le travail et l'esthétique disparaissent. De plus en plus, l'école cesse d'être une école, elle meurt comme telle pour devenir une chose nouvelle […] avec l'aide des adultes, les enfants organisent et édifient leur vie. Ainsi changent les rap-

---

1 In *Revue des études slaves*, tome 58, fascicule II, 1986. Tome 58, fascicule II : « École et enseignement en Russie et en URSS de 1860 à nos jours », sous la direction de Jean-Louis van Regemorter. p. 117-118.

ports entre les adultes et les enfants. Bien que l'école existe encore, le nouveau processus se développe dans son sein ».

Mais si tous les révolutionnaires sont effectivement d'accord pour remplacer l'école par le travail créatif, certains prônent « l'école-atelier », chère aux tolstoïens, et d'autres préfèrent « l'école-usine », chère aux productivistes. Le choix des technologies à utiliser oppose encore tolstoïens et bolcheviks. Les premiers préconisent des technologies artisanales qu'on dirait aujourd'hui douces et conviviales afin que l'individu en conserve pleinement la maîtrise. Lounatcharski expose le point de vue du PC(b)R : « La société communiste repose sur la grande industrie [...] L'école du travail prend souvent un caractère tout à fait tolstoïen, ce qui va à l'encontre de la véritable idée socialiste ».

Le PC(b)R tranche donc ce débat sur le front scolaire de la même manière qu'il le fera sur ceux de l'économie, du travail, de l'urbanisme ou de l'architecture, en faveur de la grande industrie et des modes d'organisation « scientifiques ». Ainsi Moisey Pistrak (1888-1940), enseignant-pédagogue, sera avec son ouvrage publié en 1924 *Fondements de l'école du travail*, la principale référence en matière d'école unique du travail sur la base d'un travail industriel pédagogique. Il développe l'idée qu'un enfant doit apprendre l'OST en toute chose, à tout moment, même lorsqu'il balaie une salle puisqu'il doit inscrire le temps qu'il a passé à balayer afin de calculer le « temps socialement nécessaire » (*sic*). C'est à cette condition que l'école du travail deviendrait selon les mots de Lounatcharski en 1927, la condition de la prolétarisation de toute la société : « L'école industrielle doit prolétariser l'éducation de tous les enfants, même s'ils n'appartiennent pas à la classe ouvrière. » Par prolétarisation, il faut entendre en l'espèce le projet d'homme-machinique que développaient Gastev/Spielrein.

Cette (con)fusion de l'école et de la production sera réalisée dans les écoles professionnelles autonomes fondées par les grandes usines et les kolkhozes. Les théoriciens qui rechignent comme Pinkevitch en soutenant que cette fusion, bien que nécessaire, ne sera possible que dans un futur communiste sous peine de nuire aux enfants, sont écartés de toute responsabilité au sein du ministère. Mais comme prévu par ses pédagogues marxistes hétérodoxes, la production taylorienne finira par menacer d'absorber l'école au point de la supprimer. Les tenants du productivisme comme Ryappo refusent de voir cette réalité et proposent encore en 1925 une nouvelle fuite en avant vers le productivisme : « Il faut concevoir l'école comme un élément organique du procès de production. Et cela, dans l'État communiste, se réalise par la conversion de la société tout entière en une gigantesque usine, où l'école a le rôle de fournir de la force de travail qualifiée, de la même façon qu'une usine de machines-outils remplace le capital fixe usé. »

Cette fuite en avant productiviste interdira de respecter les principes de fonctionnement démocratique car enseignants, parents et élèves s'opposent à cette dérive. Ainsi ces nouvelles écoles uniques du Travail qui devaient être gérées par les Soviets locaux le seront par les ONO (*Otdel Narodnogo Obrazovanija*), des Commissaires spéciaux aux ordres du pouvoir central envoyés pour constituer des Sections d'éducation auprès des Soviets.

En quête d'un modèle pédagogique étranger

Faute de prendre appui sur les courants non industrialistes, proches des expériences libertaires, tolstoïennes, des SR, des bolcheviks hétérodoxes, cette école unique du travail se cherchera longtemps du côté de l'étranger. Wladimir Berelowitch note que tous les grands noms de la pédagogie européenne ou nord-américaine sont ainsi traduits, étudiés, réinterprétés, intégrés dans les programmes, pourvu que leurs méthodes apparaissent comme d'avant-garde : Dewey, Helen, Parhurst, Stanley Hall, Montessori, Decrocly, Ferrière, Kerchensteiner, Scharrelmann, etc. Ces méthodes ne sont cependant conservées que lorsqu'elles semblent utilisables à des fins productivistes. La jeune Russie des Soviets finit ainsi par tuer toutes les initiatives qu'elle avait sollicitées, lorsque son objectif initial était de faire mieux que les écoles expérimentales qui se développaient au sein des pays capitalistes. L'historien Mikhaïl Pokrovskii (1868-1932), alors n° 2 du Commissariat du peuple à l'Instruction, précisait en effet en 1925 qu'il ne s'agissait pas de copier : « Les conquêtes les plus récentes de la pensée pédagogique qui, à l'étranger, dans les États bourgeois ne constituent jusqu'à présent que l'apanage de cercles étroits de pédagogues aristocrates […] deviennent chez nous un objet de discussion pour les masses enseignantes. […] La rapidité avec laquelle les idées pédagogiques se propagent en Russie n'a pas d'égale dans le monde entier. »

Moisey Pistrak écrit dans la même veine : « Les écoles expérimentales suivent trois voies dans leur développement : ou bien elles dégénèrent en écoles privilégiées pour la classe possédante, ou bien elles rétrécissent leurs tentatives pédagogiques jusqu'aux limites permises par la société bourgeoise, ou bien elles entrent en contradiction avec les rapports sociaux établis et elles sombrent[1]. »

Sans doute est-ce cette troisième raison qui finira par l'emporter en URSS ? L'école bolchevik finira par devenir celle d'un scientisme débridé. C'est pourquoi si je suis d'accord pour distinguer avec Wladimir Berelowitch trois sources d'influences étrangères au sein des expérimentations scolaires

---

1 « École et société » in Charles Lindenberg, *L'IC et l'école de classe*, Paris, Maspero, 1972.

bolchéviques[1], j'inverserais les points 2 et 3 de son analyse car l'expérience de la « commune de travail » sera concurrencée par l'idée d'un perfectionnisme scientiste.

L'école des enfants bons

La première source d'influence est celle du naturalisme tolstoïen, reprise du vieux thème rousseauiste selon lequel les enfants seraient naturellement bons dès lors que la société leur offre un cadre de travail libérateur et plaisant. Ce courant publie entre 1917 et 1918 sa propre revue *L'Éducation libre* avec des signatures aussi prestigieuses que Gorbunov-Posadov, Wentzel, Lordansky, Sackij, Blonsky. Ce dernier, membre important du Narkonom, explique que « les dispositions naturelles positives des enfants correspondent à la conscience de l'homme d'une société sans classes ». L'objectif est donc de préserver au maximum l'enfant des effets négatifs de l'environnement afin qu'il se développe dans sa direction naturelle propice au communisme. Tout ce qui contrarie les instincts enfantins est donc condamné. Wentzel sera ainsi l'auteur en 1918 d'une nouvelle *Déclaration des droits de l'enfant* qui suscita moult critique. Il rangea habilement son initiative non pas dans la filiation du Proletkult mais de Marx lequel déclarait que « le droit des enfants doit être proclamé[2] ». Sa *Déclaration des droits de l'enfant* proclamait notamment : « Tout enfant a le droit de choisir ses éducateurs les plus proches, de renier et de quitter ses parents, s'il s'avère que ce sont de mauvais éducateurs. […] À tout âge, l'enfant est l'égal de l'adulte dans sa liberté et ses droits. […] Aucun enfant ne peut être contraint de fréquenter telle ou telle institution, éducative. […] Personne, ni les parents, ni la société, ni l'État n'a le droit de restreindre sa liberté. »

Ce courant ne gagnera pas mais influencera l'idée d'avancer vers une école antiautoritaire. Ainsi la *Déclaration sur l'école unique du travail* de 1918 banni toute idée de contrainte et de discipline inutiles puisque l'enfant est bon : « L'ancienne forme de la discipline qui enchaînait toute la vie de l'école et le libre développement de la personnalité de l'enfant ne pouvait plus avoir de place dans l'école laborieuse ». Les nouveaux principes sont clairement énoncés : « Aucune sévérité, aucune punition ne peut avoir place dans l'école rénovée ».

Ainsi les premières années de la Révolution voient des pédagogues comme Sackij ou Popova créer des écoles expérimentales et se fédérer pour

---

1 Berelowitch Wladimir, « L'école soviétique des années 1920 », in *Cahiers du monde russe et soviétique*, vol. 18, n° 4, octobre-décembre 1977, p. 357-375.

2 Karl Marx, *Le Capital*, livre I, T. II.

lancer une revue pédagogique expérimentale (qui cessera de paraître dès fin 1918).

Ainsi la jeune Russie des Soviets participe-t-elle en 1921 à la fondation de la Ligue internationale pour l'éducation nouvelle, dont le Congrès fondateur se tient à Calais (France) et qui édite sa propre revue *Pour l'ère nouvelle*.

L'objectif de tous ces pédagogues, c'est que la Révolution permette l'émancipation des enfants et donc automatiquement celle de l'humanité. L'école est donc conçue dans la déclaration du Commissariat de 1918 comme une « libre communauté » fondée sur des rapports d'égalité et de fraternité. Tout ce qui est collectif est également privilégié comme l'éducation musicale par la chorale ou le refus de la compétition dans l'éducation physique. Beaucoup d'écoles expérimentales adoptent des constitutions démocratiques, ce que Kroupskaïa contestera car elle y voit la reproduction des mœurs parlementaires bourgeoises (avec notamment le système des délégués de classe). Des « tribunaux de camarades » assurent l'autodiscipline au sein des écoles. Certaines de ces écoles expérimentales s'inscrivent dans une recherche de type naturaliste au sens où l'on veut rapprocher l'enfant de la nature.

Lounatcharski laisse faire mais n'en pense cependant pas moins : « L'homme harmonieux vivant dans une société harmonieuse n'aura besoin ni de sang, ni de cruauté. Mais si, oubliant toutes les étapes, nous ne faisons pas de l'enfant un combattant, cela nous empêchera de créer une société harmonieuse ».

Ce courant expérimental préconise aussi l'organisation de structures communautaires pour les plus petits afin de les protéger des adultes. Ce courant connaîtra des réalisations heureuses et d'autres davantage contestables. Ainsi Pavel Blonsky (1844-1944), psychologue-éducateur, auteur de *L'école du travail*, qui lui vaudra le soutien de Lénine, déclare en 1919 que « le chemin le plus court et le plus sûr vers l'État futur de Bebel passe par le jardin d'enfants ». Ce premier courant, qui connut son heure de gloire au tout début de la jeune Russie des Soviets, ne répondra bientôt plus aux logiques politiques et économiques du régime.

L'école comme Commune de travail

Ce deuxième courant dit de l'école comme « commune de travail » soutient que l'éducation socialiste doit être fondée sur le travail conformément aux intuitions de Rousseau et de Condorcet développées par Fourier et Marx. L'enfant, comme l'homme nouveau, sera avant tout activité (dont travail). Cette thèse est déjà présente dans la Déclaration de 1918 lorsqu'elle soutient que « le fondement de l'école devrait être le travail productif, socialement nécessaire ». Le travail est donc placé au centre des programmes de 1923 lesquels sont organisés sur la base de trois colonnes : Nature, Travail, Société. Le travail sert donc de lien entre les deux autres pôles jugés aussi essentiels. Par le travail, l'enfant appréhende le monde et apprend à dominer la nature. Il doit (re)faire les « travaux principaux de l'homme primitif (jardin, cuisine et menuiserie) ». Par le travail, il développe aussi son esprit de solidarité. La Déclaration de 1918 mettait cependant en garde les apprentis sorciers du productivisme en précisant que si le travail (scolaire) doit être productif et socialement utile, il doit être également joyeux, créatif et libre de tout procédé de contrainte. Ce deuxième courant, oubliant bientôt ses propres recommandations de 1918, cédera devant les exigences de l'industrialisme et du productivisme outranciers. Il disparaîtra ou épousera le troisième courant du perfectionnisme scientiste.

L'école scientiste

Le dernier courant est celui du « perfectionnisme scientiste » qui considère l'enfant comme un matériau brut pouvant être façonné pour en faire un être parfait. Nous pouvons établir un lien direct entre cette conception de l'école, la conception de Gastev du travail et celle de Trotski en matière d'écologie (cf. *supra*). L'école réaliserait ainsi scientifiquement « l'homme nouveau » sous l'action éclairée et systématique du pédagogue-savant sur l'enfant-ignorant. Tout n'est pas monstrueux dans ce projet comme en témoigne Lounatcharski qui appelle à « créer, à partir d'un homme, mutilé par la société actuelle, un être physiquement très beau réalisant absolument tout ce qui dicte la présence de tous ses organes qui sont actuellement opprimés, sous-développés. Il faut qu'il développe tous ses organes de façon harmonieuse afin qu'ils ne se gênent pas mutuellement ».

Les programmes scolaires, rétablis en 1923, insisteront sur l'importance de développer le sens de la mesure, à l'œil nu, des distances et des hauteurs. Ce courant sera à l'origine d'une nouvelle discipline, la pédologie (cf. *infra*). Le premier Congrès de pédologie se tient en 1927 sous la présidence de Lounatcharski et en présence de Kroupskaia, de Pokrovsky et de Pavlov. La pédologie se veut une science matérialiste capable de déterminer le futur de l'enfant. Lounatcharski en expose les fondements : « Nous savons que le développement du corps de l'enfant, y compris celui du système nerveux et cérébral, est le véritable objet de notre travail. […] L'homme tout entier représente une machine qui fonctionne de telle façon qu'elle produit ce que nous appelons des phénomènes psychiques. Lorsqu'elle fonctionne correctement, elle produit des phénomènes psychiques corrects. […] L'homme est un morceau de matière organisée qui pense, sent, voit et agit », or cette matière est façonnée par son environnement et réagit à des excitations.

La tâche d'un pédagogue acquis à la révolution bolchevik serait désormais d'organiser scientifiquement ses diverses excitations sur l'enfant. La pédologie se veut une réflexologie puisqu'il s'agit d'agir sur les organes des sens, sur les réflexes et les instincts, dans le but de garantir un développement correct. Ce courant prône volontiers une pédagogie différenciée c'est-à-dire adaptée aux possibilités propres à chacun. Le terme d'éducation individualisée apparaît, d'ailleurs dès 1919 dans la *Déclaration sur l'école unique du travail*.

La « NEP à l'école »

La « NEP à l'école » marque la fin de toutes les expériences antiautoritaires. L'idée d'une « stabilisation » du système scolaire nécessaire à l'économie, revendiquée par les industriels dès 1920, est reprise par Lounatcharski. Il admet dès 1920 que l'école du travail doit devenir celle du capitalisme d'État. C'est pourquoi il est mis fin (provisoirement) en 1921 à la gratuité de l'école. C'est pourquoi les programmes scolaires officiels et la discipline se trouvent rétablis. Un violent conflit opposera sur cette question (et celle de la sexualité) les komsomols au PC(b)R. Les dirigeants tonnent contre le komsomol qui ne doit plus être un facteur de désordre face aux enseignants mais de discipline. Boukharine profite du Congrès des instituteurs de 1925 pour proclamer que l'indiscipline est une séquelle de la guerre civile et pour qualifier la jeunesse des lycées de « nihiliste-révolutionnaire » car hostile au capitalisme d'État : « Extérieurement ce type se présente ainsi : il fume des dizaines et des centaines de cigarettes, se laisse pousser les cheveux, arbore un air « extrêmement sévère », s'adonne parfois à la boisson, professe souvent la liberté sexuelle. »

Le choix de la pédagogie différenciée

L'équipe de Lounatcharski va tenter d'inventer une troisième voie entre l'école-caserne conforme à la NEP et l'école antiautoritaire des débuts de la Révolution. Elle se tourne alors vers la pédagogie différenciée directement inspirée du plan Dalton du nom de la ville du Massachusetts (États-Unis) où la pédagogue américaine Helen Parkhurst expérimente depuis 1917 cette pédagogie : les élèves travaillant à leur rythme et en pleine autonomie, en se répartissant les tâches et à partir de contrats pédagogiques passés avec les enseignants. L'école de la NEP, c'est-à-dire du capitalisme d'État, va donc chercher du côté des États-Unis, ses recettes, au moment où le régime adopte officiellement le taylorisme et fait venir des ingénieurs des États-Unis pour ses grands projets industriels.

La réforme ratée de l'université

Nous avons déjà mentionné que le pouvoir bolchevik fut beaucoup plus réceptif aux revendications d'une université contre-révolutionnaire qu'à celles des enseignants du primaire et du secondaire adeptes d'une autre révolution. Le décret du 6 août 1918 pose le principe de l'ouverture à tous de l'Université sans examen préalable et crée également les *Rabfak* (facultés ouvrières) afin de développer, dans ce but, d'autres programmes et une autre pédagogie. Cette réforme est immédiatement contestée par les universitaires restés en place et dès décembre 1918, la sélection est rétablie au prétexte que l'industrie a besoin de cadres compétents pour développer en Russie une économie moderne. Ainsi commença l'intoxication de l'université russe par le productivisme, celui-ci cohabitant avec le « culte du travail manuel », façon habile de refuser toute remise en cause de la division sociale (mais aussi technique) du travail.

L'ÉCOLE SOUS STALINE

Le Commissariat du peuple à l'Instruction publique était déjà revenu dans le cadre de ce qu'on nomma la « NEP scolaire », parallèle à la NEP économique, sur l'essentiel des mesures révolutionnaires mais sans jamais clore le débat. Tout change lorsque Staline s'empare de la totalité du pouvoir du Parti-État puisqu'il fustige toute idée d'un dépérissement de l'école comme il condamne toute idée d'un dépérissement de l'État qualifiée de « déviation gauchiste ».

La destitution de Lounatcharski

Staline fait disparaître les principaux promoteurs de la réforme scolaire au moment même où le Commissaire inamovible Lounatcharski est destitué en 1929. Il deviendra ambassadeur en Espagne et décédera en France en 1933.

Staline lui reproche les échecs d'un système éducatif ne répondant pas aux besoins en force de travail du plan quinquennal et des grands travaux. Ses positions écologistes ont également probablement joué en sa défaveur. Lounatcharski sera « oublié » dans la liste officielle des portraits des chefs de la Révolution publiée au milieu des années trente sous la direction de Staline. Lounatcharski est remplacé au Commissariat du peuple par Andreï Boubnov (1883-1940), lequel restera en place de 1929 à 1937. Boubnov était aussi un bolchevik de la première heure, membre du Comité insurrectionnel secret de 1917, proche de l'Opposition de gauche, il se soumet cependant à Staline. Il sera pourtant arrêté en 1938 et probablement exécuté avant 1940.

Andreï Boubnov qui, rappelons-le, vient aussi de la gauche du Parti est sommé (selon une vieille tactique qu'utilisera souvent Staline) d'assassiner dès 1931 intellectuellement et politiquement tous ses anciens camarades et amis : « L'époque actuelle est une époque de lutte des classes exacerbée. Nous devons par tous les moyens renforcer l'État prolétarien. De ce point de vue, les bavardages sur la mort de l'école sont superflus et naïfs. Toute discutaillerie dans ce sens doit être contrée sans complaisance. L'école est un puissant levier pour le renforcement de l'État prolétarien dans la période actuelle. »

Boubnov s'en prend aussi violemment à Choulguine et à l'Institut pour la pédagogie marxiste-léniniste chargé de penser les nouvelles pédagogies : « L'Institut pour la pédagogie marxiste-léniniste est responsable de la théorie dite de la "mort de l'école" qui se rattache à une série d'autres fausses positions théoriques de l'Institut [...] La question du dépérissement de l'école serait parallèle à celle du dépérissement de l'État. Or, je tiens déjà le fait de poser le problème en termes de "dépérissement de l'État" comme une théorie erronée. L'école est un puissant levier pour le renforcement de l'État prolétarien. »

V. N. Choulguine (dont nous avons vu le rôle en tant que Directeur de l'Institut pour la pédagogie marxiste et léniniste de Moscou) servira de bouc émissaire. Il accepte cependant le faux débat et maintient que « dans la future société communiste, il n'y aura plus d'école » provoquant la colère de Staline. Vaganian, qui se sait aussi condamné, ajoute que « l'école soviétique fabrique des hommes pour une hiérarchie basée sur la division sociale du travail, l'esprit bourgeois qui anime notre école provoque un sentiment de classe explicitement antiprolétarien ».

Une école au service du productivisme

La victoire avec Staline de la Bourgeoisie rouge marque la fin des expériences. Non seulement les écoles expérimentales comme celle de Popova sont fermées dès 1927 mais la notion d'école du travail disparaît au profit de celle d'école polytechnique. Deux conceptions s'opposaient en 1930-1931 au sujet de cette « polytechnisation de l'école ». D'un côté, ceux qui considéraient que le travail des enfants devait être avant tout du jardinage et qui refusaient que l'on mélangeât adultes et enfants, thèse dominante lors du Congrès des écoles kolkhoziennes de 1930. D'un autre côté ceux qui soutenaient la thèse, devenue officielle après le Comité central de 1931, que

« c'est seulement en travaillant avec les ouvriers et les paysans que les enfants peuvent grandir comme de véritables travailleurs conscients de l'avenir ». Kroupskaïa, tout en approuvant désormais cette thèse, soutient cependant face à Staline que « cela n'exclut pas que l'on protège le travail des enfants » grâce aux programmes officiels. Dès lors, tout va s'enchaîner comme le montre Daniel Lindenberg : en 1931, rétablissement des classes tradition-nelles ; en 1932, rétablissement des matières ; en 1936, rétablissement des notes ; en 1941, remise en cause de la gratuité de l'enseignement avec l'ins-tauration des manuels scolaires payants ; en 1945, nouveau règlement de sco-larité (« torse droit, pas de coude sur la table… ») ; en 1950, distribution de médailles et de prix aux élèves méritants, etc.

OCTOBRE INVENTE L'ÉDUCATION SURVEILLÉE

La jeune Russie des Soviets innove dans le domaine de la protection de l'enfance et de l'éducation surveillée[1]. Elle connaît en effet des millions de mineurs vagabonds ou orphelins, sans abris, ceux qu'on nomme les *bezpri-zorniki*[2]. La Grande encyclopédie soviétique avance pour 1921 le chiffre de 4 à 6 millions de *bezprizorniki* dont 940 000 seulement se trouvaient placés dans des foyers. Lounatcharski estime en 1928 à plus de neuf millions ces enfants abandonnés. Les statistiques disparaîtront avec la « dékoulakisa-tion » cachant la tragédie[3].

Les expériences en éducation surveillée

La jeune Russie des Soviets laisse donc d'abord se développer de nom-breuses expériences en définissant seulement les deux principes guidant sa politique : primauté de l'éducatif sur le répressif et rééducation collective par le collectif. Lénine s'oppose à tout emprisonnement d'un jeune avant l'âge de 17 ans et préconise de créer des établissements spéciaux éducatifs, chargés de réinsérer le jeune délinquant par le civisme, la discipline et le dévouement à la patrie. Un décret du 9 janvier 1918 instaure une Commission spéciale pour rejuger les mineurs déjà condamnés, les « refuges pour mineurs » passent du ministère de la Justice à celui des affaires sociales.

---

1 Caroli Dorena, « Socialisme et protection sociale : une tautologie ? L'enfance abandonnée en URSS (1917-1931) », in *Annales. Histoire, Sciences Sociales*, 54ᵉ année, n° 6, 1999.

2 Berelowitch Wladimir, « Les hospices des enfants trouvés en Russie (1763-1914) », in *Enfance abandonnée et société en Europe, XIVᵉ-XXᵉ siècle*. Actes du colloque international de Rome (30 et 31 janvier 1987) Rome : École Française de Rome, 1991, p. 167-217. (Publications de l'École française de Rome, 140).

3 Martine Mespoulet, *Construire le socialisme par les chiffres. Enquêtes et recensements en URSS de 1917 à 1991*, Paris, INED, 2008.

Le jeune gouvernement bolchevik abroge même le traitement judiciaire d'une grande partie des conflits qui opposent des mineurs à la loi et lui substitue un traitement administratif, c'est-à-dire éducatif mais obligatoire. Ce système d'éducation surveillée fait alors figure de pionnier dans le monde, tandis qu'en Europe et aux États-Unis, les pouvoirs oscillent entre système judiciaire répressif traditionnel et nouveau système psychiatrique et eugénique. Cette politique d'éducation surveillée est confiée au Commissariat du peuple à l'assistance sociale et à celui de l'instruction publique et non aux ministères répressifs. Cette politique est d'autant plus révolutionnaire qu'elle rapproche la situation juridique des orphelins de celle des autres enfants, en postulant un droit universel des enfants à la protection étatique. Mihail Nikolaevic Gernet (1874-1953) sera le principal protagoniste de ce mouvement d'éducation. Cet avocat criminologue, enseignant à l'Université était déjà, avant Octobre, un des ardents artisans du remplacement du système répressif par un contrôle social et éducatif, greffé sur un système de prise en charge préventive des enfants. Son premier grand objectif fut de transformer l'image du jeune délinquant comme « individu dangereux à réprimer » en celle du mineur abandonné à protéger.

La période qui court de 1922 à 1928 sera très féconde sur le plan des doctrines mais également des expérimentations dont celles d'Anton Makarenko (1888-1939), le fondateur des Maisons coopératives pour orphelins de guerre. Ces communes étaient largement inspirées des colonies fondées par Stanislas Teofilovic Sackij et Alexander Ustinovic Zelenk, eux-mêmes directement inspirés par l'Américain John Dewey et sa *project method* conciliant les principes de Rousseau et l'importance du travail productif dans le processus d'éducation[1]. Makarenko dirigera entre 1920 et 1935 trois grandes colonies en Ukraine. Beaucoup de ces jeunes colons accédaient aux Rabfak (facultés ouvrières)[2].

Le choix stalinien du répressif

La politique en matière de protection de l'enfance et d'éducation surveillée sera toujours emblématique des courants et tensions au sein du Parti Bolchevik. Une première polémique oppose les bolcheviks éducateurs aux dirigeants du PC(b)R. Les premiers accusent la Tcheka d'éliminer physiquement de très nombreux délinquants. La direction du Parti donne rai-

---

1 Weisblatt Karen, « La prise en charge des bezprizorniki en URSS », in *Matériaux pour l'histoire de notre temps*, n° 25, 1991. *Les mouvements de jeunesse en Europe centrale et orientale*, sous la direction de René Girault. p. 3-4.

2 Vexliard Alexandre « L'éducation morale dans la pédagogie de Makarenko », in *Enfance*, tome IV, n° 3, 1951, p. 251-268.

son aux éducateurs contre la Tcheka. Les bolcheviks se diviseront à nouveau au milieu des années vingt au sujet des raisons du maintien de millions de *bezprizorniki* sous le socialisme. Les idéologues officiels soutiennent que cette situation n'est que le fruit de la guerre civile donc d'un fléau importé de l'extérieur par les capitalistes. Kroupskaïa conteste cette vision en déclarant dans *La Pravda* du 2 décembre 1925 : « La plupart des gens et notamment des membres du Parti s'imaginent que l'abandon de l'enfance est l'héritage de la guerre et du bouleversement économique, or l'enfant abandonné est pour trois quarts le produit, non pas des misères passées, mais des conditions actuelles : du chômage et surtout de la misère dans les campagnes. » Staline, qui multiplie de façon vertigineuse le nombre de *bezprizorniki* en raison de sa politique de dékoulakisation, oublie l'éducatif et multiplie les structures carcérales et répressives. Il fait fermer les colonies pour enfants abandonnés et les fait placer chez des paysans.

Sur le front religieux

Le christianisme orthodoxe était la religion d'État sous le tsarisme. Non seulement le chef du Saint-Synode était nommé par le Tsar, les fonctionnaires devaient prêter un serment religieux, le seul mariage légal était religieux, l'enseignement religieux était obligatoire dans les écoles, mais il ne faisait pas bon être d'une autre religion et les athées étaient condamnés au bagne.

Nous sommes concernant le front religieux particulièrement victimes de la vision stalinienne de l'histoire, qui correspond, aussi paradoxal que cela puisse paraître, à celle de ses adversaires. Le front religieux n'est pas un front secondaire car il ne parle pas seulement de l'attitude de la jeune Russie des Soviets à l'égard du fait religieux mais de la nature de la Révolution, de la question du pouvoir et du sacrifice dans la construction du communisme.

La question religieuse avant la révolution

La Révolution russe est aussi une révolution paysanne conduite avec le soutien actif des sectes et des minorités religieuses comme celle des « vieux-croyants ». Rien ne serait plus faux que de s'imaginer que l'Église orthodoxe contrôlait totalement le peuple. La Russie restait le grand pays des sectes religieuses notamment millénaristes[1]. L'histoire officielle a bien sûr masqué cette réalité car elle cadre mal avec les images d'Épinal.

Les bolcheviks ne découvrent pas cette réalité religieuse avec Octobre, puisque, dès la fin du XIXᵉ siècle les sociaux-démocrates (bolcheviks et mencheviks) et les socialistes-révolutionnaires entendaient utiliser le sentiment religieux et les sectes. Ils trouvaient chez Engels la justification de leur position. Engels écrivait que « la guerre des paysans n'est pas si éloignée de nos batailles modernes et les adversaires qu'il faut affronter sont en grande partie les mêmes. [...] Et si le vandalisme salubre de la guerre des paysans ne s'est manifesté que sporadiquement dans le mouvement des der-

---

1 Comtet Maurice, « V. G. Korolenko et les sectes russes, 1853-1921 », in *Cahiers du monde russe et soviétique*, vol. 14, n° 3, juillet-septembre 1973, p. 281-307 ; Kovalevsky Pierre « Messianisme et Millénarisme russes ? », in *Archives de sociologie des religions*, n° 5, 1958, p. 47-70.

nières années, cela ne prouve absolument pas la supériorité du soulèvement moderne ». Il qualifiait les hérésies millénaristes allemandes d'anticipation du communisme : « Le programme politique (des anabaptistes) était proche du communisme et même à la veille de la révolution de Février, beaucoup de sectes communistes de l'époque ne possédaient pas un bagage théorique aussi riche que celui dont disposaient les « münzériens » au XVIᵉ siècle. »

Dès 1896, Vladimir Bontch-Brouïevitch (secrétaire personnel de Lénine après 1917) est chargé d'étudier les sectes au profit de la social-démocratie russe. Il deviendra un expert reconnu et utilisera ses relations pour faire passer clandestinement de la propagande révolutionnaire en Russie *via* les sectes. En 1900, il écrit : « À l'heure actuelle, le foyer idéologique de la vie du peuple russe est constitué de deux grands mouvements : celui des ouvriers et celui des sectes. […] Sur certains points, on peut constater un rapprochement incontestable entre ces deux mouvements, une compréhension mutuelle et souvent une unité d'idéaux. »

Lénine saura tirer des conclusions politiques de cette thèse sociologique : « La totale absence de droits du peuple et l'arbitraire sauvage […] font se révolter les Polonais, les Finlandais, les Juifs et les membres des sectes russes qui sont persécutés, poussant à la révolte les petits marchands, les industriels, les paysans. […] Séparément, tous ces groupes de population ne sont pas en mesure de mener un combat politique acharné, mais lorsque la classe ouvrière lèvera l'étendard de ce combat, de partout se tendront vers elle des mains secourables[1]. »

L'idée figurait d'ailleurs déjà dans le programme du POSDR fondé en 1898 : « L'essor des sectes et du rationalisme dans le milieu paysan est un fait notoire mais l'expression d'une protestation politique sous couvert de religion est un phénomène propre à tous les peuples, et pas uniquement à la Russie, à un stade donné de leur évolution. »

Le POSDR met son appareil de propagande au service de ce rapprochement. Son organe central, l'*Iskra* dont Lénine est le rédacteur en chef, dénonce la répression dont sont victimes les membres des sectes religieuses et les « vieux-croyants » (groupe schismatique orthodoxe né des réformes de 1666-1667 et particulièrement implanté dans les campagnes), en particulier ceux condamnés au fouet parce qu'ils refusent de baiser les icônes. Ce travail paiera puisque le Parti social-démocrate recrutera de plus en plus de membres de sectes.

Bontch-Brouïevitch se voit confier la rédaction d'un rapport pour le IIᵉ Congrès du POSDR exclusivement consacré aux sectes et aux « vieux-croyants ». Il estime les membres des sectes à six ou sept millions, et les

---

1 Lénine in *Notre programme*.

« vieux-croyants » à vingt millions, donc des effectifs très supérieurs à ceux du maigre POSDR. Le Congrès le charge de lancer une revue, *Rassvet,* destinée aux membres des sectes. Neuf numéros verront le jour depuis Genève entre 1904 et 1905[1]. Un bureau clandestin est implanté en Roumanie dans le but de faire passer clandestinement des tonnes de matériel de propagande révolutionnaire.

OCTOBRE ET LA QUESTION RELIGIEUSE

Les mencheviks redevenus majoritaires imposeront en 1904 la fin de ce travail. Bontch-Brouïevitch poursuivra son action jusqu'en 1917 à la demande de Lénine. En 1917, Lénine ordonne de faire diffuser des tracts au sein des sectes mettant en avant les mots d'ordre de paix, de terre et de liberté religieuse. L'historien Mikhaïl Agurski écrit : « Il n'est pas étonnant que les millions et les millions de sectaires russes n'aient attendu que le moment de régler leur compte non seulement aux officiers, qui les avaient poussés au combat, mais aussi à l'orthodoxie abhorrée. Ils se révéleront être le soutien le plus sûr des bolcheviks au début de la Révolution. » Sans partager cette conclusion qui fait l'impasse sur les énormes concentrations ouvrières au sein des grandes villes, il est certain que beaucoup de membres des sectes et des « vieux-croyants » s'engageront aux côtés des bolcheviks et que les exactions commises contre l'orthodoxie seront d'abord le fait de ces adeptes des religions opprimées qui se mirent massivement à piller les églises et à tuer les membres du clergé[2]. La jeune Russie des Soviets proclame le 20 janvier 1918 que « la religion est affaire privée. […] Les actes civils sont effectués exclusivement par les autorités civiles. […] Les citoyens peuvent enseigner ou étudier la religion de façon privée ».

Les exactions antireligieuses de 1917

Les hérésies chrétiennes millénaristes considèrent en effet le clergé comme une confrérie satanique ce qui justifie la destruction et la profanation des lieux de culte puisque l'église elle-même est un obstacle au Salut des fidèles. Comme le soutient Mikhaïl Agurski les faibles bataillons bolcheviks sont attelés à d'autres tâches même s'ils contemplent avec plaisir ce qui se passe

---

1 Senn Alfred Erich, Hartmann Nancy, « Les révolutionnaires russes et l'asile politique en Suisse avant 1917 », in *Cahiers du monde russe et soviétique*, vol. 9, n° 3-4, juillet-décembre 1968, p. 324-336.

2 Pour aller plus loin : Scherrer Jutta « Intelligentsia, religion, révolution [Premières manifestations d'un socialisme chrétien en Russie, 1905-1907] », in *Cahiers du monde russe et soviétique*, vol. 18, n° 1-2, janvier-juin 1977. *Autour du symbolisme russe* p. 5-32.

sans eux. Lénine considère que la première phase de la Révolution doit être destructrice et il compare ces exactions au « vandalisme salubre » dont parlait F. Engels à propos des luttes des paysans du xvıᵉ siècle en Allemagne.

Quelle fut l'attitude des bolcheviks ?

Nous découvrons en parcourant ce front que les bolcheviks ne cesseront de changer d'attitude à l'égard des sectes, des vieux-croyants et de l'Église orthodoxe en fonction des priorités qui furent celles de la formation de l'État. Rien ne serait plus faux que de s'imaginer que le PC(b)R n'eut de cesse de détruire les religions ou d'identifier la vie religieuse à l'église orthodoxe[1]. Même le décret de 1917, instaurant la séparation de l'Église et de l'État, conformément à l'idéologie bolchevik vise à satisfaire les dissidents. Je crois indispensable de faire le détour par l'épisode des « Constructeurs de Dieu » qui déchira le POSDR après l'échec de la révolution de 1905 car il permet de mieux comprendre le jeu des bolcheviks à l'égard des sectes et des « vieux-croyants[2] ».

L'UTOPIE DES CONSTRUCTEURS DE DIEU

Les Constructeurs de Dieu constituent un réseau composé pour l'essentiel de (futurs) bolcheviks de la première heure et dont les principales figures furent Anatoli Lounatcharski (futur Commissaire du peuple), Vladimir Bazarov (philosophe et économiste marxiste, traducteur « officiel » de Marx, un des principaux concepteurs du « communisme de guerre »), Alexander Malinovski (futur Alexander Bogdanov), le père du Proletkult et l'écrivain Maxime Gorki.

Ce courant se développe au sein d'une fraction des intellectuels en réponse à la défaite de 1905 et au mouvement antirévolutionnaire des chercheurs de Dieu. Les Constructeurs de Dieu clament qu'on ne doit plus chercher les Dieux mais édifier une religion de l'humanité plutôt que l'abolition des religions. Ce mouvement s'inscrit dans la mouvance des thèses empiriocriticistes d'Ernst Mach et de Richard Avenarius qui mettront aux prises Lénine et Plekhanov. Ce dernier est un personnage essentiel puisque fondateur de la

---

1 Tiébey Simon, « La religion, l'athéisme et l'État dans l'idéologie soviétique », in *Revue des Sciences religieuses*, tome 62, fascicule II-3, 1988, p. 159-172 ; Bourmeyster Alexandre ; « Le croyant dans le discours de l'athéisme scientifique », in *Cahiers du monde russe et soviétique*, vol. 29, n° 3-4, juillet-décembre 1988. *Le christianisme russe entre millénarisme d'hier et soif spirituelle d'aujourd'hui*, p. 581-588.

2 Scherrer Jutta, « Les "Sociétés philosophico-religieuses" et la quête idéologique de l'intelligentsia russe avant 1917 » in *Cahiers du monde russe et soviétique*, vol. 15, n° 3-4, juillet-décembre 1974, p. 297-314.

social-démocratie russe et largement responsable de la conversion de Lénine au marxisme. Lénine s'opposera en 1909 à ses thèses dans *Matérialisme et empiriocriticisme*.

Dès 1908, Anatoli Lounartcharski a posé les fondements du mouvement des Constructeurs de Dieu dans son ouvrage *Religion et socialisme*. Il y explique que le matérialisme conduit au pessimisme et qu'il faut donc créer l'enthousiasme du peuple en mettant en avant les valeurs du bien-être et de la joie. Sa thèse sera contestée par Lénine et la majorité des bolcheviks. Le débat se poursuivra dans *Le Mercure de France* avec des textes de Maxime Gorki. La France est revendiquée comme initiatrice de cette pensée avec le culte de l'être suprême de Robespierre, le projet d'une religion nationale de Pierre Leroux (1846), l'inventeur du mot socialisme, avec également les tentatives de religion saint-simonienne des Pères Bazar et Enfantin.

Cette religion serait émancipatrice car sans despotisme et sans théocratie. Les Constructeurs de Dieu souhaitent hisser le socialisme au rang de religion car ils estiment que la mystique religieuse est nécessaire au socialisme scientifique. Le besoin religieux serait en effet selon eux aussi vital et natif que l'alimentation. Ils ne se voulaient donc pas moins matérialistes que les autres marxistes[1]. Lounatcharski pouvait ainsi déclarer en 1907 : « Le socialisme scientifique est la plus religieuse de toutes les religions et le social-démocrate est un être religieux au plus profond de lui-même. […] Il y aura un dieu vivant qui apportera à tous le bonheur et sera tout-puissant. Ce dieu c'est nous qui le construirons. »

Ces Constructeurs de Dieu étaient convaincus que l'humanité avait des besoins religieux authentiques et que si la Révolution ne les comblait pas, les forces réactionnaires pourraient continuer à dominer pendant très longtemps. Lounatcharski ira jusqu'à détourner les symboles chrétiens : les forces productives seraient le Père, le prolétariat le Fils et le socialisme scientifique le Saint-Esprit.

En 1909, une conférence de la rédaction du *Prolétari* déclare que la fraction bolchevik n'a rien à voir avec cette « falsification du socialisme scientifique ». Ce courant deviendra un des ingrédients du Proletkult, ce mouvement de masse inspiré par Bogdanov et Lounatcharski que je décris à la fin du livre. On retrouve, comme le note Jutta Scherrer, le même désir de faire réaliser à la Russie un grand bond dans l'histoire par le pouvoir de la création et de l'art dans les luttes et en inspirant au peuple la conscience de sa liberté propre, la certitude que l'homme est maître de son destin, la nécessité d'éveiller les intérêts personnels des individus dans la construction de la société communiste. On retrouvera les anciens Constructeurs de Dieu

---

1 Scherrer Jutta, « Les "Sociétés philosophico-religieuses" et la quête idéologique de l'intelligentsia russe avant 1917 », in *Cahiers du monde russe et soviétique*, vol. 15, n° 3 - 4, juillet-décembre 1974, p. 297-314.

parmi ceux qui soutiendront l'alliance entre les bolcheviks et les religions minoritaires.

LES SECTES RELIGIEUSES ALLIÉES DES BOLCHEVIKS

Les bolcheviks vont donc prendre appui sur les sectes religieuses pour préparer la Révolution mais surtout pour tenter de construire la Russie des Soviets. Ces groupes religieux opprimés croient en effet dans la possibilité de réaliser enfin leurs rêves sociaux et donc de restaurer le « communisme primitif ». Les sectaires expliquent que la Russie sauvera le monde de par sa tradition religieuse et grâce à la médiation des bolcheviks ! Ainsi, des milliers d'adeptes reviendront notamment des États-Unis et du Canada comme les *duxoborcy* (végétariens et pacifistes) afin de participer à la construction de la Russie bolchevik et de réaliser ainsi leur rêve d'une « vie fraternelle et libre ». Kathy Rousselet a montré que si du côté des sectes le communisme est vécu comme un passage possible vers la réalisation du plan de Dieu, les sectes sont aussi, du côté de certains bolcheviks, vues comme un instrument du communisme[1]. Les tolstoïens seront un acteur central de ce rapprochement en lançant un appel en décembre 1919, à l'occasion du VIIᵉ Congrès panrusse des Soviets. *La Pravda* publie à cette occasion un texte du tolstoïen Ivan Tregubov, l'auteur de la fameuse *Lettre d'un tolstoïen à un antitolstoïen* (1904), traitant de l'importance numérique des « sectaires-communistes » estimés à dix millions de membres. Les « vieux-croyants », avec leurs trente millions d'adeptes, ne sont pas oubliés. *La Pravda* publiera jusqu'en 1921 des articles presque quotidiens signés par l'un des principaux idéologues de cette mouvance, V. Senatov, invitant bolcheviks et « vieux croyants » à collaborer car en cas de victoire des blancs, le tsarisme serait rétabli et l'Église orthodoxe reprendrait ses exactions.

Le PC(b)R restera partagé sur la nature de cette convergence jusqu'à ce que Staline choisisse l'église orthodoxe contre les sectes et les vieux-croyants.

VERS UNE « NEP RELIGIEUSE »

La position qui l'emporte avec l'assentiment de Lénine est celle de Yemelyan Jaroslavky, un des principaux organisateurs de la révolution d'Octobre, membre du Comité Central du PC(b)R, président de la So-

---

1 Rousselet Kathy « Utopies socio-religieuses et révolution politique dans les années 1920 », in *Revue des études slaves*, tome 69, fascicule 1-2, 1997. *Vieux-croyants et sectes russes du XVIIᵉ siècle à nos jours*, sous la direction de Michel Niqueux, p. 257-271.

ciété des anciens prisonniers politiques et de la Société des vétérans du Parti bolchevik. Staline fera enterrer son urne funéraire dans un des murs du Kremlin tant sa renommée est grande. Jaroslavky propose de faire alliance avec les sectes mais uniquement d'un point de vue tactique. Autrement dit, il ne s'agit pas de favoriser l'émergence d'une quelconque théologie révolutionnaire mais simplement d'utiliser (très provisoirement) certaines forces religieuses.

Le PC(b)R se méfiera progressivement des courants religieux révolutionnaires et finira par pactiser avec des forces ouvertement réactionnaires. Alors que les tolstoïens sont maintenus à l'écart du nouveau régime malgré leur puissance, les bolcheviks organisent le ralliement de l'ancien hiéromoine (moine élevé à la dignité de prêtre) contre-révolutionnaire Iliodor (Trufanov). Ce cosaque de la région du Don, antisémite absolu, expulsé de Russie par le Tsar et réfugié aux États-Unis revient en Russie après la Révolution mais bien qu'il ait dénoncé (tactiquement ?) ses propres errements, ses thèses le rangeront toujours à l'extrême droite de Dieu et proche de la famille du Tsar. Mais en échange de ses déclarations de soutien au nouvel État bolchevik, il obtient l'autorisation de prêcher à ses dizaines de milliers d'adeptes, à la demande expresse de Jaroslavky et malgré les craintes de Lounatcharski. Ce proche des Cents-noirs multiplie les déclarations en faveur du régime et annonce en 1921 prier pour « le règne lumineux du socialisme béni » : « J'ai de la sympathie pour la révolution d'Octobre car après celle de Février, les propriétaires terriens, les marchands, les propriétaires de fabriques et les nobles qui buvaient le sang du peuple étaient toujours en place. […] Le peuple russe a renversé les gros bedonnants maintenant c'est au tour des popes. »

Mais Iliodor se proclame bientôt patriarche d'une nouvelle église et est expulsé en 1922, non pas pour ses positions réactionnaires mais parce que ses cohortes de fidèles incultes s'avèrent sans intérêt pour la NEP. Face à la catastrophe alimentaire, Lénine accepte en effet de se tourner davantage du côté des sectes religieuses et des « vieux-croyants » et charge Vladimir Bontch-Brouïevitch d'une enquête sur leur comportement économique ! La réponse de son secrétaire personnel ne laisse planer aucun doute : les communautés agricoles sectaires sont de loin les plus productives de Russie. Le Comité central du 8 février 1922 ordonne donc de cesser tout ce qui pourrait choquer les croyants des communautés sectaires car « ce sont des « travailleurs hautement qualifiés » dont l'État a besoin pour lancer la NEP. Une commission spéciale est même chargée de préparer l'implantation de « sectaires » au sein des autres communautés agricoles à la condition qu'ils ne se livrent à aucune discrimination et qu'ils ne créent pas d'école religieuse. Cette période sera suffisamment riche pour évoquer une « NEP religieuse ».

Le PC(b)R demeure cependant toujours divisé quant à la participation durable des « sectaires » au redressement de l'économie soviétique et à la construction du socialisme, à tel point que *La Pravda* rendra compte en mai 1924 de ces tensions en opposant d'un côté Mikhaïl Kalinine (président du Présidium du Soviet suprême) et Vladimir Bontch-Brouïevitch (le spécialiste des sectes), pour qui les sectaires forment une avant-garde estimable sur le front paysan, et, d'un autre côté, Ivan Skvortsov-Stepanov (Commissaire du peuple aux finances) selon qui les sectaires sont des bourgeois et Yemelyan Jaroslavsky pour qui la position de Kalinine constitue une trahison de l'athéisme léniniste. Alors que Kalinine pouvait encore présenter ses thèses en 1924 devant le congrès du PC(b), cette seconde ligne l'emportera progressivement entre 1925 et 1927.

La fin de la « NEP religieuse »

La direction bolchevik convoque une Conférence antireligieuse en avril 1926 mais bien qu'elle réaffirme la nécessité de différencier entre les groupes religieux, plus rien ne peut empêcher la terreur de masse de se déchaîner frappant principalement les membres des sectes et les « vieux-croyants ».

Dès 1926, le décret de 1919 accordant l'objection de conscience est abrogé. L'année 1928 signe la fin du printemps religieux commencé en 1923. C'est qu'entre-temps les dirigeants bolcheviks ont trouvé un accord avec les dignitaires de l'Église orthodoxe dont les positions antirévolutionnaires et le mode d'organisation excessivement centralisé lui conviennent beaucoup mieux. Les sectes « anarchisantes » sont rangées du côté des ennemis.

LE CHOIX DE L'ÉGLISE ORTHODOXE RÉACTIONNAIRE

Tout semblait pourtant devoir opposer le PC(b)R et l'Église orthodoxe en raison du lourd passif historique et de l'attitude de l'Église face à la Révolution. Le patriarche Tikhon, chef de l'Église orthodoxe, avait excommunié le 19 janvier 1918 « les ennemis déclarés ou clandestins de la vérité du Christ[1] » (*sic*).

---

1 Rapport de l'OGPU sur le travail effectué parmi les cléricaux et les sectes en 1923, in *Revue d'études comparatives Est-Ouest*, vol. 24, 1993, n° 3-4, p. 29-40.

Les schismes de l'église orthodoxe

Cette guerre dura cinq ans pendant lesquels la jeune Russie des Soviets entretient plusieurs fers au feu sans parvenir à définir une politique stable. Elle agit d'abord secrètement pour créer une scission au sein de l'Église orthodoxe. Ainsi en 1922-1923, plusieurs prélats se rapprochent du pouvoir bolchevik et créent une nouvelle Église dite « vivante » ou « rénovée » qui accepte, contrairement à Tikhon, le principe d'une réquisition de ses richesses. L'archevêque de Kostroma et l'évêque Antonin se prononcent contre la position du patriarche qui soutient que les biens de l'Église sont sacrés. Les partisans de ce courant rénovateur vont s'emparer de la hiérarchie ecclésiastique tandis que se multiplient les procès contre les opposants : le patriarche Tikhon est même assigné à résidence par le pouvoir bolchevik. Le 12 mai 1922, ces rénovateurs constatant la vacance du pouvoir au sein de l'Église appellent à créer des liens normaux avec le nouvel État issu de la Révolution. Ce Conseil suprême de l'église (VCU), seule instance reconnue entre 1922 et 1927, convoque même un Concile en 1923 avec l'absence de deux seuls évêchés. Cette « Église vivante » est divisée cependant en deux grands courants animés par deux personnalités aussi importantes l'une que l'autre mais antinomiques : le premier Vladimir Dmitrievic Krasnickij a consacré sa thèse de théologie *La condamnation du socialisme* à démontrer qu'il s'agit d'une œuvre diabolique ; le second Antonin Granoviskij, véritable libéral sur le plan religieux, est partisan d'un retour à l'Église primitive et chef de file de l'activisme social de l'église. Le parti bolchevik soutiendra bien sûr Vladimir Dmitrievic Krasnickij contre Antonin Granoviskij.

Les bolcheviks choisissent l'ordre religieux

Ce schisme de « gauche » ne convainc cependant pas une fraction du Parti qui cherche toujours à conclure un accord avec le vieux patriarche Tikhon. En 1922, face à la victoire des bolcheviks contre les Armées blanches, ce dernier lève l'anathème lancé cinq ans plus tôt et cherche un double compromis avec le Conseil supérieur de l'Église de Krasnickij et avec le régime des Soviets. Certains s'élèvent dans son propre camp contre cette capitulation devant les armées de l'Antéchrist et fondent des groupes schismatiques sévèrement réprimés. Tikhon, toujours assigné à résidence dans un monastère, ne sera libéré qu'après avoir signé le 16 juin 1923 une déclaration regrettant les actes d'hostilité qu'il avait commis à l'endroit du nouvel État soviétique. Il renouvellera ses déclarations à plusieurs reprises notamment dans son testament rédigé le jour même de sa mort survenue le 17 avril 1925. Ses successeurs désignés seront tour à tour arrêtés jusqu'à ce que Mgr Serge, lui aussi assigné à résidence, engage en 1927 l'Église aux côtés du nouvel État : « Nous voulons être orthodoxes et en même temps reconnaître l'Union soviétique pour notre patrie civile dont les joies et les succès sont nos joies et nos succès et dont les insuccès sont nos insuccès. Chaque coup dirigé contre l'Union soviétique […] est ressenti par nous comme dirigé contre nous-mêmes. »

Ce ralliement provoque la création d'une Église dissidente qui transforme le culte de l'archange Michel en culte de Michel Romanov, le frère du tsar, soutenant que Michel n'aurait pas péri et qu'il reviendra terrasser le démon diabolique. Mgr Serge reçoit en contrepartie de son consentement à l'URSS la garantie que l'Église orthodoxe bénéficiera du régime accordé préalablement aux fractions dissidentes de l'Église déjà ralliées (Église vivante/rénovée). Cette promesse des bolcheviks sera tenue, puisque dès 1927, une série de mesures assure une existence légale à l'Église orthodoxe russe qui retrouve la possibilité d'un fonctionnement quasi-normal de son organisation hiérarchique, avec élection d'un nouveau patriarche, possibilité de réunir des conciles, de reprendre la vie monastique dans les anciens monastères désaffectés, de rouvrir les séminaires, de restaurer les académies religieuses, etc. La promesse sera plus que tenue puisque le PC(b)R, n'ayant plus besoin des sectes religieuses ni des « vieux-croyants », se lancera bientôt dans une répression qui conduira des centaines de milliers de fidèles dans les camps de travail. Le Parti, déjà en voie de stalinisation, s'en prendra même bientôt à l'Église vivante/rénovée, préférant de loin une Église conservatrice de droite à une Église progressiste un peu trop portée aux réformes sociales. La Constitution de 1936, qui marque la victoire complète du stalinisme, rétablira la plénitude des droits civiques du clergé orthodoxe et en fera un allié stable. L'État bolchevik avait besoin d'une semblable église verticale qui lui ressemble capable de freiner les ardeurs révolutionnaires plutôt que de groupes religieux millénaristes trop rouges.

NÉGOCIATIONS SECRÈTES AVEC LE VATICAN

La période d'avant le ralliement de l'Église orthodoxe est aussi celle où l'État bolchevik entame en janvier 1925 des négociations secrètes à Berlin, avec le Vatican, car il redoute un rapprochement des orthodoxes et des catholiques romains et souhaite donc jouer le Vatican contre l'Église de la sainte Russie. Ces négociations infructueuses deviendront inutiles dès que le métropolite Serge proclamera en juillet 1927 sa loyauté envers l'État bolchevik et l'URSS. L'église romaine se retrouve alors isolée face aux arrestations et déportations de ses évêques clandestins. Pie XI réagit en demandant, le 2 février 1930, au cardinal Pompili de proclamer une grande « croisade de prières » mondiale pour la fin des persécutions religieuses en Russie et la réparation des blasphèmes sous le titre *En réparation des droits divins cruellement lésés dans le territoire russe.* Une messe de réparation est dite à Saint-Pierre de Rome le 19 mars 1930. Pie xi demande aux pays de n'entretenir des relations diplomatiques ou économiques avec l'URSS qu'au prix de sa reconnaissance de la liberté religieuse. Mais comme ce même Pie xi dit aussi regretter l'élection de Roosevelt comme président des États-Unis et ne condamne pas l'avènement d'Hitler en Allemagne, Staline dispose d'un bon rapport de force international. Pie xi multiplie en effet les déclarations faisant d'Hitler le champion de la lutte contre le bolchevisme : « Ce qui depuis longtemps et maintenant encore se produit dans les immenses et infortunées régions de la Russie, en Espagne, au Mexique, enfin dans certains petits ou grands États de l'Europe centrale, montre d'une façon évidente quelles craintes on peut concevoir si partout pénètrent leur doctrine néfaste et leur plus néfaste propagande. Et cependant, jusqu'à ces derniers temps, seul le Pontife romain avait eu à cœur de dénoncer les graves périls qui menacent la civilisation chrétienne dans presque tous les pays jouissant indubitablement des bienfaits irremplaçables et dignes de la plus grande estime de cette même civilisation. »

La secrétairerie d'État du Vatican se croit obligée de faire une explication de texte dans un message à l'ambassadeur du Reich au Vatican : « La formule "jusqu'à ces derniers temps, seul le pontife romain" vaut comme une reconnaissance de l'attitude décidée et impavide du chancelier du Reich, ainsi que de son gouvernement, contre le communisme. » Les révélations de Fatima, le refus de Pie xi de consacrer la Russie aux « Sacré-Cœur de Jésus et de Marie », la Conférence de Gènes durant laquelle Pie xi invite les puissances à ne pas reconnaître l'Union soviétique donnent autant de bonnes raisons aux bolcheviks et aux orthodoxes de se retrancher derrière un national-bolchevisme dans lequel la hiérarchie orthodoxe trouve toute sa place.

De l'athéisme révolutionnaire à l'athéisme stalinien

Le Parti bolchevik connaît plusieurs lectures de l'athéisme révolutionnaire. Au vieil athéisme de classe fidèle à la tradition révolutionnaire s'oppose bientôt un athéisme scientifique (pour ne pas dire scientiste) bien peu marxiste. Le clivage se résume de la façon suivante : faut-il combattre la religion pour sa défense de classe de l'ordre capitaliste ou pour son caractère irrationnel, non scientifique ? La première position conforme au marxisme, contrairement à la seconde qui est celle de la bourgeoisie éclairée, sera abandonnée avec la victoire du stalinisme. Lénine expose dans deux textes

Socialisme et religion et *De l'attitude du parti ouvrier à l'égard de la religion*, l'attitude des révolutionnaires marxistes avec la subordination de la lutte contre la religion à la lutte des classes.

La révolution d'Octobre permet à de nombreux athées de diverses sensibilités (bolcheviks, SR, anarchistes, etc.) d'apparaître enfin au grand jour. La première *Société des sans dieu* est fondée par Maria Mikhailovna Kostelovskaia (1878-1964). Cet ancien chef adjoint des Gardes rouges de Moscou en 1917, chargé depuis de la réquisition militaire et du bureau des rations alimentaires, se place donc sur le terrain social et combat les religions (et d'abord l'orthodoxie) en tant qu'instruments d'exploitation et de domination. Kostelovskaia ouvre la *Société des sans dieu* de Moscou aux anarchistes et soutient par ailleurs les Oppositions de gauche au sein du Parti bolchevik. Il a parfois un sens assez particulier de la formule polémique « À quoi bon s'occuper des vieux et des vieilles. Ils vont mourir. Occupons-nous de l'enfance ». Kostelovskaia est bientôt rejoint par des militants de premier plan comme Galaktionov, Polidorov, Lurin mais ils commettront l'erreur de s'en prendre à la fois à Lemelian Iaroslavski, à Vladimir Bontch-Brouïevitch et à Lounatcharski, qu'ils accusent de ne s'attaquer qu'au seul clergé orthodoxe et de protéger les sectes, sous prétexte de (trop) distinguer les divers aspects de la religion. Cette première *Société des sans dieu* va donc être contestée par Lemelian Yaroslavsky (1878-1943), devenu responsable du Comité antireligieux du Parti. Lui qui deviendra le bras droit de Staline de 1920 à 1930 lance alors le journal satirique *Bezbojnik* (*Le sans dieu*) dont la ligne soutient qu'il faut prendre appui sur les seules connaissances scientifiques pour abattre Églises et religions. Yaroslavsky créera en 1924, avec le soutien de Staline, une structure concurrente à celle de Kostelovskaia la *Société des amis du journal Bezbojnik*. Les deux fronts de l'athéisme bolchevik se constituent ainsi l'un face à l'autre. Cette année 1924 est aussi celle de l'ouverture du musée central antireligieux de Moscou sous la direction de Vladimir Bontch-Brouïevitch, tentant de défendre un point de vue de classe davantage marxiste.

Dès 1926, Yaroslavsky confirme cependant sa victoire lors du Congrès du PC(b)R qui appelle à délaisser la question de la nature de classe de la religion. Le groupe de Moscou (Kostelovskai) est donc contraint de fusionner avec celui de Yaroslavsky pour former une nouvelle Ligue tout unie des Sans dieu (USD). Le combat entre les deux courants durera cependant encore quelques mois mais la Conférence de 1926 de la Ligue tout unie des sans dieu marque la victoire définitive de Yaroslavsky avec le soutien de Staline sur Kostelovskai. Le Congrès de 1929 confirme cette orientation ouvertement scientiste et le nom de la Ligue est modifié pour devenir l'Union des sans dieu militants (USDM). Le mouvement athée russe compte alors 100 000 membres et 9 000 cellules. Ses statuts sont modifiés sous l'impulsion de Staline pour devenir plus agressifs. Staline déclare : « Je suis contre les religions parce que je suis pour la science. » En 1930, le Conseil central de la Ligue adoptera un plan d'éradication de la religion en cinq ans conformément aux orientations du plan quinquennal ! Il explique que la religion devrait disparaître avec l'arrivée des premiers tracteurs dans les campagnes.

Le courant athée de classe est bientôt liquidé au sens figuré et au sens propre. En 1929, la direction du PC(b)R, qui n'est pas à un paradoxe prêt, l'accuse de regrouper très peu d'ouvriers et de paysans et de faire référence à des auteurs bourgeois. La messe est dite : il est interdit de parler du contenu de classe de la religion ! Au regard de ce que deviendra la « science » stalinienne, et pas seulement en biologie, mieux vaut parler d'un nouvel athéisme « scientiste ». L'USDM, qui vivra au gré des besoins de Staline, comprendra jusqu'à plusieurs millions de membres (dont beaucoup de komsomols) et éditera de nombreux journaux dont, entre 1928 et 1932, *Derevenskij Bezbojnik* (*L'impie rural*). *Bezbojnik* (*Le sans dieu*) sera publié sans interruption entre 1922 et 1941. L'USDM est très présente dans le monde économique avec le mouvement *Bezbojnik u Stanka* (Le sans dieu sur le lieu de travail) chargé certes de dénoncer la présence d'icônes dans les entreprises mais surtout de militer pour la substitution de « fêtes de l'industrialisation » aux fêtes religieuses. Ce mouvement vénérera ses saints sous l'aspect des grands savants et ingénieurs. Staline redécouvre régulièrement l'athéisme selon les besoins de sa politique. Ainsi lors de la « dékoulakisation » lance-t-il des cours de propagande antireligieuse pour illustrer le combat de la science contre les ténèbres. Ainsi face aux menaces que fait peser l'islam sur l'unité même de la Russie développe-t-il une propagande antimusulmane avec le soutien des orthodoxes notamment contre le port du voile islamiste[1].

Le communisme religieux

Mais non seulement Staline rompra entre 1928 et 1941 avec la politique antireligieuse de Lénine mais le stalinisme deviendra lui-même un phénomène religieux, comme l'a montré Moshe Lewin dans *Le siècle soviétique* (2003). L'ancien séminariste Staline recourt en effet au langage de la religion en s'adressant au peuple russe en le qualifiant de « frères » et de « sœurs » et non pas de camarades ou de citoyens ou citoyennes, en se faisant nommer le « petit père des peuples », en affirmant qu'« il n'existe pas de difficulté objective pour nous », qu'« il n'y a rien en dehors du Parti », qu'« il vaut mieux avoir tort avec lui que raison sans lui ou contre lui », avec le rituel de l'autocritique (confession et contrition), avec l'assimilation des désaccords politiques à des

---

1 Alexandre Bennigsen et Chantal Lemercier Quelquejay, *Le soufi et le commissaire, confréries musulmanes en URSS*, Paris, Le Seuil, 1986.

péchés, avec la hantise de l'hérésie, avec la chasse aux mal-pensant, avec le culte de la personnalité de Staline et des petits Staline locaux, avec la pratique de l'excommunication, avec la désignation des adversaires comme étant des apostats, avec l'organisation des « grands procès » de Moscou, etc.[1] Cette dérive religieuse vient de la période qui suit juste le décès de Lénine.

L'embaumement de Lénine

Staline avait besoin de l'image de Lénine pour légitimer son pouvoir et apparaître comme son continuateur aussi sacré et tout-puissant que lui. Lénine décède le 21 janvier 1924. Trotski n'assistera pas à l'enterrement car Staline lui ordonne de poursuivre un déplacement qu'il faisait en Russie tout en lui mentant effrontément sur la date de la cérémonie prévue sur la place Rouge. L'État bolchevik édicte une obligation de pavoiser sous peine d'amende, de voiler de crêpe les chapeaux ; il développe parallèlement toute une imagerie pieuse vendue comme des reliques : portraits en pied, bustes, statuettes, médailles, insignes, mouchoirs imprimés, photographies de certains objets appartenant à Lénine comme son bureau, son fauteuil, son stylographe, etc. Des villes, des rues, des entreprises, des clubs seront aussitôt baptisés de son nom (Leningrad, Lénino, Leninsk…), sans compter la génération de celles et ceux qui porteront en prénom des dérivés de son nom[2].

Mais à peine le corps de Lénine est-il transféré à Moscou que commence une lutte terrible entre partisans de la conservation du corps ou de son incinération puis entre adeptes de la congélation ou de la méthode balsamée. Dès le 23 janvier, sa veuve dénonce cette déification comme contraire à l'esprit de Lénine : « Camarades ouvriers, paysans, j'ai une grande prière à vous adresser. Ne laissez pas votre peine se transformer en adoration extérieure de la personnalité de Vladimir Ilitch. » Tout cela n'ira donc pas sans résistance, y compris au sein même de la Commission créée pour organiser les cérémonies. Ainsi, le (futur) commandant en chef de l'Armée rouge Kliment Uorochilov tient des propos très vifs : « Je pense qu'il ne faut pas recourir à la canonisation […] Qu'est-ce qu'il y a ? Nous ne sommes plus marxistes-léninistes. […] Il faut faire une belle sépulture mais fermée. […] Autrement les paysans le comprendront à leur manière ? Ils diront : "Voilà, ils ont détruit nos dieux, ont envoyé les fonctionnaires du Comité central casser nos reliques, mais ils créent les leurs". Félix Dzerjinski, fondateur de

---

1 Nivat Georges, « Aspects religieux de l'athée russe », in *Cahiers du monde russe et soviétique*, vol. 29, n° 3-4, juillet-décembre 1988. *Le christianisme russe entre millénarisme d'hier et soif spirituelle d'aujourd'hui*, p. 415-425.

2 Robin Régine, « Le culte de Lénine. Réinvention d'un rituel », in *Annales. Économies, Sociétés, Civilisations*, 40ᵉ année, n° 4, 1985, p. 805-809.

la Tcheka/GPOU, désigné par Staline comme président de la Commission des funérailles fait respecter la décision de Staline : « Avoir des principes sur cette question signifie avoir des principes entre guillemets. [...] En ce qui concerne le culte de la personnalité, cela n'est pas un culte de la personnalité mais un culte, dans une certaine mesure, de Vladimir Ilitch. » (*sic*). Enukidze écrit dans le *Rapport final de la Commission* : « Cela va de soi que, ni nous ni nos camarades, n'avons voulu créer quelques "reliques" que ce soit, avec les restes de V. I. Lénine. »

Le « coin Lénine »

Les bolcheviks détourneront aussitôt la pratique orthodoxe qui consiste à créer un « coin » (*ougol*) dans les maisons pour vénérer les icônes et se recueillir en imposant dans chaque institution, dans chaque maison, un « coin Lénine » (*ougollenina*) avec ses portraits, ses affiches, ses statuettes, ses slogans, etc. Parallèlement se développent des représentations religieuses du pouvoir, avec la publication des *Œuvres intégrales* de Lénine (jusqu'au moindre télégramme), puis de celles de Staline, etc. La célébration du cinquantième anniversaire de Staline le 21 décembre 1929 marquera un pas de plus dans cette déification. Qualifié de « guide du prolétariat mondial », d'homme de fer, de soldat d'acier, de bolchevik de granit, son nom est donné à d'innombrables écoles, casernes, entreprises, villes, ses bustes et portraits deviennent obligatoires, les Éditions d'État publient un recueil hagiographique à des millions d'exemplaires, on finit même par lui reconnaître des vertus surhumaines (de guérisseur). Cette dimension religieuse du stalinisme peut certes s'expliquer en partie par l'éducation de Staline reçue au monastère mais elle tient surtout au caractère religieux de la foi dans le développement des forces productives (véritable facteur de rédemption de l'humanité) qui justifie tous les sacrifices.

Quel langage symbolique pour la Révolution ?

On retrouve encore le même agenda en ce qui concerne la volonté d'inventer un nouveau langage symbolique pour mieux exprimer la Révolution[1]. La symbolique est ce qui permet de dire ce qui ne peut être dit simplement par des mots mais doit l'être cependant pour donner du sens à la réalité. La Russie était marquée par une double symbolique, celle de l'orthodoxie et celle du tsarisme. La Révolution, comme toute révolution, s'en prend logiquement aux symboles du pouvoir, statues, bustes, édifices. Elle complète très vite

---

1 Ingerflom Claudio Sergio, « Les représentations religieuses du pouvoir dans la Russie soviétique et post-soviétique », in *Sociétés contemporaines,* n° 37, 2000, p. 53-70.

cette phase de destruction par la recherche d'une nouvelle symbolique et ritualité. L'athéisme contribuera à cette substitution de symbolique par le changement des noms des villes, des rues, des entreprises, des institutions, par la laïcisation et la bolchevisation des prénoms, Marksina, Engelsina, Kim (sigle de l'Internationale communiste de la jeunesse), Vil pour Vladimir Illich Lénine, Oktobrina, Rem (initiales russes de révolution, électrification, paix)[1]. Ce choix des prénoms se fait même parfois collectivement par les ouvriers. Ces prénoms connurent le plus grand succès en milieu ouvrier : 53 % des naissances dans les villes pour seulement 5 % dans les campagnes. Les spécialistes de la Russie ont dénombré plus de 3 000 prénoms bolcheviks. Le pays adopte aussi un sigle idéologique (URSS) à la place de son ancienne nomination (sainte Russie). Le Parti et l'État tentent parallèlement d'inventer de nouveaux rituels scandant la vie en remplacement de ceux religieux. Frédérique Longuet-Marx décrit ainsi la cérémonie pour les naissances : « Sur la scène éclairée, au milieu de gerbes de fleurs se trouve un portrait ou un buste de Lénine, sur fond de soleil levant et l'image d'une mère épanouie tenant un enfant dans les bras. Au-dessus de la scène, une banderole : "Pour une enfance heureuse, merci à notre pays". Près du buste de Lénine, deux pionniers montent la garde, un garçon et une fille. Suit une procession en fanfare, sous les applaudissements nourris de tous les dirigeants locaux, puis un discours bien servi du représentant du *sel'Soviet* (PA : Soviet de village). » Le responsable des opérations confère alors aux parents un « certificat souvenir de la fête du nouveau-né » accompagné du texte suivant, dûment signé par tous les représentants des organisations sociales : « En vous remettant ce certificat en ce jour solennel, nous espérons que le père, la mère, et aussi les parrains feront tout pour élever un bâtisseur fort, honnête et convaincu de la société soviétique radieuse. Enfant ! Aujourd'hui tu es encore petit, ton père, ta mère, la Grande Patrie soviétique s'occupent de toi. Tes parents, tes proches, ta patrie souhaitent te voir fort, que tu sois un homme, un vrai, comme l'a dit M. Gorki. L'ouvrier, le kolkhozien, le médecin, le savant, notre pays tout entier dans l'amitié et la paix – l'URSS – veillent sur ton enfance lumineuse et heureuse. »

La campagne antireligieuse du premier plan quinquennal

Staline lance en 1929 une nouvelle grande campagne antireligieuse pour accompagner la réalisation du premier plan quinquennal (1929-1933). Il ne s'agit plus comme en 1922-1923 de combattre le clergé réactionnaire pour le contraindre à donner ses biens aux pauvres (en fait à l'État) mais de détruire

---

1 Conte Francis, « Traditions russes et prénoms bolcheviks », in *Revue des études slaves*, tome 66, fascicule II, 1994, p. 347-358.

les courants religieux progressistes (sectes, « vieux croyants », église rénovée). Cette seconde vague de propagande antireligieuse justifie « au nom de la science » la folie de l'industrialisation à outrance et le sacrifice de l'idéal révolutionnaire et de dizaines de millions d'hommes, de femmes et d'enfants. La rhétorique orthodoxe facilite la compréhension de ce nouvel Évangile en insufflant l'esprit de sacrifice afin de galvaniser la foi du peuple dans Staline. Trotski pourra écrire dans *La Révolution trahie* : « L'assaut des cieux a cessé [...] soucieuse de sa bonne réputation, la bureaucratie a commandé aux jeunes athées de déposer les armes et de se mettre à lire. Ce n'est qu'un commencement[1]. »

Dès 1927, le stalinisme procédera à l'élimination de ces Rituels rouges (*krasnaja obrjadnost*) en organisant le retour aux prénoms religieux ou à l'échange systématique des anneaux lors du mariage (proscrits en 1917), etc. Il ne conservera que ceux qui contribuent à sacraliser (donc à rendre intouchable) le pouvoir et à sacraliser ses catégories économiques, le plan quinquennal, la figure de l'intelligentsia technique, celle de l'ouvrier stakhanoviste, etc.

---

1 <https://www.marxists.org/francais/trotsky/livres/revtrahie/frodcp7.htm>

Sur le front militaire

Les bolcheviks savaient, avant même les journées d'Octobre, qu'une révolution n'a une chance de triompher que si elle gagne à elle des fractions importantes de l'armée et si elle fait véritablement du neuf dans le domaine militaire. Pendant plus d'un an, la jeune Russie des Soviets va donc expérimenter un nouveau type d'armée, directement inspiré de la Commune de Paris et du fameux texte de Jean Jaurès *Vers l'armée nouvelle* que tout bolchevik connaît.

Trotski sera au cœur de toutes ces réflexions et réalisations en tant que président du Soviet de Petrograd et du Comité militaire révolutionnaire, puis, en tant que commissaire du peuple aux Affaires étrangères et chef de la délégation russe aux négociations de paix de Brest-Litovsk, et enfin comme commissaire aux Affaires militaires chargé de militariser l'Armée rouge[1].

L'ancienne armée issue de la révolution de Février et engagée dans la guerre mondiale s'est littéralement défaite au cours des derniers mois de conflits. Les paysans, qui composaient pour l'essentiel cette armée, se sont d'ailleurs d'eux-mêmes démobilisés, sitôt le premier armistice conclu.

Les Soviets de soldats

Octobre est à la fois une révolution qui bouleversera dans de nombreux domaines l'ordre des choses et un coup d'État militaire opéré par quelques dizaines de milliers d'hommes, avec l'assentiment ou l'absence de réaction des autres[2]. Les soldats ont donc joué un rôle majeur dans la Révolution d'autant plus que contrairement aux ouvriers et aux paysans, ils ont une relation univoque à l'égard des Soviets, qu'ils considèrent comme la base unique du pouvoir. Les soldats ne sont en effet pas syndiqués en tant que combattants

---

1 Marie Jean-Jacques, « Le Comité militaire révolutionnaire du Soviet de Petrograd et son président », in *Cahiers du monde russe et soviétique*, vol. 8, n° 2, avril-juin 1966. p. 189-204.

2 Ferro Marc, « Le soldat russe en 1917. Indiscipline, pacifisme, patriotisme et révolution », in *Annales. Économies, Sociétés, Civilisations*, 26ᵉ année, n° 1, 1971, p. 14-39.

et les Soviets de soldats ont une histoire particulière au regard de celle des autres Soviets.

Ces Soviets sont issus des Comités de compagnies et de bataillons créés spontanément par les hommes de troupe pour protester contre les abus de pouvoir des officiers et sous-officiers (sanctions excessives, voies de fait, langage grossier, injustices et arbitraires, humiliations et vexations constantes), puis pour revendiquer des droits faisant d'eux des citoyens à part entière comme le droit à l'information, de réunion, de pétition, d'avoir une représentation politique spécifique (ils seront d'abord surreprésentés).

La montée en puissance des Soviets de soldats s'explique par le fait que les officiers réagirent très mal aux demandes d'être traités comme des humains et des citoyens, car ils y voyaient une atteinte inacceptable à leurs prérogatives, à la tradition d'obéissance, à l'ordre, bref à ce qu'ils nommaient la sainte Russie. Les soldats durcissent alors leurs positions en refusant désormais de saluer les (sous) officiers ou en refusant d'obéir (comme ils l'avaient toujours fait). Le commandement et le gouvernement issus de la révolution de Février tentent alors de parer cette résistance en faisant jurer fidélité au nouveau régime. Mais les Soviets de soldats, estimant que ce serment ressusciterait l'obéissance absolue qu'ils rejettent, proclament que « C'est au gouvernement à prêter un serment de fidélité aux soldats ». Le pouvoir tergiverse en rétablissant le salut militaire mais pas dans les gares, pas dans les tranchées et en réduisant la distance réglementaire, pour devoir saluer, de quarante à cinq pas.

LA DÉMILITARISATION DE L'ARMÉE

Cette montée en puissance des revendications qui fait que ce n'est plus seulement la discipline arbitraire qui se trouve mise en cause mais le principe même de la hiérarchie, réjouit les chefs bolcheviks car ils ont toujours proclamé (comme tous les autres révolutionnaires de l'époque) que l'armée permanente était un obstacle majeur à toute révolution et à l'instauration du socialisme.

Nikolaï Krylenko (1885-1938) et Vladimir Antonov-Ovseïenko (1883-1938) se partagent en 1917 la direction du Commissariat du peuple à la guerre. Krylenko avait joué un rôle essentiel dans le déclenchement de la Révolution puisqu'il était considéré par Trotski comme le « meilleur agitateur du Parti sur le front ». C'est lui qui succéda au général Nikolaï Doukhonine chef d'État-Major russe lorsque ce dernier refusa d'engager les pourparlers de paix avec l'Allemagne. C'est lui aussi qui organisa la fraternisation des Russes avec les troupes allemandes et qui ordonna la démobilisation unilatérale des troupes. Mais dès 1918, Krylenko est nommé à la direction du Tribunal révolutionnaire en charge de la répression contre les autres partis (de gauche) et les Églises. Il dira : « Nous ne devons pas seulement exécuter les coupables. L'exécution des innocents impressionnera bien davantage les masses. » Sans doute. Cet amoureux des échecs (il se confrontait régulièrement à Lénine) expliquera plus tard qu'il convient aussi de mobiliser les *specy* (experts) occidentaux dans ce domaine afin de réussir le plan quinquennal pour les échecs lancé en 1928. Krylenko sera finalement victime des purges de 1937 puis arrêté en 1938 et exécuté.

Vladimir Antonov-Ovseïenko est un fils d'officier lui-même expert militaire. Réfugié à Paris sous le tsarisme, il se rapproche de Trotski et fonde et dirige plusieurs journaux internationalistes comme *Golos* puis *Nache Slovo*. De retour en Russie en mai 1917, il adhère au Parti bolchevik et est nommé membre du Comité militaire révolutionnaire chargé de préparer l'insurrection d'Octobre. C'est lui qui dirigea les opérations militaires dont la prise du palais d'Hiver et fit arrêter les membres du gouvernement issus de la révolution de Février. C'est encore lui qui donna sa culture militaire à Trotski lequel le nomma durant la phase de militarisation de l'armée à la tête des commissaires politiques. Membre de l'opposition de gauche, Staline le fera nommer ambassadeur, comme beaucoup d'opposants, notamment sous l'Espagne républicaine. Rallié à Staline, il est cependant rappelé à Moscou en 1937 et exécuté en 1938.

Nous devons aussi souligner l'importance de Mickaël Bontch-Brouïevitch (1870-1956), ancien officier du Tsar, frère de Vladimir Bontch-Brouïevitch, le secrétaire de Lénine, car c'est lui qui dirigera après mars 1918 le Soviet militaire suprême.

Vers l'armée démocratique

Au lendemain de la Révolution, le 21 novembre 1917, le Commissariat du peuple à la guerre lance son appel « aux soldats de l'armée révolutionnaire » posant le principe de l'éligibilité des commandants et de l'abolition de grades. Le Commandant suprême Krylenko prend une première ordonnance datée du 16 décembre 1917 permettant d'avancer vers la démocratisation de l'armée puis instaure par décret du 29 décembre l'égalité des droits de tous les militaires, le principe électif des commandants, l'abolition de tous les grades de celui de caporal à celui de général, bref la naissance d'une armée de « citoyens libres et égaux ».

Léon Trotski, le militarisateur de l'Armée rouge

Trotski est toujours présenté comme le bâtisseur de l'Armée rouge mais il serait plus juste de parler de « militarisateur » de l'armée révolutionnaire grâce au soutien de militaires professionnels comme Mikhaïl Toukhatchevski (cf. *infra*).

Lors de sa prise de fonction en 1918 de commissaire du peuple aux Affaires militaires, Trotski ne dispose que du régiment de chasseurs lettons de Vatsetis et de quelques milliers de Gardes rouges surtout à Moscou et à Petrograd. Son premier décret du 28 avril 1918 met fin aux rêves d'une *armée nouvelle*. Le principe de la conscription obligatoire est rétabli mais organisé en deux temps. Trotski recrute d'abord des ouvriers sur la base du volontariat et d'un contrôle politique très strict – ils formeront les premières unités combattantes – puis à terme les troupes de choc destinées à intervenir pour rétablir l'ordre. Les femmes ouvrières sont admises y compris au sein des unités combattantes. Les prolétaires répondront massivement à cet appel à s'engager à tel point qu'en 1921 la moitié des 300 000 bolcheviks sont membres des forces armées[1].

Ensuite la mobilisation s'effectuera par tranches d'âge mais la préparation militaire se fait dans les entreprises préfigurant ainsi leur future militarisation. Soucieux de conserver le soutien des minorités religieuses, les bolcheviks reconnaissent un statut juridique pour les très nombreux objecteurs de conscience, lesquels se trouvent affectés à d'autres tâches que combattantes. Cette Armée rouge remilitarisée passera en 1918 de 20 000 hommes à plusieurs centaines de milliers. Deux ans plus tard, elle comptera cinq millions de soldats. Trotski semble donc avoir gagné son pari mais on se demandera à quel prix.

Le pouvoir tente de gagner l'obéissance des soldats en améliorant leur ordinaire. Ils bénéficient (en principe) de meilleures rations que celles accordées au reste de la population (à l'exception des dirigeants bolcheviks). Mais l'état de l'Armée est loin d'être satisfaisant comme en témoigne la presse militaire, notamment *le Soldat rouge* qui évoque les difficultés de ravitaillement, et l'organisation de *Semaines de soutien au soldat rouge*. Ces campagnes ne font pas recette, au point que le Commissariat lance en 1922 le slogan « le soldat rouge doit être bien nourri, bien vêtu, bien chaussé ».

La militarisation de l'Armée rouge se fera largement grâce à des aides américaines payées en œuvres d'art par le biais des frères Hammer (cf. *infra*).

---

1 Maksudov S., Négrel Dominique « La composition nationale de l'Armée rouge d'après le recensement de 1920 », in *Cahiers du monde russe et soviétique*, vol. 24, n° 4, octobre-décembre 1983, p. 483-492.

le champ militaire. Cette Opposition militaire est majoritaire au sein de la première Armée rouge avant que Trotski ne fasse appel aux *specy* et aux millions de conscrits.

Fidèle aux vieux principes révolutionnaires, elle préconise une guérilla avec des détachements de partisans, l'élection des commandants toujours révocables, un véritable fédéralisme au sein des forces armées remettant en cause le centralisme, le refus des *specy* et de tous les anciens codes militaires, etc.

Le leader de cette Opposition militaire est un personnage central du régime puisqu'il s'agit de Kliment Vorochilov (1881-1969) alors commissaire du peuple aux Affaires intérieures, membre du Comité central du Parti bolchevik. Ses positions sont jugées à ce point légitimes au sein du Parti bolchevik et des militaires, qu'il deviendra plus tard maréchal de l'Armée rouge.

Cette opposition ne manque pas de soutien car elle compte le commissaire du peuple à l'intérieur et de nombreux dirigeants de la première Armée rouge. Ainsi Ivan Smirnov (1871-1936), bolchevik de longue date et spécialiste incontesté des questions militaires (condamné à mort et exécuté en 1932), présente, suprême outrage, un contre-rapport militaire afin de réduire le pouvoir des officiers et soutenir le refus du retour des grades et du salut.

Le 22 avril 1918, Trotski présente son plan pour l'emploi des officiers et sous-officiers tsaristes au sein de l'Armée rouge devant l'exécutif des Soviets. Les réactions de la minorité sont à la hauteur des enjeux et de la transgression : Trotski se fait traiter de Bonaparte par Maria Spiridonova, leader des SR de gauche, insulte suprême pour un révolutionnaire féru de Révolution française. Les communistes de gauche comme Boukharine, Piatakov, Boubnov l'accusent aussi de se faire le protecteur des anciens officiers tsaristes, de promouvoir un militarisme rouge et de se dessiner un personnage à la Bonaparte.

Ce débat sur la militarisation de l'armée rebondit en mars 1919 à l'occasion du VIIIe congrès du PC(b)R. Les délégués des communistes membres de l'armée protestent contre le fait qu'ils ne sont plus contrôlés par un organisme du Parti mais par l'administration politique de l'armée, c'est-à-dire les commissaires. Ils dénoncent le fait que la militarisation serve à la mise au pas des communistes. L'institution des commissaires politiques constitue certes un aménagement de la politique de Trotski mais elle constitue une erreur pour l'Opposition militaire. Les thèses de l'Opposition militaire sont donc une nouvelle fois adoptées en Commission par 37 voix contre 20 mais Trotski et Lénine mobilisent le Parti pour les faire repousser par la majorité des congressistes non spécialistes. Trotski qualifiera l'Opposition militaire d'« opposition plébéienne » jalouse des avantages consentis aux spécialistes (anciens officiers et sous-officiers).

Comment ne pas faire de la première intervention de cette nouvelle Armée rouge de Trotski, le 6 juillet 1918, contre le soulèvement des tchékistes SR de gauche le symbole d'une armée redevenue totalement aux ordres du pouvoir? Comment ne pas voir en revanche dans le refus de cette même Armée rouge de marcher contre Cronstadt en 1921 le signe que tout était encore possible?

L'ARMÉE ANARCHISTE

L'Armée rouge est au départ très loin d'être totalement soumise aux bolcheviks. Le grand problème pour Trotski ce ne sont pas les *specy* mais l'Opposition militaire bolchevik, les SR de gauche et les anarchistes. La bio-légende communiste accusera plus tard les armées anarchistes d'inefficacité.

Mais la première « aviation rouge » est organisée par un ingénieur anarchiste, qui met sur pied une escadrille bombardant Kazan de façon originale en jetant des bâtons de dynamite à partir des carlingues des avions.

Mais l'Armée rouge de Trotski aura bien besoin des troupes anarchistes de Makhno qu'elle réarmera et réintégrera avant de massacrer ses hommes de retour victorieux du combat contre les armées blanches.

L'histoire de la makhnovista mérite d'être rappelée sommairement[1]. L'anarchiste ukrainien Makhno intègre l'Armée rouge avec ses troupes de francs-tireurs paysans[2]. N'ayant pas accepté de *specy*, il tient les commissaires politiques à l'écart et conserve son propre État-Major. Les bolcheviks lui reprochent les violences de ses troupes contre les Juifs. Il n'est certes pas personnellement responsable de cet antisémitisme viscéral paysan. Le Commissariat du peuple lui coupe l'envoi d'armes pour sa cavalerie. En représailles, Makhno refuse de remettre à Moscou les énormes quantités de grains et le charbon ukrainiens qu'il contrôle sur son territoire. Il convoque un Congrès extraordinaire des délégués de sa zone pour le 31 mai. Trotski lui ordonne d'annuler ce Congrès séparatiste sous peine de représailles. Makhno se démet alors de ses fonctions de commandant de brigade. L'Armée rouge s'empare de son Quartier général qu'il est parvenu à fuir juste à temps et arrête et fait fusiller ses principaux adjoints pour haute trahison. Mais mi-octobre

---

1 Nestor Makhno, *La révolution russe en Ukraine*, Paris, Belfond, 1970; Alexandre Skirda, *Les cosaques de la liberté : Nestor Makhno (1917-1921)*, Paris, Lattès, 1985; Sur le mythe Makno : Châtelain Hélène. « Nestor Makhno-Les images et les mots », in *L'Homme et la société*, n° 127-128, 1998. *Cinéma engagé, cinéma enragé*, p. 135-146.

2 Ferro Marc. Alexandre Skirda, « Nestor Makhno, le Cosaque de l'anarchie », in *Annales. Économies, Sociétés, Civilisations*. 40ᵉ année, n° 4, 1985, p. 855.

1920, face au succès des Armées blanches de Wrangel, Trotski et Makhno trouvent un nouvel accord de collaboration entre leurs troupes. Il réintègre l'Armée rouge avec sa propre armée et sa cavalerie anarchiste. Wrangel est vaincu mais des troupes de choc de l'Armée rouge donnent l'assaut aux positions de Makhno, lesquelles, affaiblies, s'écroulent. Makhno sauve sa peau en s'enfuyant à l'étranger. L'Armée rouge peut alors reconquérir la Crimée mettant un terme en novembre 1920 à la guerre civile.

Une armée de miliciens était-elle pensable ?

Personne ne peut savoir ce que serait devenue la jeune Russie des Soviets si elle avait persévéré dans sa décision de conserver un système de milices ! Trotski n'est pas tant le créateur de l'Armée rouge que son militarisateur. La militarisation n'était qu'une option longtemps minoritaire non seulement au sein du Parti bolchevik mais également au sein des forces combattantes. Ce sont des détachements armés non militarisés qui ont fait la Révolution. Les dirigeants bolcheviks seront d'abord obligés d'accepter l'existence de ce type de forces supplétives non permanentes dénommées les *tchon* qui regroupaient des miliciens se considérant comme des « communards » à l'égal des membres des communes ouvrières, paysannes, scolaires, etc. Ces unités dites « à destination spéciale » disparaîtront progressivement coincées entre une Armée militarisée et une Tcheka opérant sur tous les fronts.

Sur le front de la psychologie

Ce front est certes plus étroit que d'autres mais il possède également des implications essentielles non seulement sur le plan scientifique mais politique. Quels rapports établir entre deux pensées, le marxisme et le freudisme, qui souhaitent libérer l'humanité et travailler à son émancipation globale ? Pourquoi la fondation d'un freudo-marxisme fut-elle bloquée en URSS malgré les travaux pionniers de Mikhaïl Reisner (1868-1928) bien avant ceux de Wilhelm Reich (1897-1957) et d'Herbert Marcuse (1898-1979) ? Pourquoi la jeune Russie des Soviets, premier pays à avoir officialisé la psychanalyse, finit-elle par l'interdire ? Quel lien établir entre l'élimination des oppositions et celle des courants de psychologie humaine ? Pourquoi Staline sacralisera-t-il l'anticommuniste Pavlov contre les savants partisans d'une science révolutionnaire fondée sur Marx et Freud ?[1].

La Russie, terre d'accueil de la psychanalyse

La Russie d'avant Octobre est une terre d'élection pour la psychanalyse, non seulement Freud fut traduit en russe bien avant de l'être en français mais la Société psychanalytique russe est fondée avant celle d'autres nations comme l'Angleterre. Cet intérêt ancien connaît même un regain dès février 1917. Plusieurs associations psychanalytiques sont fondées à Moscou, Kazan, Odessa.

Les bolcheviks sont partagés quant à l'opportunité d'enseigner et de pratiquer la psychanalyse. Lénine est réticent car il conteste le fondement scientifique du freudisme notamment en ce qui concerne la sexualité infantile et le statut de l'inconscient, mais aussi parce qu'il estime que la psychanalyse conduit à accorder une place trop grande à la sexualité en période révolutionnaire. D'autres bolcheviks sont en revanche beaucoup plus favorables comme Trotski, Radek, Ioffé, Lounatcharski mais aussi Liwer Darkschewitsch, le

---

1 Martin Milier, *Freud au pays des Soviets*, Paris, les Empêcheurs de penser en rond, 2001.

grand médecin neurologue du Kremlin, chargé de soigner Lénine après son incident cérébral[1]. Lounatcharski chargé dans le cadre de son Commissariat du contrôle de la Société de psychanalyse fait publier aux éditions d'État les grands ouvrages psychanalytiques. De 1921 à 1924, ces éditions sont dirigées par Otto Schmidt, l'époux de Véra Schmidt et membre de la Société Psychanalytique de Russie. Plusieurs autres membres de la SPR comme G. P. Weissberg et S. T. Chatsky travaillent également directement au Commissariat avec Nadejda Kroupskaïa. L'association russe de psychanalyse s'ouvre aussi à quelques personnalités bolcheviks comme Pavel Blonski (1 884-1 941) l'un des principaux leaders du mouvement pédagogique et Mikhaïl Reisner (1 868-1 928), juriste, psychologue et sociologue, un des fondateurs et dirigeants de l'Académie communiste. Ce proche de Lounatcharski et beau-père de Radek sera l'un des rédacteurs de la première Constitution soviétique de 1923. Ses travaux préfigurent largement le futur freudo-marxisme occidental de Reich et de Marcuse.

Plusieurs dirigeants bolcheviks consultent des analystes soit pour eux-mêmes, comme Adolf Ioffé (qui a pour analyste Alfred Adler) soit pour leurs enfants comme Trotski (pour sa fille Zina) ou inscrivent leurs enfants dans la Maison expérimentale fondée par Véra Schimdt (dont nous parlerons ci-dessous). Il semble même que le propre fils de Staline y fut inscrit au moins un temps. Faut-il rappeler que Aron Zalkind (cf. *infra*), le patron des sciences humaines, estimait que près de 90 % des bolcheviks souffraient de troubles neurologiques en raison de la pression sociale et psychique qu'ils subissaient?

Les expériences psychanalytiques

La jeune Russie des Soviets soutient donc le fonctionnement de la psychanalyse et favorise même certaines expérimentations directement inspirées par elle. En 1922 Ivan Ermakov (1875-1942) et Moshe Woolf (1878-1971) fondent la Société psychanalytique de Moscou qui servira de base avec le groupe de Kazan à la création d'une Association russe psychanalytique reconnue dès 1924. Moshe Woolf se voit confier un enseignement à l'Université de Moscou et la possibilité de créer des structures psychosociales utilisant la psychanalyse freudienne. Ivan Ermakov dirige également deux dispensaires psychanalytiques et fonde, avec Véra Schmidt (1889-1937) l'une des principales écoles expérimentales.

---

1 Léon Trotsky déclare par exemple dans *Culture et Socialisme* (3 février 1926) : « La tentative de déclarer la psychanalyse "incompatible" avec le marxisme et de tourner le dos sans cérémonie au freudisme est trop simpliste, ou plutôt trop "simplette". »

Véra Schmidt, sympathisante bolchevik, se dit convaincue que le freudisme et le marxisme ont une source commune dans la pensée de Charles Fourier. Les six principes de base de son « Home d'enfants » sont d'ailleurs très proches de ceux élaborés par le philosophe français pour ses Phalanstères : intervenir dès le plus jeune âge, confronter sans cesse les règles d'éducation à l'observation des faits, respecter l'individualité propre de chaque enfant, ne porter aucun jugement de valeur sur les manifestations de la spontanéité infantile, y compris sexuelles, établir de bonnes relations entre l'enfant, ses éducateurs et ses compagnons d'âge, transmettre aux enfants les exigences de la réalité et favoriser la sublimation de la sexualité enfantine.

Véra Schimdt campe donc résolument du côté d'une pédagogie antiautoritaire car elle se dit convaincue que la répression est beaucoup moins efficace que la liberté dans la perspective d'enfanter « l'homme nouveau émancipé ». L'objectif à terme est bien sûr de supprimer la famille en tant qu'institution oppressive dans le but de créer de bonnes relations entre les géniteurs et leurs enfants. Dans son « home », parents et enfants ne se voient qu'une seule fois par semaine.

LA CHASSE À LA PSYCHANALYTIQUE

Lénine, bien que toujours réticent face à la psychanalyse mais ayant apprécié *Malaise dans la Civilisation* de Freud, envisageait d'écrire un ouvrage sur Freud et Marx, travail qui ne verra malheureusement jamais le jour faute de temps. Clara Zetkin, soucieuse de la santé de Lénine après son premier incident, fera venir l'analyste Henri Meng (1897-1972) au Kremlin mais il ne pourra accéder à son chevet en raison de l'opposition des dignitaires et médecins du régime[1].

On pourrait donc penser que la chasse à la psychanalyse débute dès 1923, puisque la revue *Sous la bannière du marxisme* lance un grand (faux) débat, comme elle en a l'habitude, sur le freudo-marxisme, afin de mieux combattre le freudisme mais cela témoigne d'abord de conflits au sein même du PC(b)R. La Maison d'enfants de Véra Schmidt sera ainsi fermée dès 1925 par Lounatcharski suite à des plaintes (infondées) au sujet de jeux sexuels précoces. On pourrait rappeler *a contrario* que la publication des œuvres de Freud et d'ouvrages favorables au débat avec la psychanalyse continuera bien au-delà de 1923, comme en témoigne la publication aux éditions d'État (et avec un gros tirage) de l'ouvrage collectif *Psychologie et marxisme* avec un texte d'Alexandre Luria (1902-1977), membre de la Société psychanalytique

---

1 <http://olivierdouville.blogspot.fr/2014/01/psychanalyse-en-russiedu-temps-de-freud.html>

de Kazan, présentant la psychanalyse comme un des fondements d'une psychologie scientifique. Les mêmes éditions d'État continuent à publier des traductions de textes de Freud, présentés et annotés par Alexandre Luria et Lev Vygotski[1] (1896, 1934), deux auteurs alors très en vogue au sein du PC (b)R avec Alexis Léontiev.

L'association russe de psychanalyse est officiellement dissoute dès 1927 et Moshe Woolf son dernier président est même contraint de s'exiler. La psychanalyse continuera cependant à être pratiquée et défendue (avec toujours plus de difficultés) jusqu'à la victoire complète du stalinisme. Nous verrons que ce dernier, avec sa conception d'un homme neuf totalement voué au seul domaine de la production économique, ne pouvait tolérer que se développe davantage l'idée d'une possible et nécessaire émancipation globale, il ne pouvait tolérer que des disciplines scientifiques travaillent à libérer la subjectivité alors que tout le système industriel avait besoin d'hommes-masse. Pour mieux comprendre en quoi cette haine de toute psychologie humaine est liée à la défense des intérêts de classe de la nouvelle caste dirigeante nous devons dire quelques mots du sort réservé aux deux disciplines qui, d'une certaine façon, poursuivront (provisoirement) le travail psychanalytique.

LA CHASSE AUX DÉVIATIONS PAIDOLOGIQUES

La paidologie est une science pluridisciplinaire, développée à la fin du XIXᵉ siècle et qui connaîtra son heure de gloire dans sa version soviétique[2]. Elle vise à l'étude physiologique et psychologique conjointe de l'enfant. On comprend l'intérêt des bolcheviks au regard de leur volonté de créer l'homme nouveau. La paidologie, qui voisine au lendemain de la Révolution avec la psychanalyse, apparaît d'abord comme une façon de poursuivre l'effort pour créer une psychologie révolutionnaire immédiatement applicable dans les écoles. Aron Zalkind (1888-1936), psychologue et pédagogue, qui œuvra d'abord dans le but de rapprocher Freud et Marx, auteur de l'ouvrage *Freudisme et marxisme*, devient, au moment même de la mise à l'index de la psychanalyse, le chef de file incontesté de ce courant et lui assure ainsi une protection quasi absolue. C'est lui qui sera la cheville ouvrière du premier Congrès de paidologie qui réunit, à Moscou en 1927, plus de 2 500 représentants de diverses professions, alors que la psychanalyse discipline très voisine vient juste d'être condamnée. Le Commissariat du peuple de Lou-

---

1 Zazzo René, « Vygotski (1896-1934) », in *Enfance*, tome 42, n° 1-2, 1989. p. 3-9.

2 Etkind Alexandre, Espéronnier Maryta, « L'essor et l'échec du mouvement "paidologique" [De la psychanalyse au "nouvel homme de masse"], in *Cahiers du monde russe et soviétique*, vol. 33, n° 4, octobre-décembre 1992, p. 387-418.

natcharski prendra une série de décisions fondées sur le programme élaboré lors de ce Congrès de paidologie comme la création d'une Commission de planification de la recherche en paidologie sous la présidence de Zalkind et en finançant une revue de paidologie qu'il dirige. Devenu ainsi le nouveau patron des sciences humaines soviétiques, Zalkind organise en 1930 un Congrès consacré à l'étude du comportement humain durant lequel il présente un rapport qui fera date car il analyse les relations entre « les sciences psycho-neurologiques et la construction du socialisme ». Il y célèbre la naissance d'un « homme de masse nouveau » selon le jargon stalinien faisant preuve d'une créativité exceptionnelle dans tous les domaines (*sic*). Ayant satisfait à cette obligation politique dans le registre lexical, il peut alors déplorer que la Révolution ait créé cet homme artisanalement alors que les sciences psycho-neurologiques pourraient contribuer à son enfantement. Zalkind propose de fonder une littérature psycho-neurologique de masse, des consultations de masse, une instruction de masse sous le contrôle des paidologues. Il obtient gain de cause puisqu'en 1930 l'Institut de psychologie devient l'Institut de psychologie, de paidologie et de psychotechnique, avec lui-même comme nouveau patron à la place d'un Konstantin Kornilov déchu. Le courant paidologique étend alors son emprise sur toute la société, spécialement sur les enseignants qui deviennent des supplétifs des paidologues.

Ce succès fulgurant sera néanmoins éphémère car le courant pavlovien, soutenu par la droite du Parti, se souvient du passé psychanalytique de Zalkind. Il est bientôt acculé à une autocritique espérant sauver ainsi sa peau : « J'avais participé objectivement à la diffusion du freudisme en URSS en 1923-1925, et aussi plus tard, par la force d'inertie. Mais j'apportais au freudisme ma propre conception, qui en réalité le dénaturait complètement. Mais j'ai continué à qualifier cela de freudisme, et cela faisait tomber les "petits" dans le péché. » Mais Zalkind aura beau en rajouter en expliquant que « la consolidation de la dictature du prolétariat enfonce pour toujours le clou dans le cercueil du "freudisme soviétique" », au point d'irriter Kroupskaïa qui se sentira obligée de défendre Freud et l'existence de l'inconscient face au courant pavlovien, les thèses de Zalkind sont qualifiées « d'éclectisme idéaliste menchévisant ». L'accusation est moins grave que d'être accusé de trotskisme mais suffisante pour perdre la direction de l'Institut de psychologie, de paidologie et de psychotechnique. Il décédera en 1936 d'une crise cardiaque à la lecture de la résolution du Parti bolchevik dénonçant les déviations paidologiques dont il serait responsable. Le Comité central qualifie désormais la paidologie de « zigzagante » et l'accuse d'être « pleine de tendances antimarxistes malsaines, et de principes antimarxistes pseudo-scientifiques ». Le commissariat du peuple à l'éducation qui avait soutenu jusqu'au bout la paidologie est balayé. Boublov est renvoyé. Staline ordonne la liquidation de toutes les structures et de toutes équipes de paidologies (écoles, homes d'enfants, établissements supérieurs).

LA LIQUIDATION DE LA PSYCHOTECHNIQUE

La psychotechnique soviétique sera la branche majeure d'une discipline fondée par Stanley Hall, l'organisateur du voyage de Freud aux États-Unis en 1909. Le premier Congrès de psychotechnique est organisé à Bruxelles en 1911. Les sociaux-démocrates russes commencent à s'intéresser à cette discipline. Mais c'est avec le retour en Russie, avec l'aide et le soutien de Freud, de Sabrina Spielrein (1885-1942), que la psychotechnique russe prend de l'ampleur. D'abord avec elle qui fut une des premières femmes psychanalystes au monde, patiente et compagne de Jung et elle-même psychanalyste de Charles Piaget. Ensuite avec son frère Isaak Spielrein (1891-1937?), lui aussi rentré en Russie d'Allemagne après la révolution d'Octobre, lequel deviendra, comme nous l'avons vu, le leader de la psycho-technique russe (opposé au Taylor Russe Gastev). Cette discipline voisine de la paidologie est considérée comme l'ancêtre de l'ergonomie et de la psycho-sociologie actuelles.

Isaac Spielrein travaille au sein de l'Institut central du travail sous la direc-tion de Gastev, lui aussi adepte mais à sa façon de la psychotechnique. Leurs relations sont scientifiquement, politiquement et humainement impossibles. Ainsi à la mort de sa mère, Spielrein sollicite une autorisation d'absence qui lui est refusée sous prétexte qu'assister à des funérailles serait un préjugé bourgeois : « À quoi vous servirait un congé puisqu'elle est morte ! »

Spielrein développe donc, avec notamment le soutien de Lounatchars-ki, ses propres Instituts psychotechniques chargés de la protection du tra-vail(leur). Mais ils entreront en conflit avec les ingénieurs NOT des instituts de Gastev. Les spécialistes de la psychotechnique russe ont perçu en effet très vite les dangers que les adeptes de l'industrialisation à outrance font peser sur leur discipline. Ils choisissent donc de donner des gages au régime en opposant, lors de leur VIIe Congrès, la psychotechnique bourgeoise et la psychotechnique soviétique. Ce geste d'apaisement (et de soumission) s'avère cependant totalement inutile. La nouvelle classe dominante choisit de régler à sa façon ce conflit idéologique qui menace le cœur de son pouvoir en frap-pant alternativement les deux courants. S. G. Gellerstejn est arrêté en 1935 bientôt suivi par Isaak Spielrein en 1938. Quant à Alexis Gastev, le patron du tout-puissant Institut central du Travail, il est également arrêté en 1938, torturé, condamné à mort et exécuté. Un décret du Conseil des commissaires du peuple liquide le réseau des Instituts de paidologie qui jusqu'alors s'occupaient de la protection du travail.

LE CHOIX DE PAVLOV ET DU PAVLOVISME

L'interdiction de la psychanalyse puis de la paidologie et de la psychotechnique accompagne celle de toutes formes d'opposition politique, syndicale, culturelle. Le système industrialiste russe a besoin d'une idéologie (pseudo-science) qui vienne justifier l'autoritarisme sans borne des chefs d'entreprise. Ces satrapes tout-puissants ne peuvent avoir face à eux des individus autonomes et responsables. Cette haine de la psychanalyse c'est d'abord le choix de Pavlov, plus exactement du pavlovisme, en tant que système d'interprétation du monde et de l'humanité. Il importe en effet de dissocier Pavlov du pavlovisme. Ivan Pavlov (1849-1936) sera le savant « officiel » des bolcheviks et notamment de Staline alors que rien ne le prédisposait à occuper cette fonction légitimante. Fils de pope et père d'un officier de l'Armée blanche mort durant la guerre civile, Pavlov dénonce lui aussi les bolcheviks et toute idée de communisme. Il deviendra cependant la caution du régime stalinien, d'abord presque malgré lui puis sur la base d'un compromis bien pesé et enfin de bon cœur. Il est déjà reconnu internationalement avant la Révolution. Il a reçu son prix Nobel de médecine en 1904. Ses principales thèses sont bien antérieures à 1917, notamment celle concernant les réflexes conditionnels. L'expérience du chien qui salive date de 1889 et non de sa période rouge. On explique le choix bolchevik de déifier Pavlov par des raisons de prestige. C'est faire peu de cas de la richesse de la science russe puis soviétique au moment de la Révolution et après et de la qualité des autres savants, notamment en écologie, qui eux seront tous condamnés, réduits au silence, sinon à la mort. Ivan Pavlov intéresse certains bolcheviks par son matérialisme absolu, c'est-à-dire par sa volonté de comprendre les comportements humains à partir de la physiologie et non pas d'une psychologie toujours soupçonnée d'idéalisme. Pavlov intéresse aussi les bolcheviks car sa thèse sur la suprématie de l'acquis sur l'inné (avec l'hérédité des caractères acquis) semble justifier la foi stalinienne dans la possibilité de créer très vite un homme de masse nouveau. Pavlov se métamorphosera en « idéologue à tout faire » du stalinisme en raison de sa proximité avec le behaviorisme étasunien lequel considère que l'être humain est une boîte noire réagissant à des stimuli donc contrôlable. Ce système de pensée nord-américain est alors très en vogue en Russie. Lénine pardonnera tout à Ivan Pavlov et lui fera construire l'un des plus riches laboratoires de recherche du monde. Il lui offrira également de bénéficier du régime alimentaire privilégié réservé aux seuls hauts dirigeants du PC(b)

R. Ce dernier obtiendra que cette mesure soit étendue à l'ensemble de son personnel. Pavlov restera malgré tout un grand savant fidèle à la scientificité c'est pourquoi, lors du Congrès international de physiologie de Boston en 1929, il fera amende honorable en expliquant que les progrès apparents dans le comportement des animaux ne s'expliquaient pas par l'hérédité des caractères acquis mais par l'amélioration des méthodes de dressage[1]. Mais Pavlov cessera en revanche de critiquer le régime dès le début des années trente sous Staline. En 1935, ce dernier lui offrira l'organisation à Moscou du Congrès international de physiologie tenu tout à sa gloire et indirectement à celle de l'État soviétique.

La science a bon dos puisque ce qui est en jeu c'est une vision de l'humain adaptable aux besoins de la société et en premier lieu à ceux de l'économie. C'est pourquoi la psychanalyse et les autres courants psychologiques ne seront pas les seules victimes de cette folie idéologique maquillée en scientificité. L'URSS sacrifiera aussi à son dogme économiciste le courant représenté par Lev Vygotski, Alexandre Luria et Alexis Léontiev et qui entendait reformuler la théorie psychologique sur des bases révolutionnaires marxistes. Lev Vygotski (1896-1934), militant bolchevik, député de l'Armée rouge, psychologue, bénéficiera d'abord comme Luria et Léontiev d'une grande reconnaissance de la part du régime, notamment de la part de Konstantin Kornilov, alors le véritable patron de la psychologie russe. Mais dès qu'il commencera à s'opposer au béhaviorisme et à ses versions russes, la réactologie de Kornilov et la réflexologie de Bechterev, il sera progressivement écarté puis éliminé. Lev Vygotski commettra enfin le sacrilège absolu en mettant en cause le modèle du réflexe conditionné jugé trop simple[2]. Si l'arrivée de Staline au pouvoir marque l'apogée du pavlovisme, elle marque aussi la fin de Vygotski[3]. Non seulement il décède en 1934 dans un silence total mais toutes les disciplines auxquelles il a contribué sont condamnées comme « antirévolutionnaires » et « antiprolétariennes ». Ses ouvrages sont retirés des bibliothèques et le souvenir de son nom disparaît. Ce n'est donc pas le refus de la science occidentale mais celui de toute psychologie suspecte d'individualisme qui motive ces choix pseudo-scientifiques au moment où Staline célébrait « l'homme de masse ». Le PC(b)R condamne de préférence ses propres enfants, tout d'abord les théoriciens qui se disaient communistes, ensuite les disciplines qui voulaient marier Freud et Marx enfin ceux qui dé-

1 « Pavlovisme et Psychologie », in *Enfance*, tome XVI, n° 1-2, 1963. Henri Wallon, *Buts et méthodes de la psychologie*, p. 79-85 ; « L'associationnisme de Pavlov », in *Enfance*, tome XVI, n° 1-2, 1963, Henri Wallon, *Buts et méthodes de la psychologie*, p. 51-58.

2 Yves Clot (sous la direction), *Avec Vygotski*, Paris, La Dispute, 1999.

3 Yarochevsky M.G., Sanglade-Andronikof Anne, « Léon Vygotski : à la recherche d'une nouvelle psychologie », in *Enfance*, tome 42, n° 1-2, 1989, p. 119-125.

fendaient une science humaniste. C'est pourquoi Staline ordonnera en 1936 la fermeture de l'Institut Maxime Gorki de Moscou lequel travaillait sur la génétique donc bien loin de la psychologie. Il fera annuler le Congrès international de psychologie convoqué à Moscou en 1937.

Les divers courants psychologiques ne pouvaient pas peser lourd face aux intérêts de la nouvelle classe dominante et aux contraintes de l'industrialisme. Cet État Moloch sacrifiait les ressources naturelles mais aussi la force de travail. L'homme de masse stalinien que requérait la folie industrielle des premiers plans quinquennaux ne pouvait avoir d'inconscient ni d'individualité.

Sur le front sexuel

Les « libérateurs du sexe » posent la question d'une sexualité capable de libérer les individus, d'émanciper les femmes et de former une société susceptible d'assurer le triomphe de la révolution d'Octobre et du communisme. Ces sujets ayant trait à la sexualité et à la famille sont traités au sommet du PC(b)R et de l'État, deux appareils au départ profondément divisés sur ces questions. Le lecteur se fera une idée des rapports de force existants en constatant que si le premier Code de la famille de 1918 est élaboré par Alexandra Kollontaï[1], l'égérie de la libération sexuelle, celui de 1926 le sera par le Commissariat du peuple à la justice et celui de 1936 le sera directement sous l'autorité de Staline, avec le passage à des mesures toujours plus répressives et antiféministes[2].

Évoquer le front sexuel n'est pas seulement s'intéresser à la question du sexe et de la famille mais se donner les moyens de mieux comprendre la révolution d'Octobre dans son rapport au pouvoir, au désir et à l'économie psychique. La question sous-jacente est de déterminer de quel type de jouissance a-t-on besoin pour construire le socialisme/communisme et de quel type d'humains[3]. La question de la famille est centrale même si tous les bolcheviks sont convaincus qu'on ne fera pas la Révolution sans saper l'institution familiale. Les libérateurs du sexe se révéleront être des adversaires résolus de ce qu'on nommait le socialisme de caserne, c'est-à-dire de la répression de la subjectivité. Toutes ces propositions doivent être contextualisées dans le cadre d'une époque caractérisée par le patriarcat, le sexisme, le poids du religieux, donc par un discours et des pratiques répressifs au sujet des sexualités.

---

1 Judith Stora-Sandor, *Alexandra Kollontaï, marxisme et révolution culturelle*, Paris, Maspero, 1973 ; Arkadi Vaksberg, *Alexandra Kollontaï*, Paris, Fayard, 1996.

2 Lenczyc Henryk, « Alexandra Kollontai » [Essai bibliographique], in *Cahiers du monde russe et soviétique*, vol. 14, n° 1-2, janvier-juin 1973, p. 205-241.

3 Maurice T. Maschino, *« Allez y doucement camarades » ou l'amour chez les Soviets*, Paris, R. Laffont, 1990.

Libération sexuelle, féminisme et socialisme

On aurait tort de penser que l'Opposition ouvrière, défaite sur les fronts économique et politique, se serait portée sur le front sexuel par opportunisme, car ce terrain était en fait déjà fort bien labouré depuis plus de cinquante ans. De même il pourrait sembler hardi de s'intéresser à ces thèmes dans ce livre traitant du productivisme mais semblable rapprochement n'est pas nouveau : divers courants révolutionnaires notamment anarchistes ont établi, bien avant 1917, un lien direct entre capitalisme productiviste et répression de la sexualité. Dès 1923, W. Marcuse soutiendra que la morale alors en train de s'imposer en Russie serait aussi celle d'une collectivité vouée au travail, à l'économie productiviste et non pas celle d'une communauté d'individus libres. Allant plus loin, il expliquera en 1935 la victoire du stalinisme par l'absence totale de liberté sexuelle puisque cette répression favoriserait le principe d'autorité.

Alexandra Kollontaï, égérie de l'amour libre

Alexandra Kollontaï (1872-1952), éphémère Commissaire du peuple à la sécurité sociale, animatrice du courant de l'Opposition ouvrière, deviendra l'âme du mouvement de libération sexuelle dans la jeune Russie des Soviets[1]. Elle sera « extradée » en 1923 comme première femme ambassadrice en Norvège. Le front sexuel ne se réduit pas uniquement à Alexandra Kollontaï comme on le croit trop souvent, même si elle en fut la figure magistrale en raison non seulement de ses positions mais de ses responsabilités au sein du PC(b)R. Dirigeante en charge de dossiers aussi complexes que ses confrères, elle affichera toujours une sensibilité conseilliste et s'opposera avec force à la dictature du (et sur le) Parti, qu'elle voyait monter au fil des années. Elle dira regretter le temps du (mal nommé) « communisme de guerre » car cette période fut celle d'une grande créativité populaire dans tous les domaines.

Alexandra Kollontaï poursuit en fait sur le front sexuel des débats théoriques engagés bien avant la Révolution, et pas uniquement au sein des bolcheviks. Le véritable père de l'utopie sexuelle russe se nomme Vissarion Belinskij (1811-1848), exclu de l'université pour ses engagements politiques, socialiste-libertaire, proche de Mikhaïl Bakounine (le grand théoricien anarchiste). Belinskij se disait effrayé par l'idée que le socialisme puisse un jour écraser l'individu. Il fut le premier à poser le lien entre émancipation des femmes, amour libre et socialisme. Le fameux roman *Que faire ?* de

1 Bailes Kendall E., « Imbert Marie-José. Alexandra Kollontai et la Nouvelle Morale », in *Cahiers du monde russe et soviétique*, vol. 6, n° 4, octobre-décembre 1965, p. 471-496.

Nicolaï Tchernychevski (1828-1889), rédigé derrière les barreaux de la forteresse Pierre et Paul de Saint-Pétersbourg et publié en 1863 (qui plût tant à Lénine) est largement une illustration de ses thèses. Les bolcheviks connaissaient donc ces idées et leur reconnaissaient une valeur. Aussi ne sont-ils pas étonnés lorsque l'ex-commissaire du peuple connue pour son refus du Traité de paix avec l'Allemagne et son rôle dans l'Opposition ouvrière prend position en 1923 contre la pseudo-morale dominante, en publiant trois nouvelles sous le titre *L'amour des abeilles travailleuses*. Alexandra Kollontaï croit certes comme Marx et Engels à la survivance de la famille monogamique mais avec des monogamies successives. Elle entend aussi saper la dépendance des femmes envers les hommes et celle des enfants à l'égard de leurs parents. Aussi, après avoir analysé le passage de la morale sexuelle féodale à la morale sexuelle bourgeoise comme condition du passage de la coopération à la concurrence capitaliste, elle affirme que « parmi les multiples tâches, qui incombent à la classe ouvrière dans son offensive pour construire l'avenir, se trouve la tâche de l'édification de plus sains et plus heureux rapports entre les sexes ». Elle dénonce l'impardonnable indifférence des bolcheviks envers l'une des tâches essentielles de la classe ouvrière : la révolution des mœurs. Seule cette dernière permettrait de mettre en cause le fondement psychique de la propriété privée, lequel commencerait par le sentiment de propriété des époux l'un sur l'autre ou sur les enfants, mais aussi l'inégalité entre les sexes qu'elle analyse comme le socle et la caution de celle entre les classes sociales. Ce processus d'émancipation ne pourrait avoir lieu qu'au sein du peuple mais il bénéficierait ensuite à l'humanité tout entière, y compris aux hommes. Alexandra Kollontaï prône donc la création d'une sorte d'école de l'amour, avec, ce qu'elle nomme l'amour-jeu et l'amitié érotique car : « Notre époque se distingue par l'absence de "l'art d'aimer". » Les humains ne savent pas (plus ?) entretenir des relations claires, lumineuses, ailées : « L'amour est ou bien une tragédie déchirant l'âme, ou bien un vaudeville banal. Il faut faire sortir l'humanité de cette impasse. [...] Ce n'est qu'après être passé par l'école de l'amitié amoureuse que la psychologie de l'amour sera apte à accueillir le grand amour purifié de ses côtes sombres. »

Alexandra Kollontaï donne donc au Parti bolchevik la mission de développer le potentiel d'amour de l'humanité, véritable prélude au communisme Elle se veut foncièrement optimiste puisque l'amour est une force qui s'accroît au fur et à mesure qu'on la dépense, ce qui justifie l'espoir d'un futur heureux. Kollontaï explique qu'Éros sans ailes, simple attraction physique, devra céder sa place à Éros ailé (dans lequel la notion de devoir envers la communauté prime encore, ce qui signifie qu'elle admet provisoirement une vie austère), puis avec la victoire du communisme, Éros transfiguré succédera à Éros ailé, afin de réaliser une attirance des sexes qu'elle qualifie de saine, libre et naturelle.

Cette thèse de Kollontaï est fondée sur la lecture des classiques du marxisme : Friedrich Engels mais aussi Auguste Bebel (*La femme et le socialisme*, 1879). Elle soutient, dans leur lignée, qu'il est possible de se libérer du mariage en tant qu'institution oppressive, économiquement bien sûr, mais aussi sexuellement. Constatant que la famille ne constitue déjà plus une unité productive, ce qu'elle fut durablement dans l'histoire de l'humanité, elle soutient qu'elle ne sera bientôt plus une unité consommatrice, grâce à l'essor des services publics. Elle prône donc d'accorder une priorité à tout ce qui peut émanciper les femmes des corvées ménagères : les restaurants sociaux, les services de garde des enfants, les infirmeries de quartiers, les personnels domestiques salariés (pour le nettoyage et les réparations) : « La séparation de la cuisine et du mariage – voilà une grande réforme, non moins importante que la séparation de l'Église et de l'État. » Cette idée sera expérimentée par les constructivistes (cf. *infra*). Le but semble clair : avancer vers l'union libre de libres individus ! Son concept majeur d'« amour-camaraderie » n'est pas une incitation au libertinage, même s'il est basé sur le principe d'une attraction sexuelle, saine, libre et naturelle mais sur la reconnaissance d'une union libre d'individus libres. Elle admet dans ce cadre toutes les formes de sexualité, à condition qu'elles ne menacent pas l'avenir de l'espèce (ce qui ne condamne pas l'homosexualité) et ne soient pas fondées sur des relations économiques (prostitution notamment). Cet « amour-camaraderie » s'oppose également à la passion traditionnelle qui isole le couple du collectif alors que le nouveau comportement amoureux se doit d'être collectiviste. C'est pourquoi les femmes émancipées sont dénommées, par Alexandra Kollontaï, des « abeilles travailleuses ».

LA RECONNAISSANCE DE NOUVEAUX DROITS

Le bilan de la révolution d'Octobre est conséquent en matière de nouveaux droits pour les couples et plus particulièrement pour les femmes[1]. Deux décrets sont pris, durant les premières semaines de la Révolution, sous l'autorité d'Alexandra Kollantaï, bien que le juriste Alexandre Goichbarg en soit le rédacteur. Celui du 18 décembre 1917 institue la laïcisation du mariage, l'égalité des époux et l'abolition de la différence entre les enfants légitimes et illégitimes, reconnaît la capacité juridique des femmes au niveau de celle des hommes, la femme peut garder son nom, le mari peut prendre

---

1 Alain Blum, *Naître, vivre et mourir en URSS*, Paris, Payot, 2004.

celui de son épouse, les enfants peuvent recevoir le nom de leur mère comme celui de leur père. Celui du 19 décembre légalise le divorce par consentement mutuel ou à la demande de l'un des époux, avec le principe d'une compensation pécuniaire. La jeune Russie des Soviets dépénalise l'homosexualité mais aussi la prostitution avec la volonté d'en libérer les femmes, instaure le congé maternité et les soins gratuits pour les femmes enceintes.

Sur ces bases, l'équipe de Kollontaï élabore le nouveau Code de la famille qui est adopté le 16 septembre 1918 : il pose que tout ménage pour être légal doit être enregistré au ZAGS (équivalent de la mairie), il précise que le divorce est admis par consentement mutuel ou par demande d'un des conjoints (aucune faute ni motivation ne sont exigées)[1]. Un décret du 18 novembre 1920 légalise l'avortement. Rien ne serait plus faux que de croire que dans ce domaine les bolcheviks de 1917 défendaient des positions qui deviendront celles plus tard des groupes féministes. Il suffit de relire le texte de 1920 qui justifie la libéralisation de l'avortement comme un moindre mal : « L'État soviétique lutte contre l'avortement en renforçant le régime socialiste et la propagande développée contre lui parmi les femmes actives en se donnant les moyens d'une protection de la maternité et de l'enfance. Il conduit à une disparition progressive de cette pratique. Cependant, les survivances du passé et les conditions économiques actuelles amènent encore les femmes à se résoudre à cette opération. Le Commissariat du peuple à la santé et le Commissariat du peuple à la justice [...] considérant que la répression, dans ce domaine, ne donne pas les résultats escomptés, décrètent l'avortement autorisé[2]. »

Il n'est donc pas étonnant que le principe du droit à l'IVG ne soit assorti d'aucun moyen, sauf en ce qui concerne la gratuité des avortements thérapeutiques. Les courants féministes devront batailler pour que le principe devienne réalité. Un décret du 3 novembre 1924 étend le bénéfice de la gratuité à trois catégories de femmes : les chômeuses vivant seules, les femmes seules travaillant et ayant déjà un enfant et les femmes travaillant et ayant, déjà, plusieurs enfants.

La polémique contre Alexandra Kollontaï

Alexandra Kollontaï, qui a démissionné de son poste de Commissaire du peuple, en mars 1918 en raison de son désaccord avec le traité de Brest-Li-

---

1 Yvert-Jalu Hélène, « L'histoire du divorce en Russie soviétique. Ses rapports avec la politique familiale et les réalités sociales. », *Population*, 36ᵉ année, n° 1, 1981, p. 41-61.

2 Avdeev Alexandre, Blum Alain, Troitskaja Irina, « Histoire de la statistique de l'avortement en Russie et en URSS jusqu'en 1991 », in *Population*, 49ᵉ année, n° 4-5, 1994, p. 903-933.

tovsk, a cependant conservé la codirection de la section féminine du Comité Central du PC(b)R aux côtés d'Inessa Armand (l'ex-maîtresse de Lénine). Envoyée en 1923 en « exil diplomatique » en tant qu'ambassadrice en Norvège, puis au Mexique et en Suède, elle continue le combat, depuis l'étranger, en publiant des ouvrages. Dès 1923, elle subit une première campagne de diffamation déformant ses thèses. Rien ne serait plus faux que de croire que ses détracteurs défendaient la morale « ancienne » mais ils se disaient convaincus que le moralisme pouvait gagner à la cause bolchevik des petits-bourgeois et même des religieux. La libération sexuelle (et déjà celle des femmes) est ainsi sacrifiée au nom d'un national-bolchévisme qui ne dit pas encore son nom mais préfère les élites. Les détracteurs de Kollontaï redoutaient également les conséquences économiques, d'une trop grande liberté sexuelle nuisible à la productivité.

La première charge est conduite par la sociologue Paulina Vinogradskaja (l'épouse de Yevgeni Préobrajensky en charge des questions d'économie). Elle accuse en octobre 1923 Kollontaï dans la revue *Kommunistka* de soutenir des positions antimarxistes. Ce procès à charge fait écho au fameux débat entre Lénine et Clara Zetkin (révolutionnaire allemande, député au Reichstag, adepte d'un féminisme communiste) dans lequel Lénine tout en reconnaissant que « le communisme doit apporter non l'ascétisme, mais la joie de vivre et le réconfort dû également à la plénitude de l'amour » soutenait que « sport, gymnastique, excursions, toutes sortes d'exercices physiques, intérêts moraux variés, études, analyses, recherche, le tout appliqué simultanément, tout cela donne à la jeunesse bien plus que les rapports et les discussions sans fin sur les questions sexuelles et sur la façon de "jouir" de la vie, selon l'expression courante ».

La deuxième attaque est conduite par P. Vinogradskaja (qui sera aussi le principal procureur lors des procès contre la psychanalyse et la paidologie). Avec la droite du Parti, il accuse Kollontaï de vouloir détruire la famille pour répandre une sexualité débridée et provoquer la déchéance physique des femmes (*sic*). Il ajoute que la famille et l'État doivent être maintenus durant la phase de transition au socialisme (entendre : la phase du capitalisme d'État). Il justifie ainsi le refus de la thèse du dépérissement de l'État et de l'idéologie autoritaire qui va avec, d'autant que ce même courant Crypto-stalinien impose alors le retour de la religion orthodoxe contre les religions minoritaires progressistes. Vinogradskaja s'en prend ensuite à la proposition de Kollontaï de créer une caisse d'assurance sociale chargée de payer les pensions alimentaires à la place des pères divorcés au nom d'un principe d'égalité entre les enfants. Il explique que ce dispositif exigerait de créer un nouvel impôt qui provoquerait le mécontentement des « paysans moyens » que le PC(b)R cherche à séduire.

La troisième charge est menée par un haut dignitaire bolchevik : Pyotr Smidovich (1874-1935), spécialiste de la question juive au sein de l'État. Ce dernier oppose l'immoralité symbolisée par Kollontaï aux modèles de vertu qu'aurait été le fondateur du marxisme (la pauvre Jenny Marx aurait apprécié que le bon Charles n'engrosse pas sa bonne comme un vulgaire bourgeois !). Pyotr Smidovich appelle en sa mémoire les prolétaires à la fidélité conjugale élevant cette valeur « bourgeoise » au rang de vertu révolutionnaire cardinale.

Le PC(b)R en profite pour régler ses comptes avec son organisation de jeunesse (les *komsomols*) soupçonnée de sympathie pour (ce qui reste de) l'Opposition de gauche. Il affirme vouloir une « jeunesse disciplinée » ce qui passe par la discipline sexuelle (plus questions d'amour-camaraderie) et par la discipline scolaire (plus question de remettre en cause l'autorité des enseignants).

Kollontaï publie en 1927 un nouveau roman *Le grand amour* inspiré de la liaison (bien peu clandestine) entre Lénine et Inessa (de son vrai nom Élisabeth) Armand (1874-1920), fille d'un chanteur d'opéra et d'une mère artiste. Inessa épouse en 1893 Alexandre Armand (industriel franco-russe fortuné) dont elle aura trois enfants, avant d'en avoir un autre avec son beau-frère, militant révolutionnaire, elle sera elle-même arrêtée plusieurs fois par l'*Okhrana*, elle s'évade et se réfugie à Nice en 1908 puis à Paris en 1909 où elle rencontre Lénine. Elle entame alors une longue liaison amoureuse avec lui. Elle deviendra dirigeante de la Commission féminine du Comité central aux côtés de Kollontaï. Surmenée comme tous les dirigeants bolcheviks, elle part se reposer dans un sanatorium où elle contracte le choléra et décède en octobre 1920.

J'aimerais évoquer une affaire douloureuse qui illustre bien les procédés Staliniens. On sait que Nadejda Kroupskaïa renonça à soutenir l'opposition à Staline car il menaçait de désigner une autre veuve à Lénine dans la personne d'Inessa Armand[1]. Certains auteurs comme Kendall E. Bailes estiment que le roman de Kollontaï fut adroitement utilisé par Staline pour contraindre Krouspskaïa au silence. L'ironie de l'histoire est d'autant plus cruelle qu'Inessa Armand comme Krouspskaïa défendaient les thèses de Kollontaï mais seulement pour un futur proche, considérant que l'amour libre était bien la solution aux problèmes sexuels. Le roman *Le grand amour* fut accueilli étrangement par un silence absolu du Parti. La riposte contre Kollontaï sera relativement longue à se mettre en place. C'est d'abord David Riazanov, fondateur de l'Institut Marx-Engels de Moscou, un des grands intellectuels de la gauche bolchevik, qui sera chargé de l'attaque. Il réplique que puisque « le communisme, c'est l'enregistrement de toutes les forces de

---

1 Michael Persons, *Lenin's Mistress : the life of Inessa Armand*, Gerald Duckworth & Co Ltd, 2001.

production » aucun amour libre n'est possible, ce qui signifie déjà sur le plan institutionnel qu'on ne peut reconnaître des couples de fait. C'est ensuite à Aron Zalkind (1888-1936), psychologue « officiel » du PC(b)R, lui aussi proche des courants de gauche et lui-même victime d'attaques, d'expliquer que puisque l'homme possède une certaine somme d'énergie vitale, toute parcelle de ce précieux influx consacrée à la vie sexuelle est perdue pour l'édification socialiste. Il fait donc de « l'abstinence révolutionnaire » une caractéristique de l'homme et de la femme socialistes. Zalkind, loin des « fantasmes et perversions » des « abeilles travailleuses », définit le sexe comme « un outil biologique qu'une classe sociale utilise pour sa reproduction et pour la continuation de sa lutte historique ». Le comportement sexuel des jeunes (notamment au sein des *komsomols*) ne doit donc pas les soustraire aux impératifs de classe ni en ce qui concerne le « choix des partenaires », selon des critères de classe, ni en termes de priorité dans la lutte. L'heure n'est pas à l'amour mais à produire davantage !

La dernière attaque contre Kollontaï est directement menée par Emelian Jaroslavskij, celui qui fut le bras droit de Staline entre 1920 à 1930 et que l'on a déjà vu à l'œuvre sur le front religieux dans sa lutte contre les « anciens » athées. Jaroslavskij se lance dans une critique des ouvrages de Kollontaï. Il dit accepter l'idée d'une morale spécifique à chaque classe mais l'amour des abeilles ouvrières ne serait pas la morale prolétarienne mais une morale bourgeoise décadente. Il cite bien sûr Lénine au service de sa cause : la seule morale prolétarienne, c'est la lutte de la classe ouvrière donc l'autorité du Parti. L'homme lige de Staline retourne même contre Kollontaï la thèse défendue par l'une des héroïnes de son roman : « Il y a des gens que j'aime et comme je les aime ! [...] Tenez, par exemple, Lénine. Ne souriez pas. C'est très sérieux. Je l'aime beaucoup plus que tous ceux qui m'ont plu et avec lesquels j'ai fait l'amour. Et le camarade Guérassime, vous le connaissez ? C'est le secrétaire de mon quartier. Ça, c'est quelqu'un. Eh bien, lui, je l'aime. Véritablement. Je suis toujours prête à lui obéir, même s'il n'a pas toujours raison, parce que je sais que ses décisions sont toujours justes. » (in *Les amours des abeilles travailleuses*).

Kollontaï se trouve ainsi prise à son propre piège car si l'amour-camaraderie c'est avant tout l'amour des dirigeants du Parti, Staline doit venir en tête. Jaroslavskij s'en prend ensuite pour faire bonne mesure aux étudiants préoccupés de sexualité alors que l'essentiel est le travail productif ! Il lance, lui aussi, à destination de la jeunesse, un appel à la continence « révolutionnaire ». Peu importe que Jaroslavskij doive pour cela déformer les thèses de Kollontaï car pour elle aussi l'activité essentielle de la vie reste le « travail créateur » et non le libertinage, mais elle invite cependant à une grande tolérance à l'égard de la sexualité et se refuse à faire du travail industriel la seule activité créatrice. Elle voisine ici avec les thèses du Proletkult condamnées par les productivistes.

Même Nikolaï Semachko, le Commissaire du peuple à la santé qui avait signé les premiers décrets émancipateurs préparés par Alexandra Kollontaï, se trouve contraint de faire marche arrière et de proclamer son inquiétude quant aux conséquences sanitaires des nouvelles libertés et d'en appeler à l'abstinence sexuelle : « Vous êtes venus dans les *rabfacs* (facultés ouvrières) pour travailler, alors abstenez-vous […]. Il est démontré que l'abstinence n'est pas nocive, mais au contraire bonne. »

Ses justifications ne sont cependant pas morales mais économiques : l'État prolétarien serait encore trop pauvre pour ne pas être obligé d'être malthusien. Aussi refuse-t-il d'étendre aux « couples de fait » les avantages accordés aux couples officiels !

Alexandra Kollontaï, se souvenant du succès du roman *Que faire ?*, écrit alors une fiction pour défendre le nouveau mode de vie qu'elle prône. À travers le récit de l'histoire personnelle de l'ouvrière Vassia, elle narre l'échec programmé de toute révolution qui ne serait pas aussi celle de la famille et de la sexualité. Elle est cependant suffisamment au fait des pratiques pour savoir s'arrêter. Épargnée par Staline, elle recevra l'Ordre de Lénine en 1933 puis par deux fois l'Ordre du drapeau rouge du travail. En 1945, elle renonce à ses fonctions et revient vivre à Moscou où elle décède tranquillement en 1952.

Le Code de la famille de 1926 : un compromis

Les libérateurs du sexe sont cependant suffisamment puissants dans la Russie des Soviets pour influer sur le contenu du nouveau Code de la famille. Ils obtiennent ainsi la reconnaissance du mariage de fait au même titre que le mariage enregistré, c'est-à-dire avec les mêmes droits et les mêmes devoirs, dans le but de renforcer la protection des femmes et enfants en cas de séparation. Ils obtiennent également l'allégement des procédures de divorce. Cette législation provoque dans les villes ce qu'on nomme divorce par carte postale. En 1929 à Moscou, on compte quatre divorces pour cinq mariages ! Les libérateurs du sexe obtiennent aussi l'élargissement du droit à l'avortement. On comptera à la même époque à Moscou trois IVG pour une seule naissance.

Ce nouveau Code de la famille conduit donc à une chute drastique du nombre de mariage notamment religieux et à celle de la natalité dans les villes. Les féministes échouèrent en revanche à faire reconnaître aux mères célibataires les mêmes droits qu'aux femmes mariées ou à celles vivant en concubinage. Ce Code renforce les obligations des parents (du père) à l'égard des enfants.

Le code de la famille stalinien de 1936

Staline se croit bientôt assez fort pour imposer une nouvelle politique nataliste et rigoriste davantage conforme à sa vision nationale-bolchevik du monde. Il lance donc une vaste consultation populaire pour faire justifier par la population sa conception répressive de la sexualité et de la famille soviétiques. Cette procédure suscite tellement de réactions négatives au sein des assemblées d'usines que Staline est contraint de tergiverser et de retarder sa réforme. Il abandonnera son projet en accusant le peuple d'inculture absolue[1] (*sic*). Il décide alors de lancer une virulente campagne contre Sabsovitch et Wolffson, deux des derniers héritiers et continuateurs de la pensée d'Alexandra Kollontaï. Ils se trouvent brutalement accusés d'être des « déviationnistes de gauche ». Pour sauver leur peau, ils sont obligés de faire publiquement leur autocritique. Ainsi S. Wolffson qualifie les idées de Kollontaï de « bassement animales » et conclut que l'avortement égoïste ne doit plus être toléré puisqu'il prive l'URSS de forces productives.

Ainsi Pavel Blonski (1884-1941), le père d'une école sans école, échappe à l'arrestation en se consacrant désormais aux seuls problèmes psychologiques. Son grand ouvrage sur la sexualité des enfants est encore publié en 1934 mais un décret du 8 juillet 1936 stipule que cet ouvrage, et quelques autres sont mis à l'Index (donc retirés) comme « pseudo-scientifiques et antimarxistes ».

Un nouveau Code de la famille peut être enfin promulgué le 27 juin 1936. Staline restaure la morale traditionnelle en exigeant une application plus stricte des lois sur le mariage et le divorce, en interdisant les mariages de fait tant qu'existe un mariage enregistré ou en organisant dès 1935 la réapparition des anneaux de mariage bannis en 1917 en tant que « manifestation bourgeoise », en renforçant les peines pour non-paiement de pensions alimentaires, en interdisant et en réprimant de nouveau l'avortement (qui ne redeviendra libre qu'en 1955), en revenant sur le droit au divorce, en supprimant sa gratuité (sauf lorsque la demande émane de conjointes de détenus politiques) et en le rendant socialement plus coûteux puisqu'il est mentionné sur les papiers d'identité. Les frais de divorce passent de 3 à 50 roubles pour le premier divorce puis à 150 pour le deuxième et à 300 pour les suivants. Conséquence : le nombre de divorces chute d'un tiers en deux ans. Ne nous trompons pas : il s'agit avant tout de fournir la chair à industries que réclament les plans quinquennaux. Il s'agit aussi accessoirement de fournir de la chair à canons. Toute l'énergie doit être orientée vers la seule production et reproduction. L'éditorial de *La Pravda* qui annonce l'interdiction de l'IVG

---

1 Staline in *Session du Comité Exécutif central du 27 juin 1930*.

est révélateur : « Une femme sans enfant mérite notre pitié parce qu'elle ne connaît pas de véritable joie de vivre. Nos femmes soviétiques, florissantes citoyennes du pays le plus libre du monde, connaissent la bénédiction de la maternité. »

C'est parce que l'URSS se couvre de grands chantiers qu'elle a besoin de beaucoup de bras, c'est parce que dans ces grands chantiers les ouvriers tombent comme des mouches que les femmes doivent travailler comme des hommes, et non plus enfanter par amour mais produire de la force de travail. La sexualité (avec sa part d'ombre et de jeux) représente le parangon de l'autonomie que les industrialistes exècrent, le symbole d'une foule sans chefs. L'économisme impose des réponses simples à la question des modes de vie : Il requiert une main-d'œuvre abondante mais également obéissante. Il convient donc à cet égard que les loisirs eux-mêmes deviennent productifs. Un slogan stalinien aurait pu être « faites du sport, pas l'amour », tant la sexualité est dénoncée comme une décharge inutile d'énergie et le sport vénéré comme école de discipline. Ce choix du productivisme conduit à brutaliser la société, bien plus que ne l'aurait fait la libéralisation des mœurs souhaitée par Kollontaï. Trotski prendra (trop) tardivement conscience de l'importance de ces questions. Mais dès qu'il sera convaincu que derrière elles ne se jouent pas seulement des enjeux de sexualité mais des rapports de classes économiques et politiques, il s'opposera au retour de l'idéologie familialiste en expliquant que « le culte tout récent de la famille soviétique n'est pas tombé du ciel. Les privilèges que l'on veut léguer à ses enfants perdent la moitié de leur valeur. Maintenant le droit de rédiger son testament est inséparable du droit de propriété[1] ».

La réhabilitation de la famille en tant qu'institution bourgeoise aura lieu au moment même où l'argent revient à l'honneur au sein du Parti bolchevik : « La famille renaît en même temps que s'affirme à nouveau le rôle éducatif du rouble », bref la consécration de la fidélité conjugale vient avec celle de la propriété privée : « Le cinquième commandement est remis en vigueur en même temps que le septième, sans invocation à l'autorité divine, pour le moment »; « la réhabilitation solennelle de la famille qui a lieu – coïncidence providentielle! – en même temps que celle du rouble, résulte de l'insuffisance matérielle et culturelle de l'État. Au lieu de dire : « Nous avons été trop pauvres et trop incultes pour établir des relations socialistes entre les hommes, mais nos enfants et arrière-neveux le feront », les chefs du régime font recoller les pots cassés de la famille et imposent, sous la menace des pires rigueurs, le dogme de la famille, fondement sacré du socialisme triomphant. On mesure avec peine la profondeur de cette retraite! »

---

1 <https://www.marxists.org/francais/trotsky/livres/mavie/rosnor.htm>

Staliniens et antistaliniens s'opposent donc sur la question de la famille, sur la nécessité de supprimer l'oppression des femmes, de les libérer de la réclusion domestique, de mettre en cause la division du travail qui les humilie, grâce notamment au développement des services sociaux (cuisine, crèche, etc.). Comme nous allons le découvrir le front de l'urbanisme et de l'architecture sera un domaine où se jouera le sort des femmes et celui de la Russie des Soviets.

Du côté antiproductiviste, Sabasovic (antistalinien de choc) prône la suppression de tout espace privatif entre le mari et la femme, sauf la chambre, et suggère de construire de grands édifices alvéolaires abritant 2 000 personnes avec tous les services mis en commun dans le but de stimuler l'esprit communautaire parmi les résidents et de supprimer la famille en tant qu'institution bourgeoise.

Du côté productiviste, Lazare Kaganovitch (1893-1991), un des plus proches et fidèles collaborateurs de Staline, prend ouvertement position contre la liquidation des cuisines individuelles et la cohabitation dans des logements coopératifs au nom de la défense de la famille traditionnelle et de sa morale.

Sur le front de l'urbanisme et de l'architecture

La jeune Russie des Soviets sera pendant plus de dix ans un formidable laboratoire d'expérimentation sur les fronts de l'urbanisme, de l'architecture, du mobilier et des objets quotidiens. Elle n'était pas vouée aux immondes appartements communautaires que le régime stalinien imposera par la suite. La jeune Russie des Soviets aurait pu être le territoire des « villes vertes », des « maisons communes », des services collectifs, de la remise en cause de la coupure ville/campagne, du design, du droit au déplacement et au beau, etc. La victoire finale du stalinisme mettra un coup d'arrêt brutal à tous ces projets et réalisations en matière de changement du mode de vie urbain et architectural. L'avant-garde architecturale et urbanistique soutenue entre 1917 et 1928 par Lounatcharski continuera ses expérimentations au-delà de son limogeage[1].

L'invention d'un nouveau territoire

Chaque système économique et politique possède sa conception du territoire. Celui du féodalisme n'est pas celui du capitalisme qui lui-même ne devrait pas être celui du socialisme puis du communisme. Les différentes fractions bolcheviks s'accordent donc au départ sur la nécessité de changer le territoire. Un survol rapide des positions campe les positions respectives.

1. Du côté des productivistes (Lénine et Trotski puis Staline), le choix du neuf est revendiqué mais au moyen d'une « industrialisation à outrance » permettant de déplacer la population des concentrations urbaines existantes vers des « villes nouvelles » implantées autour des grands bassins industriels. Ce courant ira chercher en Allemagne, en Angleterre et aux États-Unis ses modèles.

2. Du côté antiproductiviste, il s'agit d'inventer de nouveaux modes de vie pour en finir avec l'opposition ville/campagne et développer le collectivisme. Ce courant s'exprimera d'abord dans le langage des constructivistes initiateurs

---

1 Starr S. Frederick, « L'urbanisme utopique pendant la révolution culturelle soviétique », in *Annales. Économies, Sociétés, Civilisations*, 32ᵉ année, n° 1, 1977, p. 87-105.

des « maisons communes » et des « clubs ouvriers » reposant sur des services collectifs nombreux et gratuits puis il opposera, à la fin des années vingt, les « urbanistes » adeptes des « villes à la campagne » et les « désurbanistes » porteurs d'un projet de répartition égale de la population sur tout le territoire.

Mesures d'urgences face à la pénurie de logement

La révolution d'Octobre ne crée pas la pénurie de logements car la situation est structurellement déficitaire dans les grandes villes depuis l'industrialisation. Le parc de logement diminue cependant de 30 % à Moscou entre 1917 et 1924. En 1917, la surface par personne est seulement de 5 m² dans les grandes villes. L'enquête officielle de 1930 donne des chiffres comparables : 3,94 à 5,44 m² par personne même en tenant compte des constructions municipales en bois. L'État Moloch n'est donc pas parvenu en une génération à régler le problème du logement car il a choisi de sacrifier le bienêtre de la population en privilégiant les solutions des « anciens architectes » contre ses avant-gardes. Nous devons différencier les mesures d'urgence de 1917 à 1921 des politiques postérieures.

Les premiers décrets visent davantage à répartir la pénurie qu'à faire du neuf. Un texte du 4 décembre 1917 organise dans les grandes villes la réquisition des appartements « bourgeois » afin de les attribuer aux ouvriers nécessiteux. On parle alors de « densification des logements » pour ne pas parler de division. Le service des Terrains et logements des Soviets se voit charger d'une part du recensement des locaux « excédentaires » par famille et d'autre part d'ordonner aux habitants et de faire exécuter la libération du « supplément de surface ». Chaque famille n'a droit qu'à une unique pièce et tout le reste (cuisine, couloirs, sanitaires, etc.) est commun aux anciens et aux nouveaux occupants. Cette politique de réquisition s'avérant totalement insuffisante au regard des besoins, il est alors décidé de supprimer la propriété foncière pour construire davantage. Ainsi un décret du 20 août 1919 nationalise les immeubles urbains et les terrains, la question du logement passant ainsi sous le contrôle des Soviets. L'attribution des logements se fait en fonction de critères sociaux mais également politiques puisqu'elle devient une forme de récompense pour les hauts fonctionnaires, les membres du Parti et pour services rendus à l'État. Un système d'échanges de logements se met parallèlement en place, soit directement auprès du Bureau des échanges de logements, soit en placardant des petites annonces sur les murs de certaines rues puis en faisant enregistrer officiellement l'échange auprès des bureaux concernés.

De nouvelles règles de vie

Cette politique du logement impose de créer toute une bureaucratie avec au sommet le Commissariat en charge du dossier puis à la base toute une série de structures qui deviendront au fil des années toujours moins démocratiques. Ainsi si la Révolution avait créé dès 1917 des « comités d'immeuble » (domkom) représentés par un « commandant » (komendant) nécessairement élu par les occupants des appartements (locataires ou propriétaires), ces organismes électifs seront transformés en septembre 1918 en « directions d'immeuble » (*domou pravlenie*) sommées de travailler avec les usines et la Tcheka/GPOU[1].

Des règles de bon voisinage sont définies d'abord de façon spontanée : ne pas stationner devant une porte privative ouverte, ne jamais pénétrer dans une pièce individuelle, respecter l'usage individuel des toilettes et salles de bains, bien que ces lieux soient collectifs, garantir en revanche un usage collectif des couloirs et débarras, respecter le principe d'une cuisine partagée dans l'espace et le temps, interdiction d'utiliser une autre électricité que la sienne (chacun à son propre compteur, avec ses propres interrupteurs et ses propres ampoules), interdiction d'utiliser le matériel privatif de cuisine, etc.

Dès 1921, plusieurs décrets compléteront ces premières règles lorsqu'il deviendra évident que le provisoire en matière de logement risque de durer : adoption d'un tour de rôle pour le nettoyage des parties communes, interdiction de posséder des animaux domestiques sans l'accord des autres occupants, de l'élevage des poules et des canards dans les locaux habitables, de la salaison des cornichons dans les baignoires sans l'accord de tous, etc.

Les seules expériences novatrices se réalisent alors dans le secteur coopératif avec la création de « communes de logements » sur la base du volontariat. Les dirigeants bolcheviks choisiront très vite la pénurie plutôt que l'auto-construction et donc la cohabitation contrainte plutôt que la coopération libre. Contrepartie de ce choix d'instaurer une pénurie de logements qui garantissait en revanche une concentration des ressources dans le domaine de la production et rendait les ouvriers dépendants de leur travail (et du GPOU) pour leur logement : un système de fixation du loyer est instauré par une loi de 1928. Ce loyer est fixé en tenant compte de la surface au sol corrigée selon la situation sociale (ouvriers et employés, militaires, familles nombreuses, etc.). Le montant des loyers dans le secteur public restera inchangé durant

---

1 Carton de Grammont Sarah, « Construction du politique et fabrication du patrimoine dans un quartier de Moscou », in *Revue d'études comparatives Est-Ouest*, hors-série 2007, *La Russie : géographie des territoires*. p. 223-260.

trente ans au point de ne bientôt plus représenter qu'une somme dérisoire ne couvrant que le cinquième des dépenses de fonctionnement.

Du côté des avant-gardes

L'architecture relève de la section des beaux-arts au sein du *Narkompros*. Elle est d'abord dirigée par David Sterenberg sous la supervision de Lounatcharski. Le commissariat du peuple décide dès avril 1918 de supprimer l'académie des beaux-arts car sa conception artistique est extrêmement conservatrice/élitiste. La jeune Russie des Soviets va agir dans deux directions : elle entend d'abord démocratiser la culture ancienne en transformant plus de 500 hôtels privés en musées publics dans le but de mettre à la disposition du plus large public possible les extraordinaires collections privées des riches amateurs; elle entend parallèlement soutenir l'art contemporain/moderne en créant dès 1919 le premier grand musée au monde d'art contemporain et en inaugurant de nombreux ateliers nationaux d'arts libres (*sic*) à la place des anciennes écoles. Ces nouvelles écoles, qui sont totalement gratuites et qui suppriment tout concours d'entrée et tout diplôme, sont animées par Chagal et Malevitch (infra). Les avant-gardes œuvrant dans le domaine de l'urbanisme et de l'architecture sont nombreuses et particulièrement vives, jusqu'à leur défaite de 1932[1]. Nous irons à l'essentiel en évoquant l'Association des nouveaux architectes (ASNOVA) créée en 1920 par des enseignants des *vhutemas* (écoles des arts appliqués) et regroupant les architectes fonctionnalistes[2] et l'Union des architectes contemporains (OSA) fondée en 1925 comme branche architecturale et urbanistique du Front gauche de l'art (LEF)[3].

Fonctionnalistes et constructivistes

Le fonctionnalisme affirme la primauté de la fonction sur la forme. Il récuse les formes traditionnelles, le classicisme, le style, les ornementations, etc., au profit d'un modèle qui se veut « rationnel » et « moderne » et qui privilégie l'audace des formes et le choix de techniques toujours plus innovantes. Assumer la Révolution c'est, du point de vue du fonctionnalisme, substituer à la confusion urbaine un ordre où se lit directement la nouveauté.

---

1 Cohen Jean-Louis, « Avant-gardes et revues d'architecture en Russie, 1917-1941 », in *Revue de l'Art*, 1990, n° 89, p. 29-38.

2 Selim Khan-Magomedov, *Vhutemas*, Moscou 1928-1930 (tomes I et II), Paris, Éditions du regard, 1991.

3 Cohen Jean-Louis, « Avant-gardes et revues d'architecture en Russie, 1917-1941 », in *Revue de l'Art*, 1990, n° 89, p. 29-38.

Cette architecture d'après 1917 ne se veut plus séparée de l'urbanisme car il ne s'agit plus d'édifier des constructions exceptionnelles pour quelques privilégiés, mais d'œuvrer pour le plus grand nombre en maîtrisant totalement le foncier. Octobre, en nationalisant les sols, instaure en effet la possibilité de leur maîtrise, ce que refuse la société capitaliste soucieuse de défendre les propriétaires[1]. L'État est devenu l'unique propriétaire des parcelles dans les agglomérations.

Le constructivisme entend aller encore plus loin en utilisant l'urbanisme et l'architecture pour modifier les comportements sociaux afin de précipiter l'avènement d'un nouveau mode de vie.

L'invention d'une ville constructiviste

Moïseï Ginzbourg (1892-1946), peintre, architecte, collaborateur de la revue LEF (Front gauche des arts), célèbre pour son livre *Style et époque* réponse à *Vers une architecture* de Le Corbusier, est le rédacteur du *Manifeste du constructivisme architecte*. Il sera le concepteur de quelques projets célèbres comme des « Maisons communes » et le fameux « Narkomfim » de Moscou (cf. *infra*). Condamné par Staline en 1932, il n'exercera plus à Moscou.

Le terme de constructivisme a été lancé par Kazimir Malevitch (cf. *infra*) pour décrire le travail d'Alexandre Rodtchenko lequel souhaitait (re)construire la vi(ll)e en inventant des expériences concrètes fondatrices dans la vie réelle. La notion de condensateur social, chère aux constructivistes, développe cette idée.

La notion de condensateur social

Moïseï Ginzbourg soutenait que « le principal objectif du constructivisme […] est de définir le condensateur social de l'époque ». Ainsi de la même façon que les condensateurs électriques transforment la nature du courant, les condensateurs sociaux doivent contribuer à transformer la nature de l'homme. L'architecte devient ainsi ingénieur social au service de la morale égalitaire et du *novy byt*. Le principe est d'utiliser l'architecture pour modifier les comportements sociaux notamment en mettant en cause la perception des hiérarchies sociales. Le constructivisme entend construire des « espaces socialement équitables ». Les bâtiments constructivistes sont donc conçus comme des machines à transformer l'homme donc comme des reflets de la société future. Les théoriciens du constructivisme précisent que refléter doit être compris au double sens du terme, puisque l'habitat et la

---

1 Gilli Jean-Paul, « Le régime juridique du sol urbain en Union Soviétique », in *Revue internationale de droit comparé*, Vol. 21, n° 2, avril-juin 1969, p. 353-371.

ville sont certes la projection de la société mais qu'ils ont aussi un rôle actif car les hommes sont marqués par ce milieu construit. L'objectif est donc de construire un cadre de vie adapté à l'idéologie communiste afin de mieux instituer l'homme nouveau. Dans ce but, le constructivisme marque sa fascination pour l'abstraction, la géométrie, la couleur, les grands espaces, les mouvements, les grandes machines techniques comme l'avion ou le train, les édifices permettant de vivre des bouts de communisme comme des services collectifs de qualité et gratuits, etc.

Usines nouvelles, centres commerciaux et maisons communes

Ces condensateurs sociaux concernent tous les domaines de l'existence : les usines nouvelles sont données comme le creuset de la société communiste, elles seront les premières formes d'innovations abandonnées lors de la reprise en main du front économique par les *specy* et les dirigeants tout-puissants ; les centres commerciaux deviendront le refuge des nouvelles élites privilégiées ; les « maisons communes » (*dom-komuna*), ou « communes de mode de vie » (*bytovyev kommuny*) seront abandonnées au profit des appartements communautaires qui ne prétendent pas faire du neuf mais répartir la pénurie. Les « maisons communes » socialisaient des fonctions jusque-là individuelles, avec des cantines, des garderies, des services d'entretien et de réparation, des laveries, des salles de réunion, etc. Ces projets critiqués pour « gauchisme » au moment de la NEP tomberont en disgrâce lors de la victoire de Staline. On leur reproche de vouloir changer la vi(ll)e, alors que la vi(ll)e serait déjà socialiste. Ces différents projets constructivistes seront progressivement abandonnés.

Les nouveaux objets communistes

Le courant constructiviste est aussi à l'origine de nombreux objets courants que l'on décide de produire en masse car ils sont utilisables par les masses. L'objectif n'est donc en rien ni de réserver aux seuls riches de beaux objets ni de « démocratiser » le mode de vie de la bourgeoisie et les objets qui vont avec, mais de créer et produire d'autres objets potentiellement universalisables. Mais dans ce domaine aussi les designers et ingénieurs ne concevront souvent que des prototypes car le pouvoir choisira de maintenir le mode de vie ancien, donc les objets les plus traditionnels accessibles seulement à une petite minorité. Les ingénieurs/designers inventent des objets épurés, réduits à leur fonction, fabricables en grande série au moindre coût et assemblables par les usagers. Ces nouveaux objets quotidiens sont censés évoquer la force d'âme du prolétariat, c'est pourquoi on privilégie les lignes anguleuses, les couleurs primaires, les matières rigides, y compris, comme nous le verrons, pour les vêtements.

Tatline et Rodchenko définiront les fondements de ce projet consistant à orienter l'art vers une production d'objets industriels et construits au sens du « constructivisme » qui consiste à refléter/transformer le mode de vie. La revue *Novy LEF* puis l'Académie communiste travailleront beaucoup sur ces notions. C'est la raison pour laquelle on dit qu'Octobre inventa le design car les constructivistes qui héritèrent du projet des futuristes de traiter l'objet comme une œuvre d'art, alors que l'esthétique bourgeoise se contente d'ajouter des éléments de décoration (moulures, par exemple) sur une forme déjà donnée, voulaient utiliser directement cet art neuf pour instaurer le *novy byt*. Ils n'auront donc de cesse de redéfinir, en même temps que les édifices, l'espace quotidien façonné par des objets utilitaires et des vêtements constructivistes (cf. *infra*). Cette période sera celle de la parution de nombreux ouvrages et revues sur « le nouvel art de vivre » en rupture avec l'ancien que réhabilitera le stalinisme.

Katerina Azarova donne quelques exemples anodins : « Pour les canapés vétustes, les armoires encombrantes, les chaises boiteuses, il n'y a pas de place dans les nouveaux appartements lumineux. Sans parler des cafards et des punaises qui déménagent avec tous ces biens et infectent immédiatement la nouvelle habitation. » (G. Vol'fenzon, « L'équipement de l'appartement ouvrier » 1925, n° 21-22, p. 9)

« Les rideaux aux fenêtres sont nocifs pour l'habitation car ils ne laissent pas passer la lumière du jour et retiennent la poussière. Bien sûr, il sera difficile de se séparer immédiatement de ces attributs du « confort » mais, dans un premier temps, il sera recommandé de les remplacer par de petits rideaux légers et faciles à nettoyer. [...] Les meubles avec coussins sont les moins pratiques pour un appartement : ils retiennent la poussière, sont très difficiles à nettoyer et représentent un risque d'infection en cas de maladie. » (S. Stepanov, « Comment entretenir l'habitation ouvrière »)

Les nouveaux vêtements communistes

La question du vêtement se rattache à celle du design constructiviste. Deux projets marqueront la jeune Russie des Soviets : la fondation, sous l'autorité de Tatline, d'un Comité des normes du vêtement de travail et l'élaboration dans ce cadre des prototypes des vêtements de masse par Varvara Stepanova.

Varvara Stepanova (1894-1958) travaille au sein du Commissariat du peuple à l'instruction, donc sous l'autorité directe de Lounatcharski et de Kroupskaïa. Elle est notamment responsable du Groupe de travail sur l'analyse objective. Elle deviendra une des figures emblématiques du constructivisme russe et publiera de nombreux textes dans la revue LEF (Front gauche de l'art). Varvara Stepanova est artiste peintre, designer, poète, épouse de Rodchenko. En 1922, elle crée les décors et les costumes pour la pièce de théâtre *La mort de Tarelkine* considérée comme le manifeste du constructivisme russe. Les costumes imaginés sont de couleur bleue et de formes géométriques. Elle reprend l'idée d'une « production industrialisée » de vêtements constructivistes dans une série d'articles publiés dans la revue LEF et propose de réaliser quatre tenues multisportives, trois masculines et une féminine. Ces tenues sont davantage « sportives » que de sport car il s'agit de vêtements pour les loisirs. Son but est d'inventer des vêtements totalement manipulables afin d'économiser du temps, des matières et d'affirmer l'emprise sur l'objet. Stepanova précise que le drap des tenues de sport doit être rugueux pour évoquer la force d'âme du prolétariat mais aussi la force de l'histoire. Les lignes doivent être anguleuses, les couleurs primaires, les matières rigides, etc. On retrouve donc le même refus de la mollesse que pour les (im)meubles. Ces vêtements évacuent largement les dimensions féminines et sexuelles. Pas totalement cependant car la tenue de sport peut se transformer en robe! Stepanova justifie ces choix en expliquant que ces vêtements sont conçus pour libérer le mouvement afin d'établir une analogie entre la progression du corps dans l'espace et la progression des masses dans l'histoire humaine. Le poète Vladimir Maïakovski défendra ce principe d'un vêtement qu'on peut moduler. Ce vêtement qui n'existe plus que par et pour sa fonction s'affranchit en effet ainsi des modes dont les constructivistes récusaient l'idée même.

En 1923, Varvara Stepanova s'associe avec Lioubov Popova (1 889-1 924), la grande peintre russe, également styliste, figure de proue de l'avant-garde futuriste et constructiviste, pour développer la « première fabrique de cotonnade », usine nationale de textile, impulsant ce qui deviendra, plus tard, le prêt à porter moderne. Elles conçoivent 150 projets dont une vingtaine réalisés. Elles créent le « vêtement de production » (*prozodiejda*), une tenue commune à tous les corps de métiers composée de tissu bleu avec des formes géométriques (cercle, triangle, rectangle), les contours étant tracés à la règle et au compas avec uniquement quelques variantes de couleurs et de tissus.

LA MISE ENTRE PARENTHÈSES DES AVANT-GARDES

Le régime bolchevik qui boude le système des communes de logements soutiendra aussi les courants urbanistes et architecturaux les plus classiques contre ses propres courants révolutionnaires, sauf pour ses grands projets. Ces « anciens » architectes de Moscou et de Petrograd, responsables de l'essor des villes avant octobre 1917, deviendront les *specy* privilégiés par le système, car leur conception de l'architecture est davantage conforme au mode de vie de la bourgeoisie et de la petite bourgeoisie que reproduisent les nouvelles élites. Les avant-gardes perdront ainsi cette bataille pour définir la vi(ll)e bonne.

Le choix des « anciens architectes »

Ces « anciens » architectes recherchés par le régime sont ceux qui avaient exprimé des positions ouvertement contre-révolutionnaires dès Octobre. Ce sont pourtant ces mêmes architectes regroupés désormais au sein de l'Association des architectes moscovites (MAO) qui vont bénéficier des plus gros contrats d'État en s'inspirant ouvertement des modèles étrangers notamment allemands et américains, avec le choix d'une urbanisation à outrance, avec une gentrification des villes, avec des emprunts aux techniques de construction et aux formes esthétiques de l'habitat populaire des grands pays capitalistes. Dès 1923, le Comité d'État pour la construction (le *grosstroj*) s'associe dans le contexte de la NEP avec le syndicat des travailleurs du bâtiment aux ordres du Parti pour publier un nouveau mensuel *L'industrie de la construction*, lequel fait la promotion du taylorisme sur les chantiers et appelle à copier l'Amérique. Ces architectes « passéistes » restent prisonniers des modèles anglo-américain et allemand des « cités-jardins » construites en périphérie des villes, avec connexion au centre-ville par un réseau de transports en commun. L'esthétique de ce courant est directement inspirée de celle des Beaux-arts de Paris. Ce courant des « anciens » architectes triomphera sous Staline avec le « réalisme socialiste », après l'intermède fructueux des avant-gardes.

L'abandon du projet de Palais du travail

Les frères Vesnine (Alexandre, Léonid et Viktor) sont des architectes constructivistes reconnus y compris par le système, puisque le régime leur confie la réalisation du Club pour les anciens prisonniers politiques bolcheviks du temps du Tsar et la réalisation de grands magasins ou de palais de la culture[1]. Leur plus grand projet, le palais du Travail de Moscou, ne verra jamais le jour. Cette commande du gouvernement comprenait au départ deux auditoriums, un de 8 000 places et un autre de 2 500 pouvant être réunis, des locaux administratifs, une station météorologique, un observatoire, des laboratoires d'astrophysique, un centre de radiodiffusion, un musée des sciences

---

1 Anatole Kopp, *Ville et révolution, architecture et urbanismes soviétiques des années vingt*, Paris, Anthropos, 1967.

sociales, un musée du travail, une bibliothèque, un restaurant pouvant servir 6 000 repas. Sergueï Kirov (1886-assassiné en 1934[1]) est chargé au début des années vingt d'énoncer lors du Congrès des Soviets les justifications de ce projet majestueux : « Cet édifice, ce palais, devrait être construit sur la meilleure et la plus belle de nos places. [...] Je pense que cet édifice d'une grandiose majesté devra être l'expression du triomphe du communisme. [...] Nous avons effacé de la surface de la terre les palais des propriétaires terriens, des banquiers, des tsars. [...] Eh bien, érigeons à leur place le palais des ouvriers et des paysans travailleurs. »

Ce projet sera finalement abandonné avant la NEP et en même temps que le pouvoir choisira de s'auto-congratuler en construisant le mausolée de Lénine.

La condamnation du Club ouvrier de Rodchenko

Alexandre Rodtchenko (1891-1956), peintre, sculpteur, photographe, designer, théoricien du front gauche de l'art, concepteur des couvertures de sa revue, époux de V. Stepanova (cf. *infra*) est un personnage central du constructivisme au moment où il est soutenu notamment par le commissaire Lounatcharski[2]. C'est pourquoi Rodtchenko fut chargé de réaliser pour 1925 le pavillon soviétique à l'Exposition internationale des Arts décoratifs et industriels modernes de Paris, dans lequel il chercha, non pas à montrer le socialisme, mais selon ses propres théories, « à le faire vivre » et « à le faire sentir ». Rodtchenko présente à cette occasion un projet de Maison commune nommée Club ouvrier. La maquette de ce Club ouvrier sera offerte au PCF qui la perdra peu après. Les bolcheviks considéraient que ce Club ouvrier, sans être conforme à ce qu'ils construisaient, était emblématique de l'image qu'ils souhaitaient donner à l'étranger.

Ce Club ouvrier se veut l'équivalent des clubs existants pour la bonne société mais il ne s'agit pas de reproduire ce modèle mais de faire du neuf sur le plan formel et idéologique afin de glorifier le prolétariat et de le faire advenir. La première difficulté consiste à définir la culture prolétarienne qu'il s'agit d'agiter, s'agit-il d'une culture autochtone comme le soutient le Proletkult, dont le Front gauche de l'art est proche, ou s'agit-il de mettre à la disposition de la classe ouvrière la culture classique comme le souhaite davantage Lénine ? Ce Club ouvrier de Rodtchenko se présente comme un parangon du *novy byt*. L'idée est que les prolétaires ont besoin de formes nouvelles car les formes classiques ne permettraient pas de porter et d'engendrer un

---

1 Alla Kirilina, *L'assassinat de Kirov*, Paris, Le Seuil, 1995.

2 Denoyelle Françoise. « Rodtchenko : *Photographies 1924-1954* (Alexandre Lavrentier) », in *Réseaux*, volume XIV, n° 77, 1996, *Les usages d'internet* p. 202-203.

sens nouveau. Nous verrons plus loin que Staline soutiendra exactement la thèse opposée. Rodtchenko invente donc des objets nouveaux libérés du style conventionnel, des objets sans ornementation superflue mais pensés pour questionner. Le principe est de faire primer en toute chose l'usage sur la valeur d'échange[1]. Les meubles sont conçus pour être escamotables et multi-fonctionnels, escamotables car l'objet n'a d'intérêt que lorsqu'il est utilisé jamais en soi, multifonctionnels car un souci d'économie doit primer dans leur conception. Ses meubles sont laqués uniquement en quatre couleurs (blanc, noir, rouge et gris) définies par le LEF comme couleurs primaires de l'esthétique communiste. Ce club ouvrier possède son « coin Lénine » (*ougollenina*) avec ses portraits, ses affiches, ses statuettes, ses slogans, etc. (cf. *supra*). Ce projet de Club ouvrier sera sacrifié avec le premier plan quinquennal parce que la priorité est aux investissements lourds et en raison du retour aux codes esthétiques bourgeois.

L'abandon du projet de tour Tatline

Vladimir Tatline (1885-1953) est le créateur de la fameuse maquette du monument à la troisième Internationale qui lui a été commandée en 1919 par Anatoli Lounatcharski, le Commissariat du peuple à l'instruction publique. Ce projet restera à l'état de maquette, non pas parce que création d'un peintre et non d'un architecte comme on le dit, mais pour des raisons politiques. Cette maquette est d'abord exposée à l'occasion du troisième anniversaire d'Octobre à l'Académie des arts de Petrograd (novembre 1920) puis de nouveau présentée à Moscou lors du 8e Congrès des Soviets (décembre 1920) et des modèles simplifiés furent exposés dans le Pavillon soviétique de Paris en 1925 et lors du défilé du 1er mai 1926 à Leningrad.

Ce bâtiment de 400 mètres de haut devait enjamber le fleuve Neva à Petrograd. Il devait être un symbole commémorant la révolution d'Octobre et le quartier général du futur État mondial et en attendant de l'Internationale communiste. À l'intérieur d'une spirale plus haute que la tour Eiffel (symbole d'une autre révolution), trois bâtiments devaient être suspendus par des câbles d'acier. La spirale représentait « la ligne du mouvement de l'humanité libérée », les trois volumes (locaux nécessaires aux réunions des instances de l'Internationale) tournaient sur un axe suivant des rythmes différents réglés selon la fréquence des réunions, un tour par an, un tour par mois, un tour par jour. Quatre formes géométriques étaient utilisées dans l'ensemble de la composition (cube, pyramide, cylindre, demi-sphère). Un écran géant ajoutait au dynamisme.

---

1 Milner John, Coignard Jérôme. Le Constructivisme reconstruit. In : Revue de l'Art, 1987, n° 76. p. 88-90.

La trahison du projet du Narkomfin

Les bâtiments du NDK ont été conçus en 1928 par Moïseï Ginzbourg et Ignaty Milinis en réponse à une commande du Commissaire des finances, Nikolaï Alexandre Miloutine dans le but de loger le personnel de son ministère. NDK signifie *Narkomfim dom kommouna* (Maison commune du Commissariat du peuple aux finances). Ce projet grandiose se voulait un jalon dans la naissance du *novy byt* au moment même où Staline s'en prenait au constructivisme (cf. *infra*). Chaque aspect de la vie quotidienne était ordonné en fonction de principes politiques communistes en jouant sur la modulation des volumes, la lumière et la couleur, le choix des matériaux et des techniques de construction, sur des innovations comme des toits végétalisés ou des appartements en duplex, etc. Les plans originaux comprenaient quatre édifices indépendants : un immeuble principal avec les espaces privés situés dans les étages (principalement des studios et quelques duplex sans aucun mur intérieur), au rez-de-chaussée se trouvaient cafétéria et salles de réunion ; un second bâtiment, relié au premier par un pont suspendu, réunissait les activités communes (cuisine, salle à manger, salle de sport, fumoir, bibliothèque) ; un troisième bâtiment était réservé à la buanderie, à la lingerie, à des ateliers de réparation et d'entretien ; un quatrième bâtiment de forme totalement ronde devait regrouper la crèche, le jardin d'enfants, les logements des jeunes. Ce bâtiment était placé sous le contrôle de professionnels et non des parents, ils étaient chargés d'éduquer les enfants dans le respect des valeurs communistes.

Les studios (logements sans cuisine) servaient aux aspects de l'existence strictement individuels comme dormir, se laver, étudier, la sexualité, etc. Se nourrir, élever des enfants ou recevoir des amis étaient considérés comme relevant de la sphère sociale et se passaient dans les locaux communautaires. Ces derniers étaient composés de pièces hautes de plafond et très lumineuses, ouvertes sur l'activité urbaine par de larges baies vitrées et sans aucun volet. Ce projet qui souhaitait évoquer « la force du prolétariat » excluait les lignes courbes et les arrondis, à l'exception du bâtiment réservé aux enfants/jeunes. Cette architecture, devant inciter au travail, valorisait une sorte de virilité dans la mesure où la dureté des matériaux et la linéarité des formes évoquaient la puissance et donc le refus du « mou et de l'émollient » (sauf pour les enfants). L'ensemble du mobilier avait été dessiné par Lazar Lissitzky (1890-1941), peintre d'avant-garde, designer et architecte constructiviste. Contraint de faire son autocritique par Staline, il fera ensuite l'éloge du plan quinquennal.

Le *Narkomfin* est condamné dès sa livraison partielle en 1932 par Staline qui juge ce projet « gauchiste » car défendant l'esprit communautaire et le *novy byt*. Staline utilisera donc le bâtiment pour loger les dignitaires du régime. Au-delà du caractère scandaleux qui consiste à attribuer à la bureaucratie des bâtiments destinés initialement au personnel d'un Commissariat du peuple, c'est la philosophie même du projet qui fut totalement mise en cause : les studios seront réunis pour réaliser de grands appartements traditionnels, les services collectifs seront supprimés et la tour des enfants jamais construite.

Le choix des appartements communautaires

La construction de Maisons communes illustre la façon dont était envisagée au début de la jeune Russie des Soviets la transformation des modes de vie. C'est pourquoi mieux vaut parler de communes de logements rangeant ainsi ces communes aux côtés d'autres communes, ouvrières, paysannes, scolaires, etc. Mais surtout ne confondons pas ces communes avec les appartements communautaires que la classe dirigeante choisira d'imposer au peuple. Les communes de logements combinent en effet la recherche d'un nouveau mode de vie et l'idée de condensateur social si chère aux constructivistes. Il ne s'agit pas d'une juxtaposition de logements mais d'un organisme collectif intégrant obligatoirement des services, contribuant à la construction de communs. L'appartement communautaire relève du simple partage de la misère. La différence entre les deux apparaît en matière de travail ménager puisque si les femmes sont « libérées » de ces tâches dans le cadre des « communes de logements », les appartements communautaires accroissent les difficultés en obligeant plusieurs familles à partager des espaces et des équipements, sauf à être suffisamment riche pour disposer aussi d'un personnel domestique. La commune de logements créée une possibilité de jouissance accrue tandis que l'appartement communautaire relève de l'austérité répressive.

LE RETOUR EN FORCE DES AVANT-GARDES

La fin des années vingt signe l'échec des politiques urbanistiques et architecturales de la NEP qui ont repoussé les projets des avant-gardes. Ces mêmes milieux vont connaître alors leur chant du cygne avec la critique des grandes villes menée du point de vue des urbanistes ou des désurbanistes.

Du côté des urbanistes

Leonard Sabsovich est resté dans l'histoire comme le théoricien « urbaniste » critique de la ville le plus célèbre car il fut la cible préférée de Staline[1]. Il propose en effet sur la base d'une critique des villes existantes d'imaginer et de construire les villes du futur dénommées *sotsgorod*, villes socialistes. En 1929, Leonard Sabsovich développe son projet qui consiste à vider en quinze ans les grandes villes russes, Moscou compris, pour faire vivre la population dans des agglomérations de 30 000 à 60 000 habitants réparties sur tout le territoire. Il soutiendra même en 1930 que sept ans seraient amplement suffisants. Il écrit : « Bientôt nos plus grandes villes seront les lieux les plus arriérés où vivre en URSS »; « les villes existantes seront balayées de la surface de la terre. » Sabsovich n'est pas un auteur marginal mais un spécialiste du *Gosplan* et de l'Académie communiste. Son projet est développé dans son livre *L'URSS dans quinze ans, hypothèse pour un plan d'ensemble pour l'édification du socialisme en URSS*. Sabsovich qui pense possible le passage au communisme dans l'économie de l'époque suggère d'accorder la priorité, non aux investissements lourds comme l'impose Staline, mais au transfert de la population urbaine vers les campagnes.

Ces villes socialistes de Leonard Sabsovich sont non seulement des villes qui choisissent de ne pas grandir, à l'instar des « villes lentes » actuelles, mais des agglomérations agro-industrielles largement autonomes remettant ainsi en cause l'opposition et la domination des villes sur les campagnes. Ces agglomérations socialistes ne sont envisageables selon lui que grâce à la généralisation de l'électrification et des nouveaux moyens de transport. Ces *sotsgorod* n'ont donc rien de robinsonnades mais sont des villes écologiques. Au cours des débats au sein de l'Académie communiste germe l'idée que ces villes doivent être organisées de façon à promouvoir les modes de déplacement doux, notamment la marche, tandis que les connexions entre agglomérations se feraient d'abord en trains électriques puis dans un second temps en avion. Sabsovich signera cependant son arrêt de mort politique en précisant que ce nouveau type d'aménagement du territoire supprimerait le besoin d'un État fort et centralisé et permettrait ainsi à l'URSS de devenir une fédération de petites communautés de taille égale, simplement reliées entre elles de façon souple. Ces nouvelles agglomérations ne seraient pas la même chose en plus petit mais la possibilité de décentraliser au maximum le pouvoir économique, politique, en disséminant toutes les fonctions urbaines (habitation, industrielle, agricole, commerciale, administrative) et rurales (agriculture), dans le but de remettre en cause la hiérarchie entre villes, vil-

---

1 Starr S. Frederick, « L'urbanisme utopique pendant la révolution culturelle soviétique », in *Annales. Économies, Sociétés, Civilisations*, 32ᵉ année, n° 1, 1977, p. 87-105.

lages et hameaux et de faire le choix d'un urbanisme et d'une architecture multifonctionnels, favorisant la collectivisation des modes de vie.

Ces thèses suscitèrent entre 1929 et 1930 des débats animés au sein de l'Académie communiste, non pas tant sur le principe de la disparition des grandes villes qui fait (presque) l'unanimité, que sur le rythme et les modalités. S'agit-il par exemple de privilégier l'habitat collectif ou l'habitat semi-individuel ? Faut-il jouer sur les seules incitations ou tolérer une dose d'autoritarisme ? Konstantin Melnikov prévoit ainsi de créer dans ces villes des « laboratoires de sommeil » afin de pénétrer en douceur les citoyens de l'esprit socialiste, puisqu'on plongerait les citoyens endormis dans un bain de sons et d'odeurs scientifiquement étudiés pour leurs qualités de suggestion collectiviste[1]. (*sic*)

Sabsovich animera de nombreuses conférences et émissions radiodiffusées et obtiendra le soutien de Lounatcharski et de Strumilin (le directeur du plan). Ce dernier décrit la vie quotidienne au stade du communisme dans ces petites villes quasi-autonomes en matière d'énergie et d'alimentation, avec des habitats partagés, de nombreux services publics gratuits, une priorité absolue accordée aux déplacements doux (marche), une alternance des travaux manuels et intellectuels, industriels et agricoles, etc.

Du côté des désurbanistes

Les désurbanistes comme Moïseï Ginsbourg accusent Sabsovich de se compromettre en acceptant le principe de la ville qui reste condamnable même petite et décentralisée : « L'idée de créer des centres régionaux ou de petits pôles urbains est une erreur fondamentale. Le principe en lui-même ne fait que substituer un moindre mal à un mal plus grand. C'est sans doute préférable, mais il est certain que toute forme de centralisation ne peut qu'accentuer le phénomène. »

Ce courant désurbaniste qui se développe à la fin des années vingt est loin d'être marginal, c'est pourquoi il sera réprimé avec force sous le stalinisme. Ses principaux inspirateurs sont Alexander Lavinskii auteur de *La fin des villes* en 1923 et Frank LLoy Wright (1867-1959), le grand architecte américain. Les désurbanistes font le choix d'un modèle fondé sur les lois du vivant face au modèle des grandes villes et même des urbanistes purement économiciste[2].

---

1 Cité in Starr S. Frederick, « L'urbanisme utopique pendant la révolution culturelle soviétique », in *Annales. Économies, Sociétés, Civilisations*. 32ᵉ année, n° 1, 1977, p. 87-105.

2 Kerblay Basile, « La ville soviétique entre le possible et l'imaginaire », in *Annales. Économies, Sociétés, Civilisations*. 25ᵉ année, n° 4, 1970, p. 897-911.

La théorie socialiste du peuplement homogène

Les désurbanistes font de la démesure même du territoire soviétique une chance car elle obligerait à penser autrement tous les problèmes notamment démographiques en homogénéisant par exemple la répartition de la population. Le principal théoricien « désurbaniste » est le sociologue Mickaël Okhitovich qui soutient ses thèses, devant l'Académie communiste le 1er octobre 1929 (in *Moyens socialistes de dispersion de la population et type d'habitat socialiste*) puis dans un ouvrage éponyme publié en 1930 et qui sera largement diffusé[1]. Les désurbanistes ne choisissent donc pas le village contre la ville puisqu'ils disent que ce sont les deux faces d'une même réalité sociohistorique, ils prônent de façon plus originale la répartition égale de toute la population. Okhitovitch parle ainsi de théorie socialiste du peuplement homogène.

Le choix d'une ville linéaire

Okhitovich part d'une définition *ad hoc* de la ville afin de justifier son projet de désurbanisation sous la forme d'une ville linéaire construite le long d'une route : « Qu'est-ce qui distingue la ville de la campagne ? Le point de rencontre de routes et de rivières. Un village se distingue d'une ville du fait qu'il ne comporte qu'une route. S'il en comporte plus d'une, un seuil est franchi et le travail artisanal est séparé des travaux des champs, etc. il ne s'agit plus dès lors d'un village. C'est le début d'une ville et la fin d'un village, son effondrement. »

Cette « ville linéaire » serait composée d'un réseau continu d'habitats, implantés le long de lignes de communication parallèles et couvrirait, sans commencement ni fin, la quasi-totalité du territoire soviétique. Okhotovitch mise pour cela sur l'électrification mais aussi sur tous les nouveaux moyens de communication et de transports (voitures, trains, avions) pour libérer la société mais aussi l'individu en tant que personne. Il partage en effet avec tous les désurbanistes un même souci de mobilité et donc de liberté individuelle. Ainsi Ginsbourg réalisera des maisons transportables montées sur pilotis, d'autres proposeront des maisons mobiles ou des maisons préfabriquées. L'objectif commun est d'avancer vers une déterritorialisation maximale de l'existence.

Les désurbanistes sont convaincus que la ville disparaîtra avec le capitalisme, donnant naissance à une nouvelle mobilité voire à un semi-nomadisme. Ils proposent avec Mikhaïl Okhitovitch de construire des logements légers, éphémères, évolutifs, démontables, transportables afin de fluidifier

---

1 <https://misfitsarchitecture. com/2016/07/21/1930-de-urbanism/>

l'existence. Certains envisagent même des maisons auto-motorisées. Tous préconisent de revenir, dans l'architecture, à des formes arrondies contre les formes quadrangulaires agressives. Ils contestent ainsi le croisement perpendiculaire des routes et font systématiquement le choix de la souplesse contre celui de la rigidité.

Cellules individuelles ou maisons collectives

Les désurbanistes critiquent majoritairement le modèle de la Commune de logements cher aux urbanistes qu'ils soupçonnent toujours d'autoritarisme. Le contre-modèle reste à leurs yeux celui d'Ivan Nikolaïev (1901-1979), architecte constructiviste, enseignant, concepteur en 1929 de la « Maison des étudiants » capable certes d'accueillir 20 000 résidents mais soumis à des règles de vie de type militaire, avec une réduction drastique de l'espace privatif à un simple cabinet de sommeil sans fenêtre, avec obligation de garder ses biens dans une pièce fermée à clefs durant l'essentiel du temps, avec des horaires fixes. Les désurbanistes préfèrent les petits collectifs de cent personnes maximum aux communes de logement de plusieurs milliers de personnes, ce qui exclut le besoin de grands équipements comme des salles à manger gigantesques. Ils sont adeptes d'équipements légers et de technologies douces à l'échelle des petits collectifs. Certains désurbanistes refusent même par principe toute idée de logements collectifs et militent pour des habitats strictement individuels. Ainsi Mickaël Okhotovitch propose de construire des « cellules individuelles » et suggère même que ces cellules « préconstruites » et « souples » puissent être posées librement dans la nature, sans aucune formalité administrative.

Cet habitat individuel en bande parfois en grappe bénéficierait des mêmes services collectifs que pourrait offrir l'habitat collectif (cantine, blanchisserie, centre culturel, atelier de réparation, jardins d'enfants, etc.) car il ne s'agit pas d'être moins communiste mais de garantir l'individualité dans le communisme. L'électrification en réseau est aussi donnée pour une bonne chose car elle amènerait l'énergie dans tous les endroits donc disséminerait les richesses. Ce courant se protège ainsi sous l'autorité d'une Kroupskaïa qui déclarait : « Il n'y a plus désormais d'obstacle technique à la diffusion à peu près équitable sur la totalité du territoire de toutes nos richesses scientifiques et artistiques concentrées pendant des siècles dans un petit nombre de villes. »

Le choix de la décentralisation

Ce choix désindustrialiste est celui d'une décentralisation systématique, démographique bien sûr mais aussi énergétique, économique, alimentaire, politique, etc. Les désindustrialistes ne sont pas à cet égard des adversaires du progrès notamment technique mais ils pensent qu'il doit être orienté. Ainsi si personne ne conteste la formule de Lénine, « le communisme c'est les Soviets plus l'électricité », beaucoup se divisent sur la (bonne) conception du réseau énergétique qu'il conviendrait de construire pour passer au communisme. Les désurbanistes s'opposent à la façon de Kropotkine à la construction d'un grand réseau centralisé redistributeur à partir de méga centres de production et le conçoivent comme un collecteur de petits centres autonomes de production

Beaucoup de désurbanistes s'avèrent être aussi des désindustrialistes c'est pourquoi ils préconisent de choisir les petits ateliers contre la grande industrie, le système des ouvriers de métiers contre le système-Taylor/Gastev de l'OS. Les désurbanistes refusent ainsi l'usage des techniques de construction inspirées du taylorisme au profit de l'auto-construction, de la coopération ou de la préfabrication mais aussi les matériaux lourds notamment le béton ou les briques.

Les villes vertes

L'idée de disperser l'industrie et l'habitat sur tout le territoire soviétique afin d'assurer au mieux la fusion de la ville et de la campagne donnera naissance au courant des « villes vertes » conçues comme des antivilles et non comme des villes à la campagne. Ce courant exprime les tensions au sein de l'État bolchevik. Ainsi l'Association des architectes contemporains parviendra à réaliser en 1930 une grande conférence à Moscou sur le thème de la « ville verte » avec le soutien d'une partie de l'appareil d'État au moment même où Staline choisissait de liquider les derniers courants écologistes au nom du plan quinquennal. Le Bureau économique de la ville de Moscou organisera même avec le soutien de la Banque centrale communale un grand concours sur les « villes vertes ». On ne compte pas les colloques, revues, livres, émissions traitant du sujet, la littérature enfantine s'y intéresse aussi : « Enfants ! Tout ce que j'ai dit de la "ville verte" n'est pas un conte de fées. Nous ne possédons pas encore ce genre de villes, mais on est en train de construire à la campagne des villes pour les ouvriers, de nouvelles villes vertes qui mettront fin aux vieux villages crasseux. »

Ces projets de villes vertes croisent ceux de villes spirales de T. Varentsov et de villes dynamiques de Nikolaï Ladovsky. Dans les grands projets globaux comme celui de Guinzburg Moscou disparaît même en tant que ville pour ne conserver que quelques quartiers administratifs en raison de son statut de capitale[1].

Anatole Kopp avance en creux la raison de cette liquidation des avant-gardes qu'il s'agisse des constructivistes, des urbanistes puis des désurbanistes : « Le « désurbanisme » pouvait être mis graduellement en pratique car il constituait, avant d'être une solution architecturale, une stratégie de développement non centralisée, non bureaucratique, à l'"échelle humaine". »Telle aurait pu être en effet l'autre voie, un socialisme démocratique, un socialisme éloigné de tous les chemins de l'économie classique et du productivisme.

LA LIQUIDATION DES AVANT-GARDES

Les avant-gardes se heurtent à une opposition croissante de l'appareil d'État dès 1928, au moment où s'achèvent les grands projets constructivistes, comme le *Centrosoyouz* (siège central du mouvement coopératif dû à Le Corbusier) et où les urbanistes et surtout les désurbanistes tentent de reprendre la main. Cette volte-face dans la conception des villes est rendue possible par la victoire de Staline sur le front économique avec la fuite en avant industrialiste, la « dékoulakisation », l'élimination des derniers opposants comme Boukharine[2]. Les résistances seront cependant nombreuses et pas uniquement parmi les urbanistes et architectes mais au sommet de l'État, puisque, Anatoli Lounatcharski soutiendra jusqu'à son éviction les urbanistes et que Vladimir Milioutine (1884-décédé en prison en 1937), ancien Commissaire du peuple à l'agriculture, devenu ministre des finances, se range du côté des désurbanistes.

Certains architectes accepteront en revanche les diktats de Staline. Ainsi Ilya Golossov (1883-1945), réalisateur des premières façades en verre honnies par Staline, se soumettra au « réalisme socialiste » en se contentant d'adapter certaines caractéristiques les plus connues (colonnes, frises et corniches) par des inventions de son cru (comme des colonnes à section carrée).

J'aimerais insister sur le fait que l'échec des avant-gardes ne s'explique pas par des raisons techniques (difficultés de réalisation) et financières (des matériaux et des procédés trop coûteux) mais bien davantage par des motifs politiques.

Vladimir Milioutine fera ainsi calculer par les services de son Commissariat que les solutions désurbanistes seraient finalement beaucoup plus ren-

---

1 Cité in Starr S. Frederick, „ L'urbanisme utopique pendant la révolution culturelle soviétique », in *Annales. Économies, Sociétés, Civilisations*, 32ᵉ année, n° 1, 1977. p. 87-105.

2 Beck Bernard, « Moscou et l'architecture soviétique stalinienne », in *Revue Russe*, n° 24, 2004, p. 25-40.

tables. Ce point de vue sera également défendu par Stanislas Strumilin, le directeur économique du Gosplan, le spécialiste de l'aménagement du territoire.

La liquidation des avant-gardes notamment celle des désurbanistes s'explique donc autant par des raisons politiques qu'économiques puisqu'il s'agit à la fois de faire prévaloir la conception de la vie bonne qui est celle de la nouvelle bourgeoisie, laquelle vomit les formes collectives et rêve de classicisme, et parce qu'il s'agit de fixer la main-d'œuvre autour des grands Combinats industriels. C'est pourquoi le Comité central du PCUS condamne le 16 mai 1930 le courant des désurbanistes mais également celui plus modéré des urbanistes. Une grande campagne de diffamation contre les tenants de ces deux courants est initiée, d'une part, par un nouvel organisme VOPRA à la botte de Staline (ce qui signifie Association des architectes prolétariens) et que dirige l'historien d'art I. Matza, et d'autre part, par le Commissaire du peuple Lazare Kaganovich (1893-1991), nouvellement en charge certes de l'aménagement du territoire soviétique mais surtout connu pour être chargé par Staline de la gestion des grandes purges.

Nikolaï Milioutine (1899-1942) que l'on a quitté favorable aux désurbanistes sent le vent tourner et se résout en 1929 à faire son autocritique publique. Cela n'empêchera pas qu'il soit plus tard arrêté et exécuté sur ordre de Staline. En attendant Milioutine est chargé d'expliquer que « les "urbanistes" comme les "désurbanistes" n'ont rien de commun avec la politique du Parti » : « les "urbanistes" refusent et les "désurbanistes" déforment de manière gauchiste la théorie de Marx-Engels-Lénine-Staline de la répartition territoriale de la population sur la base de l'implantation planifiée des forces productives en URSS [...] ; la ligne bolchevik, c'est la théorie marxiste-léniniste du peuplement socialiste, c'est la ligne qui découle du Plénum de juin (1931) du Comité central au sujet du rapport du camarade Kaganovitch, la ligne de l'accomplissement et du dépassement du deuxième plan quinquennal dont les objectifs ont été formulés avec précision dans les résolutions de la XVIIe Conférence du Parti à propos du rapport du camarade Molotov. La voie vers la solution de cette tâche grandiose, c'est la politique stalinienne de lutte pour le communisme. »

La condamnation de l'Académie communiste et de la « léonidoverie »

L'Académie Communiste (*Komakademia*) est devenue au cours des années vingt le principal lieu de réflexion en matière de changement des modes de vie. Elle est une tribune des constructivistes, des urbanistes et des désurbanistes. Elle se trouve donc prise de cours lorsque Staline fait condamner par la résolution du Comité central de 1930 toutes les recherches en cours sur le *novy byt*. Elle mettra d'ailleurs, chose exceptionnelle qui ne lui sera jamais pardonnée, plus d'une année pour s'aligner sur le nouveau dogme stalinien. Elle se soumettra en 1932 par la voix de Milioutine désormais utilisé pour toutes les sales besognes. Staline va mettre en scène la mise à mort des avant-gardes en ordonnant la condamnation publique d'Yvan Leonidov devenu l'un des dirigeants du Secteur des architectes socialistes, nouveau nom pris par le groupe OSA. Yvan Leonidov (1902-1959), peintre d'icônes puis élève à l'école des arts appliqués (*Vkhoutemas*) de Moscou, est devenu architecte constructiviste et membre d'OSA (Front gauche de l'art) sous l'influence directe d'Alexandre Vesnine.

Le journal *L'art dans les masses* titre en 1929 : « les dégâts de Leonidov » ! Ce dernier qui dirige alors la revue du secteur des architectes socialistes, SASS, réplique aussitôt. Son journal est fermé et lui est interdit d'enseignement. Une véritable chasse à la « léonidoverie » va être alors lancée au sein du PCUS. La presse communiste et professionnelle parle des « méfaits de la léonidoverie », en prenant prétexte de son slogan « Mort à l'art » qui lui servait à exprimer son refus du classicisme, des décors superflus, de l'ornementation et à faire l'éloge de la fonctionnalité, de la maîtrise des espaces et des volumes, etc.

L'Association des architectes prolétariens (VOPRA) participe à cette curée et dénonce « la froideur de l'architecture fonctionnelle », « l'inventivité abstraite qui ne parle pas aux masses » et les liens des avant-gardes avec l'Occident capitaliste.

Staline et le choix des « villes compactes »

Le message est vite compris : le pouvoir stalinien a fait le choix de sacrifier les courants urbanistes et désurbanistes pour revenir aux grandes villes traditionnelles, ce qu'il nomme dans son jargon les « villes compactes »[1]. Il en est donc fini des petites « villes vertes » et des « agglomérations linéaires ». En 1931, Staline et ses sbires mettent fin au débat sur la ville socialiste en proclamant par la voix de Lazare Kaganovich que : « Nos villes sont devenues socialistes au moment de la révolution d'Octobre. Pourquoi dès lors s'interroger sur ce que doit être un urbanisme socialiste ? » Cette fin de non-recevoir a deux motivations. Il s'agit déjà de soutenir que le principal danger des désurbanistes serait de renouer avec la vieille thèse en faveur du dépérissement de l'État car « l'amoindrissement ou la liquidation des villes […] est politiquement nuisible car il équivaut à poser pratiquement la question

---

1 De Magistris Alessandro, « Culture architecturale et projet urbain dans les années trente », in *Cahiers du monde russe et soviétique*, vol. 32, n° 4, octobr-décembre 1991, *Spécialistes, bureaucratie et administration dans l'Empire russe et en URSS*, 1880-1945, p. 609-626.

de la liquidation de l'État » (*sic*). Il s'agit ensuite de déclarer le débat sur le mode de vie également forclos car ce dernier serait lui aussi devenu socialiste avec la ville socialiste et Octobre. L'économiste Youri Larine (1882-1932), de son vrai nom Mikhaïl Lourié, ancien menchevik rallié au parti bolchevik en 1917, va devenir le nouveau spécialiste officiel de ce sujet en expliquant qu'il convient d'abord d'industrialiser et de réaliser le plan et que l'homme neuf naîtrait spontanément dans ce cadre. Il se fait ainsi le champion de l'introduction des nouveaux modes de vie au sein même des structures du passé, c'est-à-dire des villes et logements existants. Ce choix stalinien de la grande ville est argumenté par Lazare Kaganovich qui explique qu'elle est seule capable de répondre aux besoins de l'économie socialiste, c'est-à-dire de l'industrialisation et du succès du plan quinquennal. Les villes socialistes doivent être réalisées autour des grands combinats industriels avec comme objectif de fixer la main-d'œuvre et de la discipliner. Les projets des désurbanistes sont dits doublement inadaptés à l'époque, car trop coûteux, alors que la priorité absolue de l'État est aux investissements lourds, car exigeant aussi du personnel ouvrier, nombreux et qualifié, alors que l'heure serait plus que jamais au taylorisme, donc au travail déqualifié et mal payé. Ce choix de la grande ville est celui de la nouvelle classe dominante, qui désirant vivre comme des bourgeois et des petits-bourgeois, depuis qu'elle s'est vue reconnaître des privilèges, notamment en matière de logement et de personnel domestique, considère toute expérimentation de nouveaux modes de vie collectifs, non seulement comme un gaspillage mais comme une menace pour elle-même. Le Parti proclame en 1930 la fin des expériences en matière de *novy byt*. Anatole Kopp a donc raison d'écrire que « sociologiquement la réhabilitation de la grande ville signifie que, pour les nouvelles couches dirigeantes de l'URSS des années trente, "la reconstruction du mode de vie" sur des bases collectives, caractéristiques des conceptions d'aménagement des années vingt, ne présente plus d'intérêt. Pour ces cadres, issus souvent de la campagne, mais ayant goûté aux "plaisirs de la ville", le "nouveau mode de vie" doit être celui de leurs prédécesseurs : petits-bourgeois, bourgeois, membres de la noblesse russe. »

Staline résume ce point de vue de classe en refusant la notion de « condensateur social », c'est-à-dire les « communes de logements », car il serait néfaste de créer un homme neuf puisque « l'homme de masse » existe déjà. Ces grandes villes traditionnelles semblent également beaucoup plus à même d'encenser le régime, grâce au retour du classicisme, du monumentalisme. Ainsi, le 28 février 1932, le PCUS fait de « l'art classique » le nouvel art officiel. Kaganovich contraint les derniers opposants au silence en rappelant la préférence de Lénine pour l'esthétique classique et son incompréhension de l'art moderne, transformant ainsi un goût personnel en obligation politique, ce que Lénine s'était gardé de faire.

La Brigade May et Staline

Staline prendra appui sur quelques nouveaux théoriciens (Lavrov, Vesnine, Aleshin) et sur quelques renégats (Larine, Kaganovich) pour imposer son point de vue, en créant de nouveaux organismes chargés de contrôler les urbanistes, architectes et designers, comme la Commission du plan pour l'aménagement des villes du Donbass (1928), le Bureau pour l'aménagement de la ville de Zaporzhe (1929), l'Institut d'État d'aménagement urbain (GIPROGOR) en 1930. Il ordonnera finalement en 1932 la fusion de l'ensemble des mouvements existants en une seule organisation intitulée Union des architectes de l'URSS. Il sanctionnera l'Académie Communiste, trop longue à se rallier à ses thèses, en fondant en 1934 une nouvelle Académie d'architecture. Le Conseil de la construction est confié à Molotov, l'un des plus proches de Staline.

Ces choix politiques, idéologiques, techniques sont cependant trop contraires à l'esprit des urbanistes et architectes russes pour s'imposer aussi aisément. C'est pourquoi de la même façon que la jeune Russie des Soviets a fait appel à des économistes et à des technocrates allemands puis nord-américains, Staline fait appel à des architectes allemands pour construire les grandes villes des combinats industriels dont il rêve. Ernst May (1886-1970), le représentant de l'architecture traditionnelle de Weimar, viendra en URSS pour constituer la « brigade May » composée d'une vingtaine d'architectes qui réaliseront une vingtaine de villes-usines. Le choix de Staline, et donc de la « brigade May », est de faire des villes « socialistes » sans plus jamais se poser la question des modes de vie. Staline appelle à choisir la ville qui serait toujours « socialisante » contre le village petit bourgeois et réactionnaire par essence. Le but est de s'inspirer du modèle allemand avec ses beaux quartiers et en périphérie ses quartiers ouvriers (les *siedlungen*).

La ville devient elle-même industrielle dans le choix de ses techniques de construction, dans celui de ses structures répétitives et dans sa finalité. Cette période marque donc la renaissance des « grandes villes » compactes, soumises aux diktats de l'économie, avec une sainte alliance entre l'Union des architectes et les thèses passéistes totalement réhabilitées depuis le concours de 1930.

Le concours pour le palais des Soviets

L'organisation en 1930 du concours pour le palais des Soviets de Moscou reste le symbole de la rupture avec le constructivisme et du retour au classicisme. Douze architectes internationaux dont Le Corbusier[1] sont admis à concourir. Parmi eux trois Russes mais aucun des grands noms des années vingt n'a été retenu. Le jury présidé par Viatcheslav Molotov (1890-1986), bras droit de Staline, sélectionne les projets les plus passéistes au point que les architectes surpris retravaillent dans ce sens leur maquette entre deux sélections.

Le projet retenu est celui qui cède le plus au monumentalisme et à l'académisme : 420 mètres de haut, une hauteur sous plafond de 100 mètres, une salle pouvant accueillir 21 000 personnes, une statue de Lénine couronnant l'édifice prévu pour être la plus haute du monde, etc. Les travaux interrompus durant la seconde guerre mondiale ne seront jamais repris. Certaines parties déjà construites seront recyclées, par exemple en piscine.

Le « réalisme socialiste » en architecture

L'OPRA soutient que l'architecture doit servir à l'éducation des masses de la même façon que le réalisme socialiste le fait en peinture ou en littérature. Le terme de *sorela*, contraction de « réalisme socialiste en architecture », sera systématiquement utilisé pour marquer sa soumission au nouveau dogme. Le principal théoricien du « réalisme socialiste » en architecture sera I. Bobly qui oppose l'architecture stalinienne au « nihilisme gauchiste » des constructivistes. Il explique qu'il ne s'agit plus d'inventer une architecture (c'est-à-dire des formes nouvelles) mais d'assimiler l'héritage historique. Cette architecture stalinienne, conforme aux intérêts moraux de la « bourgeoisie rouge », sera marquée par le retour au classicisme, à la valorisation du symbolisme, au culte du façadisme, au monumentalisme, au gigantisme, à la démesure, etc. Il ne s'agit plus, comme le souligne Anatole Kopp, d'inventer des formes nouvelles qui seraient celles de l'architecture de la société socialiste car Staline a définitivement conclu que le socialisme peut se faire avec n'importe quelle forme (on parle de moins en moins de société/architecture prolétariennes). En matière d'urbanisme, le choix stalinien des « villes compactes » ira de pair avec les grands alignements, les massifs d'habitation, les grands axes, un tracé des rues et des places suivant un quadrillage régulier avec force angles droits, bref en imposant le règne absolu de la symétrie et de la répétition du même.

---

1 Jean-Louis Cohen, *Le Corbusier et la mystique de l'URSS 1928-1936*, Paris, Éditions Mardaga, 1988.

Anatole Kopp note que les Staliniens reprendront la thèse de Lénine sur l'importance de l'héritage culturel dans l'élaboration de la culture prolétarienne, mais avec un glissement de sens qui aboutit à ne conserver que l'objectif de reproduire l'ancien et non pas d'inventer de nouvelles formes. Il ne s'agit plus d'une assimilation critique mais d'une banale copie. Staline entérine pour cela la distinction entre forme et contenu : la forme des bâtiments de l'antiquité pourrait porter un nouveau contenu (le socialisme)[1].

Cette architecture néoclassique se fera systématiquement passéiste sauf dans le domaine de la hauteur puisqu'il s'agit de construire verticalement[2]. Déjà parce qu'on entend battre les États-Unis sur leur propre terrain, même s'il convient de parler d'immeubles de grande hauteur et non de gratte-ciel. Semionov, qui préside la nouvelle Commission pour la reconstruction de Moscou que les désurbanistes voulaient vider au maximum de sa population, n'aura de cesse de revoir les objectifs à la hausse en expliquant que voir « grand » serait le symbole d'un État et d'un pouvoir puissants, alors que voir « petit » serait celui de l'effacement de l'État, donc la négation du Parti. Ensuite parce que comme A. Mordvinov l'expliquera en 1939 lors du cinquième plénum de l'Union des architectes : « Seule une composition en hauteur peut exprimer notre époque ardente, joyeuse et conquérante, celle où, selon l'expression de Marx, "On monte à l'assaut du ciel". »

Construite en hauteur correspond à la conception même du pouvoir qui est celle du Parti de la nouvelle classe dominante et justifie également ses choix industriels (grands complexes industriels, plans quinquennaux).

Les Staliniens parviendront après 1930 à faire oublier les grands projets de la jeune Russie des Soviets en matière d'architecture et d'urbanisme comme ils dissimuleront toutes les expériences en matière de nouveau mode de vie. Mieux valait en effet pour la nouvelle classe dominante que le système soviétique soit dénoncé pour ses appartements communautaires (*Kommunalka*) plutôt qu'envier pour ses communes de logements (*Dom kommouna*)[3]. Ce tournant est analysé par Anatole Kopp comme le symbole de la victoire des nouvelles classes dirigeantes, celle des nouveaux riches qui prospèrent grâce à la NEP et celle des nouveaux maîtres de la bureaucratie qui occupent l'État Moloch. Kopp ajoute que « ce retour à l'héritage historique s'accompagne d'un rejet des thèses que les divers mouvements "prolétariens" avaient élaborées s'inspirant le plus souvent, sans toutefois y faire explicitement référence des thèses du Proletkult ».

---

1 Fabien Bellat, *Une ville neuve en URSS : Togliatti*, Paris, Éditions Parenthèses, 2015.

2 Kopp Anatole, « Le gigantisme architectural en Union soviétique », in *Communications*, 42, 1985. *Le gigantesque,* sous la direction de Bernard Paillard. p. 45-67.

3 Paola Messana, *Kommunalka, Une histoire de l'Union soviétique à travers les appartements communautaires,* Paris, JC Lattès, 1995.

Sur le front culturel

La jeune Russie des Soviets hérite d'une longue tradition d'intervention culturelle. Ce front sera donc largement giboyeux en raison de ce passé mais aussi parce que Lénine choisira de faire confiance à Anatoli Lounatcharski. Le front culturel sera cependant progressivement colonisé mais pas tant par le politique que par l'économique qui le soumettra à ses impératifs idéologiques. Il n'existe aucun rapport entre ce que furent les expérimentations des premières années de la Révolution et ce que Staline fera subir à la culture. Nous découvrirons une succession d'avant-gardes avec des passages d'acteurs et de thèmes d'un courant à l'autre, selon l'évolution des rapports de force. Contrairement à une idée répandue mais fausse le proletkuklt du début de la Révolution n'est en rien une préparation du réalisme socialiste stalinien. Deux personnages joueront un rôle essentiel sur le front culturel de la jeune Russie des Soviets : Aleksandrovic Bogdanov et Anatoli Lounatcharski[1].

Alexandre Bogdanov

Aleksandrovic Bogdanov[2] (1837-1928), de son vrai nom Malinovski, homme politique, philosophe, médecin, un temps plus proche collaborateur de Lénine, fondateur de l'école de Capri en Italie (1906-1907) formant des militants révolutionnaires[3], puis créateur lors de son séjour à Paris en 1911 de la Ligue pour la culture prolétarienne[4]. Dès 1909, adversaire de Lénine en philosophie car il défend l'idée d'une culture prolétarienne largement autochtone, exclu du Parti avec ses partisans en 1908, ils s'organisent autour de la revue *Vpered* (En avant !), organe des bolcheviks de gauche, il refuse le matérialisme dialectique et toute vérité absolue. Réhabilité sous la révo-

---

1 Gérard Masson, *La culture et l'art en URSS au lendemain de la révolution d'octobre 1917*, CERMTRI n° 37, Anatole Kopp, *Ville et révolution*, Paris, Anthropos, 1978, Nicolas Fornet, *op. cit.*

2 Alexandre Bogdanov, *La science, l'art et la classe ouvrière*, Paris, Maspero, 1977.

3 Scherrer Jutta, « Gor'kijBogdanov : Aperçu sur une correspondance non publiée », in *Cahiers du monde russe et soviétique*, vol. 29, n° 1, janvier-mars 1988. Maksim Gor'kij (1868-1936) cinquante ans après. p. 41-51.

4 Yassour Avraham, « Bogdanov et son œuvre », in *Cahiers du monde russe et soviétique*, vol. 10, n° 3-4, juillet-décembre 1969, p. 546-584 ; Haupt Georges C., Weill Claudie, Dietrich Grille, Lenins Rivale, « Bogdanov und seine Philosophie », in *Annales. Économies, Sociétés, Civilisations*, 22ᵉ année, n° 6, 1967, p. 1360-1362.

lution d'Octobre mais de nouveau critiqué par Lénine en raison du succès des thèses du Proletkult, il est arrêté par le Guépéou et reste enfermé durant cinq semaines à la Loubianka pour sa supposée participation à un groupe de dissidents bolcheviks dit « vérité des travailleurs » apparu à l'occasion de l'établissement de la NEP en 1921 et qui s'élevait contre les pratiques autoritaires du nouveau pouvoir. Bogdanov finit sa vie en se consacrant à la recherche médicale et décède en 1928 suite à une transfusion sanguine tentée sur lui-même à l'institut qu'il dirigeait[1].

Anatoli Lounatcharski

Anatoli Lounatcharski (1873-1933), enfant d'un Conseiller d'État du Tsar ayant cependant de fortes convictions libérales, antimonarchiques et antireligieuses, adhère dès l'âge de 15 ans à une organisation clandestine très orientée vers l'étude et la diffusion des écrits des démocrates révolutionnaires[2]. À 17 ans, il devient propagandiste au sein de groupes de cheminots et d'artisans et publie ses premiers textes dans des journaux révolutionnaires clandestins. Non admis à l'université en raison de son engagement, il part étudier en Suisse au sein du groupe « Libération du travail » fondé par Pavel Axelrod (1850-1928) et s'inscrit à l'Université de Zurich où il étudie la philosophie, la psychologie, l'histoire, la sociologie, l'économie, le droit, l'histoire des religions, la critique littéraire, la physiologie et l'anatomie, les langues, etc.[3]. Marqué par son étonnante érudition, Plekhanov, alors chef incontesté des milieux marxistes russes, demande alors à le rencontrer et engage une correspondance avec lui. Il quitte bientôt la Suisse pour retrouver sa famille à Nice (1896), à Reims puis Paris. Il multiplie alors les conférences au sein de l'Amicale russe de Paris et se rapproche du mouvement populiste. Il est chargé de représenter officiellement les sociaux-démocrates russes résidents en France. De retour en Russie en 1898, il est bientôt arrêté, emprisonné, et assigné à résidence à Kiev. De nouveau arrêté, il est expulsé en 1900 dans une ville non universitaire Kalougaen, il y rencontre des dirigeants de la social-démocratie dont V. Bazarov-Roudnev, A. Bogdanov (Malinovski) et sa sœur Anna deviendra en 1902 sa première épouse. Bogdanov le décide à rejoindre au sein du POSDR, le courant bolchevik. Il le recommande à Lénine qui l'intègre au Comité de rédaction de *Vpériod*. Lounatcharski, de nouveau exilé à Paris depuis 1904, rencontre pour la première fois Lénine

---

1 Tartarin Robert, « Transfusion sanguine et immortalité chez Alexandre Bogdanov », in *Droit et société*, n° 28, 1994, *Le sang : les veines du social*, p. 565-581.

2 Anatoli Lounatcharski, *Œuvres*, Moscou, Éditions du progrès.

3 Frioux Claude, « Lunačarskij et le futurisme russe », in *Cahiers du monde russe et soviétique*, vol. 1, n° 2, janvier-mars 1960, p. 307-318.

qui lui demande de venir travailler à ses côtés à Genève. Désormais dénommé *le Torpilleur* en raison de la puissance de ses interventions polémiques, il se voit confier des responsabilités de plus en plus lourdes. Il défend ainsi devant le Congrès le rapport consacré à l'insurrection armée. De retour en Russie lors de la révolution de 1905 il est arrêté pour son activisme. Le POSDR décide de le renvoyer en France, mais là il épouse les thèses des populistes qui souhaitent donner au prolétariat un art qui serait le sien. Il rompt bientôt avec Lénine sur cette question et celle de la participation aux élections. En 1909, il rejoint la nouvelle tendance *Vpériod* (En avant) fondée par Bogdanov. Bien qu'adventiste, il vote avec les bolcheviks sur des questions décisives et Lénine choisit d'en faire son délégué lors du congrès de Copenhague en 1910. Mais il fonde avec Bogdanov et Gorki des écoles « fractionnistes » à Capri (1909) et Bologne (1910) pour former des révolutionnaires de type populiste. C'est à l'occasion de ces enseignements qu'il publie *La religion et le socialisme*, *L'avenir de la religion* et *L'athéisme*, socle théorique des « Constructeurs de Dieu ». Ses positions sur la religion engendrent une nouvelle rupture avec Lénine : « Quelles que soient vos bonnes intentions, camarade Lounatcharski, vos coquetteries avec la religion ne font pas sourire, elles écœurent. » (Lénine, *Œuvres*, T ; 14, p. 194). Lounatcharski, envoyé à Paris par Bogdanov, met son séjour à profit pour publier des ouvrages de critique littéraire et de critique d'art et rencontrer des socialistes comme Jules Guesde et Marcel Sembat (dont il condamne le « social patriotisme »). Face aux tenants de l'Union sacrée contre l'Allemagne, il se rapproche de nouveau des bolcheviks et retrouve Lénine à Zürich en avril 1917. Lounatcharski rentre en Russie dans le train suivant celui que prendra Lénine. Il ne cessera plus de militer avec les bolcheviks ni avant ni après la Révolution. Élu sur leur liste à la douma de Petrograd et devenu maire adjoint chargé de l'enseignement et de la culture, il collabore au journal de Gorki *Novaïa Jizn*. Rallié au slogan bolchevik « Tout le pouvoir aux Soviets ! », il est chargé de rédiger la propagande dans ce sens et prend part à la préparation de l'insurrection. Arrêté et emprisonné durant quelques jours par le gouvernement issu de Février, il multiplie les conférences sur les « grandes communes démocratiques » comme la Grèce antique, les communes italiennes du Moyen Âge, la Commune de Paris. Lénine le charge de lire devant le deuxième Congrès des députés des Soviets, l'appel « aux ouvriers, aux soldats et aux paysans » qu'il vient de rédiger et qui annonce le début de l'insurrection armée qui sera finalement victorieuse. Dès le lendemain, il est nommé, au sein du premier gouvernement « ouvrier et paysan » présidé par Lénine, Commissaire du peuple à l'Instruction publique. Il restera en charge de ce secteur jusqu'à son éviction par Staline en 1929.

Comment comprendre que cet homme ait pu, à la fin de sa vie, accompagner les politiques staliniennes triomphantes en se contentant d'émettre des critiques superficielles et en acceptant de ne plus peser sur son propre Commissariat ? Lounatcharski avait pris en effet, tout au long de sa vie, position sur presque tous les fronts (culture, écologie, urbanisme et architecture, travail et économie) dessinant ainsi en creux ce qu'aurait pu être une véritable société socialiste. Il décède d'une crise cardiaque le 26 décembre 1933 à Menton (France) alors qu'il rejoignait son poste (d'exilé) d'ambassadeur de l'URSS en Espagne. Staline le fera disparaître de la mémoire en effaçant son nom de la liste des héros de la Révolution. Trotski, avec qui il fut souvent en désaccord, écrira de lui : « En qualité de Commissaire du peuple à l'Instruction publique, Lounatcharski fut irremplaçable dans les rapports avec les anciens milieux universitaires et, en général, avec le corps enseignant qui s'attendaient de la part des "usurpateurs ignorants" à la liquidation complète des sciences et des arts. Avec enthousiasme et sans peine, il démontra à tout ce monde fermé que les bolcheviks, non seulement respectaient la culture, mais ne se faisaient pas faute de la connaître. Plus d'un universitaire, en ces jours, admira bouche bée, ce vandale qui lisait une demi-douzaine de langues modernes et deux langues anciennes et qui, en passant, inopinément, dévoilait une érudition si universelle qu'elle aurait pu suffire à une bonne dizaine de professeurs. Ce n'est pas un des moindres mérites de Lounatcharski que d'avoir obtenu le ralliement de l'intelligentsia diplômée et patentée au régime soviétique. Comme organisateur de l'Instruction publique, il se montra désespérément faible. Après quelques tentatives malheureuses, où une fantaisie de dilettante se mariait à l'inaptitude administrative, Lounatcharski cessa de prétendre à toute direction pratique. Le Comité central lui fournit des aides qui, sous le couvert de l'autorité personnelle du Commissaire du peuple, tenaient fermement les guides en main[1]. »

Anatoli Lounatcharski commence son activité comme Commissaire du peuple par un appel à l'Union des écrivains et artistes fondée en mars 1917 et à travers elle à toute l'intelligentsia russe pour l'inviter à coopérer à la Révolution : « Je dis que la liberté doit régner dans le domaine de la culture. Nous sommes forcés de ne pas admettre la liberté de la presse parce que la guerre civile fait rage. Nous établissons la dictature de l'État pour, le plus tôt possible, envoyer l'État lui-même au diable ». La censure, instaurée sur la presse, deux jours après la prise de pouvoir, ne concerna d'abord que les journaux hostiles au pouvoir avant de se généraliser. Il existe donc des centaines de journaux de gauche dont plus de 150 destinés aux seuls soldats (SR, mencheviks, anarchistes, bolcheviks). Les difficultés à faire respecter les décisions

---

1 <https://www.marxists.org/francais/trotsky/livres/litterature/Lounatcharski.htm>

de la Commission de censure, instaurée par les bolcheviks, conduisent à la nationalisation des imprimeries, mesure d'autant plus efficace qu'elle se doubla du monopole d'État sur le papier, rendant les publications clandestines impossibles. La jeune Russie des Soviets n'aura de cesse de durcir la censure en ordonnant la fermeture de la presse menchevik, puis des SR et des anarchistes, et enfin des bolcheviks de gauche. Le journal de Gorki, *Novaïa Jizn*, cesse de paraître en juillet 1918, la presse menchevik en 1919 et la presse anarchiste disparaît en 1921. Les journaux bolcheviks se caractérisent par un style très simple, imagé, coloré, adapté à un public sans éducation[1].

LA NAISSANCE DU PROLETKULT

Le Proletkult naît officiellement à l'occasion du 1er Congrès des associations prolétariennes pour la culture et l'éducation (clubs, cours du soir, bibliothèques, chorales, sociétés artistiques les plus diverses) qui foisonnaient depuis 1905. Ce congrès qui se tient du 16 au 19 octobre 1917 à Petrograd soit une semaine avant la prise de pouvoir par les bolcheviks réunit des bolcheviks, des SR de gauche, des mencheviks, des anarchistes et principalement des sans-parti. Il se tient sous la double présidence de Lounatcharski et de Kroupskaïa. Depuis 1917, on a beaucoup caricaturé les thèses du Proletkult pour en faire des nihilistes, reprenant ainsi l'accusation portée par Lénine ou Trotski. Les militants du Proletkult soutiennent certes l'idée qu'existe une culture prolétarienne (on dirait aujourd'hui populaire) mais ils ne prônent pas, sauf de façon provocatrice, la destruction des cultures anciennes[2].

Ainsi Bogdanov, qui peut être considéré comme le père du Proletkult, écrit : « Les trésors de l'art ancien ne doivent pas être reçus passivement car alors ils formeraient la classe ouvrière dans l'esprit des classes dominantes et par là même dans un esprit de soumission au régime créé par elles. » Parler de réception active de la culture ancienne n'est pas un point de vue nihiliste.

Ainsi Lounatcharski, qui parraine le mouvement du Proletkult, démissionnera même de son poste de Commissaire du peuple pour protester contre la destruction des grands bâtiments historiques de Moscou, avant de reprendre sa démission en apprenant qu'il s'agit d'une rumeur.

On accusera le Proletkult de nihilisme mais jamais une seule œuvre d'art ancienne ne sera détruite par ce mouvement et d'ailleurs sa presse, *Culture prolétarienne* (*Prolétarskaïa Koultoura*) invite à assimiler l'héritage culturel.

---

1 cf. nos développements relatifs au langage bolchevik.

2 Frioux Claude, « Profil de la critique littéraire en Russie, 1918-1930 », in *Cahiers du monde russe et soviétique*, vol. 1, n° 1, mai 1959, p. 109-127.

L'objectif est plutôt de stimuler la culture prolétarienne appelée à supplanter la culture bourgeoise dominante.

Les dirigeants bolcheviks oscilleront dans leur réquisitoire accusant parfois le Proletkult de spontanéisme naïf et d'autres fois d'élitisme sous prétexte qu'il préférerait les « arts nobles » à l'alphabétisation du peuple (*sic*). Le fond du différend est ailleurs : le Proletkult remet en cause la thèse centrale des bolcheviks selon laquelle la conscience de classe ne pourrait qu'être apportée de l'extérieur par un Parti professionnel constituant une avant-garde éclairée. Si le Proletkult a raison, le prolétariat n'aurait pas besoin d'un tel Parti, centralisé, militarisé mais au contraire d'un maximum de liberté créative et émancipatoire. Lénine ne supporte pas davantage la revanche de Bogdanov contre lequel il avait écrit en 1908 *Matérialisme et empiriocriticisme* et qu'il avait fait exclure du Parti et qui deviendra, durant les premières années de la jeune Russie des Soviets, membre du Comité central du Proletkult et le principal rédacteur de sa revue.

Le Parti bolchevik se donne en défenseur acharné des biens culturels du passé (non menacés) que pour défendre le point de vue des élites et sa centralité. Lounatcharski tentera certes un compromis entre ces deux positions en invitant à prendre possession des biens culturels du passé et de ceux du présent.

Le Proletkult s'avère trop diversifié et proche du vivant pour être une organisation homogène et lui-même se trouve divisé en divers courants. Il poursuit les débats du début du siècle sur l'existence d'une culture prolétarienne et amplifie le travail engagé depuis la révolution de Février. La fondation du Proletkult se fait en Octobre sur les bases des discussions de septembre, c'est-à-dire en soutenant l'autonomie du mouvement à l'égard des Partis, thèse qui sera confirmée lors de son Congrès d'octobre 1920.

Le Proletkult finira par devenir une organisation parallèle à celle du PC(b)R, un véritable État dans l'État avec 500 000 membres, donc plus que les bolcheviks. Le mouvement est implanté jusque dans les moindres campagnes, là où le Parti ne peut qu'envoyer épisodiquement des détachements armés. Il se développe grâce à ses groupes de théâtre, de peinture, de sculpture, de poésie, de littérature, etc. Il invente et systématise l'art amateur contre celui des *specy*.

Le conflit entre dirigeants bolcheviks et Proletkult était inévitable car s'il reconnaît la primauté du Parti en matière politique et celle des syndicats en matière de travail, il prône en revanche l'autonomie en matière culturelle. Par ailleurs proche de la gauche communiste, il défend l'autonomie syndicale. Le Comité central du PC(b)R prend donc le 1er décembre 1920 une première résolution menaçante critiquant les fondements mêmes du Proletkult : « Si notre parti ne s'est pas encore mêlé de cette affaire, cela s'explique seulement par le fait que le travail de combat sur les fronts l'absorbait, il ne pouvait toujours accorder l'attention nécessaire à ces questions essentielles. » Le PC(b)R met en cause l'accord conclu en 1917 en matière d'autonomie culturelle puisqu'il est décidé qu'au niveau local et central les Proletkults passeront sous le contrôle du Commissariat à l'instruction publique et deviendront « des sections soumises au Commissariat à l'instruction et se tenant dans son travail à l'orientation dictée au Commissariat par le Parti communiste ». On a pu parler de moindre mal compte tenu de la protection qu'apportait Lounatcharski au Proletkult et des importantes responsabilités occupées au sein de son Commissariat par des membres du Proletkult, mais cette déclaration constituait d'abord un rappel à l'ordre pour Lounatcharski auquel les dirigeants bolcheviks reprochaient ses trop nombreuses positions favorables au Proletkult. Les Proletkults se soumettront certes à ce diktat (de très mauvaise grâce) mais leur poids au sein de la société, loin de décliner, continuera à progresser. Le PC(b)R lance alors une campagne de dénonciation du Proletkult en direction des ouvriers en l'accusant de présenter les décisions du Parti comme une « contrainte imposée à la créativité artistique des travailleurs » (*sic*). La *Pravda* organisera un débat frontal, les 24 et 25 octobre 1922, opposant Pletnev, qui s'exprime au nom du Proletkult et Iakovlev qui parle au nom de Lénine[1].

Dimitri Pletnev (qui sera éliminé en 1938 lors du procès des 21) défend une nouvelle fois l'idée d'une culture prolétarienne indépendante du Parti bolchevik : « La psychologie du prolétariat est dans sa base même une psychologie collective de classe, une psychologie de création consciente. Le sentiment de solidarité de classe, le sentiment du nous se forme quand "nous" construisons une locomotive, un paquebot, un aéroplane […] et aussi quand dans sa lutte avec la bourgeoisie chaque prolétaire est lié par la même inégalité sociale par rapport aux autres classes et par la nette conscience que la locomotive de la Révolution peut être construite seulement par les forces du nous, par les forces de l'unité de classe. C'est par là que l'existence qui détermine la conscience du prolétariat. Cette conscience est étrangère au paysan, au bourgeois, à l'intelligentsia. »

Lénine fait répondre par Iakovlev que « ce n'est pas avec de la "morale" que l'on avancera vers le socialisme » puis, après avoir dénoncé comme non marxistes les positions du Proletkult qualifiées de « métaphysique abstraite d'essence idéaliste », il oppose le réalisme bolchevik à cet idéalisme : « Dans notre pays vraiment arriéré, nous devons lutter pour la culture bourgeoise pour qu'on remplisse ses obligations de service, pour qu'on arrive à l'heure au travail, pour qu'on ne mette pas sous le coude un papier important, […]

---

1 Frioux Claude, « Lénine, Maïakovski, le Proletkult et la révolution culturelle », in *Littérature*, n° 24, 1976, p. 99-109.

pour apprendre à tous les citoyens de la RSFSR, y compris les communistes, à ne pas considérer les pots-de-vin comme un laxatif inévitable, étant donné l'état de constipation de notre appareil, [...] en un mot de travailler non pas à notre manière soviétique où tout part dans tous les sens, mais au moins à la manière bourgeoise européenne ou américaine. La bureaucratie qui ronge jusqu'à l'os le corps de notre mécanisme d'État, nous impose pour de nombreuses années la tâche d'atteindre, ne fût-ce que cette culture bourgeoise dont donne l'exemple le travail d'un trust américain, d'une police criminelle allemande, d'un ministère européen moyen. Dans notre pays vraiment "sauvage", [...] il faut chercher à répandre la "culture bourgeoise", garder sa tête de poux, son lit de punaises, se laver les mains avant de déjeuner, et après le travail, ne pas faire le faraud dans un vêtement sale et déchiré mais dans la mesure du possible le nettoyer et le réparer. Les puces et les punaises dans les maisons soviétiques sont le reflet d'un même rapport social que celui qui se manifeste dans notre appareil super-bureaucratique : l'inculture[1]. »

Reprenant sa conclusion de *Mieux vaut moins, mais mieux*, « Apprendre, apprendre et encore apprendre », Lénine invente ainsi une fausse opposition entre une « culture prolétarienne pure » que souhaiterait le Proletkult et une « culture véritablement prolétarienne » que défendraient les bolcheviks : « Non pas l'invention d'une culture prolétarienne nouvelle mais le développement des meilleurs modèles, des traditions, des résultats de la culture existante, du point de vue de la conception du monde marxiste et des conditions de vie et de lutte du prolétariat à l'époque de sa dictature[2]. » Lénine soutient ainsi qu'assimiler "tout ce qui est valable" peut être considéré comme le développement d'une culture vraiment prolétarienne.

Lénine et la culture

Lénine changera en réalité plusieurs fois de positions au sujet de la culture selon les rapports de force évolutifs au sein de la société et du Parti bolchevik. Le Lénine d'avant 1917, opposé à l'idée même d'une culture prolétarienne, accepte en 1918 trois thèses qui fonctionnent ensemble, celle en faveur du dépérissement de l'État, celle en faveur du passage au « communisme tout de suite » via la naturalisation de l'économie et celle en faveur de la reconnaissance d'une culture prolétarienne puis il retrouvera ses thèses d'avant Octobre.

---

1 La *Pravda* du 25 octobre 1922.

2 Lénine, *Œuvres complètes*, T. 42, p. 217.

Le Lénine de 1918 écrit : « Les spécialistes bourgeois pensent que le "simple" peuple, les "simples" ouvriers et les paysans les plus pauvres ne seront pas en mesure d'assurer la tâche grande, vraiment héroïque au sens de l'histoire universelle, d'organisation, que la révolution socialiste fait reposer sur les épaules des travailleurs. [...] Une des tâches principales actuellement, si ce n'est pas la principale, est de développer le plus largement possible l'initiative autonome des ouvriers et en général de tous les travailleurs et exploités dans le domaine du travail d'organisation créateur. » (*Comment organiser la compétition*, janvier 1918, Lénine). Il ajoutait que sans révolution culturelle, « la cause du communisme serait sans espoir ».

Le Lénine de 1923 explique : « Il nous faudrait nous défaire des types particulièrement marqués de culture prébourgeoise, c'est-à-dire de cultures fondées sur la bureaucratie et le servage », et qu'« il nous suffirait d'abord d'une vraie culture bourgeoise. »

Cette volte-face provoque d'importants remous au sein du Proletkult, du PC(b)R et du Mouvement international. Lénine réplique ainsi à Clara Zetkin : « Pour que l'art puisse se rapprocher du peuple et le peuple de l'art, il faut d'abord élever le niveau général de formation et de culture[1]. »

Le mouvement Proletkult va exploser (avant de disparaître) face à l'intransigeance du Parti bolchevik. Du côté des opposants au pouvoir, deux groupes importants, la Forge à Moscou et Kosmist à Petrograd, du côté des partisans du pouvoir, le célèbre groupe Octobre (plus connu en France). Cette scission est surdéterminée, d'une part, par la polémique entre le Parti et le groupe « futuriste » et, d'autre part, par le débat entre Lounatcharski et Trotski sur la question des professionnels de la culture.

L'APPEL AUX *SPECY* ET LA POLÉMIQUE LOUNATCHARSKI/TROTSKI

La décision de mettre en avant l'assimilation de la culture ancienne (dite « culture bourgeoise ») contre l'essor de la culture prolétarienne met au cœur des débats la question des *specy*, des professionnels de la culture classique. Lénine et Trotski appellent à utiliser les « spécialistes bourgeois » afin de se mettre à l'école du capitalisme dans ce domaine comme dans tous les autres. Trotski engage même une polémique contre Lounatcharski auquel il ne pardonne pas ses positions « gauchistes » hostiles à la militarisation des syndicats. Fort du soutien de Lénine, le chef de l'Armée rouge déclare clos le débat engagé dans la *Pravda* sur l'existence de la culture prolétarienne (automne 1922) et ajoute dans *Littérature et révolution* (1924) que la culture

---

1 Cité par Frioux Claude, « Lénine, Maïakovski, le Proletkult et la révolution culturelle », in *Littérature*, n° 24, 1976, p. 99-109.

et l'art prolétariens seraient des réalités non seulement parfaitement inutiles mais totalement impossibles : « Chaque classe dominante crée sa culture, et par conséquent son art. L'histoire a connu les cultures esclavagistes de l'antiquité classique et de l'Orient, la culture féodale de l'Europe médiévale, et la culture bourgeoise qui domine aujourd'hui le monde. De là, il semble aller de soi que le prolétariat doive aussi créer sa culture et son art. Cependant, la question est loin d'être aussi simple qu'il y paraît à première vue. La société dans laquelle les possesseurs d'esclaves formaient la classe dirigeante a existé pendant de très nombreux siècles. Il en est de même pour le féodalisme. La culture bourgeoise, même si on ne la date que de sa première manifestation ouverte et tumultueuse, c'est-à-dire de l'époque de la Renaissance, existe depuis cinq siècles, mais n'a atteint son plein épanouissement qu'au xixᵉ siècle, et plus précisément dans sa seconde moitié. L'histoire montre que la formation d'une culture nouvelle autour d'une classe dominante exige un temps considérable et n'atteint sa pleine réalisation que dans la période précédant la décadence politique de cette classe. »; « Le prolétariat aura-t-il assez de temps pour créer une culture prolétarienne. »[1]

Trotski avance donc quatre arguments contre Lounatcharski : le développement de la culture bourgeoise aurait commencé des siècles avant que la bourgeoisie ne prenne le pouvoir, alors que les bolcheviks auraient d'abord pris le pouvoir; le prolétariat serait une classe trop opprimée pour posséder sa propre culture; le dynamisme actuel se concentrerait dans le champ politique et économique; donc puisqu'il faut rejeter jusqu'à l'idée même d'une culture prolétarienne, le Proletkult n'aurait aucun sens au regard des nécessités de la Révolution.

Lounatcharski lui réplique en publiant ses propres thèses dans *Troisième Front* (1924) : le prolétariat ne « pourrait se contenter en aucune manière de l'ancien art, et a donc intérêt, au plus haut point, à voir surgir des formes de cultures inédites. De toute évidence, du point de vue des socialistes, celles-ci se créeront inévitablement; toutefois, la manière consciente dont le prolétariat poursuit sa révolution, depuis la naissance du marxisme, l'amène à réfléchir sur les chances d'une direction consciente de la genèse du monde nouveau, des nouveaux moyens de connaissance et d'expression artistique du monde ».

Lounatcharski retourne ainsi contre Trotski l'idée d'une conscience révolutionnaire car plutôt que de la situer dans le (seul) Parti, il évoque une classe capable par sa praxis de passer à la classe en soi à la classe pour soi. Il se lance ensuite dans une leçon de marxisme face à Trotski : « La réplique qu'on nous adresse en disant que le prolétariat n'est pas le support d'une culture de classe, la sienne, mais de la culture de l'humanité en général, placée au-des-

---

1 <https://www.marxists.org/francais/trotsky/livres/litterature/litteraturecp6.htm>

sus des classes, ne résiste pas à l'examen. Dans l'État prolétarien, dans la philosophie et la sociologie prolétariennes, dans les associations propres au mode de vie du prolétariat (syndicats et coopératives), nous disposons de puissants fondements d'une culture nouvelle, celle du prolétariat, lesquels, notez, ne répondent pas du tout à ce que sera le régime socialiste universel où l'on ne retrouvera plus ni État ni bien d'autres choses, qui représentent, de nos jours, une valeur inestimable précisément comme traits typiques d'une culture inhérente à la manière d'être d'une classe. »

La polémique avec le groupe futuriste

Le groupe futuriste est le seul à se rallier collectivement à la révolution d'Octobre tandis que la masse des écrivains, sauf les poètes, s'oppose à l'appel à la coopération lancé au nom des bolcheviks par Anatoli Lounatcharski. Le Commissaire du peuple ne cessera jamais de le rappeler à Lénine et Trotski : « Les futuristes sont les premiers à être venus en aide à la Révolution. C'est chez eux qu'elle a trouvé l'écho le plus direct. »

Ce groupe futuriste fédère quelques dizaines d'artistes (V. Maïakovski, N. Altman, O. Brik, N. Pounine) qui se retrouvent spontanément dans le refus de la culture du passé, de l'académisme, du classicisme et des valeurs bourgeoises. Cette posture est certes davantage esthétique que politique sauf chez quelques futuristes comme Maïakovski ou Meyerhold eux-mêmes bolcheviks (cf. *infra*). Le futurisme célèbre l'avènement de la machine et de la ville industrielle, de ce corps mécanique qui assurerait d'une certaine manière l'incorruptibilité de la chair et exalterait les potentialités de l'être poussé jusqu'à un mysticisme panthéiste, avec une identification de l'être aux forces cosmiques de la nature. Le futurisme apparaît donc comme une antitradition absolue, comme un rejet total du passé, une véritable religion du futur, de l'énergie, de la liberté infinie. C'est à ce titre qu'il appelle à donner un statut laïc moderne, à détruire les musées, à s'affranchir de la religion, de l'académisme et finalement de l'histoire. Le ralliement des futuristes à la révolution bolchevik est cependant d'autant plus méritoire que Lénine n'a jamais caché son hostilité à leurs thèses : « J'ai l'audace de me déclarer "barbare". Je ne peux pas considérer les œuvres de l'expressionnisme, du futurisme et autres – ismes, comme des manifestations supérieures du genre artistique. Je ne les comprends pas. Ils ne me donnent aucune joie[1]. »

Le courant futuriste se voit cependant confier des responsabilités au sein de différentes sections du Commissariat de Lounatcharski comme la direction de

---

1 Lénine, *Sur la littérature*, p. 663.

la revue du ministère *Art de la Commune* (*Iskusstvo Kouny*), qui échoie à Maïa-kovski, tandis que Meyerhold hérite de la direction des affaires théâtrales. Ce courant est également chargé de la décoration de la ville de Moscou lors de la célébration du premier anniversaire de la révolution d'Octobre (cf. *infra*). Les choix faits par les futuristes déconcertent les dirigeants du Parti, notamment les maisons badigeonnées de grandes taches de couleurs dans le style cubiste. Le Commissariat leur donne cependant, à cette occasion, les moyens d'éditer une anthologie de leurs travaux préfacée par Lounatcharski.

Les dirigeants du Proletkult, qui contestaient la part que les futuristes accordaient aux professionnels de la création (les *specy*), vont exploiter les réactions négatives au lendemain de ce premier anniversaire en clamant que « le futurisme est un produit social de la structure capitaliste, l'idéologie bourgeoise parvenue aux limites de son développement final. C'est l'ultime agitation de l'esprit bourgeois avant la mort, l'affolement devant la catas-trophe. D'où ces contorsions, ce charlatanisme[1] ».

Le Proletkult s'accorde donc mais pour des raisons différentes avec Lénine, Trotski et bientôt Lounatcharski pour voir dans le futurisme « l'ultime agitation de l'esprit bourgeois avant sa mort ».

Un commissariat (trop) aux mains des futuristes ?

Fin 1918, la polémique redouble car les futuristes sont accusés de faire du journal officiel du Commissariat du peuple leur tribune exclusive ce qui constituerait une entorse à la ligne ouverte défendue par Lounatcharski. Le Commissaire du peuple répond dans un article qu'il intitule *Antidote* où il s'insurge contre « les velléités destructrices à l'égard du passé et la préten-tion qu'à une certaine école de parler au nom de l'autorité quand elle parle pour elle-même ». La rédaction futuriste proteste contre cette interprétation excessive et proclame que le poème de Maïakovski *La joie prématurée* dans lequel il suggère de fusiller les « Gardes blancs » que sont Raphaël Rastrelli, Pouchkine et autres « officiers généraux » de l'académisme, ne doit pas être pris au pied de la lettre.

Le journal *les Izvestia*, proche de Lénine, relance cependant, en mars 1919, la polémique en réclamant cette fois à Lounatcharski la tête des principaux futuristes car ils auraient littéralement annexé son Commissariat du peuple. Lounatcharski se retrouve donc une nouvelle fois dans le viseur du Parti. La *Pravda* du 6 avril 1919 publie une résolution de l'Union des scientifiques, des artistes et des écrivains de Moscou qui proclame : « Considérant que le futurisme et le cubisme représentent essentiellement l'art bourgeois, dégéné-

---

1 F. Kalinin, *Sur le futurisme in Proletarskajakultura*, 1919, n° 7-8.

ré, la section demande au commissariat du peuple à l'instruction publique de prêter attention à la prépondérance illimitée du futurisme, du cubisme, de l'imaginisme, etc. en République socialiste soviétique ».

Lounatcharski calme le jeu en rappelant que n'existe pas d'école officielle : « Cent fois j'ai dit et répété que le Commissariat du peuple à l'Instruction publique doit se montrer impartial à l'égard des différentes tendances de la vie artistique », mais il est obligé de réunir le 10 avril 1919 une Commission spéciale chargée d'examiner la situation du Service chargé des arts plastiques. Lénine lui demande une nouvelle fois de réduire l'expression publique des futuristes. Lounatcharski répond le 26 novembre 1920 : « En tant que Commissaire du peuple, je n'ai jamais rien interdit aux futuristes, j'affirme qu'il faut de la liberté dans le domaine culturel ». Il prend une fois encore la défense des « artistes de gauche » que les dirigeants bolcheviks accusent volontiers de gauchisme : « Si je leur ai tendu la main, c'est qu'il fallait absolument, dans le cadre de la politique générale du Commissariat du peuple à l'instruction publique prendre appui sur un solide dispositif de forces artistiques. Et c'est seulement là, exclusivement ou presque, que je les ai trouvés, chez les artistes de gauche[1]. »

Lénine continue toujours à mobiliser les forces du Parti contre les futuristes[2]. Il écrit en 1921, à Mikhaïl Pokrovsky (1 868-1 932), ancien proche de Lounatcharski et de Bogdanov, devenu le grand historien de la Russie après la Révolution[3] : « Camarade, je vous demande encore et encore de nous aider dans la lutte contre le futurisme. » Trotski fustige à son tour le mouvement futuriste : « Le futurisme est né comme méandre de l'art bourgeois, et il ne pouvait naître autrement. Son caractère d'opposition violente ne contredit pas ce fait[4]. »

Lounatcharski finira par lâcher le courant futuriste qu'il sait condamné mais il saura préserver Maïakovski et Meyerhold de tout opprobre de la part du Parti : « Le futurisme est le produit de la décomposition de la culture bourgeoise. [...] Le gauchisme en art est le produit de l'atmosphère malsaine des boulevards du Paris bourgeois et des cafés du Munich bourgeois[5]. »

Maïakovski, bien qu'épargné personnellement, réagit en adressant une lettre ouverte à Lounatcharski pour lui rappeler son soutien initial et son

---

1 In Lounatcharski, *L'art et la révolution*, Moscou, 1924.

2 Jean-Michel Palmier, *Lénine, l'art et la révolution*, Paris, Payot, 2006.

3 Mikhaïl Pokrovsky sera accusé par Staline, dès la fin des années vingt, de sous-estimer l'importance de l'État. Il sera contraint de faire son autocritique et n'échappera aux purges qu'en raison de son décès suite à une maladie. Il sera condamné *post-mortem* par Staline avec toute l'école historique russe jugée non marxiste.

4 <https://www.marxists.org/francais/trotsky/livres/litterature/litteraturecp4.htm>

5 Cité par Frioux Claude, « Lunačarskij et le futurisme russe », in *Cahiers du monde russe et soviétique*, vol. 1, n° 2, janvier-mars 1960, p. 307-318.

approbation de sa pièce *Mystère bouffes* : « C'était « pour la première fois » quelque chose d'adéquat aux réalités de la vie et soudain cela pue comme un cadavre[1]. »

La majorité du mouvement futuriste va donc prendre acte de la rupture avec les bolcheviks tandis qu'un groupe autour de Maïakovski et de Meyerhold, et soutenu par Lounatcharski, cherchera un compromis au prix d'une scission des futuristes. Le Comité central du Parti demande aux éditions d'État de soutenir le groupe de Maïakovski et autorise en janvier 1923 la fondation d'une nouvelle revue, le LEF (*Levyi Front Iskusstv*) – Front gauche des arts, actant la dispersion des futuristes.

LE FRONT GAUCHE DES ARTS (LEF)

La création de LEF, Front gauche des arts, en 1923 est une tentative de faire cohabiter divers courants honnis par les principaux dirigeants bolcheviks, avec Vladimir Maïakovski, Ossip Brik[2], Isaac Bebel, Nikolai Aseev et quelques cinéastes comme Sergueï Eisenstein ou Dziga Vertov. Son influence va bien au-delà du faible tirage de sa revue (3 000 exemplaires maximum).

Le Front Gauche des arts devra s'autodissoudre en 1928 sous la pression conjointe du groupe stalinien, désormais tout puissant, et de ses propres clivages, dont nous pouvons nous faire une idée en examinant, tout à tour, les positions de Maïakovski puis d'Arvatov et de Tret'jakov.

Vladimir Maïakovski

Vladimir Vladimirovitch Maïakovski (1893-1930), peintre et sculpteur, poète d'avant-garde, membre du Parti bolchevik, s'engage activement dans la Révolution, d'abord comme clandestin sous le pseudonyme de Constantin, arrêté trois fois par la police du Tsar et régulièrement emprisonné et exilé. Dès les premiers jours de la révolution d'Octobre, il œuvre au rapprochement des intellectuels et des artistes et du nouveau gouvernement bolchevik[3]. Il participe aux négociations entre le pouvoir et le Comité provisoire de l'Union des artistes et apparentés, afin de trouver un accord en matière de liberté de création. Lounatcharski propose une structure composée à moitié

---

1 Lettre ouverte à Lounatcharski publiée dans *le Vestnikteatra*, 1920.

2 Ossip Brik (1888-1945), principal théoricien du courant formaliste-futuriste, il devient membre de la Tcheka en 1920. Époux de Lili Kagan, dont la sœur Elsa (Triolet) épouse Aragon, il est dénoncé comme subjectiviste et écarté en 1930.

3 Frioux Claude, « Lénine, Maïakovski, le Proletkult et la révolution culturelle », in *Littérature*, n° 24, 1976, p. 99-109 ; Poznanski Renée, V. Maïakovski, « La révolution politique, instrument de la révolution dans les arts », in *L'Homme et la société*, n° 59-62, 1981, *Imaginaire social et créativité*, p. 103-129.

de délégués du Soviet des députés ouvriers, soldats et paysans et du monde des arts. Le Comité provisoire fait savoir son refus le 12 novembre car il refuse par principe toute idée de subordination de l'art à des finalités directement politiques. De nouvelles propositions sont rejetées par le Comité sauf par Maïakovski qui se trouve seul à prôner la collaboration mais emmènera avec lui les futuristes. Malgré la pression des bolcheviks, Maïakovski ne cède pas en revanche sur le futurisme et signe même le manifeste *Une gifle au goût du public* dans lequel il affirme l'indépendance du futurisme russe par rapport au mouvement italien. La légende veut que les marins qui prirent d'assaut le palais d'hiver récitaient les deux vers de Maïakovski : « Mange tes ananas, tes gélinottes, ton dernier jour arrive, bourgeois. » C'est lui qui anima entre 1918 et 1919 *Art de la Commune*, la revue officielle du Commissariat du peuple à l'instruction publique. C'est lui encore qui obtiendra l'autorisation de fonder le LEF puis en 1927 *le Novy LEF*[1].

Maïakovski sera l'âme du mouvement « gauche des arts » dont il assumera les deux casquettes puisque son objectif est de réaliser la synthèse du communisme et du futurisme, d'où le nom de *kom-fut*, « communisme futuriste », deux bonnes raisons, comme on le clamait alors, de croire à l'avenir radieux[2]. Lénine et Trotski combattront férocement Maïakovski et s'émouvront des décisions favorables de Lounatcharski à son encontre. Lénine contestera ainsi la décision de publier le poème de Maïakovski *150 000 000* à 5 000 exemplaires : « À mon avis il ne faut imprimer des choses pareilles qu'à un, dix, tout au plus 1 500 exemplaires pour les bibliothèques et les amateurs de bizarreries. »

En 1928, Staline liquidera le courant du *kom-fut* qu'il estime contraire aux intérêts de la nouvelle classe dominante qui préfère le « réalisme socialiste ». Maïakovski tente une dernière fois de sauver l'essentiel en lançant un mouvement artistique dénommé le *Front révolutionnaire* mais le pouvoir stalinien le privera de moyens d'action, d'autant plus que Lounatcharski a perdu son poste et que le nouveau Commissaire du peuple se garde bien d'intervenir. Maïakovski rejoint alors la nouvelle structure mise en place par le pouvoir stalinien mais il se suicidera trois mois après son adhésion à la VAPP (cf. *infra*). Staline soutiendra qu'aucun lien n'existe entre ce suicide et sa politique. Trotski réplique que ce lien existe bel et bien, mais qu'il a eu raison avec Lénine de s'opposer à Maïakovski. Staline ordonne des funérailles nationales en l'honneur du poète. Lequel sera aussitôt oublié, puis son nom de nouveau instrumentalisé. « Ils l'ont tué une seconde fois » protestera Boris

---

1 Solamito Catherine, « L'Anecdote » [Un article de NovyjLef (1927)], in *Cahiers du monde russe et soviétique*, vol. 7, n° 1, janvier-mars 1966, p. 77-84.

2 Poznanski Renée, « V. Maïakovski, la révolution politique, instrument de la révolution dans les arts », in *L'Homme et la société*, n° 59-62, 1981, *Imaginaire social et créativité*, p. 103-129.

Pasternak (1890-1960), prix Nobel de littérature (1958), condamné à l'exil intérieur, car accusé de « subjectivisme » puisque ses livres parlent du passé et non du présent et parce qu'il adopte un style poétique et non socialiste.

La poésie révolutionnaire

J'ai déjà évoqué la place des poètes au sein des milieux culturels révolutionnaires mais les premières années de la jeune Russie des Soviets seront marquées par un engouement pour la poésie au-delà de la figure de Maïakovski. Le manifeste des Poètes du Front gauche des arts proclame les raisons pour lesquelles ils souhaitent prendre toute leur place dans la Révolution : « Nous ne sommes pas des prêtres de la religion de l'art mais des artisans chargés de réaliser la commande sociale. » Ils se donnent donc moins comme objectif de produire des œuvres que de provoquer un choc de sensibilité permettant de lier la révolution de la forme poétique à la reconstruction de la vie (*novy byt*). Pour cela, ils entendent renoncer à toute prétention littéraire pour rendre le « langage transparent à la réalité de la vie », c'est pourquoi ils disent refuser la subjectivité ainsi que le « poétisme » (ornementation superflue en littérature). Cette poésie conçue pour être déclamée dans la rue et non lu individuellement peut mobiliser des mises en scène excentriques, comme la tenue de Maïakovski intervenant dans sa tunique jaune et le visage peint de toutes les couleurs.

Les spectacles des cercles ouvriers empruntent au même registre artistique. Ainsi Claudine Amiard-Chevrel note que s'ils affichaient une nette préférence pour des déclamations collectives de poèmes mélangées à d'autres formes, ils se caractérisaient par une liberté totale dans le choix des moyens d'expression (drame, comédie, opéra ou opérette miniature, danse, culture physique, exercices de cirque, marionnettes, chant, déclamation, cinéma, affiches et graphiques animés, jeux de lumière, etc.) dans le but de développer la créativité. La première séance de ce type est organisée le 10 juillet 1918, par le Proletkult de Moscou devant une unité combattante de l'Armée rouge revenant du front. Lounatcharski a écrit le texte introductif montrant l'actualité du poète nord-américain Walt Whitman (1819-1892), humaniste et homosexuel. Chaque morceau est lu alternativement par une voix d'homme ou de femme, ou par un chœur masculin ou féminin, ou parfois par les deux à la fois. La mise en scène est réduite à des déplacements de groupes et le décor résumé à quelques portraits et à un pont en feu, symbole de l'humanité en lutte et du passage au communisme.

Claudine Amiard-Chevrel évoque le genre voisin des « montages littéraires » : les « auteurs » choisissent des extraits d'œuvres différentes, des matériaux d'archives, des correspondances, des discours, des chants, etc. Un semblable montage est réalisé à l'occasion du dixième anniversaire du Conseil central des syndicats avec des textes de Lénine et de Tomski, avec des récits d'ouvriers, des déclamations collectives, des effets sonores, lumineux, des bandes filmées d'ouvriers partant au front et d'épisodes de la guerre civile, des galeries de type grotesque d'interventionnistes étrangers, avec un jeu d'échecs vivant illustrant la lutte opposant les ouvriers aux capitalistes, avec une pyramide vivante d'ouvriers, portant des affiches et des signes matériels tangibles de l'amélioration des conditions de vie, etc.

Ces manifestations culturelles divisent souvent les dirigeants bolcheviks. Le Front gauche des arts sera cependant toléré en raison de la présence en son sein d'un courant d'abord minoritaire puis de plus en plus puissant, celui des théoriciens de l'art comme production dont les principaux représentants sont Serguei Tret'Jakov et Boris Arvatov qui en deviendra le principal leader.

Le « productivisme » culturel

Ce courant, d'abord minoritaire au sein du constructivisme et opposé au Proletkult, finira par s'imposer au sein du Front gauche des arts. Alors que le Proletkult soutient que la culture prolétarienne est faite par le peuple pour le peuple, le productivisme affirme que cette culture destinée au peuple doit être élaborée par des artistes professionnels (*specy*), y compris académiques. Conséquence : le travail artistique relèverait d'un métier comme les autres, nécessitant une qualification et l'utilisation de techniques, ce qui signifie, d'une part, qu'il faut refuser toute idée de mystère de la création et de génie et, d'autre part, qu'il faut combattre la notion bourgeoise d'art pour l'art. Ce courant productiviste offre des potentialités différentes selon les moments. Ainsi O. Brik qui propose en 1918 de révolutionner la culture matérielle pour révolutionner la vie quotidienne (*novy byt*) souhaite fonder un Institut de la culture matérielle dont le but serait d'utiliser la technique afin de transformer la vie matérielle, en créant des objets conformes au projet communiste. L'idée sous-jacente est que cette nouvelle culture matérielle émancipatrice ne pourrait se réaliser qu'avec le socialisme/communisme et que les objets ne seraient pas neutres, mais en eux-mêmes féodaux, capitalistes, socialistes ou communistes. Si ce courant du productivisme culturel croise les analyses mystiques sur la figure de l'ouvrier-masse et le culte du machinisme, il s'en écarte cependant. Brik se dit certes convaincu que, grâce à la mécanisation, la domination du travail disparaîtrait d'elle-même mais seulement sous le règne du communisme. Arvatov reprend donc cette intuition iconoclaste et la généralise : le travail deviendra « collaboration volontaire entre camarades qui, sereins et unis, créent un produit commun. En d'autres termes, le travail devient créatif. Sans oppression, librement et amicalement, les prolétaires construiront la vie en mettant au service d'une cause bien-aimée tout leur enthousiasme, un élan spontané et leurs aspirations[1] ».

Ces théoriciens considèrent qu'il revient aux artistes professionnels de réorganiser les rêves, de les faire passer de l'inconscient au conscient mais dans le but de les adapter à l'idéologie socialiste et au *novy byt*, pas au capitalisme. Cette révolution partirait de l'usine, se répandrait dans la vie quotidienne et organiserait même les loisirs mais dans un but foncièrement libérateur.

Mais ce courant qui se voulait émancipateur dans le cadre du communisme va servir à accroître l'aliénation dans le cadre du capitalisme d'État (NEP). La production, l'art et la vie doivent certes toujours se fondre mais en obéissant ensemble désormais aux règles de l'organisation scientifique du travail[2]. Un nouvel institut va naître dénommé Institut pour la culture artistique de Moscou (1 920-1 924), l'INHUK, dont le premier dirigeant sera Wassily Kandinsky (1886-1944), puis A. V. Babichev, B. Kusner et bien sûr B. Arvatov. L'INHUK mettra en place entre 1920 et 1926, des ateliers supérieurs d'art et de technique chargés d'expérimenter la pratique productiviste et de former des artistes pour l'industrie et des instructeurs pour les écoles. Maria Zalambani considère que l'INHUK prépare la naissance de la figure de l'artiste-ingénieur, chère au « réalisme socialiste » stalinien. Je pense qu'il doit davantage être rapproché de Gastev et de ses Instituts du travail. Maria Zalambani rappelle que cette nouvelle figure de l'artiste-ingénieur aura des conséquences pratiques comme la recherche de nouveaux rapports homme/machine dans lesquels la machine devient collaboratrice de l'homme et dépositaire d'une beauté technique. Cette valorisation du machinisme et de la technique est à l'opposé de la tradition luddite qui détruisait les machines prenant la place des ouvriers. Les productivistes culturels admettent que le machinisme sacrifie les ouvriers dans le cadre du capitalisme mais comme ils considèrent que la technique est neutre en soi le machinisme serait toujours bénéfique au sein du communisme. J'ai pu montrer (*La simplicité volontaire contre le mythe de l'abondance* et *Le socialisme gourmand*, Éditions La Découverte) que cette vision constitue une remise en cause du marxisme ou du moins d'un courant du marxisme incarné par Paul Lafargue. Marx écrivait d'ailleurs dans *Le Capital* que « le moyen de travail converti en automate se dresse devant l'ouvrier, pendant le procès de travail même, sous forme de capital, de travail mort qui domine et pompe sa force vivante[3] ». Ce courant dit

---

1 Boris Arvatov, 1922.

2 Zalambani Maria, Foumier Jeannine, « Boris Arvatov, théoricien du productivisme », in *Cahiers du monde russe : Russie, Empire russe, Union soviétique, États indépendants*, vol. 40, n° 3, juillet-septembre 1999, p. 415-446.

3 Karl Marx, *Le Capital*, Livre I, T II.

du « productiviste culturel » reflète déjà l'emprise de l'économisme au sein du marxisme dont le stalinisme sera la caricature extrême.

Les thèses productivistes de Serguei Tret'Jakov

Serguei Tret'Jakov, poète, auteur du *Manifeste des nouveaux futuristes* publié en 1923 dans LEF, défend une sensibilité qui n'est plus celle de Maïakovski : « L'homme de type nouveau doit nourrir de la haine à l'égard de tout ce qui est inorganisé, inerte, spontané, sédentaire. […] Il lui est difficile d'aimer la nature d'un antique amour paysagiste, touristique, panthéiste. Hideuse est la forêt vierge, hideuses les steppes non cultivées, les chutes d'eau non civilisées, les neiges et les pluies qui tombent sans en avoir reçu l'ordre, les grottes et les montagnes. Tout est beau qui porte les traces de la main organisatrice de l'homme[1]. »

Tret'Jakov entend mettre l'art non plus au service de la construction de la vie mais du travail car il réduit l'activité humaine à ce seul domaine économique[2]. Son but est de promouvoir « l'étude de l'art comme moyen d'action émotionnelle organisatrice sur le psychisme en liaison avec la tâche de la lutte des classes »[3] mais en précisant que l'heure est au capitalisme d'État (NEP). Il donne ainsi un autre sens à la maxime de Maïakovski selon laquelle les artistes doivent devenir des « prolétaires de l'art » (débarrassés de l'académisme) puisqu'il demande d'appliquer les recettes du système Taylor à la création. Il proposera en 1929 de créer des « artels littéraires » au moment même où Staline impose la création d'artels dans les campagnes, donc de fausses coopératives agricoles, avec une division du travail toujours plus poussée. Dans ces artels littéraires, le matériau brut servant à construire les œuvres d'art, serait rassemblé par des spécialistes non littéraires de la collecte. Des « fixateurs » extrairaient de ce matériau brut les éléments nécessaires au travail littéraire, en fonction des impératifs politiques exprimés par le Parti. Tret'jakov différencie les « faits à effet positif » car allant dans le sens du socialisme et les faits « défectueux » car « antisocialistes » et qui devraient être écartés. L'écrivain aurait ensuite pour tâche de réaliser une « création » à partir de ces seuls faits. Ce courant prendra de plus en plus d'importance au point d'engendrer une « littérature du seul fait positif » car

---

1 Cité par Heller Leonid, « Zamjatin : prophète ou témoin ? Nous autres et les réalités de son époque », in *Cahiers du monde russe et soviétique*, vol. 22, n° 2-3, avril-septembre 1981, p. 137-165.

2 Sola Agnès, « Littérature du fait et réalisme socialiste », in *Revue des études slaves*, tome 55, fascicule I, 1983, *Communications de la délégation française au IXᵉ Congrès international des slavistes* (Kiev, 7-14 septembre 1983) p. 231-238.

3 Cité par Sola Agnès, « Littérature du fait et réalisme socialiste », in *Revue des études slaves*, tome 55, fascicule I, 1983, *Communications de la délégation française au IXᵉ Congrès international des slavistes* (Kiev, 7-14 septembre 1983) p. 231-238.

comme le souligne Tret'Jakov : « On n'a pas décrit nos usines, nos maisons d'enfants, nos sovkhozes, nos sanatoriums, nos kolkhozes, nos élevages de rennes, nos toundras et nos usines de tracteurs » ; « Des livres comme Forêt, Blé, Charbon, Fer, Lin, Coton, Papier, locomotive, Usine n'ont pas été écrits »[1]. Cette littérature se veut aussi désubjectivisée.

Les thèses productivistes de Boris Arvatov

Boris Arvatov (1896-1940), bolchevik depuis 1919, Commissaire politique en 1921 sur le front polonais, membre du Proletkult de Moscou et du LEF, défend des thèses tout aussi recyclables par la nouvelle classe dominante[2]. Déjà parce qu'il reconnaît le rôle d'une classe intellectuelle étrangère au prolétariat, sauvant ainsi les intérêts de son milieu artistique et ceux du Parti bolchevik. Ensuite parce que s'il entend bien supprimer l'art pour l'art et en faire un instrument au service du changement du mode de vie, il fait de l'usine le lieu central (sinon exclusif) de la reconstruction du *novy byt*. L'art selon Arvatov devient donc utilitaire au sens le plus étroit des besoins de l'époque : « Les proletkults ont donné comme tâche à l'art la transformation créatrice de la vie, l'insertion de l'art dans la vie quotidienne, la transformation de l'artiste, jusque-là illusionniste contemplatif en un lutteur enflammé, un collaborateur créatif de la classe ouvrière[3] » ; « L'atelier de peinture de chevalet a été fermé. Nous organisons des ateliers de peinture utilitaire : affiches, enseignes, publicité, inscriptions, etc. Nous mettons sur pied un studio de polygraphie qui se propose de former des ouvriers imprimeurs qualifiés ».

Kazimir Malevitch et le refus du productivisme culturel

Le succès du courant productiviste culturel provoque des réactions salutaires dans une fraction des artistes proches du Front gauche des arts car disent-ils l'art doit émanciper l'homme et non pas l'enfermer dans le réel. Kazimir Malevitch (1878-1935), artiste abstrait, enseignant à l'Académie de Moscou, auteur de 39 œuvres qu'il qualifie de « suprématies » est le plus célèbre de ces hétérodoxes[4]. Déjà parce qu'il s'agit d'un peintre célèbre, ensuite,

---

1 Cité par Zalambani Maria. L'art dans la production. Le débat sur le productivisme en Russie pendant les années vingt. In : Annales. Histoire, Sciences Sociales. 52ᵉ année, N. 1, 1997. p. 41-61

2 Zalambani Maria, Fournier Jeannine, « Boris Arvatov, théoricien du productivisme », in *Cahiers du monde russe : Russie, Empire russe, Union soviétique, États indépendants*, vol. 40, nᵒ 3, juillet-septembre 1999, p. 415-446.

3 Cité par Aucouturier Michel, « Le futurisme russe ou l'art comme utopie », in *Revue des études slaves*, tome 56, fascicule I, 1984, *L'utopie dans le monde slave*, sous la direction de Jacques Catteau, p. 51-60.

4 Marcadé Jean-Claude, « Le suprématisme de K. S. Malevič ou l'Art comme réalisation de la vie », in

parce qu'il a occupé d'importantes fonctions politiques ayant été député au Soviet de Moscou et responsable de la Commission pour la préservation des monuments et antiquités de Moscou, enfin, en tant que symbole des intellectuels et artistes libertaires ralliés au camp bolchevik. Kazimir Malevitch est l'auteur, en 1915, du provoquant « Carré noir sur fond blanc », accroché dans la salle d'exposition de Moscou, à la façon d'une icône dans une maison russe. C'est aussi l'auteur en 1918 de « Carré blanc sur fond blanc », avec des contours imprécis, créant ainsi une sensation d'espace infini, véritable manifeste soutenant que la peinture doit contribuer à libérer l'esprit du monde matériel afin de mieux faire pénétrer l'être dans l'espace infini. Kazimir Malévitch, auteur du manifeste le suprématisme ou le monde sans objet[1], est dénoncé en 1929, pour « subjectivisme », arrêté, torturé, incarcéré. Il décède d'un cancer en 1935. Son œuvre sera cachée durant des décennies.

LE THÉÂTRE DANS LA RÉVOLUTION

Le secteur du théâtre n'adhère pas contrairement aux poètes à la Révolution. La majorité des acteurs se mettra en grève pour protester contre le coup d'État[2]. Il faudra toute l'intelligence de Lounatcharski et de l'équipe conduisant la direction du théâtre pour en faire l'instrument politique qu'il deviendra. Octobre permet déjà une éclosion de troupes amateurs avec le Proletkult. Ce théâtre de la jeune Russie des Soviets deviendra un laboratoire scénique[3]. Lénine, faisant confiance à Loutnarcharski, se limite à donner quelques grandes directives pour que le théâtre soit imprégné de « l'esprit de la lutte des classes du prolétariat pour renverser la bourgeoisie, pour supprimer les classes, pour éliminer toute exploitation de l'homme par l'homme ».

La section *Teo* (théâtre) est l'une des cinq sections du Commissariat du peuple. Elle sera d'abord dirigée par Olga Kameneva, sœur de Trotski, et Meyerhold. Lounatcharski prononce le 26 août 1919 la nationalisation des grands théâtres. La première intervention de l'État se produit entre 1918

Revue des études slaves, tome 56, fascicule I, 1984, *L'utopie dans le monde slave*, sous la direction de Jacques Catteau, p. 61-77 ; Marcadé Jean-Claude, « Malévitch Kazimir, "Le Suprématisme : le Monde sans-objet ou le Repos éternel", prés. et trad. du russe de Gérard Conio, CH Gollion, In Folio, 2011 », in *Revue des études slaves*, tome 83, fascicule IV, 2012, *1812, la campagne de Russie. Histoire et représentations*, sous la direction de Marie-Pierre Rey. p. 1179-1184.

1 Kazimir Malevitch, *Écrits*, traduits du russe par Andrée Robel ; présentés par Andreï Nakov, Paris, Éditions Gérard Lebovici, 1986, 524 p.

2 Conio Gérard, « Langage théâtral et représentation sociale dans la vie culturelle russe », in *Revue Russe* n° 19, 2001, *La Russie : un autre regard*, p. 51-62.

3 Liencourt François de, « Le théâtre, le pouvoir et le spectateur soviétiques », in *Cahiers du monde russe et soviétique*, vol. 2, n° 2, avril-juin 1961, p. 166-211.

et 1919 lorsque des brigades théâtrales sillonnent les campagnes pour inciter les paysans à livrer les céréales. Le Parti bolchevik officialisera, lors de son Congrès de mars 1919, l'utilisation de cette forme de propagande dans tout le pays. Claudine Amiard-Chevrel précise que ces troupes « mobiles » composées de professionnels, d'élèves et d'amateurs des cercles ouvriers donneront des dizaines de milliers de représentations durant plusieurs années.

La deuxième intervention de l'État consiste à mobiliser, en avril 1919, artistes et techniciens, sans distinction de sexe ni d'âge, pour donner des représentations dans les unités militaires du front et de l'arrière. Petrograd enverra 1 000 artistes et parmi eux, ceux du théâtre Alexandrine.

On a beaucoup glosé sur les représentations gratuites ou très bon marché mais, en 1919, elles ne pesaient que 0,8 % des représentations moscovites. La grande période de gratuité ou quasi-gratuité viendra avec le décret de 1920, qui impose 75 % de places bon marché vendues, pendant deux jours, avant les représentations, au sein de l'armée, des syndicats et des Soviets. En 1922, 14 % des spectacles seront gratuits mais seulement grâce aux grandes scènes de théâtre que le Commissariat du peuple vient tout juste de nationaliser. Le répertoire reste très classique ce qui provoque la colère des avant-gardes.

Les avant-gardes théâtrales sont très riches avec Constantin Stanislavskii (1863-1938), Alexandre Tairov (1885-1950), Nicolas Evreïnoff (1879-1953) et bien sûr Vsevolod Meyerhold.

Vsevolod Meyerhold, le symbole

Vsevolod Meyerhold (1874-1940), dramaturge, militant bolchevik, signe en 1920 le manifeste *Octobre théâtral*, refusant le vieux théâtre académique, remettant en cause la coupure entre la scène et la salle, avec des scènes qui avancent dans la salle, des scènes sans rampe, des déplacements des acteurs au sein de la salle, des déplacements des acteurs et spectateurs dans des lieux extérieurs, remettant aussi en cause la distinction entre divers types d'acteurs (amateurs et professionnels), supprimant le maquillage, les décors, les vêtements de scène, les acteurs portant le « vêtement productiviste » inventé par Varvara Stepanova[1].

Ce théâtre de Meyerhold qui emprunte au cirque, au mime, à l'arlequinade, aux grandes « fêtes populaires[2] » entend en finir avec l'idée de talent, c'est pourquoi l'acteur devient un automate mécanisme d'une grande machine. C'est la raison pour laquelle, et non pas par admiration béate pour Taylor/Gastev, il invente la biomécanique, laquelle se fonde sur de nouvelles

---

1 Vsevold Meyerhold, *Ecrits sur le théâtre*, Paris, L'âge d'homme, 2005.

2 Loyer Emmanuelle, « Abensour Gérard, Vsévolod Meyerhold, ou l'invention de la mise en scène », in *Vingtième Siècle, revue d'histoire*, n° 61, janvier-mars 1999, p. 163-164.

disciplines scientifiques comme la réflexologie et la gymnastique du travail d'Ippolit Sokolov. La réflexologie entend appréhender la personne humaine comme un ensemble de réflexes/réponses à des impulsions extérieures et la gymnastique du travail éduque le corps en fonction des besoins de la production.

Meyerhold sera l'âme de la section Théâtre du Commissariat du peuple, bien qu'il soit aussi l'un des principaux théoriciens du courant futuriste/cubiste. On lui doit les festivités du 1er mai 1920 à Petrograd durant lesquelles plusieurs milliers de soldats acteurs joueront le « mystère du travail libéré ». En 1922, il devient, malgré l'hostilité de Lénine et de Trotski, directeur de l'emblématique Théâtre de la Révolution dans lequel il expérimente les constructions scéniques futurocommunistes dont Pavel Kerzencev en est le principal théoricien.

Pavel Kerzencev, le théoricien

Pavel Kerzencev deviendra la cible des courants de droite du Parti et de la nouvelle classe dominante car il représente tout ce qu'ils vomissent[1]. Il explique que le théâtre prolétarien ne peut être qu'un théâtre pour et par le peuple car seuls des ouvriers sauraient exprimer le monde ouvrier et parce que seuls de vrais amateurs pourraient être authentiquement des ouvriers. Il ne s'agit pas de jouer pour le peuple mais de le faire jouer en l'aidant à trouver, en lui-même, ses propres formes artistiques qui seraient en quelque sorte latentes. Cette thèse est doublement iconoclaste car elle épouse le point de vue du Proletkult et appelle (presque) à se passer de *specy* (professionnels) mais aussi parce qu'elle peut être étendue aux champs politique et économique. Si le peuple peut jouer sur une scène de théâtre, pourquoi ne pourrait-il pas gouverner, pourquoi ne dirigerait-il pas les entreprises ? Pavel Kerzencev avance même que le théâtre populaire doit permettre au prolétariat de libérer son instinct théâtral écrasé par l'oppression. Il ajoute que le moment viendra où l'on ne dira plus « je vais voir une pièce », mais « je vais participer à une pièce ».

Ce théâtre coopératif anticipe donc la construction d'une société coopérative. D'où l'importance des grandes fêtes populaires que Staline fera interdire et d'où l'importance aussi des « improvisations » que Staline fera également cesser. Pavel Kerzencev explique que « les acteurs doivent improviser comme les amateurs incapables d'apprendre par cœur un texte » car l'enjeu est politique. Ce théâtre prolétarien ne cède pourtant en rien à la démago-

---

1 Amiard-Chevrel Claudine, « Evreinov et le théâtre politique des années vingt », in *Revue des études slaves*, tome 53, fascicule I, 1981, *Nicolas Evreinov : l'apôtre russe de la théâtralité*, sous la direction de Gérard Abensour, p. 59-70.

gie ou à la facilité. Être capable d'improvisation est sacrément plus exigeant que de réciter. Ce théâtre se veut rigoureux puisqu'il vise l'émancipation et non la distraction. C'est pourquoi, il enseigne aux comédiens, amateurs et professionnels, la gymnastique du travail de Solokov et la biomécanique meyerholdienne. En 1918, Kerzencev obtiendra le soutien de Lounatcharski pour créer des studios écoles (treize pour Moscou) qui mettront l'art au service du nouveau mode de vie. Ce théâtre ne survivra pas à la condamnation des recherches sur le *novy byt*.

Ce théâtre prolétarien connu un succès considérable en raison des engagements du Commissariat du peuple à l'instruction publique mais aussi grâce aux initiatives spontanées des clubs, du Proletkult et des syndicats ouvriers. Ce théâtre, parfois conventionnel, parfois d'avant-garde, invente aussi d'autres formes comme des journaux vivants ou des procès et disputes théâtralisés.

Le théâtre sous la NEP

Au moment du passage à la NEP, le Parti bolchevik souhaite doter les troupes mobiles d'un nouveau répertoire plus en phase avec son idéologie. Les résultats sont loin d'être probants car les troupes se replient sur des spectacles de distraction et parce que les pièces de propagande sont moquées, la NEP devenant ainsi la « Nouvelle Extorsion du Prolétariat », enfin parce que se créent des pièces satiriques opposées aux *nepmans* (exploiteurs du peuple).

La réaction est immédiate : le gouvernement instaure par un décret du 9 février 1923 un Comité pour le contrôle (préventif) du répertoire (*Glavrepertkom*). Le succès du théâtre se poursuit malgré la volonté politique d'en prendre le contrôle en raison de l'importance du théâtre amateur, qu'il s'agisse des sections théâtrales dans les clubs d'usine, de quartier, de village, etc. Claudine Amiard-Chevrel estime qu'en 1927 ces troupes mobilisaient 200 000 personnes sur les deux millions participant aux multiples activités des divers clubs (bibliothèque, philatélie, etc.). Le nombre de spectateurs est alors estimé à plus de cent millions par an. Comme le note Claudine Amiard-Chevrel, le public populaire, qui se rue dans les salles de théâtre, est un public grossier, bruyant, indiscipliné, ce qui enthousiaste les partisans de l'art prolétarien mais déplaît fortement aux nouvelles (et aux anciennes) élites économiques. Le Commissariat du peuple prendra en 1929, après l'éviction de Lounatcharski, le contrôle de ces troupes, les réorganisera et les dotera d'un répertoire beaucoup plus sage.

La stalinisation du théâtre

À l'instar de tous les autres domaines de la vie culturelle, le stalinisme se caractérise, dans le domaine théâtral, par un retour forcé au classicisme. Ce théâtre conventionnel est celui dont a besoin la nouvelle classe dominante pour mettre en scène sa propre distinction et affirmer son hégémonie. C'est pourquoi sont réaffirmées les oppositions entre la scène et la salle et entre les acteurs et les spectateurs, c'est pourquoi on assiste au retour des vêtements de scène, des décors appropriés et à celui d'un répertoire vantant le plan quinquennal.

Vsevolod Meyerhold deviendra la cible désignée de la répression stalinienne. Pour avoir incarné durant des années le théâtre prolétarien, il sera, dès 1930, persécuté par Staline, son art sera qualifié d'« étranger au peuple soviétique » et d'« hostile au monde soviétique », il sera arrêté en 1939, torturé, contraint d'avouer sa culpabilité et exécuté le 2 février 1940.

LES FÊTES DE MASSE

La poésie et le théâtre bolcheviks se mettront au service des fêtes de masse. Les bolcheviks avaient trois bonnes raisons d'aimer ces grandes fêtes de masse. D'une part, leur amour de la grande Révolution française et leur connaissance des fêtes révolutionnaires grâce aux travaux des historiens, y compris Russes, mais aussi de Jean Jaurès et de Romain Rolland (le théâtre de la Révolution). D'autre part, leur besoin de remplacer les fêtes religieuses (processions et rituels de Pâques ou de Noël) par un calendrier rouge avec ses propres rituels. Enfin, la conception même d'un nouveau théâtre prolétarien fait par le peuple.

La jeune Russie des Soviets adopte le 24 février 1918 un calendrier rouge qui fixe les dates à célébrer comme l'anniversaire de la Révolution, le 1er mai, les fêtes de la commune de Paris, de l'Armée rouge mais aussi de la production. Un décret du 12 avril 1918 organise la propagande monumentale qui comprendra d'abord beaucoup de grandes constructions éphémères. Un décret du 2 août 1918 dresse la liste des personnalités auxquelles il est possible (ou nécessaire ?) de dresser un monument comme Spartacus, Babeuf, Charles Fourier, Marx, Engels, Lassale, Garibaldi, Bakounine, Plekhanov, mais aussi la liste des professions qu'il convient de valoriser comme les écrivains et les compositeurs. Une agence étatique (Rosta) est créée pour diffuser des affiches qui sont considérées comme des fenêtres (*fenêtres Rosta*) sur l'actualité politique. Nous verrons qu'avec la LEF les thèmes du travail, de la production de l'industrialisation replaceront peu à peu les grands classiques révolutionnaires.

La jeune Russie des Soviets connaîtra au cours des années vingt des dizaines de performances, qualifiées de théâtre auto actif (*samodjatel'nyj*), permettant au peuple de manifester ses dons et aspirations théâtrales et de ne pas assister passivement à sa propre mise en scène par des acteurs professionnels[1]. Une « section politique » assure au sein du Commissariat du peuple la ligne politique de ces performances et contrôle son application par les artistes. Des « forces littéraires », pour reprendre le jargon de l'époque, sont chargées de rédiger le scénario et de concevoir les mots d'ordre ou les textes scandés collectivement. Les répétitions préalables se font (par groupes de dix) par quartier ou régiment. L'espace scénique est celui de la ville, avec ses avenues, places, monuments. Maïakovski déclare : « Les murs sont nos pinceaux, les places nos palettes. » Claudine Amiard-Chevrel ajoute que la décoration est volontairement sommaire : draperies ou peintures, mannequins énormes et caricaturaux symbolisant les différentes forces sociales (la bourgeoisie en frac, gibus et cigare ; le fasciste en cagoule du KKK, les ouvriers et soldats avec leur tenue habituelle), etc. Cet art étant censé mettre en scène des forces collectives, il n'y a jamais d'intervention d'un acteur isolé mais uniquement de groupes, dans lequel tous portent le même costume et font généralement les mêmes gestes, disent les mêmes choses. Les répliques sont ainsi échangées entre groupes et non entre individus. Le dialogue choral se fait entre acteurs et public grâce à des « entraîneurs » dispersés dans la foule pour lui faire reprendre les cris, slogans et chants. Les avant-gardes artistiques, responsables du scénario, utilisent systématiquement des techniques nouvelles, comme le cinéma, des jeux de lumière, des projecteurs, afin de signer leur soumission idéologique à la modernité.

Lors de la commémoration du huitième anniversaire de la grande grève d'Ivanono-Voznessenk de 1915, on fait revivre intégralement les événements de la journée par la population ; lors de la fête organisée à Leningrad le 7 novembre 1920 durant laquelle se rejoue la prise du palais d'Hiver sur les lieux mêmes, avec 6 000 participants (ouvriers, soldats et marins) et 150 000 spectateurs, l'orchestre compte 500 exécutants et le croiseur Aurore tonna comme trois ans auparavant.

Claudine Amiard-Chevrel précise : « L'élément lumineux et surtout l'élément sonore jouaient un grand rôle : grossissement du son (un bruit de chaînes exprimant l'esclavage est amplifié par des haut-parleurs), ou sa déformation (une *Marseillaise* fausse pour accompagner le gouvernement provisoire), marches funèbres accompagnant les défaites, chants révolutionnaires

---

1 Claudine Amiard-Chevrel, *op. cit.*

et cris, hurlement des sirènes et internationale marquant le début de la lutte, etc. »

Après 1929, Staline ordonnera la mort de ce théâtre auto actif mais non pas parce qu'il n'aimait pas ce type de grandes manifestations populaires comme on l'écrit parfois, mais parce que le peuple devait demeurer passif et non acteur principal, puisque le moteur de l'histoire est devenu officiellement l'État. C'est pourquoi aux grandes fêtes populaires célébrant la puissance du peuple succéderont sous Staline les grands défilés militaires et sportifs.

LE CINÉMA BOLCHEVIK

Lénine considérait le cinématographe comme l'art le plus important pour la Révolution car son impact sur l'état d'esprit du peuple dépasserait les autres. Nous traiterons donc du cinéma avant d'aborder la musique puis la littérature.

Anatoli Lounatcharski disposera cependant d'une grande latitude puisque les consignes de Lénine visaient seulement en 1922 à accroître la qualité des documentaires quitte à les projeter aux côtés de fictions distrayantes. Si la jeune Russie des Soviets proclame la nationalisation des studios de cinéma dès le 4 mars 1918, elle ne cherchera pas vraiment à l'instaurer avant plusieurs années. On peut donc distinguer une première période caractérisée par la suprématie des studios privés qui produisaient des films commerciaux assez pauvres et par une structure d'État bicéphale avec *Lenfilm* (abréviation de *Leningradskij Film*), ex-Comité de cinéma de Petrograd fondé le 30 avril 1918 puis *Mosfilm*. *Lenfilm* saura davantage préserver son autonomie à l'égard du pouvoir central et permettra la création d'un véritable cinéma d'avant-garde en liaison avec le LEF. Ce studio produisait alors autant de films que tous les autres réunis. *Lenfilm* bénéficiera pendant des années d'une structure fondée, en 1921, par quelques cinéastes d'avant-garde sous le nom de Fabrique de l'acteur excentrique (FEKS). Cette structure se donnait pour but de former des acteurs de théâtre puis de cinéma capables d'anéantir l'art bourgeois en valorisant les arts folkloriques non académiques, comme le cirque, le cabaret, le carnaval, la pantomime, la caricature, les effets spéciaux. FEKS mêlera les expériences de Charlie Chaplin, de Mack Sennett, de D. W. Griffith et celles de Maïakovski et Meyerhold. Le studio de Leningrad produira Kozintsev, Ioutkevitch, Trauberg, celui de Moscou le cinéma pas moins novateur, bien que différent, de Vertov ou d'Eisenstein. Dziga Vertov (1896-1954), cinéaste d'avant-garde, futuriste et constructiviste, publie dans LEF de juin 1923 le manifeste *Kinoks-révolution* qui appelle à affranchir le cinéma de la littérature et du théâtre en refusant tout scénario. Il crée en 1918 le *Ciné-cinéma*, premier journal d'actualités filmées. Il dirigera ensuite la section *Ciné-train* des trains de propagande dans la guerre civile. Il fonde le groupe *Kinok*, les fous de cinéma, et développe la théorie dite du « Ciné-œil » qui consiste à filmer comme à l'improviste, qui refuse les acteurs professionnels, qui refuse aussi toute idée de scénario et de montage.

La période de la NEP constitue un deuxième moment puisque le PC(b)R entend centraliser la création et étendre son contrôle idéologique sur les œuvres. Dans ce but, il crée en 1923 le *Goskino* (service cinématographique panrusse) mais *Lenfilm* résiste avec tellement de force qu'il finit par l'emporter et le cinéma de la NEP se fait volontiers frondeur comme avec le film anti-NEP *Les aventures d'Octobrine* de Léonid Trauberg (1902-1990) et de Grigori Kozintsev (1905-1973). Trauberg sera victime de la campagne antisémite de 1949 puisqu'on l'accusera d'être un « cosmopolite sans racine » et un « auteur décadent ».

Le pouvoir fonde en 1925 une nouvelle structure, le *Sovkino,* qui parviendra à vaincre le studio dissident en créant sa propre antenne à Leningrad (qui reprendra le nom de *Lenfilm*) et en la dotant de presque tous les moyens. Cette mission accompli le pouvoir se retourne contre sa propre créature. Le Comité central du PCUS convoque en mars 1930 une conférence sur les questions cinématographiques durant laquelle le *Sovkino* est accusé d'avoir ignoré les intérêts du peuple et se voit remplacer par une nouvelle structure : le *Sojuzkino.* Le nouveau patron du cinéma soviétique devient Boris Sumjackij, un responsable idéologue du Parti qui n'est en rien un professionnel du cinéma. Conséquence : la production cinématographique chute malgré les promesses de faire des Soviétiques le peuple le plus cinéphile du monde. Le pouvoir pousse ses nouveaux réalisateurs comme Sergueï et Georgi Vasilev et condamne les avant-gardes. Dziga Vertov est condamné pour formalisme par Staline. Sergueï Eisenstein (1898-1948) va se trouver au cœur de la polémique pour *Octobre* (1928), inspiré du livre reportage de John Reed, film commandé par le pouvoir pour le jubilé de la Révolution. Staline interviendra pour faire supprimer dans le film la mémoire de Trotski. Le PCUS reprochera bientôt à Eisenstein « l'intellectualisme » de son cinéma qui le rendrait incompréhensible aux gens ordinaires. Cette campagne contre Eisenstein, orchestrée par Staline, est lancée par le directeur du *Sovkino* dans un article publié en juillet 1927. Elle est relayée par l'ODSK, créée en 1925, pour encadrer le cinéma amateur. Le Parti fera même procéder à une enquête auprès du public en sortie de salle pour mieux disqualifier le film *Octobre* et son réalisateur Benjamin Bibas notera dans *Le Monde diplomatique* de juillet 2000 que le cinéma stalinien marquera le passage de l'âge d'or à l'âge de plomb de la production cinématographique avec une chute vertigineuse du nombre de film et un conformisme esthétique absolu.

LA QUESTION DE LA MUSIQUE

Si tout le monde s'accorde pour dire qu'il faut démocratiser l'accès à la musique, on débat sans fin pour savoir s'il existe un contenu idéologique dans la musique. Anatoli Lounatcharski, auteur de plusieurs ouvrages musicaux importants, dirige également la politique musicale de la jeune Russie des Soviets. À son initiative, le Parti bolchevik prend dès octobre une série de mesures : soutien aux chorales et aux orchestres ouvriers, nombreux en raison de la tradition syndicale, nationalisation des conservatoires, émissions radiophoniques, soutien aux avant-gardes soutenant la Révolution dans le champ musical, etc. La section musicale au sein du Commissariat du peuple est confiée à Arthur Lourié (1892-1966), avant son exil en 1921, célèbre compositeur futuriste antiacadémique. Lounatcharski décide en 1918 de nationaliser les conservatoires et d'ouvrir des studios et lance un recrutement massif de musiciens et de chefs de chorale.

La musique du novy byt

Mettre la musique au service de la Révolution, ce n'est pas seulement démocratiser sa pratique ni accompagner musicalement les grandes fêtes révolutionnaires, mais composer une musique participant au *novy byt*. Les années vingt seront celles des expérimentations, bien que Lénine ne cache pas ses réserves. Nous devons citer d'abord les très nombreux orchestres sans chef mais aussi les expériences de compositions musicales collectives. Ces orchestres sans chef, lancés en 1922 par Lev Tseitline sous le nom de *Persim-fans*, fonctionnent en fait à la façon d'un Soviet avec délibération collective. Ces expériences qui avaient pour but d'illustrer l'esprit coopératif et de mettre en cause la division de la société (toute division du travail est toujours aussi sociale) seront très vite condamnées par un Parti-État souhaitant, au contraire, renforcer la toute-puissance des chefs d'orchestre et d'entreprise.

Arthur Lourié donne aussi comme consigne la remise en cause des conventions musicales et propose d'autres systèmes de gammes voire l'absence de gamme. Les musiciens révolutionnaires établissent ainsi un parallèle entre l'abolition des gammes, de la tonalité, de toute idée de mélodie et l'abolition du tsarisme. Nikolaï Roslavets propose à la place une écriture mathématique de la musique. Arthur Lourié défend aussi l'introduction du jazz au point de l'intégrer dans les défilés comme le 1er mai 1923 ou lors du Congrès du Kominterm en 1924. Dimitri Chostakovitch intègre le jazz et développe l'utilisation du saxophone. Maxime Gorki accusera au nom de Staline en 1928 le jazz d'être la musique de la dégénérescence.

Les musiciens du Front gauche de l'art viseront à associer la musique et l'industrie donc à rapprocher la musique des ouvriers et de leur vie réelle. Arseny Avraamov (1886-1944), qui propose de brûler tous les pianos pour rompre avec la musique bourgeoise et accuse Bach d'être un criminel devant l'histoire pour avoir déformé l'ouïe de millions de gens, compose en 1922 la fameuse *Symphonie des sirènes* avec des sirènes en tout genre : bateaux, locomotives, camions, avions, sirènes d'usine, navires de la flotte de la mer Caspienne, batteries de sept régiments d'artillerie, etc. Il travaille notamment avec Lev Termen (1896-1993), l'ingénieur inventeur du thérémine, le premier instrument électronique de musique présenté à Lénine en 1922 (Lev Termen sera plus tard enlevé par le NKVD sur ordre de Staline qui l'obligera à travailler sur d'autres projets moins pacifiques mais lui décernera le prix Staline).

Lénine n'apprécie pas cette musique expérimentale mais laisse faire Lounatcharski. Il avait confié en 1920 à Maxime Gorki après sa découverte de la Sonate *Appassionata* de Ludwig von Beethoven : « Je ne connais rien de mieux que l'*Appassionata*. Je suis prêt à l'écouter chaque jour. [...] Mais je ne peux pas écouter longtemps de la musique, cela agit sur les nerfs, on a envie de dire d'aimables sottises et de caresser la tête des gens qui peuvent créer une telle beauté [...]. Aujourd'hui, il ne faut caresser la tête de personne, sinon on se fait mordre la main. Il faut donner des coups sur la tête, sans pitié. »

Cette phase est celle d'une musique bruitiste pensée comme un écho au développement de l'industrialisation avec notamment, en 1926, *Les fonderies d'acier* d'Alexandre Mossolov traduisant en musique le pouvoir de la machine. Staline imposera le retour aux comédies musicales et à la musique traditionnelle.

La stalinisation de la musique

Nous retrouvons dans le champ musical le même agenda, et largement, les mêmes acteurs, notamment Andreï Jdanov, que dans les autres domaines. Si le Proletkult et le front gauche de l'art ont su créer, avec le soutien du Commissariat du peuple, une effervescence musicale, l'arrivée au pouvoir de la nouvelle classe dominante marque le retour au classicisme absolu. Staline ordonne le retour au goût bourgeois, avec Verdi, Bizet, Beethoven, mais aussi à la « grande » musique russe et aux comédies (opérettes) musicales. Les musiciens sont conviés à visiter les grands chantiers qui devraient les inspirer.

L'Association des écrivains prolétariens de Russie (RAPP), aussi compétente dans ce domaine, fera de Prokofiev et de Chostakovitch ses principales cibles.

Serge Prokofiev dont le ballet *Le pas d'acier*, pourtant à la gloire du machinisme et de l'industrialisation, a été refusé en 1929 par le Bolchoï et condamné par le Parti, pense se racheter en composant en 1935 une cantate pour le 20e anniversaire d'Octobre, avec 500 exécutants, des textes chantés de Marx, de Lénine et de Staline, de l'accordéon (puisque Lounatcharski a écrit un livre sur l'accordéon prolétarien), mais sa cantate est refusée par la censure, car de semblables textes ne sont pas faits pour être chantés (*sic*).

Dimitri Chostakovitch dont l'opéra *Le Nez* (1930) a été déprogrammé, car jugé trop bourgeois par le Parti car d'inspiration futuriste, compose une musique pour le ballet *Le Boulon* (1931), une satire de la vie en usine où un ouvrier, paresseux, ivrogne et absentéiste, dénoncé par un rival en amour, tente de se venger de son licenciement en introduisant un boulon dans une machine. Staline fait interdire de nouveau ce ballet. Chostakovitch, pensant séduire le Parti avec une œuvre lyrique sur un sujet réaliste, l'émancipation des serfs, compose alors *Lady Macbeth*, laquelle est aussitôt condamnée par Staline. Il est vrai que le thème était mal choisi au moment de la folie industrialiste. *Lady Macbeth* de Mzensk raconte l'histoire d'une femme opprimée et qui élimine tous ses oppresseurs, dont son mari. Mauvais exemple pour des dominés. Staline et Jdanov se rendent donc à l'opéra le 28 janvier 1936 mais Staline quitte spectaculairement la salle au beau milieu de la représentation. *La Pravda* du lendemain condamne cet opéra jugé formaliste : « Le chaos remplace la musique »; « flot de sons intentionnellement discordant et confus. Un lambeau de mélodie, une ébauche de phrase musicale se noient dans la masse »; « Le chant est supplanté par les cris. »

Platon Kerzhentsev (1881-1940), le nouveau président du Comité des affaires artistiques fondé par Staline, exige alors de Chostakovitch qu'il reconnaisse ses erreurs « formalistes » et qu'il compose une musique accessible au peuple car fondée sur le répertoire folklorique russe. Le compositeur et critique Boris Assafiev (1884-1949) accuse Chostakovitch de s'être égaré à cause de l'influence néfaste de la « culture musicale bourgeoise impérialiste de l'Europe occidentale ». Seul Meyerhold demande la réhabilitation politique de *Lady Macbeth* et fait ovationner Chostakovitch, lors d'une cérémonie le 14 mars 1936. On explique que « la déformation gauchiste de l'Opéra naît de la même source que la déformation gauchiste dans la peinture, la poésie, la pédagogie, la science ». Gorki se sent obligé de demander à Staline d'épargner Chostakovitch. Mais sa famille est déportée et son ami Nikolaï Zhilyayev est arrêté en 1937 et fusillé.

Le « réalisme socialiste » en musique

Le Parti stalinien impose dans le domaine musical la même politique que dans les autres domaines artistiques mais avec des difficultés donc avec du retard. Victor Gorodinski est chargé de publier en 1933 dans la revue *Sovietskaia Mouzyka* les principes instituant le réalisme socialiste en musique : « Le réalisme socialiste impose une certaine intonation, capable de reproduire les contours mélodiques rythmiques et dynamiques de la vie "images sonores". » Il faut croire que les directives ne sont toujours pas assez claires pour des musiciens, car en janvier 1948 le Comité central du PCUS convoque une Conférence des compositeurs et musiciens sous la présidence de l'idéologue Jdanov[1]. La victime est Vano Mouradeli (1908-1970) compositeur de l'opéra *La Grande amitié*, œuvre diabolisée par Staline au nom des classes dirigeantes. On rejoue donc l'affaire Chostakovitch douze ans plus tard : « Camarades, le Comité central a décidé de vous convoquer pour la raison suivante. Il y a quelque temps, le Comité central a assisté à la première du nouvel opéra de Mouradeli, *La Grande amitié*. Vous pouvez vous imaginer combien nous étions tous impatients de voir ce nouvel opéra soviétique, après plus de dix années au cours desquelles notre pays n'avait produit aucun opéra. Malheureusement, je dois vous dire que nos espoirs ont été déçus. Le nouvel opéra est un échec. Pourquoi ? Considérons d'abord sa musique. On n'y trouve pas une seule mélodie que l'on puisse mémoriser. La musique ne pénètre tout simplement pas le cerveau de l'auditeur. L'auditoire – quelque cinq cents personnes averties et attentives – n'a réagi à aucun moment. Nous avons trouvé déprimantes l'absence d'harmonie, l'inadéquation entre la musique et les émotions des personnages, la cacophonie de nombreux passages. L'orchestration est pauvre. La plupart du temps, seuls quelques instruments sont sollicités et puis, brusquement, tout l'orchestre se met à beugler. Durant les moments lyriques, les tambours et les percussions font soudain irruption ; à l'inverse, les passages héroïques sont accompagnés par une mélodie élégiaque et triste. Enfin, alors que l'opéra a pour sujet l'histoire des peuples du Caucase du nord à un moment crucial de leur histoire, à savoir au moment de l'établissement du pouvoir soviétique dans cette région, la musique ignore totalement la musique populaire de ces peuples et ne s'en inspire pas […] » ; « L'auditeur de cet opéra se trouve d'emblée étourdi par un flot de sons intentionnellement discordant et confus. Un lambeau de mélodie, une ébauche de phrase musicale, se noient dans la masse, s'échappent, se perdent à nouveau dans le tintamarre, les grincements, les glapissements. Il est difficile de suivre cette "musique" ; il est impossible de la mémoriser. Il en est

---

1 <http://www.pierre-laporte.com/france-russie2010/septembre/docs/DP_Lenine_Staline_Musique.pdf>

ainsi pendant presque tout l'opéra. Sur scène, le chant est supplanté par les cris. Si le compositeur se trouve soudain sur la voie d'une mélodie simple et compréhensible, il s'empresse, comme effrayé d'un tel accident, de repartir dans le dédale de ce chaos musical qui par moments touche à la cacophonie. L'expressivité que chercherait l'auditeur est remplacée par un rythme infernal. C'est le bruit musical qui est appelé à exprimer la passion. »

Le Comité central nomme par décret du 10 janvier 1948 le compositeur Tikhon Khrennikov (1913-2007), secrétaire général de l'Union des compositeurs, avec pour mission de faire définitivement taire les avant-gardes musicales.

LE FRONT LITTÉRAIRE, UN CONDENSÉ DU PRODUCTIVISME BOLCHEVIK

La question littéraire sera l'une des plus disputées au sein du Parti bolchevik. La section Lito du Commissariat du peuple est d'abord confiée à Alexandre Voronski, bolchevik de vieille date et ami personnel de Lénine, avant qu'il ne se rapproche de l'Opposition de gauche et ne soit démis de ses fonctions en 1924. J'aimerais montrer comment la jeune Russie des Soviets est passée progressivement des avant-gardes littéraires au réalisme socialiste en littérature sacrifiant non seulement des milliers d'écrivains mais des millions de lecteurs. Les choix littéraires ne sont pas en l'espèce séparables des choix économiques industrialistes et des choix politiques en faveur de la dictature du Parti, y compris dans des domaines comme l'alphabétisation et les bibliothèques.

La campagne pour l'alphabétisation

Nous avons déjà noté que les bolcheviks entretiennent un rapport particulier à l'alphabétisation car ils sont convaincus que l'analphabétisme est un obstacle majeur à la consolidation du bolchevisme, car sans connaissance du « programme du Parti » les masses en resteraient au stade trade-unioniste (syndical), ou pire, succomberaient aux sirènes des SR et des mencheviks[1]. C'est donc, avant tout, pour permettre au peuple de s'imprégner de la littérature du Parti bolchevik que le régime entend alphabétiser le peuple car il ne s'agit pas seulement d'apprendre à lire mais d'apprendre à lire des slogans communistes. Lénine aime répéter que « l'analphabète se trouve exclu de la politique, et c'est pour cela qu'il doit apprendre l'alphabet[2] ». En 1917, cet

---

1 H.S. Bhola, *Campagne d'alphabétisation en URSS 1919-1939*, Unesco, 1986.

2 Cité par Werth Nicolas, « Alphabétisation et idéologie en Russie soviétique », in *Vingtième Siècle, revue d'histoire*, n° 10, avril-juin 1986. Dossier : Lectures pour tous, p. 19-36.

analphabétisme touche principalement la population rurale. Nous ne disposons pas de chiffres précis pour la période antérieure mais la grande enquête de 1926 établit que 55 % de la population rurale est analphabète et que 40 % des enfants de 7 à 11 ans ne sont pas scolarisés, alors que dans les villes trois adultes sur quatre lisent et écrivent couramment. L'économiste Stroumiline estime que 60 % des ouvriers lisent régulièrement un journal et qu'un tiers des ouvriers fréquentent les bibliothèques syndicales, sans compter celles du Proletkult. Syndicats et Proletkult organisent d'ailleurs de nombreux cours d'alphabétisation. Ce souci de l'alphabétisation va de pair avec la simplification de l'alphabet russe (avec notamment la suppression des vestiges graphiques) et avec le mouvement de latinisation des alphabets donné comme un signe de modernité. On peut d'ailleurs établir un parallèle avec l'abandon du calendrier Julien au profit du calendrier Grégorien (celui utilisé dans l'Europe de l'ouest) qui fit qu'on passa du 31 janvier 1918 au 14 février 1918 en une seule nuit et avec l'adoption, en février 1934, du système de poids et mesures occidental (mètre, litre, kilogramme) à la place des anciennes unités de mesure jusqu'alors usitées. L'objectif est donc de donner un alphabet commun à toutes les langues utilisées en URSS. La jeune Russie des Soviets créera même en 1922 un Comité pour la propagation du nouvel alphabet qui sera doté de moyens considérables.

Nous découvrirons que, malgré les efforts considérables consentis par le pouvoir, les résultats seront très loin d'être satisfaisants, ce qui permettra à Staline d'en rendre Lounatcharski responsable, afin de l'éliminer plus aisément et de contraindre son successeur à lancer un plan quinquennal pour liquider l'analphabétisme, sans plus de succès. C'est donc bien dans la politique du Parti et dans son choix de violenter la société, notamment rurale, que la cause de cet échec culturel doit être cherchée.

La jeune Russie des Soviets hérite d'un passif effroyable en matière d'alphabétisation, ce qui explique que plusieurs décrets soient pris, dès 1917, pour rendre la scolarité obligatoire jusqu'à l'âge de 16 ans, mais, aussi pour rendre l'alphabétisation obligatoire pour les adultes de 16 à 50 ans. L'armée, avant même sa militarisation par Trotski, sera le principal vecteur d'alphabétisation, puisqu'un décret d'avril 1918 rend l'alphabétisation et l'instruction politique obligatoires au sein de toutes les unités. Les recrues, divisées en groupes de niveau sont confiées à des instructeurs qui disposent d'un cours de base d'alphabétisation de 72 séances de deux heures, à l'issue duquel un individu moyen devait être capable de déchiffrer un texte facile. Le pouvoir, souhaitant étendre ce mécanisme à toute la population, promulgue, en 1919, un décret sur la liquidation de l'analphabétisme : « Tous les habitants de la république, âgés de 16 à 50 ans et ne sachant ni lire ni écrire sont tenus d'apprendre à le faire. Ceux qui tenteraient de se soustraire aux obligations prévues par le présent décret en répondraient devant la loi. »

Kroupskaïa va diriger la campagne d'alphabétisation en donnant des consignes strictes comme la réquisition de locaux dans des bâtiments publics, dans des églises, dans des habitations, dans des usines, dans les locaux des Soviets, etc. Les ouvriers bénéficient de deux heures quotidiennes sans réduction de salaire et les mères disposent de garderies d'enfants pour pouvoir s'alphabétiser. Par manque de papier on écrit sur de vieux journaux et par manque de crayon on demande aux plus jeunes de tracer les mots avec les doigts sur de l'argile. La première priorité est bien sûr de former des alphabétiseurs : 200 000 formateurs seront ainsi chargés de la formation en 18 mois de cinq millions d'analphabètes. La formation dans les campagnes dure 7 mois à raison de 4 heures par jour et 12 jours par mois et dans les villes, elle dure 10 mois à raison de 3 heures par jour pendant 11 jours par mois. Le Commissariat du peuple soutiendra également une méthode d'auto-apprentissage en diffusant des ouvrages comme *Comment apprendre à écrire sans maître*, *Comment apprendre à compter seul*. Le Commissariat préconise l'apprentissage par la méthode globale.

Les éditions d'État font paraître en 1920 plus de six millions d'exemplaires de manuels et d'abécédaires et plus de trois millions d'affiches éducatives dans les dizaines de langues qui sont celles des minorités nationales.

Nicolas Werth décrit l'Abécédaire pour les analphabètes : sur la couverture un paysan et un ouvrier foulent aux pieds la couronne et l'aigle impériaux tandis que se lève au-dessus de l'horizon un immense soleil rouge. Les treize premières pages du manuel présentent les lettres de l'alphabet, ainsi que quelques phrases modèles : « Les Soviets nous ont libérés », « Les bolcheviks nous ont donné la terre », etc. Les quinze autres pages racontent l'histoire d'un paysan pauvre exploité par un grand propriétaire et sauvé par son frère ouvrier venu établir le pouvoir des Soviets au village.

Le Commissariat du peuple à l'instruction publique décide en 1923, donc dans le contexte de la NEP, de fonder l'association *À bas l'analphabétisme !* qui entend combattre, à la fois, l'ignorance et l'obscurantisme et utilise tous les moyens disponibles, y compris des trains spéciaux d'agitation et de propagande, des émissions radiophoniques, le cinématographe, etc. Le mot d'ordre : « Instruisez le peuple à tout prix » n'est pas exempt d'ambiguïté car les analphabètes vont être progressivement rendus responsables de leur situation. La pièce de théâtre *Comme il est vilain d'être illettré* qui sera donnée massivement de 1923 à 1927, joue à fond la carte de la culpabilisation. Ceux qui refusent d'apprendre sont condamnés à une amende de 500 roubles, à des travaux obligatoires et à des privations de cartes d'alimentation.

Conséquence : les résultats ne sont toujours pas à la hauteur des attentes. Staline réaffirme, donc, en 1929, la nécessité de liquider l'analphabétisme et charge Boubnov, le successeur de Lounatcharski, de réactiver l'association *À bas l'analphabétisme !* qu'il dote de moyens importants en demandant de « diriger les potentialités culturelles des individus vers des objectifs socialement utiles » (*sic*), entendez utiles aux besoins de l'industrialisation.

Conséquence : les bibliothèques vont être vidées des ouvrages de littérature au profit d'un savoir technique et professionnel immédiatement utile. Le premier plan quinquennal prévoit l'alphabétisation de 18 millions d'adultes et un décret de 1931 réaffirme l'obligation pour tous les adultes de 16 à 50 ans d'apprendre à lire et à écrire, sous peine, bien sûr, de sanctions. Un décret du 25 juillet 1930 instaure l'école obligatoire de 8 à 11 ans et plusieurs dizaines de milliers d'écoles rurales ouvrent entre 1930 et 32 imposant le recrutement de 250 000 nouveaux instituteurs.

Comment faire lire ?

La Russie d'avant 1917 dispose de nombreuses bibliothèques publiques dans les grandes villes sans compter celles du mouvement syndical et du Proletkult. Le Commissariat du peuple recense 13 506 bibliothèques en 1919 et 26 118 en 1920. Beaucoup de fonds ont été directement récupérés chez les nobles et les bourgeois. On comptera en 1922, 30 000 bibliothèques et plus de 80 000 *isbas de lecture* (bibliothèques rurales qui sont d'abord des lieux de lecture collective). Un décret a instauré en effet le principe de la lecture à haute voix qui n'est pas d'abord une façon de généraliser l'accès à la littérature par l'écoute à la place de la lecture mais d'assurer une bonne compréhension grâce aux commentaires. Cette lecture à haute voix est donc d'abord une lecture dirigée politiquement. La lecture, comme l'alphabétisation, doit servir à créer des lecteurs sachant lire selon les recommandations du Parti et donc selon son système d'interprétation : « À l'étape actuelle où l'électricité n'a pénétré que dans un faible nombre de foyers paysans, la pratique de la lecture individuelle n'est ni facile, ni souhaitable. Le lecteur peu développé risque de mal interpréter le sens de ce qu'il lit. Seule une lecture collective dirigée par un individu culturellement et idéologiquement développé permet d'affirmer qu'un ouvrage a été réellement assimilé[1]. »

Le Parti ne cessera jamais, dès le milieu des années vingt, de mettre en cause les « mauvaises lectures » comme il dénonce les « mauvaises mœurs » des prolétaires, en particulier, des jeunes, y compris des komsomols (cf. *supra*). Le souci littéraire est donc d'abord utilitaire et à destination du

---

1 in *Le Bibliothécaire rouge*, revue professionnelle des bibliothécaires.

peuple : ainsi lorsque Gorki, dès 1918, propose de publier des ouvrages de fond comme une histoire de la littérature russe destinée au grand public, Lénine lui répond : « Il est inutile d'écrire de gros livres. Les gros livres, seuls les intellectuels les liront. »

Staline appelle, en 1927-1928, à rectifier la pratique de la lecture, mais non plus dans un but politique mais dans une visée strictement économique. L'objectif est de former la main-d'œuvre que réclame l'industrie soviétique. Il accuse ouvertement les bibliothèques d'être incapables de distinguer la bonne et la mauvaise littéraire d'où le « poison des tendances bourgeoises, anarchistes et individualistes, des idéologies hostiles, qui se distille par le canal des belles-lettres dans les bibliothèques[1] ».

Le plan quinquennal impose à la place de ce poison des « belles lettres » des publications à caractère professionnel, visant à augmenter les qualifications immédiatement utiles socialement dans le champ économique.

Cette reprise en main des bibliothèques s'accompagne de celle de l'édition. Alors que les bibliothèques sont purgées des livres jugés « inutiles », voire « néfastes » (nous n'en sommes même plus à faire la chasse aux ouvrages politiques hétérodoxes ou à la littérature érotique ou boulevardière), les éditeurs reçoivent l'ordre de ne publier que des ouvrages qui soient utiles à l'industrialisation et au premier plan quinquennal. L'écrivain, devenu ingénieur des âmes et travailleur de choc (*sic*), est davantage un auxiliaire du front économique que du front politique. Le livre est qualifié d'instrument de production au même titre que les autres. Conséquence : le nombre de lecteurs chute considérablement, y compris au sein des bibliothèques syndicales. N. Werth estime la perte à la moitié. Le Parti redécouvre alors le procédé des « lecteurs-déclamateurs » chargés de faire entendre de force ce que les lecteurs n'ont pas envie de lire. Werth ajoute qu'on établit des programmes de lecture pour les « travailleurs de choc », à côté des ouvrages incontournables de Lénine et de Staline, on trouve, uniquement, des ouvrages professionnels, techniques, utiles. Le Parti construit la figure (fiction) du « peuple qui lit le plus au monde ».

Le bilan est pourtant terrible dix ans après la révolution d'Octobre : plus de la moitié des personnes de 9 à 49 ans sont toujours analphabètes et 40 % des enfants de 7 à 11 ans ne sont toujours pas scolarisés malgré des politiques de plus en plus répressives dans ce domaine (privation de carte d'alimentation, exclusion des syndicats, condamnation à des peines de prison), malgré aussi la générosité du 1,2 million de jeunes volontaires chargés au nom des Komsomols d'apprendre à lire et à écrire à plus de 21 millions de personnes.

---

1 Cité par Werth Nicolas, « Alphabétisation et idéologie en Russie soviétique », in *Vingtième Siècle, revue d'histoire*, n° 10, avril-juin 1986. Dossier : Lectures pour tous, p. 19-36.

Les sociétés littéraires après Octobre

La jeune Russie des Soviets compte de nombreuses sociétés littéraires. On en dénombre une trentaine seulement sur Moscou et autant à Petrograd. Le Parti bolchevik décide en 1921 de reprendre les choses en main en créant sa propre structure l'Association pan unioniste des Écrivains prolétariens.

L'Association pan unioniste des Écrivains prolétariens (VAPP) : La VAPP est traversée de tensions puisqu'elle regroupe à la fois des auteurs engagés dans des avant-gardes littéraires et des auteurs plus académiques. C'est pourquoi elle fédérera notamment les milliers de professionnels de la plume (les *specy*) appelés, au moment de la NEP, à servir l'État prolétarien. C'est donc, une fois encore, au sein des milieux les moins impliqués dans la Révolution et dans les avant-gardes que le Parti choisit de recruter. La VAPP connaîtra donc une succession de dirigeants depuis G. Lélévitché, qui sera écarté et éloigné de Moscou en raison de sa proximité avec l'Opposition de gauche, jusqu'à Léopold Averbackh (1903-1938), alors l'homme du Parti. La glaciation s'accomplit dans le champ littéraire bien avant d'autres champs. Walter Benjamin, de passage à Moscou, entre 1926 et 1927, parle d'un « contrôle politique plus strict sur les écrivains » et note que « l'écrivain indépendant est en train de disparaître ». Staline, trouvant cette soumission des écrivains insuffisante impose, en 1928, la dissolution de VAPP.

L'Association des écrivains prolétariens de Russie (RAPP) : Walter Benjamin dénonce le fait que « la RAPP [...] se réclame de l'idée de dictature également dans le domaine de la création intellectuelle ». Cette association stalinienne s'en prendra, côté littérature, à des dizaines d'auteurs, dont ses cibles privilégiées Boris Pilniak (1894-1938), écrivain russe, hostile à la bureaucratisation, à l'industrialisation et à l'urbanisation, arrêté, en 1937, fusillé en 1938, et, Evgueni Zamiatine (1884-1937), auteur du fameux *Nous autres*, roman contre utopique écrit en 1921 pour protester contre la trahison du projet communiste. Ce roman contre utopique servira de modèle à Huxley pour l'écriture du *Meilleur des mondes* et à Orwell pour *1984* et *La ferme des animaux*. Interdit de publication, harcelé par La GPOU, Gorki obtiendra, en 1931, de Staline, le droit pour Zamiatine de se réfugier à Paris où il décédera en 1937.

La RAPP est dirigée par Léopold Averbak[1] assisté de Iouri Libédinski et d'Alexandre Fadeïev[2]. Léopold Averbak (1903-1938) est alors

---

1 <http://iseees.berkeley.edu/sites/default/files/u4/2013_8-kissova.pdf>

2 Alexandre Fadeïev, écrivain très célèbre depuis *La Défaite*, salué à sa sortie en 1927 comme un chef-d'œuvre de la « *littérature prolétarienne* ». Critiqué pour n'avoir pas suffisamment magnifié le rôle du Parti

tout-puissant, notamment parce que sa sœur est l'épouse de Genrikh Iagoda (1891-1938), alors vice-président du Guépéou. Il est chargé de faire le ménage dans le milieu culturel et obtient l'élimination de dizaines d'artistes dont celle d'Alexandre Voronski (1884-1937), militant bolchevik, écrivain, rédacteur du journal *La terre vierge rouge*, ancien membre de l'Opposition ouvrière, qualifié d'« émigré de l'intérieur », arrêté en 1937 et fusillé.

Maxime Gorki et la littérature du premier plan quinquennal

Léopold Averbak déclare que dans le cadre du premier plan quinquennal, seule la littérature consacrée à cet enjeu sera désormais publiée. Il attaque Maïakovski, bien qu'il ait accepté d'adhérer en janvier aux nouvelles structures (cf. *supra*) et même Gorki (1868-1936), lequel est revenu de son exil pour désaccord politique en Italie en 1931 (à la demande expresse de Staline). Maxime Gorki acceptera de travailler avec lui au point d'incarner la nouvelle politique littéraire. On dira qu'il s'agissait de créer une *Magritogorsk* littéraire du nom du grand complexe sidérurgique développé après 1928 avec l'ingénieur américain Arthur G. McKee sur le modèle des grandes industries occidentales. La RAPP entend en effet mettre la littérature au service du plan quinquennal et faire des écrivains des « travailleurs de chocs » soumis aux ordres du Parti. Cette littérature célébrera les grands chantiers de Staline (*velikiestalinskiestrojkiIls*). Averbak et Gorki donneront l'exemple, en conduisant durant l'été 1933 une brigade de 120 écrivains sur le chantier du canal de la mer blanche et en cosignant le monumental ouvrage sur le canal Staline de la mer Blanche à la mer Baltique (*Belomorkanal*), en cachant, bien sûr, que ce chantier, supervisé par Le GPOU, sera réalisé par 150 000 détenus dans des camps de travail et fera 25 000 morts. Inauguré le 2 août 1933 par Staline, ce canal restera inutilisable en raison de sa trop faible profondeur (3,6 mètres au maximum).

La RAPP généralise la procédure des établis en obtenant que 12 000 romanciers s'engagent comme « simples ouvriers » afin de raconter les faits « positifs ». À ces *rabcors* (correspondants ouvriers), enrôlés dans les usines et sur les chantiers, correspondront des *selcors* (correspondants paysans) dans

---

dans son nouveau roman *La Jeune garde*, il prendra, en 1951, un « congé créatif » pour en réécrire des chapitres entiers, avant de se muer, à la mort de Staline, en contempteur des méthodes qu'il avait défendues auparavant. Il se suicidera au lendemain du XXᵉ Congrès, en 1956, en laissant cette dernière lettre : « La littérature est ce qu'il y a de plus sacré, mais elle est offerte en pâture aux bureaucrates et aux éléments les plus retardés du peuple. […] Ma vie en tant qu'écrivain perd tout son sens. Je quitte cette vie avec une joie immense, comme on se débarrasse d'une existence ignoble, dans laquelle on se heurte à la vilenie, au mensonge et à la diffamation. »

les campagnes, des *voencors* (correspondants militaires) au sein de l'Armée rouge et des *yncors* (correspondants pour la jeunesse) dans les écoles[1].

Le prototype de cette littérature est le roman d'Anna Karavaeva (1893-1979), *Usine*, publié en 1928. Léonid Léonov (1899-1994), surnommé le « Dostoïevski du xxᵉ siècle » écrira ensuite *La rivière*, en 1930, et *Sauterelles* en 1931, et Nikolaï Ostrovski publiera le fameux *Et l'acier fut trempé* en 1932.

La RAPP se lance parallèlement dans l'édition des « grands classiques » russes à des millions d'exemplaires, donnant ainsi du travail à des milliers d'intellectuels (attachés à leur poste et à leurs avantages, donc au Parti et à l'État) et satisfaisant aussi les goûts esthétiques de la nouvelle Nomenklatura.

Staline imposera par décret du 23 avril 1932 la liquidation de tous les groupements d'écrivains et mettra en place un syndicat professionnel unique, l'Union des écrivains soviétiques, marquant ainsi la mainmise du Parti sur la création artistique et le choix des *specy* plutôt que des amateurs dans le but de développer, avec le réalisme socialiste, un chauvinisme grand-russien.

Cette période verra l'élimination des dirigeants de la RAPP. Une fois l'ancien vice-Président du GPOU, Genrikh Iagoda (1891-1938), arrêté comme trotskiste et fusillé en 1938, Staline s'en prendra à ses proches, Léopold Averbak bien sûr mais aussi Vladimir Kirchon (1902-1938), célèbre dramaturge, bolchevik, secrétaire de la RAPP au nom de laquelle il avait persécuté Mikhaïl Boulgakov (1891-1940), figure de proue du réalisme, avant que ses liens amicaux avec Averbak le désignent à la fureur de Staline, il est alors, à son tour, dénoncé par un autre dramaturge Vsevolod Vichnevski pour trotskisme, exclu du PCUS, de l'Union des écrivains soviétiques, arrêté en 1937 et fusillé en 1938.

Le « réalisme socialiste » ou la revanche de Staline

Staline avait échoué en mai 1925 à imposer sa propre définition de la culture prolétarienne « socialiste par son contenu et nationale par sa forme » (*sic*). Le Comité central du Parti bolchevik avait même condamné en juin 1925 son initiative en rappelant qu'il ne pouvait y avoir d'intervention du Parti en faveur d'un courant particulier et en qualifiant donc de « destruction de la littérature prolétarienne » l'établissement d'un monopole d'État souhaité par Staline. Ce dernier avait donc une revanche à prendre pour imposer une conception des arts et de la littérature plus conforme à son dessein natio-

---

1 Sola Agnès, « Littérature du fait et réalisme socialiste », in *Revue des études slaves*, tome 55, fascicule I, 1983. *Communications de la délégation française au IXᵉ Congrès international des slavistes* (Kiev, 7-14 septembre 1983) p. 231-238.

nal-bolcheviste[1]. Le Comité central du Parti d'avril 1932 prend donc une résolution restée doublement célèbre, déjà parce qu'elle restructure l'ensemble des organisations littéraires et artistiques en dictant la création d'unions obligatoires (*Sojuz*), dont les missions débordent celles habituelles des syndicats professionnels (signe des difficultés l'Union des compositeurs ne sera créée que 14 ans après celle des écrivains), ensuite parce qu'elle impose le « réalisme socialiste » dans tous les domaines relevant du front culturel[2].

La proclamation du réalisme socialiste

Le réalisme socialiste imposé par Staline marque le passage d'un art de gauche à un art d'État, puis à un art totalitaire, dans ses finalités et ses formes. Le Parti se reconnaît pour la première fois un droit absolu au contrôle puisque le réalisme socialiste est défini comme ce qui garantit « l'objectivité du parti pour choisir les faits et les présenter ». Nous avons en 1933 un bon symptôme de cette rupture puisqu'entre le vernissage de l'exposition « quinze ans d'art soviétique » à Leningrad et son ouverture à Moscou deux mois plus tard toutes les œuvres d'avant-garde ont disparu. Le réalisme socialiste est théorisé par Gorki et Jdanov, au congrès de 1934, connu sous le nom de congrès des ingénieurs de l'âme.

Le Congrès des ingénieurs de l'âme

Maxime Gorki est officiellement chargé de préparer le 1er Congrès de l'Union des écrivains soviétiques convoqué entre le 17 août et le 1er septembre 1934. L'idéologue Andreï Jdanov (1896-1948) est cependant à la manœuvre. Le congrès réunit 591 délégués mais aussi 40 représentants étrangers dont Malraux, Nizan, Aragon. L'ordre du jour est précis puisqu'il s'agit de définir « le rôle et la place de l'art dans la société industrielle moderne » (*sic*) marquant ainsi le lien consubstantiel entre réalisme socialiste, productivisme et industrialisme. Cette nouvelle orientation littéraire est présentée dans quatre rapports. Celui d'Andreï Jdanov, secrétaire du Parti pour Leningrad et idéologue de Staline, ceux de Nikolaï Boukharine et de Karl Radek (représentant du Kominterm) et celui de Maxime Gorki, censé auréoler de son prestige le nouveau dogme stalinien. Jdanov fournira notamment aux délégués la liste officielle des « héros positifs » que le PCUS souhaite qu'ils utilisent dans leurs œuvres de création : les travailleurs et travailleuses, les kolkhoziens et kolkhoziennes, les fonctionnaires du Parti, les économistes, les ingénieurs,

---

1 Robin Régine, *Le réalisme socialiste. Une esthétique impossible*, Paris, Payot, 1986, 348 p.

2 Baudin Antoine, Heller Leonid, « Le réalisme socialiste comme organisation du champ culturel » in *Cahiers du monde russe et soviétique*, vol. 34, n° 3, juillet-septembre 1993, p. 307-343.

les komsomols et les pionniers[1]. L'intervention de Gorki est assez étrange puisqu'il appelle à créer à la façon des Constructeurs de Dieu, des mythes, mais non pas tant pour émanciper l'humanité que pour la rendre laborieuse, car, dit-il, mythes et travail auraient intimement partie liée, puisque le pouvoir du mythe serait d'organiser les rapports sociaux et productifs.

Cette « culture utilitaire et optimiste » et cet « esprit de Parti » obligent à regarder la réalité avec les yeux du Parti et à la représenter non pas dans sa situation actuelle mais dans son développement (les lendemains qui chantent), c'est pourquoi « notre littérature soviétique ne craint pas les accusations (selon lesquelles elle serait) tendancieuse, car il n'y a pas et ne peut y avoir, à l'époque de la lutte des classes, de littérature qui ne soit ni de classe ni tendancieuse, voire apolitique[2] ».

CHANGER LA LANGUE

Beaucoup de linguistes bolcheviks et de révolutionnaires envisagent de (re)penser la langue pour en faire un instrument d'émancipation[3]. Bogdanov est de nouveau mis à contribution avec son roman *L'étoile rouge* (publié en 1904) car il décrit la population de la planète Mars comme socialiste et parlant une langue simple, régulière dans sa grammaire, facile à prononcer et d'une beauté absolue. À tel point que le héros terrien l'apprend en quelques jours.

La première politique sera de créer une langue très accessible donc simple, selon les vœux de Lénine convaincu que le Parti a besoin pour convertir le peuple d'« un maximum de simplicité et d'accessibilité au peuple » (8 mai 1917). Cette thèse est grosse cependant de deux interprétations possibles. Soit l'idée que les gens simples parleraient une langue simple qu'il suffirait d'apprendre. Le Proletkult souhaite épurer la langue du peuple en la libérant des contaminations bourgeoises. Soit l'idée que le Parti devrait enseigner cette langue simple au peuple, de la même façon qu'il lui apporte de l'extérieur la vérité absolue.

---

1 Jacques Le Bourgeois, « La propagande soviétique de 1917 à 1991 : paix et désarmement au service de l'idéologie ? », in *Revue LISA/LISA e-journal*, Vol. VI, n° 1, 2008, 94-123.

2 Cité par Matvejevitch Predrag, « L'engagement en littérature : vu sous les aspects de la sociologie et de la création », in *L'Homme et la société*, n° 26, 1972. *Art littérature créativité*, p. 119-132.

3 Sériot Patrick, « La langue du peuple », in *Linx*, n° 25, 1991, *Ces langues que l'on dit simple*, sous la direction de Françoise Gadet. p. 121-139.

Parler la langue (supposée) du peuple

Le Parti semble se ranger d'abord au point de vue défendu par le Proletkult puisqu'il donne comme consigne d'apprendre à parler le langage du peuple. C'est pourquoi des décrets sont pris dès 1917 pour simplifier la langue russe, notamment sa grammaire. Les bolcheviks se justifient en citant Engels : « Si l'on prend en considération l'extrême complexité de l'orthographe anglaise, qui fait de la lecture un véritable exploit et qui ne peut être maîtrisée qu'après de longs efforts, l'ignorance de la classe ouvrière sera parfaitement compréhensible. Peu nombreux sont ceux qui savent écrire, et même de nombreuses personnes cultivées ne savent pas écrire correctement. »

Lénine ordonne donc à l'administration de parler et décrire un langage simple : « Nous devons mettre au point des projets de lois sociodémocrates qui soient écrits non dans une langue bureaucratique mais dans une langue révolutionnaire. » Il ajoute que cette langue révolutionnaire s'oppose à « la langue de la bureaucratie des chancelleries, cette langue de la chicane, véritable cryptographie, qui admet diverses interprétations. La langue révolutionnaire doit reposer sur une base scientifique, sur des idées d'avant-garde, avoir des formules claires et compréhensibles[1] ».

Patrick Seriot rappelle que cette consigne sera à ce point suivie que les membres du Parti, surtout ceux des komsomols, vont se mettre à parler l'argot du bas peuple, de la pègre, confondant bientôt langue populaire et grossièretés. Le poète Velimir Khebnikov (1885-1922), proche de Maïakovski, promoteur de la notion de cycles vitaux, se fera le chantre de la langue populaire dans la revue LEF et dans ses propres écrits. L'heure est en effet à dénoncer le sabotage linguistique de la Révolution par la bureaucratie : « Le bureaucratisme dans la langue peut facilement mener en pratique à un véritable sabotage linguistique, sabotage au moyen de la langue. Le saboteur Ser a avoué, au procès des mencheviks, qu'il avait intentionnellement rédigé des instructions concernant la réforme du crédit dans une langue telle que personne ne puisse la comprendre[2]. »

Construire une langue au service de la Révolution

Un deuxième courant prend de l'importance au moment de la NEP car le peuple a perdu la confiance politique des dirigeants, y compris sur le plan langagier. Il s'agit donc bien toujours d'utiliser une langue simple mais désormais artificielle. Nous avons déjà évoqué cette tentation avec les travaux

---

1 *Œuvres Complètes,* T. 32, p. 442.

2 Cité par Sériot Patrick, « La langue du peuple », in *Linx*, n° 25, 1991, *Ces langues que l'on dit simple*, sous la direction de Françoise Gadet. p. 121-139.

de Gastev (cf. *supra*). Un grand débat opposera les adeptes de l'espéranto (qui espéraient beaucoup de la Révolution) et ceux de l'académicien Nicolas Marr (1865-1934).

Parmi les milliers d'espérantistes, deux personnages sont essentiels :

Ernst Drezen (1892-1937), secrétaire du Comité Central des espérantistes à l'échelle mondiale, est aussi le secrétaire de Mikhaïl Kalinine, le président du Présidium de l'URSS entre 1919 et 1946. Lui-même bolchevik et membre de l'Armée rouge durant la guerre civile, il publie de nombreux travaux sur l'espéranto et anime le réseau des espérantistes russes protégé par sa légitimité. Il sera arrêté, torturé et exécuté plus tard sur ordre de Staline.

Vladimir Szmurlo (1865-1931), ingénieur des chemins de fer, et spécialiste des langues artificielles (Volapük, Espéranto, Arlingo), publie notamment en 1917 à Petrograd une encyclopédie de l'espéranto, intitulée *Le fil d'Ariane*.

L'académicien Marr explique que « l'espéranto (serait) une production bourgeoise européenne inutile dans les conditions de la vie européenne. [...] L'espéranto est aussi coupé de l'infrastructure contemporaine de l'édification socialiste que l'est l'indo-européanisme ». Gorbacenko auteur d'un pamphlet antiespéranto, écrit : « Les auteurs prétendent que la question de la facilité de la langue, à cause du très haut niveau de développement culturel de la société communiste, n'aura pas une importance décisive. Mais c'est une absurdité qui ne tient pas compte du degré de perfectionnement de la langue. Les auteurs s'appuient sur la très juste thèse de l'académicien Marr [...] selon lequel la langue universelle du futur se caractérisera par une fusion totale avec la pensée[1]. »

Nicolas Marr soutient, avec sa « théorie linguistique de Japhet », des thèses hallucinante sur le « proto-langage » de l'humanité à l'âge du communisme primitif, lequel aurait consisté en quatre exclamations (*sal, ber, yon, rosh*) et sur la fusion prochaines des langues actuelles à l'heure du communisme industriel. Ses thèses nourriront de nombreuses décisions dans le domaine linguistique comme le projet de remplacement de l'alphabet cyrillique par l'alphabet latin. Ses thèses nourriront également d'autres travaux comme ceux de K. E. Ciolkovski (1875-1935), le père de l'aéronautique russe et de la conquête du cosmos, qui publiera en 1927 *L'alphabet, l'orthographe et la langue universels* et déposera même un brevet pour une machine à écrire de son invention (avec un nombre de signes inférieurs sur le clavier par souci de simplicité et d'efficacité). Staline dénoncera bientôt Nicolas Marr, après l'avoir encensé, et après qu'il soit devenu directeur de la Bibliothèque nationale russe, vice-président de l'Académie des sciences et président fondateur de l'Institut japhétique.

---

1 Sériot Patrick, « La langue du peuple», in *Linx*, n° 25, 1991, *Ces langues que l'on dit simple*, sous la direction de Françoise Gadet, p. 121-139.

Complexifier la langue pour dire le pouvoir

Un troisième front linguistique se dessine à la fin des années vingt dans le contexte du triomphe politique, économique, idéologique de la classe dominante. Les nouveaux théoriciens du *Jazykfront* entendent promouvoir une linguistique « marxiste » en réaction aux aberrations « marristes »[1]. La conséquence du *Jazykfront* a été dénoncée dès l'époque : le développement d'une complexité langagière délibérée.

A. et T. Fesenko, linguistes soviétiques émigrés aux États-Unis, donnent ainsi une description technique de la « langue russe », non pas « au temps des Soviets » mais du stalinisme, en établissant un lien entre la bureaucratisation du pays et la complication et l'alourdissement de la syntaxe[2]. Ils notent l'abondance des prédicats analytiques remplaçant des verbes simples, etc. : « La tendance à alourdir le style n'est pas générale, elle est introduite dans la langue principalement à travers les rapports, par les innombrables bureaucrates du parti et de l'État qui utilisent cette façon d'obscurcir le contenu[3]. » C.Q.F.D.

L'embrigadement de la culture au service du productivisme industriel n'ira pas sans provoquer de nombreuses résistances. Toutes (ou presque) auront des fins tragiques, qu'il s'agisse des arrestations, des tortures, des exils, des condamnations au silence, des exécutions, des suicides. Maïakovski justifiera son geste en clamant qu'il n'est pas à louer et refusera d'entrer dans la prétendue littérature prolétarienne d'Averbach. Trotski, qui a pourtant une responsabilité lourde dans l'évolution du système, aura, comme (presque) toujours des propos tardifs d'une lucidité extrême : « Molotov et Goussev ont étendu sur les belles lettres une littérature défigurée, pornographique, de courtisans "révolutionnaires"[4]. [...] « Une nullité comme Averbach a été baptisée le Belinsky de la littérature "prolétarienne", la haute direction des belles lettres se trouve entre les mains de Molotov, vivante négation de tout esprit créateur dans la nature humaine. » Concernant l'adjoint de Molotov, Trotski aura ses mots définitifs : « Goussev, artiste en de nombreux domaines, sauf en art. [...] Ce choix est celui de la dégénérescence bureaucratique des sphères officielles de la Révolution[5]. »

---

1 Sériot Patrick, « Changements de paradigmes dans la linguistique soviétique des années 1920-1930 », in *Histoire Épistémologie Langage*, tome XVII, fascicule II, 1995, U*ne familière étrangeté : la linguistique russe et soviétique*, sous la direction de Patrick Sériot, p. 235-251.

2 Sériot Patrick, « La langue du peuple », in *Linx*, n° 25, 1991, *Ces langues que l'on dit simple*, sous la direction de Françoise Gadet. p. 121-139.

3 Sériot Patrick, « Changements de paradigmes dans la linguistique soviétique des années 1920-1930 », in *Histoire Épistémologie Langage*, tome XVII, fascicule II, 1995, U*ne familière étrangeté : la linguistique russe et soviétique*, sous la direction de Patrick Sériot, p. 235-251.

4 <https://www.marxists.org/francais/trotsky/livres/litterature/maiakovski.htm>

5 <https://www.marxists.org/francais/trotsky/livres/litterature/maiakovski.htm>

Conclusion

Peut-on rouvrir le champ des possibles ?

On ne fait jamais l'histoire qu'on croit faire. C'est vrai sur le plan individuel et la psychanalyse en témoigne avec l'analyse des lapsus, des actes manqués ; c'est vrai sur le plan collectif et l'histoire des mouvements révolutionnaires est d'abord celle de nos désillusions successives. Mais quelle histoire souhaitaient écrire les dirigeants bolcheviks ?

Depuis la victoire du stalinisme nous sommes victimes d'un extraordinaire mensonge qui conforta aussi bien la bureaucratie soviétique que les adversaires les plus résolus du communisme. À l'exception de la trop courte période du mal nommé communisme de guerre, imposée par les circonstances mais plus encore par le rapport de force entre les groupes révolutionnaires, jamais les dirigeants bolcheviks n'ont prétendu construire une société communiste. Lénine et Trotski parlaient de construire un « capitalisme d'État » et invitaient pour cela à copier très largement le modèle de l'économie de guerre allemande, puis du capitalisme nord-américain. Il est même légitime de parler d'une véritable fascination pour les États-Unis. La Russie parlera longtemps d'« américanisme prolétaire ». La jeune Russie des Soviets sera très vite la nation du taylorisme, du fordisme, du béhaviorisme nord-américains et elle sous-traitera la construction de ses grands chantiers pharaoniques à des spécialistes occidentaux et le plus souvent aux plus grandes firmes nord-américaines. Les gauches mondiales resteront donc dans l'impossibilité de renouer avec le principe espérance, cher à Ernst Bloch, tant qu'elles resteront prisonnières de l'expérience soviétique et de plusieurs « mots poisons » qui interdisent de penser le stalinisme pour ce qu'il fut.

Dire que l'URSS aurait été un État ouvrier dégénéré ou que le stalinisme aurait été une déformation du socialisme/communisme, c'est accepter, comme le font toujours les partisans du capitalisme, le point de vue de la « bureaucratie rouge » sur l'histoire russe, c'est refuser d'entendre ce que disaient les milieux populaires mais aussi, dès 1917, une fraction importante des bolcheviks eux-mêmes, c'est accepter de faire nôtre un des plus gros mensonges de l'histoire qui ne s'est pourtant imposé durablement qu'avec la victoire de Staline. Ce point de vue mensonger est pourtant celui qui sert encore aujourd'hui à discréditer toute idée de socialisme/communisme. Ce n'est cependant pas le seul domaine où les thuriféraires du capitalisme épousent les grandes thèses des dirigeants bolcheviks. Ainsi le « communisme de guerre » ne fut dénommé ainsi qu'une fois qu'il fut décidé d'en finir avec les rêves de la jeune Russie des Soviets qui permirent une multitude d'expérimentations. Le stalinisme fut bien l'antithèse absolue du communisme. Peu importe en l'espèce de parler de capitalisme d'État, de mode de production asiatique ou bureaucratique pourvu qu'on cesse de faire nôtres les mensonges de la classe dominante et de la bureaucratie. Le modèle soviétique n'est pas plus mort d'un trop d'égalité ou d'un trop de construction de communs qu'il n'est mort d'un trop de démocratie directe ou d'un trop d'expériences émancipatoires. Les dirigeants bolcheviks ont commencé sérieusement à trahir la Révolution lorsqu'ils ont renoncé à organiser le dépérissement de l'État et lorsqu'ils ont succombé aux sirènes productivistes. Ils ont agi ainsi non pas par erreur ou poussé par les événements mais parce que le choix du « plus d'État » comme celui de la fuite en avant industrialiste satisfaisaient les intérêts matériels et moraux de la nouvelle classe dirigeante et se conformaient à l'idéologie nationale-bolchevik qui sera le véritable socle idéologique du stalinisme. Cette lecture de l'histoire tragique de la jeune Russie des Soviets conduit à relativiser l'idée que la rupture au sein de la révolution bolchevik se serait produite vers 1927 avec le départ de Trotski. J'ai pu montrer que les oppositions de gauche furent impuissantes à changer le cours des choses car elles étaient incapables sur le plan théorique de penser à la fois la bureaucratisation et l'industrialisme. Ces oppositions se voulaient plus productivistes encore que Staline comme en témoignent les positions de Trotski en faveur de la « militarisation » de l'économie, des entreprises, du travail, des syndicats, bref de la société tout entière, comme en témoigne aussi sa conception de la technique, de la nature, d'une surhumanité, etc. Le « retournement » avait été prévu et dénoncé dès les premiers jours de la révolution d'Octobre non seulement par d'autres forces révolutionnaires mais aussi par la majorité des chefs bolcheviks. Gorki annonçait dès 1917 que l'on était en train de faire une expérience sur le peuple russe dont il ne se remettrait jamais, pas davantage que les idées de socialisme et de communisme. Dix des quinze Commissaires du peuple bolcheviks démissionneront en novembre 1917 en déclarant qu'« en dehors de cette voie (la conciliation), il n'en reste qu'une : la conservation d'un gouvernement purement bolchevik par les moyens de la terreur politique [...] cette politique écartera les organisations des masses prolétariennes de la direction de la vie politique, conduira à l'élaboration d'un régime irresponsable, à la perte de la Révolution et du pays ». Préobrajensky ira jusqu'à proposer en 1919 de dissoudre le Parti bolchevik pour laisser sa chance à la démocratie directe des Soviets et à la Révolution.

Le bureau régional du PC(b)R de Moscou affirmera en 1918 que mieux vaut perdre le pouvoir d'État plutôt que son âme. Le choix de la terreur comme mode normal de gestion des contradictions est, tout autant que les pathologies mentales dont souffraient selon le patron des sciences humaines bolcheviks, Aron Zalkind, 90 % des bolcheviks, le symptôme d'un déni collectif du décalage entre les principes du communisme et la réalité soviétique. J'espère avoir montré que le retournement de l'utopie communiste en son contraire ne s'explique pas par le retard de développement de la Russie ni par l'encerclement de l'URSS par des pays capitalistes, mais par la peur des foules sans chef et la folie industrialiste. En découlera non pas tant le recours aux spécialistes de l'ancien régime que la toute-puissance reconnue d'abord aux chefs économiques, que le choix d'une « direction à la poigne de fer » et d'un « style rude » envers les travailleurs des villes et des campagnes. Non seulement la classe ouvrière fut la grande perdante de la peur des foules sans chef et de la folie industrialiste au regard de ses conditions de vie mais le pouvoir perdit toute confiance en elle. La classe ouvrière ne sera plus jamais, sitôt la Révolution faite, à la hauteur de sa mission (selon les dirigeants bolcheviks), au point qu'Alexandre Chliapnikov se moquera de Lénine en l'accusant de gouverner au nom d'une classe qui n'existerait plus (*sic*).

J'aimerais conclure en campant sur le versant positif de la Révolution en demandant non pas pourquoi et comment cela a si mal tourné mais quels furent les principaux ingrédients qui permirent à la jeune Russie des Soviets de multiplier les expérimentations en matière de nouveaux modes de vie.

Le premier enseignement de la jeune Russie des Soviets nous apprend la centralité de la problématique du mode de vie au sein de la Révolution. Cette question qui se trouve au cœur de la pensée avant Octobre mais aussi juste après est au centre des pratiques d'auto-émancipation. L'Académie communiste en fera même sa grande spécialité avant que Staline ne la sanctionne pour ne pas avoir compris que la classe dominante n'avait pas l'intention de changer de mode de vie puisqu'elle aspirait à vivre, à penser, à sentir, à rêver comme les anciennes élites d'avant la révolution bolchevik. L'essentiel des acquis dans le domaine du nouveau mode de vie est le fruit des mouvements sociaux et non pas de l'appareil d'État ou de celui du Parti, ces derniers se contentant, et c'est déjà beaucoup, comme le montrera la gouvernance de Lounatcharski, d'élargir au maximum les marges de manœuvre. Ce front invite donc le pouvoir à soutenir une créativité qui est toujours davantage celle des gens ordinaires et des réseaux militants que celle des *specy* (spécialistes) prisonniers des modes anciens de pensée et d'agir. Cette priorité accordée au changement du mode de vie conduit à considérer que l'essentiel se joue sur le versant positif de la Révolution, à favoriser la libre coopération, à préférer les passions heureuses aux passions tristes (même durant les heures sombres de la guerre civile). Cette priorité accordée à la reconstruction du mode de vie interdit par ailleurs de hiérarchiser les différents fronts et s'oppose également à toute totalisation *a priori* de la Révolution ou même *a posteriori*. La Révolution se met au service du vivant en élargissant toujours plus le champ des possibles très loin de tout sectarisme idéologique. Faire l'impasse sur la question du mode de vie c'est adopter une vision réductrice de l'être humain alors que la jeune Russie des Soviets avait d'abord reconnu la pluralité et la complexité de l'être humain. C'est donc de façon logique que ce qu'on nomme le stalinisme condamnera, l'une après l'autre, toutes les expérimentations et finira par rendre totalement taboue la notion de nouveau mode de vie. Jacques Lacan disait qu'on ne peut comprendre un système qu'en partant de son tabou central, de ce qui le suture. C.Q.F.D. La classe dominante avait besoin d'enfermer le réel, de le recenser, de le discipliner pour mieux asseoir son pouvoir. L'extinction de la question du *novy byt* aboutira à réduire la conception de l'activité humaine au seul travail. Le stalinisme adoptera les postulats épistémologiques qui sont ceux de l'économisme et de l'utilitarisme les plus outranciers.

Le deuxième enseignement de la jeune Russie des Soviets concerne la possibilité et la nécessité de multiplier les pas de côté à l'égard des catégories économiques sans attendre un quelconque « grand soir ». La jeune Russie des Soviets avança ainsi vers la « naturalisation » de l'économie, donc non seulement vers sa démonétarisation mais vers sa déséconomisation en mettant concrètement en cause ses principales catégories comme le fétichisme de la marchandise. Cette démonétarisation et cette déséconomisation provoqueront une autre répartition des ressources non seulement entre les classes mais aussi entre la part consacrée à la reproduction de la vie, aux nouveaux investissements et à la dépense improductive. C'est pourquoi cette période sera celle des expérimentations dans tous les domaines (et peu importe que certaines nous semblent loufoques). C'est pourquoi cette période sera celle de l'âge d'or de la construction des communs malgré des contraintes effroyables. Cette déséconomisation des existences (corrélée au nouveau mode de vie) devait permettre de commencer à inventer de nouveaux rapports à la production, à la consommation, à l'argent, au temps, à l'espace, à la nature, aux communs, aux autres et à soi-même. Ce n'est pas par souci d'efficacité, par réalisme économique, que les dirigeants bolcheviks décideront de sacrifier ces expériences mais en raison des intérêts matériels et moraux des nouveaux dominants. Comment comprendre autrement le passage du principe du « chacun selon ses besoins » au principe chrétien du « chacun selon son travail » déjà en œuvre sous la NEP mais que Staline constitutionnalisera ? Le régime stalinien se donnera pour objectif de rattraper puis de dépasser les États-Unis en utilisant la même concentration économique, la même technologie, la même division du travail, les mêmes experts que les pays capitalistes avancés. Le secteur de l'urbanisme en est un bon analyseur puisqu'aux « villes vertes » des urbanistes constructivistes et aux théories sur la répartition homogène de la population sur tout le territoire succédera le choix du gigantisme urbain stalinien.

Le troisième enseignement de la jeune Russie des Soviets nous apprend l'importance de la définition de la « vie bonne ». Toute société doit se poser la question de savoir que faire de l'excédent d'énergie dès lors que celle-ci dépasse ce qui est strictement nécessaire pour la seule reproduction de la vie. Cet excédent d'énergie peut être utilisé individuellement ou collectivement, pour l'accumulation ou les plaisirs multiples. La question de l'*eudémonia* (donc du désir et de la jouissance) était présente aux heures les plus difficiles de la Révolution mais toute forme de jouissance (d'être ou d'avoir) sera bientôt condamnée, comme en témoigne le dogme sur les générations sacrifiées au nom des lendemains qui chantent, comme en témoigne aussi la répression de la sexualité ou la réduction de la culture à ce qui serait strictement utile au système. Le stalinisme fut d'abord une tentative pour réduire au maximum les dépenses improductives (celles ayant leur fin en elles-mêmes) au profit de la mystique de l'accumulation économique primitive. L'imposition d'un sacrifice ne peut jamais tenir lieu de modalité anthropologique visant à faire naître l'homme neuf car tout sacrifice suppose toujours un appareil d'abord idéologique puis répressif. La réponse du pouvoir mobilisera le moralisme puis la Tcheka. C'est la raison pour laquelle tous les fronts sur lesquels s'inventait le communisme se refermeront (presque) tous en même temps car rien de communiste ne devait subsister sous peine de menacer le régime. Le communisme deviendra ainsi l'interdit structurant du système. Ainsi la recherche de l'égalité sociale deviendra-t-elle le mal absolu et les démarches d'auto-émancipation seront-elles diabolisées. La dictature d'une fraction sur le Parti et celle du Parti sur la société empruntent leurs formes au front économique. C'est bien d'abord dans le champ économique que le système sacrifie les rêves de la jeune Russie des Soviets. Avec l'introduction du « système Taylor », avec l'explosion des inégalités sociales, avec la militarisation des entreprises, avec l'adoption d'un style de management totalement tyrannique.

Le quatrième enseignement de la jeune Russie des Soviets conduit à dire que tout projet émancipatoire doit se penser comme un anti-pouvoir et pas seulement comme un anti-État. Déjà parce que la tyrannie absolue arriva par le biais de l'économi(qu)e donc par les chefs d'entreprise (avant même ceux des appareils du Parti-État). Ensuite parce que la vision instrumentale de l'État (celle des bolcheviks avec Lénine) s'est avérée totalement contre-productive. Ce qui doit être visé ce n'est pas l'utilisation différente de l'État mais le dépassement de l'hétéronomie par l'autonomie (ou autogestion), entendue comme ce qui assure l'auto-émancipation du peuple. Octobre enseigne que le plus difficile ne consiste pas à prendre le pouvoir, ni même à le partager, mais à s'en défaire. Ce qui suppose de postuler la compétence des incompétents (la fameuse cuisinière de Lénine) ce à quoi les bolcheviks se refusèrent obstinément. Ce qui ne signifie pas qu'on n'ait pas besoin d'organisation pour mutualiser les approches, pour débattre des tensions et des contradictions mais elles ne doivent jamais se substituer aux intéressés eux-mêmes. Contrairement à ce que Sieyès disait déjà sous la Révolution française et que les dirigeants bolcheviks reprendront à leur compte, la foule ne doit jamais renter chez elle, elle doit être sans cesse instituante. Comment penser construire une auto-émancipation si les acteurs collectifs eux-mêmes (partis, syndicats, associations multiples) fonctionnent de façon verticale comme une antithèse du projet ? L'échec de la jeune Russie des Soviets était à cet égard déjà dans les gènes du Parti Bolchevik incapable de penser le passage du moi au nous en dehors de la soumission volontaire et de la discipline de fer. Tout était pensé, tout était fait pour produire l'isolement de la direction bien au-delà même des contraintes de la clandestinité. Construire une société politique émancipatoire est inséparable de s'organiser collectivement de façon émancipatoire, de produire de façon émancipatoire, de vivre au mieux de façon émancipatoire. Octobre enseigne que la recherche de l'horizontalité est une fin en soi car elle constitue une condition de la dispersion du pouvoir. Octobre enseigne que les moyens doivent correspondre aux fins.

Le cinquième enseignement de la jeune Russie des Soviets nous apprend qu'une révolution ne peut être fondée sur une science mais sur un système de valeurs correspondant à une vision du monde. La Révolution doit être à ce titre morale et non pas moralisatrice. Les bolcheviks ont fait à tort l'économie du débat sur la vie bonne. Octobre profanera le sacré qui aurait dû être celui d'une société émancipatoire (la liberté, l'égalité, la fraternité, le vivant, la construction de communs, l'internationalisme prolétarien) et sacralisera le plus profane (le développement des forces productives réduites aux seuls moyens de production économiques contrairement à la théorie marxiste, les dirigeants et leur pouvoir). Sacraliser l'ordinaire est la définition même du totalitarisme. La première des valeurs aurait dû être incontestablement l'égalité. Je parlerai même de fiction puisque l'égal est celui que je reconnais comme tel, contrairement à ce qui fonde par l'identité. Pour ne pas avoir sacrifié au mythe de l'égalité (sociale, politique), Octobre empruntera d'autres mythes qui n'auraient jamais dû devenir les siens. Pour ne pas avoir accepté d'ouvrir le débat sur les valeurs, Octobre régressera de la science au scientisme, de la raison au rationalisme, de l'économie à l'économicisme, de la démocratie des Soviets à la bureaucratie/technocratie.

Le sixième enseignement de la jeune Russie des Soviets nous apprend qu'une révolution ne peut être fondée que sur la primauté du mouvement social ce qui suppose de prendre conscience d'un « déjà là », autre façon de dire que le communisme est bien le mouvement réel qui abolit l'état actuel et pas simplement une belle idée. Cette thèse fut celle du Proletkult dans le champ culturel, du mouvement coopératif dans le champ économique, du mouvement communaliste dans le champ politique. Mais admettre l'autochtonie, même relative, des cultures populaires aurait imposé de remiser au musée des antiquités la fiction d'un parti d'avant-garde détenteur d'une Vérité à majuscule.

Le septième enseignement de la jeune Russie des Soviets court comme un fil rouge tout au long de son histoire et concerne la question de l'abondance. Les bolcheviks pensent comme Marx que le communisme est impossible sans abondance et qu'il ne s'agit surtout pas de réaliser un socialisme de la misère. Le communisme c'est en effet la satisfaction des besoins sans qu'il soit possible de distinguer *a priori* des besoins réels et donc légitimes et des faux besoins. Cette distinction paternaliste fut celui des staliniens et crypto-staliniens comme Golc'man qui souhaitaient imposer un communisme austéritaire et sacrificiel. Le communisme c'est en effet une économie des besoins dans laquelle les services collectifs sont fournis en fonction des besoins sociaux et non de la demande solvable ce qui exige une définition démocratique de ce qu'est la vie bonne. La classe dominante imposera un style de vie en substituant par exemple les sinistres appartements communautaires ou communes de logement et la satisfaction individuelle des besoins contre la construction de communs, ce qui lui permettra toujours de soutenir que l'abondance n'était pas encore atteinte. 15 à 20 % de la population s'appropriaient autant de biens que tous les autres. Nous ne sommes donc pas loin du slogan des indignés opposant le 1 % aux 99 %.

TABLE DES MATIÈRES

PRÉFACE 7

DIALOGUE AVEC PAUL ARIÈS 7
Un manque de pensée autonome 8
Inventer un ciment idéologique et ses symboliques 11
La religiosité 12
Octobre, un putsch ou une révolution ? 13
Une aspiration à la démocratie et une réponse qui l'étouffe 14
L'enjeu actuel du bilan 16

INTRODUCTION | LA GAUCHE PEUT-ELLE ENCORE PARLER DE SOCIA-
LISME ? 17

LA QUESTION DES NOUVEAUX MODES DE VIE 23

Que faire ? 24

Le *novy byt* 26

La réduction du nouveau mode de vie à la morale communiste 26
Quand la morale communiste se réduit à la morale au travail 27

Le grand renoncement 29

Ascétisme bolchevik *versus* égoïsme bolchevik 31
Le débat sur l'égoïsme bolchevik 31
Le débat sur l'ascétisme révolutionnaire 32

Le retour à l'ancienne morale 33

SUR LE FRONT DU DÉPÉRISSEMENT DE L'ÉTAT 35
Les deux chefs de la Révolution 35

Faut-il moins ou plus d'État ? 36
Le Lénine de L'État et la Révolution 37
Le Lénine du « Mieux vaut moins mais mieux » 38

La question du pouvoir 40
    De la critique du pouvoir à celle des abus de pouvoir.............................. 40
    La justification du pouvoir (économique) et de ses abus...................... 41

Que faire de la victoire ? 42
    Vers un gouvernement de conciliation ? 44
    La dissolution de l'Assemblée constituante.................................... 45
    « Tout le pouvoir aux Soviets ! » 46
    Le Traité de paix de Brest-Litovsk 47
    Les bolcheviks face aux SR de gauche.. 50
    De la guerre civile à la guerre contre l'Entente 54

Vers la terreur 55
    Constitution et évolution de la Tcheka 56
    Les bolcheviks face aux anarchistes 57
    La révolte de Cronstadt 59

Vers le national-bolchevisme 61
    La thèse stalinienne du « socialisme dans un seul pays ».................. 61
    Les bolcheviks et le sentiment national(iste)................................ 63
    Le stalinisme est-il un national-bolchevisme ? 64
    Qu'est-ce que le national-bolchevisme ? 65
    L'UPR, des nationaux-bolcheviks avant l'heure 67
    « Ceux qui rentrent » 68
    Le débat sur le national-bolchévisme russe au sein des bolcheviks...... 71
    La victoire de l'oustrialovisme avec Staline.................................. 72
    Vers la signature du pacte germano-soviétique............................. 76
    Vers la fin de l'égalité des nations 77

La dictature d'une fraction sur le Parti 78
    Le Parti-État.. 79
    L'interdiction des tendances... 79
    La faute à Lénine et Trotski ? 81
    Lénine et Trotski découvrent la bureaucratisation du parti 82
    Staline, l'homme de la classe dominante 83
    L'élimination des Oppositions de gauche..................................... 84
    La Lettre des Quarante-six 85
    Vers l'Opposition unifiée 87
    L'élimination des boukhariniens 93
    La capitulation devant Staline de la majorité des oppositionnels de gauche 95

La dictature du Parti sur la société 98
    De l'absence à la prolifération des fonctionnaires.......................... 99
    Du côté de l'État central 99
    Du côté de la périphérie... 100

La critique en peau de chagrin de la bureaucratie 101

SUR LE FRONT DE L'ÉCONOMIE 105

L'enchaînement mécanique des modes de production 105
Le choix de construire un capitalisme d'État 106
Le front sacrifié des communes agricoles et de production 107
Le sage programme économique des bolcheviks 109

Le choix de la « naturalisation » de l'économie 111
Boukharine versus Gol'cman 113
L'échec du « communisme de guerre » 116
Le principe du travail obligatoire 117
La fin du Service du travail obligatoire 119
Le débat sur la militarisation des entreprises 120
Le débat sur la militarisation des syndicats 122
Le débat sur l'égalité 124
Les débats sur la paysannerie 126
Le régime bolchevik en proie à la famine 131
Le régime bolchevik en proie à la crise des combustibles 133
Sacrifice et répression 134

Le passage à la NEP 135
Que voulait vraiment Lénine ? 137
Le choix d'un capitalisme de fer 137
La NEP, plus de liberté mais pour qui ? 139
Le Gosplan : l'industrialisation avant la planification 139
Une société vouée à la seule production 141
Quelques exemples de travaux pharaoniques 142
Ceux qui refusèrent la NEP 144
Le débat sur l'inexistence de la classe ouvrière 144
L'élimination de l'opposition de gauche trop industrialiste 146
L'élimination de l'opposition de droite pas assez industrialiste 148
La classe ouvrière première victime de la folie industrialiste 149
La naissance du complexe militaro-industriel 150

SUR LE FRONT DU TRAVAIL 153

Le choix léniniste du taylorisme 153
L'américanisme prolétaire 155
Alexeï Gastev, le Taylor bolchevik 156
Les Bolcheviks à l'école des époux Gilbreth 156
L'Institut Central du Travail et les sections NOT 156

Gastev et l'utopie du « travail heureux » 158
La ligue du temps de Kerjentsev 159
La psychotechnique russe contre le système-Taylor 161
Isaak Spielrein contre Gastev 161

Le débat sur les specy 163
Le choix bolchevik des forces contre-révolutionnaires 163
La révolte des ouvriers contre les ingénieurs 164
La croissance de l'intelligentsia technique 166
Une direction à la poigne de fer 167
Le stalinisme contre la classe ouvrière 168
L'affaire Hammer, faux nez du national-bolchévisme 168

SUR LE FRONT DE L'ÉCOLOGIE 171

Une double tradition écologiste 171

Le Mouvement pour la conservation de la nature 173

L'écologie face à la NEP 174

L'offensive contre les écologistes 176
Les scientistes soviétiques au pouvoir 177
Le productivisme cause de l'échec des gauches antistaliniennes 179
Le marxisme est-il un positivisme scientiste ? 180
Les techniques sont-elles neutres ? 181
Une vision très linéaire du progrès 182
Quelles relations entre l'humanité et la nature ? 183
Un surhomme socialiste est-il souhaitable ? 184

SUR LE FRONT ÉDUCATIF 187

L'école au sortir de la révolution d'Octobre 188
Les élèves face à Octobre 188
Les enseignants face à Octobre 190
La méfiance envers les enseignants et le peuple 191

La croisade contre l'enseignement religieux 192

Vers le dépérissement de l'école 193
Les expérimentations anti-autoritaires 193
Vers l'école nouvelle 194
L'école du travail : atelier ou usine 195

En quête d'un modèle pédagogique étranger 197
   L'école des enfants bons 198
   L'école comme Commune de travail.. 199
   L'école scientiste 200

La « NEP à l'école ».. 201
   Le choix de la pédagogie différenciée.................................... 201
   La réforme ratée de l'université 202

L'école sous Staline 202
   La destitution de Lounatcharski 202
   Une école au service du productivisme 203

Octobre invente l'éducation surveillée.. 204
   Les expériences en éducation surveillée 204
   Le choix stalinien du répressif 205

Sur le front religieux..207

La question religieuse avant la révolution.. 207

Octobre et la question religieuse.. 209
   Les exactions antireligieuses de 1917 209
   Quelle fut l'attitude des bolcheviks ? 210

L'utopie des Constructeurs de Dieu..210

Les sectes religieuses alliées des bolcheviks.. 212

Vers une « NEP religieuse ».. 212
   La fin de la « NEP religieuse » 214

Le choix de l'église orthodoxe réactionnaire..214
   Les schismes de l'église orthodoxe.. 215
   Les bolcheviks choisissent l'ordre religieux............................ 215

Négociations secrètes avec le Vatican 216

De l'athéisme révolutionnaire à l'athéisme stalinien..217
   Le communisme religieux.. 219
   L'embaumement de Lénine.. 220
   Le « coin Lénine » 221
   Quel langage symbolique pour la Révolution ?...................... 221
   La campagne antireligieuse du premier plan quinquennal...................... 222

Sur le front militaire.. 225

Les Soviets de soldats 225

La démilitarisation de l'armée 226
Vers l'armée démocratique.......................................227

Léon Trotski, le militarisateur de l'Armée rouge 228
La question des anciens officiers................................229
Les commissaires politiques militaires 230

L'opposition militaire 230

L'armée anarchiste 232
Une armée de miliciens était-elle pensable ?............... 233

Sur le front de la psychologie................................ 235

La Russie, terre d'accueil de la psychanalyse 235

Les expériences psychanalytiques......................... 236

La chasse à la psychanalytique 237

La chasse aux déviations paidologiques................. 238

La liquidation de la psychotechnique 240

Le choix de Pavlov et du pavlovisme 241

Sur le front sexuel.. 245

Libération sexuelle, féminisme et socialisme............ 246

Alexandra Kollontaï, égérie de l'amour libre............ 246

La reconnaissance de nouveaux droits................... 248

La polémique contre Alexandra Kollontaï 249

Le Code de la famille de 1926 : un compromis...........253

Le code de la famille stalinien de 1936 254

Sur le front de l'urbanisme et de l'architecture 257

L'invention d'un nouveau territoire..257
Mesures d'urgences face à la pénurie de logement 258
De nouvelles règles de vie... 259

Du côté des avant-gardes.. 260
Fonctionnalistes et constructivistes... 260
L'invention d'une ville constructiviste 261
La notion de condensateur social 261
Usines nouvelles, centres commerciaux et maisons communes 262
Les nouveaux objets communistes.. 262
Les nouveaux vêtements communistes....................................... 263

La mise entre parenthèses des avant-gardes 264
Le choix des « anciens architectes » 265
L'abandon du projet de Palais du travail.................................. 265
La condamnation du Club ouvrier de Rodchenko..................... 266
L'abandon du projet de tour Tatline 267
La trahison du projet du Narkomfin 268
Le choix des appartements communautaires.............................. 269

Le retour en force des avant-gardes 269
Du côté des urbanistes.. 270
Du côté des désurbanistes.. 271
La théorie socialiste du peuplement homogène........................... 272
Le choix d'une ville linéaire 272
Cellules individuelles ou maisons collectives.............................. 273
Le choix de la décentralisation.. 274
Les villes vertes... 274

La liquidation des avant-gardes 275
La condamnation de l'Académie communiste et de la « léonidoverie »................... 276
Staline et le choix des « villes compactes » 277
La Brigade May et Staline 279
Le concours pour le palais des Soviets...................................... 280
Le « réalisme socialiste » en architecture 280

Sur le front culturel 283
Alexandre Bogdanov 283
Anatoli Lounatcharski..284

La naissance du Proletkult... 287

Lénine et la culture 290

L'appel aux *specy* et la polémique Lounatcharski/Trotski 291

La polémique avec le groupe futuriste 293
    Un commissariat (trop) aux mains des futuristes ? 294

Le front gauche des arts (LEF) 296
    Vladimir Maïakovski 296
    La poésie révolutionnaire 298
    Le « productivisme » culturel 299
    Les thèses productivistes de Serguei Tret'Jakov 301
    Les thèses productivistes de Boris Arvatov 302
    Kazimir Malevitch et le refus du productivisme culturel 302

Le théâtre dans la Révolution 303
    Vsevolod Meyerhold, le symbole 304
    Pavel Kerzencev, le théoricien 305
    Le théâtre sous la NEP 306
    La stalinisation du théâtre 307

Les fêtes de masse 307

Le cinéma bolchevik 309

La question de la musique 311
    La musique du novy byt 311
    La stalinisation de la musique 312
    Le « réalisme socialiste » en musique 314

Le front littéraire, un condensé du productivisme bolchevik 315
    La campagne pour l'alphabétisation 315
    Comment faire lire ? 318
    Les sociétés littéraires après Octobre 320
    Maxime Gorki et la littérature du premier plan quinquennal 321

Le « réalisme socialiste » ou la revanche de Staline 322
    La proclamation du réalisme socialiste 323
    Le Congrès des ingénieurs de l'âme 323

Changer la langue 324
    Parler la langue (supposée) du peuple 325
    Construire une langue au service de la Révolution 325
    Complexifier la langue pour dire le pouvoir 327

Conclusion 329

Achevé d'imprimer sur les presses de **Typo'Libris** by Printcorp - N° : 17070009